이미지
문화와
시대 쟁점

지은이 **박명진**

프랑스 파리 3대학(소르본 누벨)에서 영상 커뮤니케이션으로 박사학위를 받았으며, 현재 서울대학교 사회대학 언론정보학과 명예교수이다. 지은 책으로『비판적 커뮤니케이션 연구의 성과와 그 쟁점』이, 엮은 책으로 담론분석 방법 연구서인『두꺼운 언어와 얇은 언어』, 런던 대학교 골드스미스칼리지의 제임스 커런James Curran 교수와 함께 엮은『세계화와 미디어 연구De-Westernizing Media Studies』등이 있다. 정영상, 동영상, VR영상을 아우르는 영상 언어 및 문화에 관한 논문들을 다수 발표했으며, 서울대학교에서 오랫동안 '기호학과 담론분석 방법론'과 '영상 커뮤니케이션'을 강의해왔다.

현대의 지성 149
이미지 문화와 시대 쟁점
영상문화의 세계는 어떻게 발전해왔는가

제1판 제1쇄   2013년 3월 18일

지은이   박명진
펴낸이   홍정선
펴낸곳   ㈜**문학과지성사**
등록번호   제10-918호(1993. 12. 16)
주소   121-840 서울 마포구 서교동 395-2
전화   02)338-7224
팩스   02)323-4180(편집)   02)338-7221(영업)
전자우편   moonji@moonji.com
홈페이지   www.moonji.com

주체구성 기제로 제시되기 시작했다. 이 기제들은 어떻게 작동되어 이념작용을 일으키는가 하는 문제들이 영화분석과 광고영상에 적용되어 풍요로운 수확을 거두었다. 무엇보다도 원근법을 단순한 테크닉으로 생각해왔던 상황에서 그 이념적 기능을 밝혀냄으로써 르네상스 이후 부르주아 문화에서 영상문화가 담당해온 역할을 조명해내는 데 중요한 역할을 하게 된 것이다.

우리 사회에서 1990년대는 문민정부로의 전환과 함께 좌파 진영의 문화 전략에서 큰 변화가 나타난 시기이다. 예전에는 상업적으로 생산되었다는 이유로 또는 사회구성체 내에서 매스미디어의 위치 때문에 전체적으로 무조건 반동적이고 지배이념에 의해 조작된, 지배이념의 전파도구로 보아왔던 영화나 가요 같은 대중문화를 재평가하고 그 속에서 변혁의 전망을 위한 가능성을 찾고자 하는 움직임이 생겨난 것이다. 어떻게 보면 이것은 문화산업의 보편화와 함께 산업적으로 생산되지 않는 문화를 상정하기 어렵고, 혁명적 사회변혁을 전망할 수 없게 된 상황에서, 시장경제의 테두리 내에서 문화의 비판적·저항적 위상을 재정립해보고자 하는 노력에서 비롯된 것으로 보이기도 한다. 혹은 시장경제의 모순—즉 그것이 시장경제를 떠받치고 있는 체제에 위협적인 것이라 해도 팔기 위해서는 그러한 취향에도 영합하지 않을 수 없는—현실에 대한 새로운 통찰력으로부터 비롯된 것이기도 하다.

이 같은 사회 분위기는 대중문화에서 '저항'의 가능성과 그 지점을 탐구하도록 이끌었다. 영상문화에서 저항의 문제는 대중문화의 가장 큰 소비 동기인 '즐거움'을 중심으로 탐구되었다. 마르크시즘이나 정신분석학적 연구에서 당연히 지배이념이나 성적 욕망의 용기 내지는

석이 체계를 갖추게 된 것은 구조주의 기호학의 등장 덕분이다. 사진, 광고, TV, 영화 등의 정영상·동영상 분석들은 기호학 방법론의 도움을 많이 받았다.

구조주의 기호학은 사회적 의미를 만들어내는 언어의 구조가 거시적인 계급사회의 이념구조와 어떤 관련성이 있는가의 문제에 관심을 두면서 마르크시즘과 결합된 방법론들을 탄생시켰다. 결과적으로 영상문화의 연구도 같은 문제 틀 속에서 연구되어 이미지의 이념적 기능 분석이 중시되었고, 영상문화에 대한 관심은 상당 부분 사회구조와 이념, 권력 개념의 틀 속에서 구축되었다.

그러나 이미지 분석, 특히 광고와 영화영상에서 새로운 차원의 연구를 가능케 한 것은 기호학과 정신분석학을 결합한 라캉의 정신분석학이다. 그것은 이데올로기적인 영상 텍스트가 그 해독자에게 어떻게 효과를 발생시켜 이념작용을 일으킬 수 있는가 하는 오래된 과제를 풀 수 있게 해주었다. 그 핵심 개념은 바로 '주체구성constitution of subject'의 문제였다. '주체'란 한 개체가 자기 스스로 자유의지를 지니고 자율적 판단에 의해 생각하는 의식적 존재로서 느끼는 상태이며, '주체구성'이란 해독자에게 바로 주체의 상태를 만들어주는 것을 말한다. 담론에 의해 일정한 방향으로 생각하고, 믿고, 느끼고 행동하도록 조건화되어 있는 소외된 객체이면서도, 스스로의 판단에 따라 자유롭게 판단하는 주체라고 느끼게 만드는 심리적 기제를 지칭한다. 이 개념은 계몽주의적인 선험적 주체의 개념을 부정함으로써 후기 바르트, 푸코, 보드리야르를 위시해서 후기구조주의자들을 '반反인간 중심주의자anti-humanist'로 정의하는 근거가 되기도 했다.

주체구성의 이론이 영상문화 분석에 가져온 기여는 괄목할 만하다. 원근법 같은 공간구성의 원리, 리얼리즘, 현실감, 동일시 등이 영상의

가 그 세계 속에 진입하지는 못했다.

디지털 기술이 가져온 또 다른 영상세계인 가상현실virtual reality(이하 VR로 표기)은 사용자가 이 재현된 세계 내부의 행위 주체로서 끼어들어 상호작용 체험을 할 수 있게 해준 획기적인 전환의 계기가 되었다. 가상현실의 체험은 예전의 픽션세계 체험과 달리 촉각을 포함한 진솔한 감각적 체험도 수반된다. 세련된 기술이 사용되면, 공상과학영화에서 수차례 보았듯이 일상적 현실세계와의 경계가 애매해질 수도 있다. 이것은 현실인가 비현실인가? 현실을 폭넓게 정의하고 있는 현상학적 관점에서 보아도 이 새롭게 등장하는 정보화 사회에서의 현실 개념의 문제는 새로운 정의를 필요로 한다. 실증주의자들과 달리 슈츠는 "현실"은 하나가 아니라 상이한 인식 태도에 따라 일상적 현실, 꿈, 무대 위, 픽션, 영적 세계, 유희의 세계과학의 세계 등등 여러 개의 현실로 구분되는 "복합적인 현실multiple reality" 개념을 내놓고 있지만 가상현실의 세계는 이 중 어느 것에도 해당되지 않는다. 현실과 픽션의 경계는 애매해지고 현실, 비현실의 이분법이 무의미해진다.

현실을 완벽히 재현해내고자 하는 여러 세기 동안의 꿈이 달성된 순간 인간은 그 꿈을 가능케 하고 그 꿈의 기반이 되었던 전제와 질서 자체를 허물어버리는 아이러니에 빠지게 되는 것 아닌가? 디지털 영상의 시대에 직면하게 된 문제이다. 그런 딜레마 탓일까, 한때 달아올랐던 VR 연구는 주춤하고, 인터넷·SNS·빅데이터 등의 연구 쪽으로 자본과 정책이 집중되고 있다.

이 책에 실린 논문들은 이와 같이 아날로그 이미지와 디지털 이미지의 세계로 발전해오면서 이미지의 존재 방식과 기능, 그 사회적 의미들을 찾아보고자 하는 이론, 방법론 작업들이 대부분이다. 이미지 분

디지털 이미지에 이르기까지 변화를 거듭했다. 이 책의 논문들은 그 모든 변화의 흐름을 일목요연하게 보여주지는 못한다. 어떤 부분은 두드러지게, 어떤 부분은 흐릿하게 스치는 데 머물기도 했다.

인류가 생산해 그 흔적이 남아 있는 최초의 기호는 동굴 벽화라는 이미지이다. 최초의 것으로 알려졌던 알타미라와 라스코 동굴 벽화보다 1만 5천 년 앞선 것으로 알려진 프랑스 아르데슈 지방의 쇼베Chauvet 동굴 벽화가 1994년에 발견됨으로써, 이미지의 역사는 3만 년을 기록하게 되었다. 동굴 벽화에서 동서양의 부장미술, 종교미술, 회화, 사진, 영화, 비디오 이미지에 이르기까지 이미지 생산에서 관심의 초점은 현실을 재현해내는 것이었다. 물론 재현하고자 했던 현실의 차원이나 종류, 재현 방식, 목적은 시대나 장르에 따라 달라져왔지만 현실재현representation of reality이라는 대전제는 변하지 않았다.

특히 르네상스 시대 원근법이 개발된 이후, 현실의 시각적 체험과 유사하게 재현하고자 하는 의지가 이미지 생산의 변화를 추동해왔다. 회화에서 사진, TV, 영화 같은 기계영상으로 옮겨오면서 현실감을 극대화할 수 있는 완벽한 영상재현의 요구는 나날이 증가했고, 그 요구에 부응해 입체영화 등 온갖 재현기술이 개발되기도 했다.

디지털 기술의 개발은 재현된 영상과 상호작용을 가능하게 해줌으로써 새로운 국면을 열었다. 전자게임이나 드라마의 진행을 마음대로 조작해가며 감상할 수 있다는 하이퍼드라마 같은 것이 그 대표적인 경우이다. 고정된 이미지 세계를 감상하기만 하던 수용자의 수동적 위치에서 벗어나, 그 세계에 조작을 가해 변형시킬 수 있는 능동적인 사용자의 위상을 갖게 된 것이다. 그러나 변형은 어디까지나 이미지 세계에 속한 대리자를 통해 간접적으로 조작할 수 있을 뿐, 사용자었다. 영상문화 분야에서 부각되었던 이슈들과 쟁점들이 무엇이었는지, 그사이 현실의 영상문화는 어떤 변천을 겪었는지가 나름대로 손에 잡혀왔다. 어떤 것은 기억도 아득하고 지금 시점에서는 흘러간 이슈이지만, 엄청난 사회변동을 겪은 1980년대 이래 오늘날에 이르기까지 영상문화나 그 연구는 30여 년간 사회변화의 흐름과 함께하며 어떤 고개를 넘고 또 넘어 오늘에 이르렀는지 그 역사의 일부가 보여 새삼 감회가 깊기도 했다.

고급문화의 시각에서는 저질문화의 전형이었던 대중영화가 학술적인 연구 대상이 되고 정치사회적 변화의 촉진제로서 지닌 잠재력이 주목되기 시작했던 것이 1980년대이다. 이 시기는 온갖 지원제도, 보호막에 싸여 있던 한국 영화가 타의에 의한 영화시장 개방으로 마치 엄동설한에 발가벗겨져 한데로 내쫓기듯이 무차별 경쟁에 내몰려 바닥까지 추락했던 시기이기도 하다. 하지만 절망은 희망을 키워내기도 했다. 충무로의 오랜 관행이던 도제체제에 진입하지 않고 다른 영화를 만들 수 있는 방법이 신세대 젊은이들에 의해 다양한 방법으로 모색되기 시작했다. 1980년대는 오늘날 한국 영화의 눈부신 발전을 추동한 동력이 힘차게 자란 시대이다.

영화에 대한 관심과 함께 정영상, 동영상을 망라한 이미지 전반을 언어체로서 접근하기 시작한 것도 1980년대였다. 그림, 사진, 영화를 포함해 쇼윈도에 전시된 상품에서 수학 공식에 이르기까지 십여 가지 단계에 달하는 광범한 이미지의 세계를 하나의 학제로 묶어보려는 시도가 서구에서 시작되기도 했다. 이미지란 무엇이며, 인간사에서 어떤 자리에 어떻게 자리하고 있는지 인문·사회·예술 연구 분야에서도 관심을 갖기 시작했다. 이미지의 물리적인 존재양식도 아날로그에서

이 책은 1981년부터 2007년 사이에 발표했던 영상문화 관련 논문들을 정리해 모은 것이다. 논문집의 무거움을 좀 덜어내기 위해 논문 주제와 직간접적으로 관련되는 칼럼들을 함께 실었다. 칼럼은 1993년부터 최근까지 주요 일간지에 발표했던 것들이다.

이미 발표되었던 글들을 한자리에 모으는 일이 내 개인적인 정리의 필요 외에 무슨 의미가 있을까 하는 회의가 적지 않았다. 논문을 쓰던 당시에는 시의성도 있었고, 주장에 대한 확신도 있었으나 20~30년의 시간이 흐른 지금에 와서는 빛이 많이 바랜 것도 있고, 확신에 찬 내 주장과는 거리가 멀게 사회현실이 진행된 경우도 많아서 책 출판을 접을 생각도 했다. 그러나 한 편 한 편 읽다 보니 애초에 생각하지 못했던 다른 의미가 발견되었다. 개인적인 관심에 따라, 또는 당시의 학술적인 필요에 따라 썼던 논문과 칼럼이 그럭저럭 30여 년의 시간에 걸쳐 있다 보니, 그동안 우리 사회를 풍미했던 관심사를 읽을 수 있

현대의 지성149

이미지 문화와 시대 쟁점

: 영상문화의 세계는 어떻게 발전해왔는가

박명진 지음

문학과지성사

2013

부속물로 간주되었던 즐거움에 대한 관점에서 벗어나 즐거움 자체의 기능이 '저항적 즐거움'을 포함해서 다원적일 수 있음을 지적했다. 영상 내러티브의 시점 문제가 즐거움의 문제와 함께 부각되었으며, 동시에 상황적 즐거움의 문제와 함께 팬클럽 같은 특수 수용자 집단에 대한 관심으로 이어지기도 했다.

포스트모더니즘 이론은 1990년대 후반 이래 영상문화에서 일어나고 있었던 변화를 설명하는 데 적절한 도움을 주었다. 영화에서 고전적 내러티브가 약화되고 파편화의 조짐이 두드러짐과 동시에 시청각적 자극을 겨냥한 스펙터클이 만연되면서 내러티브 중심의 이념작용 설명은 그 의미가 약화되었기 때문이다. 결국 의미상으로 얄팍한 텍스트를 바탕으로 해서 스타일, 감각성, 이미지 기술에 많이 의존하는 새로운 '스펙터클의 미학'이 확산되기 시작한 것이다. 프레데릭 제임슨의 용어를 빌리면 피상성surface의 '깊이 없는 영상depthless image'의 문화가 주류로 부상했다. 포스트모더니즘 이론은 이처럼 의미와 서사의 해독과 해석 체험에서 감각과 놀이적 체험으로 변해가는 영상문화의 이론과 분석의 시각을 제공해주었다.

1부에서는 영상의 언어적 문제와 연구 방법론의 문제를 다룬다. 1장에서는 기호학 방법론의 전반적 문제를 개괄적으로 다루고, 2장에서는 영상의 일반이론과 매체별 영상언어의 구조적 특징을 간략히 설명했다. 3장과 4장은 디지털 영상언어의 특징과 연구 방법 문제, 새로운 커뮤니케이션 양식인 VR의 이론화 가능성을 검토해본 것이다.

2부는 영화매체를 집중적으로 다룬 논문들이다. 언어체로서의 연구 방법, 대중영화의 산업적·정치적 함의, 영화정책, 영화문화의 핵심

이슈라고 생각되는 문제들을 다루었다.

3부는 영상문화의 변화를 포스트모더니즘 이론의 시각과 디지털 매체의 등장과 관련해서 설명한 것이다. 영화 같은 전통적인 영상문화의 변화, 새롭게 등장한 뮤직비디오, 컴퓨터게임 같은 새로운 영상의 의미도 그러한 시각에서 조명했다. 즐거움이나 저항의 문제는 포스트모던 시대의 등장과 무관하지 않다고 생각되어 여기에 포함시켰다. 4장에서 다루는 하이퍼텍스트와 영상언어의 확산으로 야기될 사고처리 thought processing 방식의 변화, 정보 습득에서 육체의 역할 증대 같은 문제도 포스트모던 문화의 연장선상에서 볼 수 있다고 판단했다.

4부에는 영상학자들과의 인터뷰가 두 편 실려 있다. 레지스 드브레, 앤드루 달리와 나눈 두 인터뷰는 사상적으로는 전통적인 진보의 개념이 붕괴된 시대, 매체적으로는 디지털 영상문화가 만개하기 시작한 시대에 영상문화가 지향해갈 방향을 타진해보는 데 도움이 된다고 생각한다. '재현예술의 대안으로서 시뮬레이션 예술의 가능성'은 앞의 두 학자와 유사한 관심을 가지고 쓴 논문이다. 전통적인 영상문화의 핵심 영역이었던 단일 창작자 중심의 고정적인 내러티브, 재현의 문화에서 '집단지성'과 '집단감성'의 참여와 협업 형태의 가변적인 영상문화가 부상하고 있는 시대적 변화에 대한 인식에서 출발한 것이다. 이 같은 시대적 요구에 부응해 대중적 영상문화의 중심을 지켜왔던 내러티브형 영상이 취할 수 있는 대안적 형태를 생각해보았다.

아마도 3만 년 전 인류 초기 때부터 시작해서 본격적으로는 르네상스 시대 이후 줄기차게 추구해왔던 영상문화의 현실재현에 대한 사명은 오늘날에는 여기저기서 조락의 징후를 보이고 있는 듯하다. 가장 최근 도달한 영상문화인 VR의 세계 역시 픽션적인 재현의 세계라기보다는 시뮬레이션의 세계이다. 재현과 시뮬레이션의 개념이 어떤 지점에서는 분명히 구분되지 않기도 하듯이 이 둘은 상호 보완해가며 영상문화의 세계를 당분간 엮어나갈 것으로 생각된다. 그러나 그다음 단계는 무엇일까? 논문들을 정리하다 보니 영상문화를 연구하면서 내가 줄곧 유지해왔던 생각의 가닥은 바로 여기에 있었던 것 같다. 쇼베 동굴 이후 꾸준히 인류가 이미지를 통해 도달하려고 한 것은 무엇인가? 현실재현이라는 개념으로 묶었지만 그 현실이란 다분히 복합적이고 다차원적이다. 디지털 전자기술만이 영상세계를 바꾸어놓고 있는 것은 아니다. 생명공학 기술로 복제된 돌리양과 복제견, 복제늑대들은 새로운 현실일까 혹은 현실을 대신하는 기호인 이미지일까? 복제인간이 실현되면 그 역시 같은 문제에 봉착하게 된다. 이미지라는 기호는 여러 가지 목적으로 인간이 조종하고 부리기 위해 고안해낸 것이다. 복제인간이나 복제동물이 사실상 컴퓨터게임의 아바타와 다를 바 있을 것인지 사회적·윤리적 문제와는 별도로 영상 연구에서는 기호-영상과 현실 간의 구분 문제를 고민하지 않을 수 없을 것이다.

이미 발표된 논문들을 모아 책으로 엮어내는 작업은 추가 작업 없이 되는 것으로 가볍게 생각했다가 의외로 여러 사람의 정신적·육체적 노동을 많이 필요로 하는 것임을 새삼 알게 되었다. 이 책에 실을 논문과 칼럼을 고르는 데 도와주신 분들, 그리고 책을 펴내기까지 도움을 주신 문학과지성사 편집부에 깊이 감사드린다.

2013년 3월
박명진

| 차례 |

1부

이미지 문화를
보는 방법들

: 정영상에서
VR영상까지

1장
기호학과 커뮤니케이션 연구

기호학에서는 커뮤니케이션을 목적으로 하는 영역(예컨대 매스미디어, 예술 등)뿐만 아니라 사회생활의 모든 영역을 기호로 구성되는 커뮤니케이션의 체계로 개념화한다. 그러므로 사회과학의 여러 분야 중에서 구조주의 기호학의 선구자 격인 레비-스트로스Claude Lévi-Strauss의 영향이 컸던 인류학을 제외하고는, 커뮤니케이션 분야에서 구조주의 기호학을 활용한 연구 작업이 가장 활발한 편이라고 할 수 있다. 이 장에서는 기호학이 커뮤니케이션 연구에 어떻게 적용되어왔으며, 어떤 기여를 했는가, 앞으로의 전망은 어떠한가 하는 문제를 중심으로 살펴보고자 한다. 커뮤니케이션 연구에서 기호학의 활용은 무척 광범위하게 이루어진 셈이지만 여기서는 커다란 줄기만을 따라 간략하게 소개하는 것으로 그친다.

1. 사회과학과 기호학

기호학이 커뮤니케이션 연구를 포함한 사회과학 전반에 끼친 영향으로는 우선 상징, 의미, 의미체계 등 심벌리즘의 연구를 사회과학적 분석의 중요 대상으로 다시 부각시켰다는 점이다. "다시"라는 말을 쓴 것은 심벌리즘의 연구가 사회과학에서 새로운 관심 분야로 등장한 것은 아니기 때문이다. 예를 들면 막스 베버는 상징체계와 종교체계의 거시사회학적 비교 연구와 미시사회학적 전망을 결합하려 시도했고, 뒤르켐Émile Durkheim 등은 '집단 표상collective representation'을 이야기했고, 마르크스 계열의 연구 작업에서는 이데올로기의 사회적 기능을 중시하는 등 고전 사회과학에서는 상징체계에 대한 연구가 비교적 중요한 부분을 차지해왔다. 이처럼 고전적 연구에서도 상징, 의미, 의미체계 등을 중요시했지만, 현대 사회과학의 전개 과정에서 양적 측정과 미시적 분석을 강조하는 미시적 사회과학 분야의 성장이 이루어지면서 이들은 몇몇 예외를 제외하고는 상대적으로 주변적인 문제로 밀려나게 되었던 것이다.

구조주의 기호학은 의미, 상징체계 등의 연구를 다시금 사회과학의 주요 관심사로 부각시켰을 뿐 아니라 그것의 사회적 중요성을 고전 사회과학에서보다 훨씬 더 폭넓게 파헤쳐주었다. 예컨대 언어체계와 이데올로기, 사회 구성체 사이의 관련성, 인간 주체의 형성과 언어체계 간의 관련성 등에 대한 규명을 통해 사회구조의 역학에서 상징체계가 차지하는 중추적 위치를 고전 사회과학에서보다 더 잘 드러내주고 있다고 할 수 있다.[1] 즉 기호학은 상징체계의 연구에서 연구 영역의 확장과 아울러 새로운 분석도구를 제공해줌으로써, 종래의 연구가 가지고 있었던 커다란 빈틈을 메워주었다고 할 수 있다.

2. 사회과학에 대한 기호학의 기여

기호학은 커뮤니케이션 연구를 포함하여 사회과학 방법론상의 가장 중요한 쟁점이라고 할 수 있는 객관성/주관성의 대립 문제를 극복할 가능성을 제공해주었다.

전통적 사회과학의 패러다임은 바그너Helmut R. Wagner의 분류 방식을 따르면 실증주의적positivistic, 해석적hermeneutic, 평가적evaluative 패러다임으로 나눌 수 있다.[2] 분석의 주체와 방법을 기준으로 해서 볼 때 이러한 기존의 사회학적 이론들은 다음과 같이 분류할 수 있다. '실증주의적' 사회학의 범주에 기능주의적·행태주의적 연구들이 포함되고, '해석적' 사회학에 베버, 상징적 상호작용론, 현상학적 연구들이, '평가적' 사회학의 범주에 마르크스주의적 연구와 기타 사회개혁적 연구들이 들어간다.

객관적 패러다임으로 볼 수 있는 행태주의자·실증주의자 들은 주체의 객체로부터의 분리를 객관적 설명이 가능한 사전조건으로 본다. 사회과학적 대상은 자연과학적 대상과 마찬가지로 관찰자의 정신으로부터 독립되어 그 자체의 고유한 값을 가지고 있는 것으로 보며, 객관적이라는 것은 사회과학적 자료들을 '거기에 주어져 있는 대로' 읽는 것을 의미한다. 대상에 대한 감각적 경험을 토대로 해서 그로부터

---

1) M. Pêcheux, *Language, Semantics and Ideology*, London : MacMillan Press, 1982.
2) H. R. Wagner, "Types of Sociological Theory," in *American Sociological Review*, 28. Oct. 1963.

규칙성을 찾아내고 과학적 법칙으로 구축하고자 한다.

주관적 패러다임의 경우는 실증주의와 달리 사회과학의 특수성을 강조하여 자연과학적 방법이 사회현상에 무리 없이 적용될 수 있다는 방법적 일원론을 거부한다. 자연현상과 사회현상이라는 인식 대상의 근본적인 차이를 인정하고, 사회현상은 의미현상이고 이해의 대상이라는 점, 그래서 사회현상에 대한 지식은 인식하는 인간의식의 직관에 의존한다는 점을 강조한다. 사회현상에는 의미·가치의 문제가 개입되어 있고, 특정인의 경험이 그 대상들을 만들어낸 것으로 보기 때문에 사회과학의 분석 대상은 주관적인 의미여야 한다는 것이다. 평가적 패러다임은 객관적 패러다임이 요구하는 '가치 중립성'에 대한 반대로 특징지어지며, 이념적 전제의 기초 위에 성립된다.

구조주의 기호학은 객관적·주관적 두 가지 패러다임에 대해 모두 문제점이 있다고 지적한다. 전자의 경우에는 그것이 가지고 있는 주체·객체 사이의 철저한 분리와 경험주의적 편견을 문제 삼는다. 구조주의 기호학은 앎에 대한 관점과 앎의 주체 사이의 분리가 불가능하다는 관점에 기초해 있다. 사회과학의 자료가 경험적 토대를 갖고 있는 경험적 지식에서 출발은 해야 하나, 어떤 경험적 자료도 형식적 모델을 구축하지 않고는 그 자체만으로는 이해될 수 없다는 관점에서이다. 즉 지식은 지각적 현실의 단순한 복사가 아니라 재구성의 작업이 된다는 것이다. 구조주의 기호학은 주관적 패러다임에 대해서도 동의하지 않는다. 사물의 파악에서 개별적 주관성의 작용을 부정하지는 않으나 그것은 의식 주체의 생산물이 아니라 구조의 산물로 보기 때문에 주관적 의미 자체를 액면 그대로 고려하는 것은 무의미하고 적절한 분석 대상으로 볼 수 없다는 견지에서이다.

구조주의 기호학에서는 사회과학에서 흥미를 가져야 할 부분이 사회적 현상의 관찰 가능한 양상도 아니고, 그것에 대한 주관적·의식적 의미도 아니며, 그 영역 모두의 밖에 있는 '구조적 의미'이다. 관찰 가능한 사실들이나 의식적 의미 밑에 깔려 있는 논리, 즉 '구조'라고 바꾸어 말할 수 있는 이 개념은 분리, 고립 가능한 하나의 실체로서 실증주의적 객관성도 아니고 개인적 사변의 소산도 아니다. 그렇기 때문에 기존의 사회과학에서 대립관계에 있는 주관/객관의 이분법을 뛰어넘을 수 있는 개념으로 간주된다.

3. 기호학과 미디어 연구

1980년대 이후 미디어 연구에서 중요한 연구 경향의 두 산맥은 정치경제학적 연구와 구조주의-문화론적 연구라고 할 수 있다. 전자의 경우 사회적 토대가 문화에 작용하는 방식, 혹은 문화생산의 경제적 토대를 통해 문화의 기능을 보고자 했다면, 후자는 반대로 문화가 사회에 작용하는 방식을 밝히는 데 초점을 맞춘다.

후자에 속하는 연구들은 대체로 문화의 상대적 자율성을 인정하며, 문화적 텍스트의 분석에 역점을 두고 있는 데서 공통점을 보인다. 문화는 현실의 표상representation을 통해 사회현실에 대한 인식을 구축해내고, 그럼으로써 이데올로기 생산과 재생산의 수단으로 작용하게 된다는 입장에서, 그것이 기존의 불평등관계를 강화하고 기존의 구조적 모순을 재생산하는 데 기여하는 방식을 밝히고자 한다. 후자의 연구에 중추적인 연구 방법론으로 활용된 것이 구조주의 기호학이다.

구조주의 기호학에서 주된 연구 대상이 된 것은 미디어 텍스트였다. 그렇기 때문에 구조주의 기호학은 초기에 앵글로색슨 지역의 커

뮤니케이션 진영에서 경험주의적 연구 계열의 내용 분석content analysis
을 대신하는 방법으로, 내용 분석보다 좀더 세련된, 그러나 주관성이
많이 게재되는 의심스러운 방법으로 인식되었던 것도 사실이다. 그러
나 내용 분석의 경우는 사회와 문화의 관계, 분석의 목적, 접근 방식
에서 근본적인 차이를 드러낸다. 이것은 문화적 텍스트를 사회를 반
영하는 반영론적 시각에서 보기 때문에 분석의 목적은 특정 텍스트
가 사회를 제대로 반영하고 있는가의 확인이 된다. 그것을 위해 텍스
트의 내용을 구성하는 의미단위들은 수량자료가 되는 사회 조사 등을
통해 모은 통계자료 등이 된다.

　반면에 기호학적 분석의 경우는 텍스트를 사회에 대한 반영이 아닌
적극적인 발언의 행위로 보고, 그것이 세상을 이해하고 파악하고 인
식하는 방식을 규정짓는 논리를 내포하고 있다고 본다. 그러므로 바
로 텍스트의 내용을 구성하는 논리, 바꾸어 말하면 어떤 대상에 의미
를 부여하는 데 작용하는 체계적 논리-의미체계를 찾아내는 작업이
분석의 과정이고, 이것이 이데올로기가 된다. 텍스트가 아닌 커뮤니
케이션 현상, 미디어 제도 등에서는 그러한 현상이나 제도들을 구성
하는 요소들 사이에 내재하는 기본 논리가 탐구의 대상이 된다. 이 논
리가 바로 구조라고 명명되는 것이다. 예컨대 뉴스 가치를 규정하는
제도화된 관행에 대한 분석은 그것을 규정하는 여러 가지 기준에 공
통적으로 내재한 논리를 찾아냄으로써, 뉴스 가치를 지배하고 있는
이데올로기를 밝히고 나아가서는 미디어 체계의 조직 원리와 구성 원
리를 밝혀내게 된다.

(1) 바르트, 에코 등 프랑스-이탈리아 계열의 기호학 방법론

기호학적 접근 방식에 속한 연구들은 바르트Roland Barthes, 에코 Umberto Eco 등이 개발한 구조주의 전기에 속하는 기호학적 방법론과 프로프Vladimir Propp, 레비-스트로스 등의 서사체 분석 방법을 원용한 커뮤니케이션 텍스트, 혹은 대중문화의 텍스트 분석에 역점을 두고 있다.

바르트로 대표되는 전기 기호학의 주요 관심사는 커뮤니케이션 텍스트, 대중문화의 텍스트에 내재해 있는 이데올로기의 정체를 밝혀내는 것이었다. 전기 기호학이 이념학이라고 불렸던 이유가 여기에 있다. 이 계열의 연구 방법을 가장 상세히 설명해주는 것은 역시 바르트가 쓴 『신화지Mythologies』라고 할 수 있다. 그는 자신이 구축한 방법론적 입장에서 대중문화를 분석하여 칼럼으로 발표한 짧은 글들을 이 책에 모아놓았다. 바르트는 이 책을 통해 비로소 구조주의를 단순한 사조가 아니라 사회과학적·인문과학적 대상의 기능이나 존재의 규칙을 드러내 보이기 위해 사용할 수 있는 방법론으로 정립해주었다고 할 수 있다.

바르트가 소쉬르의 이분법적 기호학, 예컨대 기표/기의, 형태/본질, 랑그/파롤, 공시적/통시적 등 이분법적으로 기호의 특성을 설명하는 방법을 계승하고 있는 데 반하여, 에코의 기호학[3]은 퍼스Charles Sanders Peirce의 삼분법적 기호학(기호를 기호sign, 대상referent, 해석체interpretant의 삼각체제로 설명하는 이론)을 계승하고 있다는 데서 근본적인 차이점

---

3) U. Eco, *Theory of Semiotics*, Bloomington: Indiana University Press, 1976.

을 보인다. 소쉬르와 퍼스의 기호학의 가장 중요한 차이점은 소쉬르의 기호학이 기호를 기표와 기의의 결합이라고 보는 데 반해 퍼스는 기호-대상에다 이 둘을 연결하는 해석체라는 새로운 항을 삽입시킴으로써 기호에 시간의 개념을 도입할 수 있는 가능성을 열어주었다는 데 있다. 이는 소쉬르의 기호학이 기호의 분석을 정태적인 것으로 제한할 위험이 있었던 데 비해, 퍼스의 기호학은 더 역동적인 기호의 측면을 분석할 수 있게 해주었다고 볼 수 있다. 이것은 시간의 축이 중요한 요소인 사회과학에서는 상당히 중요한 문제였다. 그렇기 때문에 커뮤니케이션 연구에서는 순수한 바르트식 연구보다 에코가 더 선호되었다고 할 수 있다.

오늘날 영국, 미국 등지에서 생산되는 많은 문화론적 연구 계통의 연구서들, 예를 들어 광고·뉴스 등 미디어 텍스트 분석에 관한 입문서들의 첫 부분에서는 기호학의 기초 개념들과 방법론이 간략히 소개되고 있는데, 그 내용들은 거의 모두가 바르트와 에코를 결합해놓은 것으로 퍼스에 의해 소쉬르를 보완해놓은 것이라 할 수 있다.

(2) 서사체 이론

프랑스-이탈리아 기호학 계열에서 또한 커뮤니케이션 연구에 유용한 틀을 제공해준 것은 서사체 이론narratology이다. 프랑스-이탈리아 구조주의자들은 러시아 형식주의자인 프로프의 러시아 민담 분석 모델에 구조주의 방법론적 요소들을 결합시켜 서사체 분석 방법들을 개발해냈고, 그 대표적인 것이 레비-스트로스와 그레마스Algirdas-Julien Greimas의 분석 모델이다. 레비-스트로스의 모델은 그의 저서 『구조인류학Anthropologie structurale』에 잘 소개되어 있으며, 여기서 그는 오이디

푸스 신화에 그것을 적용시켜 분석하고 있다.

행위자 모델이라고 불리는 그레마스의 모델은 프로프와 레비-스트로스를 결합·발전시킨 것이라 할 수 있는데, 문학에서와는 달리 미디어 텍스트의 경우 비교적 단순한 모델이 원용되고 있다.

서사체 이론가들은 서사체가 사회적 삶의 모순을 표상해주며, 그와 함께 그 모순을 해소 혹은 해결하는 방식을 보여주고 있어 문화적 해석의 근거가 될 수 있다고 본다. 따라서 이 분석 모델들은 문화적 텍스트가, 사회 내의 근본적인 정치적·경제적 모순을 상상적 해결의 투영을 통해 상징과 이념의 영역에서 해결해주는 방식을 밝히고자 한다. 이 방법들은 이데올로기 연구에서 만화·드라마·영화 등의 픽션물 연구뿐 아니라 뉴스·광고 등의 분석에도 많이 사용되었다.

(3) 비판적 언어학

비판적 언어학critical linguistics은 이스트 앵글리아East Anglia 대학교의 언어학·사회학 문예비평 연구가들인 로저 파울러Roger Fowler, 밥 하지 Bob Hodge, 군터 크레스Gunther Kress,[4] 토니 트류Tony Trew 등을 중심으로 이루어진 일련의 작업 결과로 등장한 연구 방법이다. 이 연구자들의 공통된 목적은 언어와 사회의 관계를 개별 요인 사이의 관계(예를 들어 집단 성별·연령 등의 인구통계학적 요인과 언어 사용의 관계)에 국한해 연구함으로써 언어 형태를 사회구조와 연관 지어 설명할 수 없었던 언어사회학의 협소함을 벗어나, 언어 분석과 사회 분석의 결합을 시도하는 것이었다. 그들은 이론적 배경으로 촘스키Noam Chomsky의 구

---

4) G. Kress & B. Hodge, *Language as Ideology*, London: Routledge & Kegan Paul, 1979.

조인류학적 문화 개념과 언어 능력에 대한 견해를, 방법론적 배경으로는 할러데이Michael Alexander Kirkwood Halliday의 체계-기능적 언어학 등을 수용하고 있다. 이들은 언어가 사회 구성원으로 하여금 객관적 세계를 이해하고 그것에 반응할 수 있도록 그 세계를 단순화·범주화해주는 것으로 파악한다. 이 점에서 이들은 구조주의 기호학과 언어에 대한 관점을 공유하고 있다.

크레스가 1988년 『사회기호학Social Semiotics』[5]이라는 책을 출간하면서 밝혔듯이 비판적 언어학은 일반적인 기호학적 통찰로부터 비롯된 것이었다. 초기에는 그것을 적절하게 이론화할 수 있는 단계에 이르지 못했기 때문에 기호학과의 연계는 암시된 정도에 그쳤으나, 1980년대 말에 이르러서는 기호학 영역으로의 확대 연구가 천명되었다. 바꾸어 말하면 언어 분석에만 머무는 것이 아니라 언어이론 자체가 사회적으로 구성된다고 보고, 사회적 실천으로 다루어지는 모든 기호체계 이론의 맥락 속에서 고려되어야 한다고 강조하고 있는 것이다. 이들의 주요 연구 대상은 뉴스의 분석으로, 뉴스 텍스트의 동사, 어휘 분석 등을 통해 뉴스가 어떻게 이데올로기의 유지와 재생산, 보수 작업을 하고 있는가를 보여주려 시도했다.

같은 계열의 연구로 네덜란드의 반 다이크Van Dijk 그룹이 개발한 담론 분석discourse analysis 모델을 들 수 있다. 이것은 전통적인 미국의 경험적 연구와의 부분적인 접목이 이루어진 것으로 특히 미국의 커뮤니케이션 학계에서 뉴스 분석 틀로 많이 활용되고 있다.

---

5) G. Kress, *Social Semiotics*, Cambridge: Polity Press, 1988.

4. 기호학과 다른 방법론의 접목

기호학적 연구 방법은 오늘날 그 자체만으로는 커뮤니케이션 현상을 설명하는 완전한 틀이 되지 못한다. 물론 문화와 이데올로기 문제 그 자체에 관심이 집중되었던 초기에는 분명히 독립된 분석의 틀로서 사용되었다. 그러나 텍스트의 생산, 텍스트의 수용문제, 그리고 해독 decoding의 문제가 더불어 제기되고 있는 오늘날에는 중대한 결함을 노출시킨다. 그래서 다른 방법론과의 접목이 불가피했다.

미디어 생산의 문제에 대한 관심과 접목되어 기호학 방법론이 활용되었던 것이 헤게모니적 접근이고, 텍스트의 수용자에 대한 이념작용이라는 수용의 문제를 위해 활용되었던 것이 구조주의 언어학과 정신분석학의 접목으로 이루어진 라캉Jacques Lacan의 주체구성 이론이고, 해독의 문제와 접목되어 활용된 것이 문화론적 연구이다.

(1) 헤게모니적 접근

헤게모니적 접근은 알튀세르Louis Althusser의 헤게모니 이론과 사회구성체 이론, 이데올로기적 국가기구 이론에 근거한 미디어 연구 방법이다. 이것은 앞의 방법들과 같이 미디어 텍스트에 중점을 두어 분석하고 있으나 텍스트의 생산과 수용이 이루어지는 사회구조와 사회적 과정을 그 출발점으로 하고 있다는 데 그 특징이 있다. 비판적 언어학의 경우 언어 분석을 통해 사회 분석을 겨냥하고 있기는 하지만, 텍스트와 언어구조를 분석의 출발점으로 삼아 사회 분석을 시도한 것이다. 그러므로 그들의 이데올로기 분석은 단편적 수준에 머물게 되어 사회구조와 관련된 체계적인 설명으로서의 설득력이 약했다는 문제가 있었다. 바르트-에코 계열의 연구는 이데올로기 분석의 열쇠가 되는 함축적 의미connotative meaning를 사회·역사적 맥락 속에 위치시켜 해독하려는 것이고, 각 텍스트의 이데올로기 분석이 그 사회 내의 이념체계를 설명하는 데 연계되므로 비판적 언어학에서 문제점이 제기되지는 않았다. 그러나 바르트-에코 계열의 연구는 문학, 예술, 대중문화 전반에 공통으로 사용되면서 개발되어왔기 때문에 사회적 과정 내에서 미디어가 차지하는 특수한 위치, 또 미디어 텍스트 생산의 독특성 등 미디어 텍스트의 해독과 이해에 관건이 되는 문제에 대한 특별한 통찰을 제공하지는 못했다는 약점을 가지고 있었다.

헤게모니적 접근은 이 같은 문제점을 극복하고 매스커뮤니케이션 연구에 적절한 연구 모델을 제시하려 했다는 데 그 의미가 있다. 또한 고전적인 마르크스 이론에 근거한 미디어 정치경제학적 연구들이 경제적으로 결정되는 사회계급들 사이의 미디어 소유에 의한 지배관계, 시장과 자본의 논리에 의한 지배로서 미디어와 사회를 설명한 반면, 헤게모니적 접근은 상대적으로 국가기구를 중시하며 국가와 자본의 관계에 초점을 맞추고 있다.

그러므로 이 접근 방법은 사회 구성체의 성격을 규명하고, 그 내부에서 이념적 국가기구Ideological State Apparatus의 역할을 하는 것으로 정의된 매스미디어 기구의 위치를 구체적으로 밝혀내며, 그 위치에서 그 기구가 기능해나가는 방식을 찾는 등 미디어가 속한 사회구조, 사회 과정의 분석을 출발점으로 해서 텍스트 분석에 도달한다.

그럼으로써 텍스트가 사회구조적 모순을 어떻게 표상하고, 그 모순을 중화시킴으로써 그 사회 내의 헤게모니 구축에 기여하는지, 그것의 이념적 작동 방식을 찾아내는 것을 텍스트 분석의 목표로 삼는다. 따라서 여기서의 이념 분석은 헤게모니 구축 방식의 규명이라는 좀더 구체적인 방향성을 가지고 이루어진다. 알튀세르, 그람시Antonio Gramsci 등이 주장했듯이 지배계급은 종속계급을 직접적인 위험이나 강압적인 방법에 의해서가 아니라, 피지배계급으로부터 지배-피지배 관계에 대한 정치적·경제적 차원의 자발적인 동의를 유도할 수 있도록 모든 사회적 모순, 불평등을 자연스럽고 당연한 것으로 만드는 메커니즘에 의존하고 있으므로 이것이 분석의 초점이 된다.

이 같은 방법은 이념적 국가기구로서의 역할에서 점차 그 중요성을 더해가는 텔레비전의 뉴스, 기타 다양한 프로그램에 대한 연구에 많이 원용되었다.

(2) 정신분석학과 주체구성의 이론

전기구조주의에서는 미디어 텍스트 자체의 이데올로기 분석이 주종을 이루었다. 그러나 전통적으로 미디어의 수용자에 대한 효과 연구가 중심을 이루어왔던 커뮤니케이션 영역에서는 텍스트의 의미 못지않게 텍스트가 수용자에게 작용하는 방식이 커다란 관심거리였다. 즉 텍스트의 이데올로기가 미디어 수용자 개체에게 작용하는 방식, 효과를 발생시키는 방식에 관한 문제의 규명이 요구되었다. 후기구조주의의 주체구성 이론은 이러한 문제에 나름대로 해답의 가능성을 제공했다.

이 계열의 연구 전반에 큰 영향을 끼친 라캉[6]은 정신분석학과 구조주의 언어학의 접목을 통해 무의식과 언어·이데올로기의 관계를 밝

---

6) J. Lacan, *Les Quatres concepts fondamentaux de la psychanalyse*, vol II. Paris: Seuil, 1964.

히고 이데올로기에 의한 주체구성의 과정과 이 과정에서 발생하는 이념작용을 분석하는 데 유용한 틀을 제공했다.

이 방법을 통해 신문 뉴스, 텔레비전 뉴스, 오락 프로그램, 논설, 광고, 영화 등 서로 다른 유형의 텍스트들이 서로 다른 방식으로 수용자들을 인식의 주체, 행위의 능동적 주체로서 느끼게 해주면서 설득효과를 생산하고, 이데올로기적 영향력을 행사하는 메커니즘에 대한 다양한 연구가 수행되었다.

(3) 문화론적 연구

미디어 텍스트의 주체구성 방식의 연구들이 텍스트의 수용문제에 대해 부분적으로 밝혀주기는 했지만 이것은 어디까지나 텍스트를 대상으로 한 텍스트 중심의 설명으로서, 서로 각기 다른 성향과 조건을 가진 실제 수용자들의 수용 방식을 설명해준 것은 아니었다. 주체구성에 의한 이념작용의 설명은 그 설득력에도 불구하고 모든 사람에게 공통적으로 적용되는 추상적인 설명에 불과할 뿐, 구체적인 개개인 수준에서 일어나는 해독의 실제 관행을 밝혀주지는 않았다.

영국에서 1970년대 들어 본격적으로 부상하기 시작한 문화론적 연구 경향은 바로 이 문제에 천착함으로써 커뮤니케이션 연구에 새로운 지평을 열었다. 이 계열의 연구에는 그람시와 에코, 바흐친Mikhail Bahktin 등의 이론이 중요한 기여를 했다.

그람시의 경우는 대항 이데올로기 개념을 통해 이제까지 지배 이데올로기 이론의 요지부동한 지배의 관점에서 벗어나지 못했던 기존의 텍스트 분석을 새로운 각도에서 보도록 했다. 에코는 일탈 해독의 개념을 통해 하나의 코드에 따라 부호화된 메시지가 다른 코드에 의해 해독될 수 있는 가능성을 시사해주었다. 바흐친의 대화이론은 텍스트의 해독이 텍스트에 주어진 대로 수용하는 행위가 아니라는 사실에 착안할 수 있게 해주었다. 미디어 텍스트는 하나의 혹은 여러 개의 담론으로 구성되어 있으며, 해독자의 의식 또한 그것과 유사하게 그 자신의 사회적 경험을 의미화하는 일련의 담론들로 구성되어 있으며, 텍스트의 해독행위는 바로 텍스트의 담론과 해독자의 담론 사이에 일어나는 일종의 대화와 유사한 것으로 간주할 수 있게 된 것이다.

이러한 여러 이론의 도움을 받으면서 문화론적 연구는 스튜어트 홀 Stuart Hall[7] 등 영국 버밍엄 대학교의 CCCSCenter for Contemporary Cultural Studies 그룹을 중심으로 체계화되기 시작했다. 문화론적 관점에서 보면 미디어 텍스트의 해독은 해독자와 텍스트 사이에 이루어지는 일종의 교섭 과정이며, 결국 미디어 텍스트는 기호를 둘러싼 다양한 의미 간의 투쟁이 벌어지는 장소로 정의된다.

문화론적 연구는 이제까지 애매하게 남아 있었던 몇 가지 문제를 밝혀주었다. 그중 하나는 기호학적 분석을 통해서 찾아내는 텍스트의 의미, 의미구조, 혹은 구성의 논리는 누구에게 귀속되는가 하는 문제이다. 즉 분석자 혼자 찾아내는 어떤 것인가, 혹은 텍스트의 해독자에게 모두 포착될 수 있는 것인가 하는 문제가 바로 그것이다. 결론은 기호학 방법을 통해 분석되는 것은 텍스트의 '선호된 의미preferred meaning'를 밝혀내는 작업이 된다는 것이다. 그리고 기존의 텍스트 분석에서 확인되지 않은 채로 암시되었던 가정, 즉 해독자는 그 지배적 의미를 그대로 수용하게 되리라는 가정은 앵글로색슨 특유의 경험적 연구를 통해서 무너지게 된다.

---

7) S. Hall, "Encoding and Decoding in Television Discourse," in *Culture, Media, Langage*, London: Hutchinson, 1980.

민속지학적ethnographic 방법의 수용자 연구들이 밝혀낸 것은, 해독자들이 많은 경우 선호된 해독을 하게 되지만 상당수는 그들의 사회적 위치, 개인적 체험 등을 통해 내면화된 담론들과 텍스트 담론의 교섭을 통해 여러 가지 일탈적인 해독을 하게 된다는 것이었다.

이 계열 연구의 부상과 함께 미디어 문화 연구에서 연구의 축은 예전과 같은 텍스트 중심이 아니라 수용자 쪽으로 옮겨가게 되지만[8] 결국 모든 해독의 문제에서 '선호된 해독'이 참조의 기준이 되기 때문에 기호학적 텍스트 분석은 여전히 활용된다.

5. 체험적 텍스트의 분석

최근의 주목할 만한 현상은 커뮤니케이션 영역의 대중문화 연구에서 종래와 같은 생산된 텍스트produced text뿐만 아니라 체험적 텍스트 lived text의 영역에까지 기호학적 분석을 시도하고 있는 점이다. 즉 글·영상 등의 기호를 사용해 생산되고 대중매체를 통해 전파되는 미디어 텍스트만을 대상으로 하지 않고 텍스트의 개념을 확장시켜 엑스포 같은 이벤트, 쇼핑몰·해변 등의 공간문화, 생활 현장들이 분석의 대상이 되고 있다. 이러한 연구는 이미 『신화지』시절의 바르트가 그 가능성을 피력한 바 있지만 그동안 미디어 텍스트 중심의 연구에 집중되어 실제 이루어지지는 못했다가, 요즘 들어 새로운 문화공간과 현장들이 등장함에 따라 활발해지고 있다.[9]

---

8) J. Fiske, *Introduction to Communication Studies*, London: Methuen, 1982.
9) J. Fiske, *Reading the Popular*, London: Routledge, 1989.

6. 포스트모던 문화

분분한 논의를 일으켰던 포스트모던 문화의 등장과 함께 이러한 문화 텍스트에 대한 기호학적 분석의 틀이 유용한가에 대해 일부에서 문제를 제기하기도 했다.[10] 기존의 텍스트 분석은 이데올로기 분석이나 주체구성에 그 관심의 초점이 맞추어져 있었고 이런 이유로 해서 기호학은 '이념학'이라는 별칭을 얻기도 했기 때문이다. 그런데 포스트모던 문화는 체계적·논리적 의미구축을 회피 내지는 거부하는 문화이며, 동시에 주체구성을 통한 이념작용의 메커니즘을 찾기가 쉽지 않기 때문에 기호학 분석 방법이 적용될 수 있는가 하는 문제가 제기될 수밖에 없다.

현재까지는 포스트모던 텍스트들이 어떻게 모더니스트 텍스트의 의미구축 방식이나 주체구성 방식을 거부 내지는 위반하고 있는가에 대한 분석에 상당히 유용했다. 그러나 이러한 텍스트들이 보편화될 때 문제는 달라질 수 있다. 물론 어떤 스타일의 텍스트이건 기호들이 모여 이루어지는 것이므로 기호학적 분석의 틀은 적용될 수 있겠지만 기호학이 제공하는 현재의 가능성만으로는 그러한 분석이 사회적으로 예전처럼 의미 있고 유용한 분석이 될 수 있을지는 의문이다. 예전에는 이데올로기 분석을 통해 사회의 구성 원리 그 자체를 밝혀내고자 하는 큰 스케일의 목표가 있었지만, 포스트모던 텍스트의 기호학적 분석은 그러한 텍스트의 사회적 기능이나 수용자에 대한 작용의 문제를 진단하기에는 적합하지 않아 보이기 때문이다.

---

10) M. Gottdiener, *Postmodern Semiotics*, Cambridge: Blackwell, 1995.

7. 사회기호학적 방법의 재등장

1980~90년대에는 특히 영국과 미국을 중심으로 포스트모던 문화 분석이 상당히 유행했다. 쇼핑몰, 테마 파크, 패션, 공항, 마돈나 현상 등 그 대상도 다양했으며, 생산된 텍스트보다는 체험적 텍스트가 더 큰 관심의 대상이 되었던 점도 특징이라고 할 수 있다. 그러나 해체주의적 문화 분석 방법이 주류를 이루면서 이 같은 포스트모던 문화 분석은 사회과학적 관심사의 측면에서 볼 때는 상당히 퇴화한 면모를 보이기도 했다. 그것은 상당히 통찰력 있는 분석들이었음에도 불구하고 일상적 실천과 연계되지 않은 문화현상에 대한 독립된 해석자의 해석적 비평에 지나지 않는 것들이었기 때문이다. 가끔 많은 포스트모던 분석이 예전 기호학적 분석의 엄밀성을 상실한 채 특권적인 개인 관찰자에 의한 인상주의적 비평 같은 한계를 보이기도 했다. 아마도 그 대표적 원형으로 보드리야르Jean Baudrillard와 프레데릭 제임슨 Frederic Jameson의 분석들을 들 수 있을 것이다.

이러한 현상에 대한 반성과 함께 사회기호학의 방법이 새로운 대안으로 제시되었다.[11] 사회기호학은 앞에서 밝혔듯이 1988년 이래 비판적 언어학 계열의 연구자들에 의해 정립되기 시작했지만 당시에는 큰 주목을 받지 못했다가 인상주의적 비평에 가까운 문화 분석들이 범람하는 것을 염려한 사회과학 쪽 전공자들의 새로운 대안으로서 관심을 끌게된 것이다. 이 방법의 골자는 기호현상 같은 상징적 과정과 사회적 맥락을 연계시켜 설명해야 한다는 오래된 원칙으로의 회귀라고 할 수 있다.

---

11) L. Rossi, *From the Sociology of Symbols to the Sociology of Signs*, New York : Columbia University Press, 1983.

즉 문화 영역을, 예컨대 경제 발전, 정치적 갈등 같은 기호현상 밖의 영역에 연결시켜 '사회화socialize'하고자 하는 노력이라고 할 수 있다.

8. 맺는 말

오늘날 기호학 방법론은 1970~80년대 텍스트 중심적 문화 연구가 번성하던 시기에 비하면 커뮤니케이션 연구에서 외형상으로는 그 중요성이 덜해진 것처럼 보이기도 한다. 문화 연구 자체가 텍스트 중심축에서 해독자 혹은 수용자 축으로 그 무게중심이 변하고 있기 때문이기도 하다. 그러나 다른 관점에서 보면 한때의 유행 사조나 방법론으로서의 화려한 위치에서 벗어나 오히려 그런 시대적 흔들림과 상관없이 저변으로 확산되면서 확고한 뿌리를 내리고 있다고 생각된다. 기호학이 다양한 사회과학적 방법론들과 접목되어 응용되고 있는 것이 그 좋은 예이다.

또한 오늘날 여러 가지 이름으로 불리고 있는 상징·기호·언어 관련 사회과학적 연구들의 계보를 살펴보면 기호학의 변형 내지는 응용인 것을 쉽사리 발견할 수 있다. 문제는 그러다 보니 그 같은 응용, 혹은 변형기호학 방법들에서 자체의 엄밀성이 점차 상실되고 빈약해지는 경향이 보인다는 점이다. 그것은 기호학 자체의 연구가 활발하지 못해 새로운 수혈을 받지 못하거나 일부 파리학파들의 연구는 경험주의적 방법에 익숙한 커뮤니케이션 주류 연구의 전통에서 볼 때 불필요하게 난해해 보임으로써 외면을 받고 있기 때문이기도 하다. 따라서 사회과학 이외의 다양한 분야와 학제적 교류 같은 것을 한다면 이 같은 문제를 풀어나가는 데 도움이 될 것으로 생각된다.

2장
영상언어와 커뮤니케이션

1. 머리말

영상에 대한 연구는 여러 세기에 걸쳐 서로 다른 전문 분야에 속하는 연구가들에 의해 다각적으로 이루어져왔다. 일부 엔지니어나 제도사들이 이미지 프로세싱image processing에서 시도했던 것처럼, 실재하는 구체적 사물로부터 특징적 패턴을 추출하여 숫자화하는 작업에서부터 예술작품이나 정신분석학에서의 심상image mentale 분석 작업에 이르기까지 그 범위는 상당히 넓다. 이 같은 영상 연구의 다양함에서 엿볼 수 있듯이, 영상이라는 말로 지칭되는 현상들도 구체적인 것에서부터 상상의 범주에 속하는 것까지 서로 차원을 달리하기까지 한다.

이 장에서 다루고자 하는 것은 인간사회에서 커뮤니케이션의 보조수단으로서의 영상, 바꾸어 말해 시각적 커뮤니케이션 수단으로서의 영상에 관해서이다. 그것은 그려진, 그래픽으로 추출된, 사진으로 복사된, 텔레비전이나 영화의 화면에 투영된, 시각으로 감지될 수 있는 형태, 혹은 형태와 움직임의 복합체를 말한다.

사진, 텔레비전, 영화 등의 영상매체(엄격히 말하면 텔레비전이나 영화는 시청각 매체이나, 이러한 종류의 매스미디어에서는 시각적 요소가 중심적인 역할을 하므로, 흔히 영상매체라는 말로 통용된다)가 매스커뮤니케이션의 총아가 되면서 현대 문화를 '영상의 문화'라고 성급하게 규정짓는 사람들이 생겨났고, 영상은 다른 매체가 갖지 못한 특유의 마술적인 위력을 갖고 있는 것으로 생각하게 되었다. 또한 영상은 사물의 자연적인 외형을 본떠서 표현의 기본 단위로 삼기 때문에 교육 정도나 문화적 차이에 관계없이 시각의 기능만 온전하고, 사물의 모습을 지각하고 이해할 수 있는 나이에 이른 사람이면, 별다른 교육 없이도 누구에게나 쉽게 이해될 수 있는 우주적 언어로서, 다른 어떤 매체보다도 효과적인 커뮤니케이션 수단으로 흔히 인식되고 있다.

과연 영상언어는 구두언어나 문자언어가 갖지 못한 특수한 자극적인 힘을 지니고 있는가? 영상매체는 다른 매체보다 더 효과적인 커뮤니케이션 수단인가? 이러한 질문들에 대해 그리 시원한 해답이 나와 있지는 않다. 실증적인 효과 연구들 역시, 텔레비전이나 영화가 다른 인쇄매체보다 더 괄목할 만한 효과를 갖고 있는 것 같지는 않고, 일반적으로 즉각적인 효과를 일으키는 데는 빠르나 그 지속성에서는 단정하기 어렵다는 결론에 도달하고 있다. 그리고 대부분 이들 효과 연구가 기초하고 있는 것은 영상 자체이기보다, 텔레비전의 동시성, 직접성[1] 같은, 영상을 전달하는 채널의 기술적인 특수성에 의존하고 있거

---

1) 여기서 말하는 직접성이란 텔레비전이 구두언어를 사용하기 때문에 직접적인 호소가 가능하다는 의미에서의 직접성으로, 후에 다루게 될 영상의 '초상성'에서 오는 직접성과는 다르다.

나 영화의 경우같이 메시지의 수용환경의 특수성에 의존하고 있을 뿐이다. 따라서 최소한 현 단계에서는, 실증적 효과 연구만을 통해 영상매체의 특수한 효과를 밝혀내기는 어려운 상태에 있다.

다른 한편 광고, 텔레비전, 영화 등의 메시지 분석에서도 인쇄매체의 분석 방법이 그대로 답습되어, 영상을 동반하는 구두언어 혹은 문자언어의 메시지에 거의 대부분 의존하거나, 혹 영상에 관심을 할애하는 경우라도 그 구성의 체계에 입각해서 영상을 이해하는 것이 아니라, 영상에 기계적인 절단을 가해서 부분적인 해독 작업을 벌임으로써 영상 메시지의 다양한 의미와 기능의 포착을 어렵게 만들었다. 이러한 연구 태도는, 이 영상매체들의 사회학적 중요성에 비해 그 연구의 폭을 좁고 빈약한 것으로 만드는 결과를 낳았다.

이 같은 결함들은 아마도 많은 부분, 영상매체의 중요성을 인정하는 가운데서도, 실상 영상언어에 대한 무관심 내지는 이해가 충분치 않았던 데서 그 원인을 찾을 수 있을 것 같다. 그러므로 종래의 영상매체에 대한 연구 경향에서 지적될 수 있는 이상의 문제점들을 부분적으로나마 해결하기 위해서는, 영상의 언어체로서의 특수한 성격을 밝혀내는 노력이 우선시되어야 할 것이다. 영상의 언어적 기능이 어디서 유래하는가, 영상 메시지의 구성은 어떻게 이루어지는가 하는 점들을 규명함으로써 일부 개선점들을 발견할 수 있을 것이며, 또한 흔히 영상매체에 부여하는 '마력'의 정체는(그러한 것이 있다면) 다른 언어체와의 차이로부터 진단할 수 있을 것이라 생각되기 때문이다.

2. 영상의 종류와 그 주요 기능

시각적 지각은 감지될 수 있는 세 가지 변수에 의거하게 된다. 점들의 변화, 2차원과 3차원의 공간이 그것이다. 모든 시각적 정보는 이 세 가지 변수의 관계를 전달하며, 이 관계에서 형태가 지각된다. 정지된 상태의 형태를 흔히 정적 영상image fixe이라 부르고, 사진·만화·그림·포스터 등 초상성[2]의 정도가 높은 것에서부터 청사진·도식·도표·수학공식 등 '초상성'의 정도가 낮은 것에 이르기까지 다양하다. 형태에 움직임이 주어졌을 때는 동적 영상image mobile이라 부른다. 영화·텔레비전 등이 여기에 속한다. 언어학적인 관점에서 볼 때, 정적 영상과 동적 영상의 분류는 서술 방식의 차이를 의미하며 이 문제는 뒤에서 다룰 것이다.

영상은 그 언어적 기능에 따라 합리화된 영상과 표현적 영상으로 분류될 수 있다.[3] 로만 야콥슨Roman Jacobson은 저서 『일반 언어학 에세이』에서 언어의 기능으로 여섯 가지[4]를 꼽고 있으며, 모든 메시지는 여섯 가지 기능 중 어느 한 가지만을 독점적으로 수행하는 것이 아니라, 그

---

2) 몰은 영상과 그것이 재현하고자 하는 대상의 현실이 일치하는 정도를 "초상성iconicité"이라 부르고, 그 정도에 따라 12등급으로 분류한다(A. Moles, *L'Encyclopédie de la communication*, Paris: CEPL-Denoël, 1972).

3) A.-M. Thibault-Laulan, "Image et communication," in *Image et communication*, Paris: Éd. Universitaires, 1972.

4) R. Jacobson, *Essais de linguistique générale*, Paris: Édition de Minuit, 1963, p. 217. 야콥슨은 그 여섯 가지 기능을 아래와 같은 도식으로 설명하고 있다.

송신자 ──── 메시지(시적 기능) ──── 수신자(능동적 기능)
(감정 표시적 기능)　　접촉(친교적 기능)
　　　　　　　　　　코드(메타언어적 기능)
　　　　　　　　　　맥락(지시적 기능)

중 몇 가지 혹은 모두를 동시에 가질 수 있고, 다만 그 정도 면에서 특정 기능이 다른 기능보다 우세할 수 있다고 주장한다. 티보–롤랑의 분류에 따르면, 합리화된 영상이란 그래픽·도표·도식 등 "초상성"의 정도가 낮은 것으로 야콥슨의 기능 모델에서 볼 때 지시적 기능이 강조된 영상들을 말하며, 표현적 영상이란 광고사진·만화·TV·영화 등 구상화된 영상들로 감정 표시적 기능, 시적 기능, 친교적 기능, 능동적 기능이 지시적 기능보다 중요시된 경우이다.

(1) 합리화된 영상과 지시적 기능

야콥슨의 모델에 따르면, 지시적 기능은 서술하고자 하는 대상에 대한, 객관적인 정보를 전달하는 기능이다. 티보–롤랑의 분류법을 따르면 합리화된 영상의 카테고리에 들어가는 것들은 주로 이 지시적 기능이 강화되어 있다. 물론 이 카테고리에 들어가는 영상은 이 기능이 더욱 중요시되어 있다는 것뿐이지, 다른 기능을 갖고 있지 않다는 뜻은 아니다. 앞서 지적했듯이, 지시적 기능이 다른 기능에 비해 상대적으로 강하다는 의미이다.

합리화된 영상은 단의적monosémique 메시지를 갖고 있는 것이 그 특색으로, 수용자의 문화적 혹은 개인적 경험이나 감수성에서 비롯되는 복수적인 해석을 최대한 배격한다. 이 범주에 속하는 영상들은 수학적 기호와 거의 같은 정도로 객관적이며, 엄격하게 체계화되어 있다. 행정기관 건축, 도시계획, 의학, 식물학, 물리학, 화학, 공학 등에서 흔히 쓰이는 이 영상들은 짧은 순간에 최대한의 정보를 전달할 목적으로 사용된다. 따라서 의미론적 메시지message sémantique가 심미적 메시지message esthétique에 비해 훨씬 우세하다. 지시적 기능이 다른 기능들보다 압도적으로 강한 예라고 볼 수 있다. 이러한 영상기호들은 대개 국제적으로 표준화되어 있다.

합리화된 영상은 특수 분야의 전문가들 사이에서만 통용되는 것은 아니다. 일상생활에서도 우리는 합리화된 영상과 많이 접촉하게 된다. 가까운 예로 도로표지판, 백화점·공공건물 등에서 볼 수 있는 시설표지판(화장실, 전화, 승강기, 에스컬레이터 등의 안내 표지판), 운동경기 종목의 표지판 등을 들 수 있다. 이런 영상들은 합리화되었으면서도 앞서 소개한 전문 분야의 영상들에 비해 초상성의 정도가 높은 것이 특징이다. 그리고 비록 의미론적 메시지가 더 중요하게 취급되었지만, 심미적 측면에 신경을 쓴 경우도 많다.

일상생활에서 볼 수 있는 합리화된 영상의 다른 예로, 어린이들의 그림책을 들 수 있다. 예전과 달리 우리나라의 어린이 그림책들은 점점 합리화된 영상을 많이 사용하고 있는 경향이다. 요즈음은 셈을 익히기 위한 그림책뿐 아니라, 이야기를 담고 있는 그림책들에서도 동물·사람·물건 등의 실체에서 특징적인 패턴을 추출하여 합리화한 영상들이 많이 발견된다. 이러한 그림책의 해독은 지각된 사물을 추상하고 분석할 수 있는 능력을 길러줌과 동시에, 영상들을 시간과 공간 속에 조합하여, 이야기의 전개와 이야기 흐름의 단계를 추리해나가는 능력을 길러준다. 따라서 어린이들의 지적 발달과 사고력 발달에 커다란 도움을 주는 것으로 인정된다. 오늘날 어린이 그림책은 공간구성, 조판, 텍스트와 영상의 배합률 등을 세심히 연구하여 만들어진 것으로, 앞에 예를 든 바 있는 전문 분야의 도식화 작업에 비교할 수 있을 만큼 체계적이다. 비록 우리나라의 어린이 그림책들은 대부분 외국 그림책들의 복사판이어서, 실제 아동물 제작자들 사이에서 그러한 연구가 이루어지고 있지는 않지만, 국내 제작물도 서서히 증가되고 있으므로, 그에 대한 요구는 점차 증대될 것이다.

이처럼 객관적 영상 혹은 합리화된 영상은, 절대로 몇몇 특수 분야의 전문가들에게만 국한된 인공적인 창조물이 아니다. 이런 관점에서 볼 때, 영상을 다만 감성적이고 미적이며 함축적인 카테고리에만 포함시키려는 편견은 제거되어야 한다. 구상화된 영상들도 그 정도가 약할 뿐이지, 실체를 이미 추상화하고 있다고 볼 수 있는데, 이 추상화 과정을 통해 크건 작건 간에 합리적 성격을 부여받고, 여기서 지시적 기능이 생겨나게 된다.

(2) 표시적 영상과 그 기능들

① 감정 표시적 기능

야콥슨은 감정 표시적 기능이란 송신자에 관련된 기능으로, "송신자가 지시하고자 하는 대상에 대해 갖고 있는 태도를 표현하는 것"이라고 정의한다.[5]

메시지 중에는 상황에 따라서 지시 대상에 대한 정보보다 그 대상에 대한 송신자의 태도, 즉 감정 표시적 기능이 더 중요한 경우가 있다. 전통적인 연구에서는 주로 이런 부류의 영상을 중점적으로 연구해왔고, '영상의 마력'이란 말은 바로 감정 표시적 기능이 우세한 영상으로부터 유래된 것이다. 이 방면의 연구는 동적 영상, 즉 영화의 출현과 함께 풍성해지기 시작했다. 동적 영상이란, 현대의 테크놀로지에 힘입어 사물의 실체에서 그것의 외형만을 떼어내어 복사하여 '잔상현상'이라는 인간 시각의 약점을 기술적으로 이용, 그 외형에 현실감과

---

5) R. Jacobson, *Essais de linguistique générale*, p. 221.

생명감을 주는 움직임을 부여한 것이다. 이러한 영상은 실제의 사물보다 훨씬 더 조종하기 쉽고, 실제의 현실에서 경험할 수 없는 방법으로 자유자재로 시간과 공간을 구성해낼 수도 있다. 따라서 동적 영상의 세계는 바로 모든 인간에게 공통될 수 있는 꿈이며 갈망인, 시간과 공간의 제약이라는 인간조건이 극복된 세계이다. 신화, 종교, 문학 속에 투영되어왔던 그러한 인간의 고뇌와 갈망이 현실감을 주며 극복되고 실현되는 세계이다. 영화의 마력이란 바로 여기서 유래되는 것이며, 영상의 감정 표시적 기능이 두드러지게 나타나는 경우라 생각할 수 있다.

또 다른 영상의 감정적 자극은 영상의 '즉각성'에서 온다. 다른 언어와 달리, 영상이 표현하는 세계는 매개체 없이 직접적으로 전달된다. 전달하는 매개체의 코드를 해독하는 과정이 개입되지 않으므로 영상은 현실 그 자체라는 착각을 일으키는데, 이것이 감정적 자극을 일으키는 힘이 된다. 사진의 연상은 트릭이나 편집에 의해 여러 종류의 조작이 가능하다는 것이 주지된 사실이지만, 집단의식 속에서 사진은 여전히 '증거'로서의 가치를 갖고 있다. 일부 신문의 사진, 광고 캐리커처 등은 이러한 영상의 '즉각성'을 현실에 대한 논리적 이해보다는, 감정적 쇼크를 주기 위해 많이 이용해왔다. 이것이 영상이란, 이성보다는 감성에 호소하는 언어라는 편견이 생긴 원인 중의 하나이다.

② 시적 기능

야콥슨에 따르면, 언어의 시적 기능 혹은 심미적 기능이란 메시지가 어떤 대상에 대한 정보를 전달하는 커뮤니케이션 도구로서가 아니라 오히려 메시지가 수신자에 의해 의미를 부여받는 대상이 되는 경우에 생겨난다.

흔한 예로, 광고사진의 경우를 들 수 있다. 광고는 경제적 목적을 가진 커뮤니케이션 시스템으로서, 그 효율성에 최대의 관심이 쏟아진다. 효과 창출을 위해 광고영상의 구성 작업은 공간구성, 색채, 형태의 사용 면에서 앞서 소개한 특수 분야의 합리화된 영상의 구축 작업에 비교될 수 있을 만큼 엄격히 계산적이고 체계화되어 있다. 비록 이렇게 합리화 단계를 거친 영상이지만, 수용하는 공중에게는 심미적 감지가 이루어진다. 영상의 감각적 요소들, 즉 영상의 색채, 형태, 그것들이 내포하고 있는 잠재적인 관능성 등이 수용자의 상상력을 자극하여, 메시지가 전하는 1차적인 의미론적 정보로부터 2차적 메시지인 시적 메시지를 해독하도록 유도하기 때문이다. 이리하여 광고영상의 객관적인 메시지 자체가 수용자로부터 주관적인 시적 메시지를 부여받는 대상이 되는 것이다.

몰Abraham Moles에 따르면, 명백하고 객관적인 정보 위에 수용자의 직감에 의해 해독되는 일련의 주관적 정보들이 중첩되어 나타나는데,[6] 이것이 바로 영상 메시지의 시적·심미적 기능이다. 예컨대 L가구의 광고영상은, 아름답고 우아한 L이라는 가구를 지시하며, 동시에 호화로운 이브닝드레스로 단장하고, 체리가 담긴 칵테일잔을 홀짝거리는, 젊고 아름다운 아내가 안절부절못하고 기다리는 호화판 아파트에 백색의 레코드 로열 자동차를 타고 퇴근하는 사람들이 속하는 특정한 사회적 위치 내지는 그 사회의 생활양식을 나타내는 기호가 된다. 마찬가지로 O맥주의 영상은 능력과 전문성을 두루 겸비한 젊은 테크노크라트들의 패기와 세련된 멋의 표현이 된다. 이처럼 옷, 장식, 스타일 등의 영상은 일단 광고 메시지 해독에서와 같은 메커니즘을 거쳐,

---

6) A. Moles, "Communication," in *L'Encyclopédie de la communication*.

그것들의 구체적이고 현실적인 존재로서의 의미를 잃고, 추상화된 기호로서의 역할을 수행하며, 롤랑 바르트가 말하는 현대의 신화[7]를 창출해낸다. 광고영상은 판매실적의 증가나 시장점유의 확대라는 기능에 머무르지 않고, 급격히 변화해가는 사회에서 특정한 생활양식을 주조하는 더 큰 사회적 기능을 담당하고 있다. 따라서 영상의 심미적 기능은, 개인적인 감수성의 영역에서 벗어나 사회·경제적 내지는 정치적 의미를 갖게 됨으로써, 여러 분야에서 관심 대상이 되고 있는 것이다.

③ 친교적 기능과 능동적 기능

언어학적 차원에서 친교적 기능과 능동적 기능은 화자와 청자 사이의 접촉을 시도하며, 수신자의 능동적인 참여를 유도하는 역할을 하는 것으로, 그 기술적인 형태로 호격과 명령형을 들 수 있다.

영상에서 이러한 기능들이 두드러지게 나타나는 예는 포스터, 광고사진, 관광안내 팸플릿, 백화점 카탈로그 등 상업적 성격의 영상들에서 주로 찾을 수 있다. 이 범주에 속하는 영상들은 고객, 소비자와의 사이에 접촉을 시도하기 위해 무한한 노력을 기울인다. 미소 띤 얼굴, 응시하는 시선, 내미는 손, 활짝 벌린 팔 등의 영상들은, 모두 접촉의 시도로써 연출된 기본적인 예에 속한다.

좀더 세련된 접촉의 시도는 현대 상업광고에서 흔히 발견되는 것으로, 수수께끼 놀이 스타일의 서술 형식에서 찾을 수 있다. 한적한 길모퉁이에서 운전수가 자동차의 보닛을 열고 이리저리 고장 난 곳을 살피나, 빈손이라 손을 대지 못하고 당황해한다. 이윽고 원더우먼이

---

7) R. Barthes, *Mythologies*, Paris: Gonthiers, 1970.

하늘을 난다. 그녀는 어디로 날아가는가? 그녀는 자동차가 서 있는 길모퉁이까지 날아와 운전수 앞에 선다. 그녀는 왜 여기까지 날아왔을까? 그녀는 X 공구를 내민다. 사랑스럽게 생긴 여인이 산들바람에 하늘하늘 머리카락을 날리며 부드럽고 달콤한 미소를 지은 채 우리를 응시한다. 저, 부드럽고 달콤한 미소의 정체는 무엇일까? 그것은 바로 G 초콜릿의 맛. 이처럼 광고영상의 해독 작업은 흔히 수수께끼 풀이 게임과 흡사하다. 게임으로의 초대는, 광고영상이 수용자와의 접촉을 시도하며 동시에 해답의 풀이에 능동적으로 참여하도록 유도하는 역할을 한다. 일부 커뮤니케이션 연구가들은, 어린이들이 특히 TV 광고를 즐겨 시청하는 이유가 바로 광고영상의 이 같은 게임의 성격 때문이라고 추측한다.[8]

게임 타입의 광고영상은 정적 영상의 범주에 들어가는 광고사진에서도 볼 수 있는데, 이 경우에는 사진을 동반하는 텍스트와 영상 사이의 관계로부터 수수께끼 게임이 이루어진다. 텍스트가 영상이 주는 의미와 다른 내용의 메시지를 전달하고 있다든지, 영상의 내용에 대해 냉소적인 코멘트를 하고 있다든지, 영상의 내용을 완전히 부정하는 내용을 담고 있다든지 하는 경우가 여기에 속한다. 이것은 텍스트의 의미와 영상의 의미 사이에 충돌을 일으켜 깜짝 놀라게 하는 효과로 재미를 느끼게 하고, 전체 메시지의 의미가 단번에 들어오지 않아 호기심이 자극되어 그 의미를 수수께끼처럼 판독해나가는 노력이 필요하도록 유도한다.

광고영상에서 친교적 기능과 능동적 기능에 대한 관심이 활발해져 가면서, 동기유발motivation에 대한 심리적 연구는 점차 빛을 잃어가는

---

8) A.-M. Thibault-Laulan, "La communication audio-visuelle," in *Systèmes partiels de communication*, Paris: Mouton, 1972, p. 146.

감이 있다. 동기유발식 광고는 근본적으로 수용자에게 도달하기 위해 의식의 장벽을 교묘하게 허물고, 무의식 깊숙이 묻혀 있는 근원적인 갈망, 욕구, 공포 등의 원형archétype에 의지해 인간의 비합리적 측면에 호소하는 방법이다. 반면에 게임 스타일의 광고 방법은 인간의 합리적인 능력에 호소하는 것이다. 전자는 영상의 심미적 기능에 의존하고 있고, 후자는 영상의 친교적 기능과 능동적 기능에 의존한다고 볼 수 있다.

이런 관점에서 볼 때, 종래의 동기유발식 광고 방식에서는 심리적 연구가 중요했던 반면, 게임식 광고 방식에서는, 광고 커뮤니케이션이 이루어지는 환경의 사회·문화적 연구가 더욱 필요해졌다. 게임이 의도한 효과를 거두기 위해서는, 창의적인 게임의 테크닉도 필요하겠지만, 여기서의 성패는 송신자와 수신자 간 공동의 경험 내지는 공동의 문화적 유산이라는 공감대가 형성될 수 있느냐에 좌우되기 때문이다.

(3) 영상의 문화적 상징 기능

영상의 문화적 상징 기능이란, 영상이 보여주는 사물의 외형이 그 자체로서 만들어내는 1차적인 기층 의미 이외에 거기에 중첩되어 사회적 혹은 문화적으로 그것에 부여된 2차적인 장식 의미를 말한다. TV 영화의 극적 진행을 따라가거나, 광고 슬로건을 이해하기 위해서는 문화적 대상을 알아보고 그것의 정체를 가려낼 수 있어야 한다. 예컨대 뉴욕 항구 입구의 자유의 여신상은 팔을 쳐든 여인의 조각 외에 다른 상징적 의미를 지니고 있다. 이처럼 한 사회 내에서 보편적으로 통용되는 상징적 의미를 표현할 수 있는 것은 영상의 또 다른 중요한 기능이다. 그렇게 해서 아무런 다른 설명 없이도, 한 아파트의 실내를 보여주는 영상 속에서 개나리 혹은 코스모스 꽃이 꽂혀 있는 꽃병이 한구석에 놓여 있을 때, 그것을 의미 없는 소도구가 아니라 가을 혹은 봄을 암시하는 계절의 상징적 요소로 파악할 수 있는 것이다.

영상이 갖고 있는 문화적 상징 중에는 '개나리→봄' '뉴욕 항구의 여신상→자유'의 경우처럼 자의성을 띤 것도 있지만, 의도적으로 장식 의미가 부여된 것들도 있다. 가장 대표적인 예가 스테레오타입이다. 예를 들어 정글을 배경으로 이상야릇한 분장에 풀치마를 입고, 북치고 춤추며 어떤 의식을 올리는 흑인들의 영상은 1차적으로 아프리카와 아프리카인이라는 기층 의미를 갖는다. 그러나 이것은 지난 여러 세기 동안 유럽의 식민제국이 만들어내고, 할리우드 영화가 수십 년에 걸쳐 전파한 아프리카인에 대한 인종적인 스테레오타입으로서, 아프리카인은 야만인이라는 인종차별주의적인 장식 의미를 갖는다.

영상을 통한 스테레오타입은, 진부한 것이면서도 실상 그 지배에서 벗어나기 어렵다. 사물의 외형을 닮고 있다는 '초상성' 때문에, 즉각적인 감지가 이루어질 수 있어 일단 접하게 되면, 논리적인 사고의 체에 걸러지지 않은 채, 심상으로 뇌리에 박혀버리기 쉽기 때문이다. 상업광고 혹은 정치적 프로파간다가 심벌로써 영상을 흔히 사용하는 것은 이 같은 이유에서이다.

영상의 언어적 기능이나 문화적 상징 기능은 시대적 여건과 문화·사회적 환경의 제약을 받는다. 동일한 영상이 어느 시기, 어느 사회에서나 같은 기능을 수행할 수는 없다. 특수 분야의 합리화된 영상들은 엄격한 약속을 기반으로 해서 만들어진 것이므로 그 약속이 통용되지 않는 사회에서는 그 지시적 기능을 다할 수 없다.

지시적 기능보다 감정 표시적 기능, 시적 기능, 친교적 기능, 능동적 기능 들이 더 강한 표현적 영상의 경우도 이 점에서는 다를 바 없다. 비非의미론적 메시지들이 효과적으로 표현적 기능들을 수행할 수 있기 위해서는, 송신자들은 표현 방식과 암시적인 메시지의 구성 방식을 부단히 새롭게 해야 할 필요성에 직면하게 된다. 구태의연한 방식에 의존하게 될 경우, 표현적 영상들은 스테레오타입화되어 그 자극적인 효과를 상실하게 되기 때문이다. 따라서 표현적 영상들은 거듭 탈바꿈을 하게 된다. 이 탈바꿈의 재료는 수용자들에게 새로운 자극을 일으킬 수 있는 것들 속에서 찾아진다. 즉, 커뮤니케이션이 이루어지는 문화·사회적 환경에서 시사성을 갖는 것이 그 재료로서의 가치를 갖게 된다. 이런 관점에서 볼 때 표현적 영상들은 그 어느 카테고리의 영상들보다도 주변 환경의 변화에 민감하게 반응한다.

영상이 문화적 상징 기능을 수행하기 위해서는, 한 사회 내에서 보편적으로 통용되는 상징적 의미를 전달할 수 있어야 한다. 영화문화의 측면에서 볼 때, 할리우드 문화권에 속하는 우리나라에서는 '타잔'이 아프리카에 대한 하나의 스테레오타입으로서 기능을 발휘할 수 있지만, 할리우드 영화가 뒤늦게 들어간 탓으로 할리우드 문화의 침식을 덜 받은 아프리카인들에게는 같은 작용을 하지 않는다고 한다. 리처드 메이나드Richard Maynard가 조사한 바에 따르면, 그들은 타잔을 아프리카의 이미지로서가 아니라, 황당무계한 환상적인 이야기로 받아들인다는 것이다.[9] 놀랍게도 그들은, '타잔'의 이야기가 아프리카의 정글을 무대로 삼고 있다는 사실조차 알아차리지 못했다고 한다.

이처럼 영상의 기능이 대부분 시대적·사회문화적 구속을 받는다는 사실을 감안할 때 영상이 우주적 보편성을 갖는 언어라는 생각은 교

---

9) R. Maynard, *Africa on film: Myth and Reality*, New Jersey: Hayden, 1974, p. 36.

정되어야 할 편견에 지나지 않는다.

3. 영상언어의 구조

영상언어는, 구두언어에서와 같은 분절articulation이 이루어지지 않는 언어이다.[10] 또한 구두언어의 메시지 구성에서 최소 단위가 되는 단어라는 개념도 존재하지 않는다. 예컨대 가장 단순한 영상인 점의 경우에도 그것은 '점'이 아니라 '굵은' 혹은 '가는' '하나'의 '점'이며, 또한 그것은 하나의 이러이러하게 생긴 점으로서가 아니라, "여기에 이러이러한 하나의 점이 있다"로 지각된다.[11] 따라서 언어학적 의미의 문법이라는 것도 있을 수 없다. 물론 영상 배열이나 조합에서 어떤 규칙이나 체계가 없는 것은 아니다. 도식·도표·청사진 등의 합리화된 영상들은 국제적으로 공통될 수 있는 엄격한 법칙에 의거하고 있으며, 광고사진·영화·TV의 영상들도 관습화된 체계에 의해 영상 배열이 이루어진다.

그러나 이들의 체계나 배열 법칙이란 일반적으로 메시지를 만드는 데서의 기본적인 체계나 법칙이 아니라 특정한 효과를 겨냥하고 메시지를 서술하는 데 요구되는 것으로, 문법보다는 수사법에 더 가깝다. 예컨대 청사진의 구성 법칙은, 건축물의 내적·외적 구조를 한눈에 파악시키기 위한 의도에서 비롯된 것이며, 분류도표에 요구되는 규칙은

---

10) 구조주의 언어학에 따르면, 구두언어는 의미를 지니지 않는 최소 단위인 음소로서 1차 분절이 이루어지고, 의미를 지니는 최소 단위인 형태소로서 2차 분절이 되는 이중분절이 가능한 언어이다.

11) Ch. Metz, "Langue ou language?," in *Essais sur la signification au cinéma*, Paris: Éd. Klincksieck, 1968, p. 52.

비교되는 요소들 사이의 차이점과 유사점이 일목요연하게 드러나도록 할 목적에서 생겨난 것이다. 광고사진의 공간구성에서 따르게 되는 코드들도 의미 전달을 위해 필수적으로 지켜야 할 법칙이 아니라, 특정한 뉘앙스의 의미를 전달하기 위해 유리한 방법일 뿐이다. 영화에서의 편집 규칙 역시 같은 성격을 갖는다. 영상 메시지 구성에서의 이 같은 특정성은, 앞서 말했듯이 메시지의 기본 단위가, 단어의 성격이 아니라 문장의 성격을 지니기 때문이다. 그러나 객관적이고도 명백한 의미를 전달하기dénoter 위해 지켜야 할 배열의 법칙이 문법이고, 그 과정에서 함축된 의미를 표현하기connoter 위해 요구되는 것이 수사법이라면, 영상 메시지는 어느 경우에나 이 두 가지 차원의 의미 전달이 동시에 이루어지는 것이므로,[12] 문법이 존재하지 않는다기보다 문법과 수사법은 서로 분리될 수 없는 상태에 있다고 보는 것이 더욱 타당할 것이다.[13]

따라서 영상언어의 구조는 영상의 카테고리에 따라 서로 다른 양상을 보이며, 요구되는 규칙의 엄격성 역시 정도의 차이를 드러내게 된다.

여기서는 다른 카테고리에 비해 비교적 그 구조가 복잡한 정적 영상인 광고사진과 동적 영상인 픽션영화의 구조를 살펴보기로 한다. 이들 구조는 표준화된 엄격한 법칙을 따르고 있지 않고 관습적인 것이지만, 특정한 시기, 특정한 문화권에서는 거의 법칙에 가까운 구속력

---

12) 분류도식이나 건축물 청사진의 경우 객관적인 의미는, "A와 B의 차이점과 유사점은 이러이러하다" "A 건축물의 구조는 이러이러하다"가 될 것이고, 함축된 의미는 "이것은 A와 B의 차이점과 유사점을 일목요연하게 비교한 것이다" "이것은 A 건축물의 구조를 한눈에 알아볼 수 있게 제도된 것이다" 등이 될 것이다.

13) Ch. Metz, "Problème de la bande-images," in *La Communication audio-visuelle*, Paris: Apostolat des Éditions, 1969, p. 9.

을 갖는다.

(1) 광고사진

광고사진은—즉각적인 경제적 효과를 겨냥하고 있는 것이어서—
소비자 혹은 고객의 시선을 끌 수 있고, 흥미를 불러일으킬 수 있는
방법이기에 계속적인 관심과 연구가 이루어지고 있어 놀라운 속도
로 변화를 거듭하고 있다. 또한 특정 계층의 공중을 상대하고 있기 때
문에, 문화권에 따라 그 구조 면에서 민감한 차이를 드러낸다. 조르
주 페피누George Pépinou는 선진 자본주의 사회의 광고에 대한 공시적
synchronique 연구를 통해 일반적으로 광고사진의 구조가 다음의 네 가
지 코드에 의거하고 있다는 사실을 밝혀냈다.

① 색채의 코드
광고에서 시각적 충격은 무엇보다 색깔의 조작에서 추구된다. 색
깔의 자극성이나 색깔의 기능(하얀색-순결, 분홍색-여성성 등등)에 따
른 색채의 선택을 통해 이루어진다. 다른 어떤 코드보다도 문화적 성
격의 차이가 가장 현저히 드러나는 것이 아마도 이 색채의 코드일 것
이다. 예컨대 하얀색의 기능이 우리나라와 서양에서 서로 다르듯이,
1960년대 이전의 블루진의 파란색도 노동에서 젊음의 상징으로 그 기
능의 변천을 겪어왔다.

② 인쇄의 코드
사진을 구성하는 영상요소들 사이의 공간적인 조합의 리듬을 깨서
특정 요소를 확대시킨다든가 격리시킨다든가, 그 요소를 원·사각·세

모꼴 등등의 기하학적 형태로 둘러싼다든가 하여 그곳에 시선이 머무르도록 강조하는 방법, 혹은 영상에 동반되는 텍스트의 활자를 서로 다른 크기나 서로 다른 문자체를 사용하여 특정 문자를 강조하는 방법 등이 여기에 속한다.

③ 사진의 코드

촬영의 특수성을 활용하는 방법이다. 원근법의 조정으로 부각시키고자 하는 요소를 원근법상의 적당한 지점에 배치하여 시각을 유도하거나 중경·원경에 특수한 사진 처리를 통해 전경에 배치한 요소의 수용을 특정한 방향으로 유도하기 위한 분위기를 만든다거나 하는 등 촬영의 기술적 특수성을 활용하는 것이 사진의 코드를 구성한다. 이 방법은 원근법에 대한 개념이 발달되어 있지 않은 문화권에서는 적용되기 어려운 코드의 하나이다. 매클루언Marshall Mcluhan이 소개한 바 있듯이, 일부 아프리카 문화권에서는 원근법 개념이 없기 때문에 사진이나 영화의 관람이 지각의 혼란을 가져와 메시지의 이해가 어려워질 수도 있다.

④ 형태의 코드

구성요소들 사이의 공간적인 배열에 관계되는 코드로서, 초점유도식 배열, 추에 의한 배열, 배경구축식 배열, 시퀀스식 배열 등 대충 네 가지 종류로 구분된다.

초점유도식 배열은 강조하고자 하는 요소에 관심이 집중될 수 있게 요소들 사이의 공간적인 배열관계를 조정하는 것이며, 추에 의한 배열은 중앙에 가장 중요한 요소를 위치시켜 서술되는 내용의 핵심을 포착하게 하는 방법이고, 배경구축식 배열은 강조되어야 할 요소를 전면에 두고, 나머지 구성요소들을 배경화하여 배경과 전면 사이의 관계에 의해 이야기를 서술하는 방법이고, 시퀀스식 배열이란 구성요소들을 시퀀스로 나누어 배열하여 시퀀스의 흐름에 따라 이야기가 구축되어나가도록 하는 서술 형식이다.

(2) 영화

영화영상에서 기술상의 기본 단위는 하나의 사진, 즉 프레임이지만, 이것은 감지될 수 있는 기본 단위는 아니다. 따라서 영화언어상으로는 숏이 의미를 지닌 기본 단위가 된다. 영화의 이야기 서술은 바로 이 숏들의 연결을 통해 이루어지며, 이 연결 방식montage이 영화 메시지의 구조를 형성한다.

겨우 한 세기 정도의 역사를 가지고 있는 영화언어의 발달에서 새로운 연결 방식을 통한 새로운 서술 방식의 개발이 중요한 부분을 차지한다.

영화언어를 파악하는 데 중요한 또 하나의 요소는, 각각 의미단위를 이루는 숏 내의 구조이다. 숏을 구성하는 코드는 대략 다음과 같이 나뉜다.

① 색채의 코드

색채는 영상의 구성요소들이 각각 갖고 있는 색채뿐 아니라, 몇 개의 화면 혹은 화면 전체를 통해 일관성 있게 드러나는 색채의 톤tone과 색채의 강도température도 포함된다.

픽션영화 속에 다큐멘터리 필름을 삽입할 때, 특정 인물의 꿈이나 상상의 세계, 과거 회상 등을 표현적으로 드러내기 위해 사용하는 모노크롬monochrome, 영화 전체의 분위기나 메시지의 성격을 암시적으로 표현하기 위해 전체의 화면에 특정한 색채의 톤이 지배적으로 드러나게 하는 것 등이 이에 속한다. 미켈란젤로 안토니오니Michelangelo Antonioni가 「파열Blow-up」에서 신이 부재하는 세계, 감정이 메마른 차가운 세계를 표현하기 위해서 화면 전체를 통해 연푸른 색깔의 톤을 사용한 것이라든지, 역사물에서처럼 약간 변질된 컬러사진의 색깔과 비슷한 옅은 황색의 톤을 사용하는 것 등이 후자의 경우에 속하는 예이다.

② 조명의 코드

화면 밝기의 정도, 밝기의 대비 그림자, 역광 햇빛의 특수한 작용을 구사해서 특수한 효과를 만들어내는 방법 등을 들 수 있다. 독일 바이마르 공화국 시기의 표현주의 영화의 조형적인 특성은 그림자와, 빛과 어둠의 대비를 체계적으로 사용한 데 있었다. 표현주의 영화의 화면을 범람했던 그림자와 어둠이 구현해냈던 분위기는 가히 악몽의 그것과 흡사했기 때문에 "악마의 화면l'écran démoniaque"[14]이라는 별칭을 얻기도 했다. 반영주의 영화사회학 이론의 거두인 지크프리트 크라카우어Siegfried Kracauer는 이 "악마의 화면"들에서 히틀러 집권 직전 극도의 혼돈에 빠진, 독일 사회에서 악몽을 겪고 있었던 독일 국민의 사회심리를 해독해내기도 했다.[15]

1970년대 중반 서구 사회에서 빈번히 만들어졌던 복고풍 영화(흔히 제1차 세계대전 이전 부르주아 계급이 가장 안락했던, 벨 에포크Belle époque로 불리는 시기에 설정된 주제들을 다룬다)들의 조형적 특성은 과

---

14) L. H. Eisner, *L'Écran démoniaque*, Paris: Éd. l'Âge d'homme, 1973.
15) S. Kracauer, *From Caligari to Hitler*, New York: Oxford University Press, 1947.

대노출이다. 형체의 윤곽이 명확히 드러나지 않게 하여, 마치 인상주의 화가들이 자신들의 화폭에서 시도했던 것과 흡사한 햇빛의 효과를 화면에서 구현하려는 데 있었다. 이것은 서정적인 분위기를 연출하기 위해서라기보다는 오늘의 시점에서 조명한 벨 에포크의 부르주아 이미지, 즉 영광의 절정에 이르러 나태와 무기력 속으로 서서히 침잠해 들어가는, 지배계급의 마지막 아름다움과 화려함을 표현하려는 의도에서 동원된 조형적인 요소였다.

③ 화면의 굵기

롱숏long shot, 미디엄숏medium shot, 투숏two-shot, 클로즈업close-up 등 카메라와 피사체의 거리에 따라 피사체의 크기가 달라지는데, 이것을 '화면의 굵기'라고 한다. 화면의 굵기는 서술되는 이야기의 내용에 따라 내용의 포착과 이해를 쉽게 하기 위한 편의를 위해 선택되는 것이 보통이지만, 롱숏이나 클로즈업의 경우처럼 단순히 묘사의 역할뿐 아니라 특정한 심리적 의미 부여나 극적인 효과 창출을 위해 사용될 수도 있다. 예컨대 뷔뉘엘Luis Bunuel의 「로빈슨 크루소」에서, 크루소가 넓은 바닷가에서 하나의 작은 점이 되어 막막한 수평선을 향해 절망적으로 울부짖는 장면을 롱숏으로 처리함으로써 크루소의 고독감을 표현한다든가, 서부영화에서 흔히 볼 수 있는 예로 서부의 드넓은 평원에서 바람을 일으키며 달리는 쾌활하고 용감한 카우보이를 롱숏으로 잡아 광활한 공간 속에서 아무것에도 얽매이지 않고 살아가는 자유롭고 대담한 생활의 가치를 표현할 수도 있다. 반면에 고뇌로 일그러진 얼굴 위에 혹은 떨리는 손 위에 향해진 클로즈업은, 인물의 심리상태를 극적으로 표현할 수도 있고, 하나의 돌멩이, 하나의 찻잔을 클로즈업함으로써 이 생명 없는 소도구에 생명감을 부여해 특정한 함축

의미를 만들어낼 수도 있다.

④ 시계의 깊이

초점 거리가 서로 다른 여러 종류의 카메라 렌즈의 개발, 유성영화의 출현 덕분에 체계화된 이 코드는, 영화의 연출이 연극적인 연출 방식에서 벗어나 독자적인 영역을 구축해나갈 수 있게 만든 중요한 요소이다. 영화 발달 초기의 영화 화면의 공간이란 연극무대와 마찬가지로 카메라의 시각적인 축을 중심으로 해서 직각을 이루는 선상에 국한된 지극히 평면적인 느낌을 주는 것이었다. 초점 거리가 다양한 렌즈의 출현은 시계의 깊이를 마음대로 조종할 수 있게 됨으로써 영화 연출가들이 메시지의 성격에 합당한 시계의 깊이를 선택하여, 영화에서 중요한 표현요소로 등장하게 되었다.

예컨대 장 르누아르Jean Renoir의 「게임의 법칙Régle du jeu」에서 흔히 볼 수 있는 것처럼 화면 공간의 전면에 성의 주인이 그가 초대한 여자 손님 중의 한 사람을 유혹하고 있는 장면을 위치시키고, 공간의 후면에 그 파티를 준비하기 위해 동원된 하인들 사이에 벌어지는 유혹의 장면을 위치시킴으로써, 이야기 서술의 이중구조가 드러나게 할 수 있다. 오슨 웰스Orson Welles의 「시민 케인Citizen Kane」의 한 장면에서는, 공간의 전경에서는 어마어마한 크기로 드러나는 물컵과 약병이, 중경에서는 침대에 힘없이 늘어져 있는 여인이 보이면서 동시에 원경에서는 누군가가 방문을 다급하게 두드리는 소리가 들린다. 부차적인 설명 없이, 우리는 이 여인이 목숨을 끊을 의도로 약을 먹었으며, 그것을 감지한 누군가가 방문을 두드려대고 있는 것임을 알 수 있다. 이처럼 시계의 깊이를 이용, 각 면이 담고 있는 사건들 간 인과관계의 구조를 드러나게 할 수도 있다. 이로써 숏과 숏을 연결하여 평면적인 서술

을 하는 대신, 한 장면 속에서 여러 공간층 사이의 관계를 통해 입체적
인 서술이 가능해진 것이다.

⑤ 의상의 코드

영화에서 의상의 사용법은 연극에서와 별다른 차이가 없다. 의상은
고립된 요소가 아니라 메시지의 성격이나 서술 방식과 밀접한 관계를
맺고 있으며, 그 효과를 증감시킬 수도 있다. 영화에서 의상의 코드는
세 가지 타입으로 나뉠 수 있다. 현실적인 의상은 이야기가 설정된 시
기의 역사적 현실에 일치하고자 하는 것 외에 다른 의도가 내포되지
않은 경우이고, 준현실적 의상은 역사적 현실성을 존중하면서도 메
시지의 특수성에 따라 연출의 의도가 의상의 디자인에 반영된 경우이
다. 상징적 의상은 역사적 정확성보다 인물의 성격, 특정한 사회적 타
입 혹은 심리 상태 등을 표현할 의도에서 고안된 경우를 말한다. 천연
색 영화의 출현은 의상을 통한 심리적 효과 창조를 더욱 용이하게 해
상징적 기능을 강화시켜주었다.

⑥ 데코르의 코드

다른 공연예술의 경우와 달리 영화에서는 필름화된 것들이 현실감
을 주어야 한다는 절대명제 때문에(환상적 세계를 그리고 있는 경우에
도 그 세계의 그럴듯함, 즉 그 세계 나름의 현실감이 요구된다), 영화의
데코르décor 역시 다루는 내용에 현실감을 줄 수 있어야 한다는 구속을
받는다. 따라서 데코르는 실제에 가까운 세팅을 스튜디오 내에 만들
어서 사용할 수도 있고, 실제의 공간을 사용할 수도 있다. 1940년대까
지(나라에 따라 1950~60년대까지)는 대부분 스튜디오에 축조된 데코
르를 사용해왔는데, 이 스튜디오들의 세팅은 여러 가지로 조작이 가

능했기 때문에, 비록 현실감을 줄 수는 있었어도 현실성을 가진 것은 아니었다. 때문에 '현실도피'와 '꿈의 세계로의 초대'라고 규정지어지는 이 시기까지의 영화에 대한 개념 내지는 영화의 기능을 유도하는 데 데코르는 큰 몫을 담당해온 것으로 평가된다.

1940년대 후반부터 서서히 일기 시작한, 이탈리아의 네오리얼리즘, 프랑스의 누벨바그, 그 후 일련의 민족영화운동들은 단순히 '오락 수단'의 기능에 머물렀던 영화매체의 새로운 가능성을 발굴해내는 것이었고, 대부분 인간관계의 진정한 현실 혹은 소외계층, 민족의 사회적 현실을 분석하고 이해시키는 수단으로서의 기능에 관심이 돌려졌다. 이 새로운 영화의 기수들은 현실적인 주제의 선택과 스타 시스템의 거부, 새로운 서술 방식과 표현수단의 개발 등으로 기존 영화를 극복하려고 노력했다. 새로운 표현수단 개발의 하나로 시도된 것이 탈脫스튜디오 움직임이었다. 조작되지 않은 실제의 공간에서 일상적인 생활현실을 화면에 담는 행위는——최소한 그 시기로서는 기존 영화가 애써 피하려고 했던 사회현실을 직시하는 것으로——일대 방향전환을 의미했던 것이다. 오늘날에 와서는 탈스튜디오 움직임이, 기 엔벨Guy Hennebelle의 표현을 따르면, 지배이념을 재확인시키며 "기존의 생산관계를 재생산"하는 오늘날의 기존영화에 현실감을 고조시키는 한 방법으로 수검당하고 말았지만, 여전히 특정 사회에서는 그 사회가 감추고자 하는 사회현실을 파헤치는 데 중요한 표현 무기로서의 가능성을 갖고 있다.

데코르의 코드는 일반적으로 현실적 데코르, 인상주의적 데코르, 표현주의적 데코르의 세 가지 타입으로 나뉜다. 현실적 데코르란 그것이 갖고 있는 물리적 특징 외에 다른 의미를 부여받지 않은 경우이며, 인상주의적 데코르와 표현주의적 데코르란 전개되고 있는 행위를 하는 기능을 수행할 수도 있다.

이장호의 「어둠의 자식들」의 첫머리에서 창녀 영애와 출감한 그의 남자 친구의 정사 장면이 이루어지는데, 그 화면에서는 "깊은 산속 옹달샘 누가 와서 먹나요……"의 동요가 흐른다. 여기서는 화면의 심각한 분위기가 이 의미심장한 동요 때문에 흡인력을 잃는다. 즉, 멜로드라마가 자칫 유도하기 쉬운 관객의 투영화, 동일화, 감정이입 등의 현상이 동요로 인해 차단되어 브레히트Bertolt Brecht가 말하는 이화작용의 기능을 하고 있는 것이다.

이 외에 카메라 움직임의 코드, 카메라 앵글의 코드, 동작의 코드, 대사의 코드 역시 동적 영상언어의 이해에 고려되어야 할 사항이지만, 기존의 영상매체에 관한 연구에서 많이 다루어진 부분이므로 생략한다.

동적 영상에서 기본적인 의미단위가 되는 숏은 위와 같은 코드가 서로 작용하면서 의미를 만들게 되며, 이 각 숏이 연결되어 하나의 통일된 이야기를 서술하게 된다.

영화영상의 연결 방식이란, 어떤 움직일 수 없는 법칙에 의거하는 것이 아니라 관례적인 것이고, 끊임없이 변화해가고 있다. 따라서 새로운 연결 방식의 개발로 새로운 의미화 작업이 가능할 수 있음은 물론이며, 같은 연결 방식을 통해 전혀 다른 의미를 창출해낼 수 있는 가능성과, 같은 의미를 위해 새로운 연결 방식이 개발될 수 있는 가능성 역시 크게 열려 있다. 그러나 현대 영화는 주로 크리스티앙 메츠Christian Metz의 분석을 따르고 있다.

메츠의 경우 숏의 연결 방식을 의미하는 몽타주는 기술적인 용어이므로 하나 이상의 숏의 연결로 이루어진 이야기 단위를 통합이라는 기호학적 용어로 바꾸어 사용하고, 그 통합의 형태를 ① 독립 숏, ② 평행적 통합체, ③ 포괄적 통합체, ④ 묘사적 통합체, ⑤ 서술적 교대 통합체, ⑥ 신, ⑦ 일반 시퀀스, ⑧ 에피소드형의 시퀀스 등 여덟 가지로 분류한다.[16]

몽타주의 가장 중요한 역할은 아이디어 창조에 있다. 분리된 단편들을 모아, 그들 사이에 관계를 맺어주어 의미를 만들기 때문이다. 따라서 몽타주는 단순히 단편을 연결하는 테크닉이 아니라, 의미화 작업이라고 할 수 있다. 이 의미화 작업이 성공하기 위해서는, 그 의미가 수용자에게 전달될 수 있고 공감을 얻을 수 있어야 한다. 수용자인 관객과 송신자인 영화의 연출팀 사이에 형성된 공감대 속에 그 의미화 작업은 뿌리를 박고 있는 것이다. 앞에 열거한 다양한 숏의 연결 방법에 따라 전달되는 메시지를 우리가 이해할 수 있는 것은, 우리가 축적한 사회문화적인 직간접의 경험들이 인식의 과정에 작용하기 때문이다.

몽타주 방법이란, 숏이라는 단편들 사이의 관계를 맺어주는 방법으로, 그 방법이 드러내주는 관계란 한 시기, 한 사회가 체험하고 있는 혹은 상상할 수 있는 관계들로부터 비롯된 것이다. 예컨대 카테고리의 개념이 희박한 사회에서 포괄적 통합 방법이 생겨날 수 없고, 역사의 흐름을 나선형으로 파악하지 않는 사회에서, 반복적인 에피소드형의 시퀀스가 통용되기는 어려운 것이다. 사회주의 국가의 영화작품에서 반복적 에피소드형의 시퀀스 사용이 드물다는 것은, 특정한 영화의 구조가 특정한 사회의 산물임을 보여주는 좋은 예이다.

---

16) Ch. Metz, *Essais sur la signification au cinéma* 참조. 각 통합 패턴에 대한 상술은 이 책의 2부 1장, pp. 194~98을 참고할 것.

이상에서 살펴본 영상언어의 구조, 또 그것을 구성하는 코드들은 절대성을 갖지는 않고, 지극히 상대적이며 잠정적인 것이다. 영상언어는 문법과 수사법을 분리할 수 없는 언어라는 특수성 때문에, 문법의 구속을 받는 구두언어에 비해 영상의 수사법은 훨씬 자유롭고 풍부해, 한정된 틀을 찾아내기가 어렵다. 또 영상언어는 비교적 역사가 짧은 언어라서 놀라운 속도로 발달되고 있다. 현대 매스미디어의 총아로 군림하고 있는 표현적 영상 등은 끊임없이 새로운 표현수단의 개발에 대한 요구에 부딪히고 있다. 이러한 조건들 때문에 영상언어의 구조는 계속 심한 변화를 겪는다. 따라서 우리가 살펴본 영상언어의 구조는 영상 메시지 분석에서 기본적인 패턴이 될 수는 없고, 특정한 시기, 특정한 사회문화권에서만 적용될 수 있다. 여기 소개된 것은 현대 서구 사회의 광고사진과 픽션영화라는 두 가지 카테고리의 영상들에 대한 공시적 연구를 통해 밝혀진 구조로서, 그 적용 범위는 지극히 한정될 수밖에 없다. 따라서 우리가 새로운 영상 메시지를 접하게 될 때 이 코드에 의존할 수는 있지만, 그것을 움직일 수 없는 틀도 받아들여서는 안 될 것이며, 융통성 있는 해독 작업의 태도가 필요할 것이다. 어떤 의미에서는, 새로운 영상 메시지의 분석은 그 나름으로 적합한 새로운 분석 방법을 찾아내는 것일 수도 있다. 이것이 영상 분석의 어려운 점이기도 하지만, 동시에 매력적인 일일 수도 있을 것이다.

4. 맺는 말

종래의 영상 연구 방법에서 엿보이는 문제점들은, 영상이 하나의 언어체로서 고유한 구조와 언어적 기능들을 가지고 있다고 간주해온 데서 대부분 비롯되었다고 볼 수 있다. 이것은 역설적이게도 영상 메시지를 다루면서, 영상의 메시지로서의 성격을 인정하지 않은 셈이 된다. 텔레비전 프로그램이나 영화 분석에서 대본을 위주로 하는 것은 메시지란 주로 구두언어에 포함되어 있다고 보고, 그것을 동반하는 영상은 단지 그 메시지를 복사하는 역할을 수행할 뿐이라는 인식을 암암리에 내포하고 있는 것이며, 영상의 몇몇 부분을 인위적으로 해체하여[17] 그 의미를 논하는 것은 영상이 체계화된 메시지임을 부정하는 일이 되기 때문이다.

영상을 메시지로서 파악하지 않았기 때문에 영상의 효과 분석에서도 메시지가 전달되는 상황이라는 영상 외적 요소에만 의존하거나, 정체를 분명히 밝히지 않은 채 막연히 자극적 성격이라는 애매한 속성을 영상효과 연구의 대상으로 삼아온 것이다. 이 같은 결함들은 실증적 방법이 갖는 방법론상의 문제점이 원인이 되기도 하지만, 영상을 메시지로서 파악하기 어렵게 만드는 몇 가지 선입견 내지는 영상 매체의 특수성에 기인하기도 한다.

영상을 메시지로서 파악하기 어렵게 만드는 것은, 사물의 외형을 기본적인 표현도구로 삼는다는, 초상성에서 우선 찾을 수 있다. 초상성으로 인해 영상을 어떤 현상의 기계적인 복사가 아니라 현상에 대한 감정과 사고의 표현으로 받아들이기가 어려워지기 때문이다. 이 같은 현상은, 동적 영상의 경우 더욱 심화된다.

롤랑 바르트는 동적 영상이 메시지로서 해독되기 어려운 이유를, 그것이 관객에게 일으키는 "현실착각 현상"[18] 때문이라고 본다. 바르

---

17) 인위적으로 해체한다는 것은, 즉 영상구조의 체계를 무시하고 임의적으로 해체하는 것을 의미한다. 내용 분석 방법은 체계적인 해체를 시도하기도 하나, 그것은 기계적인 절단 방법이지, 구조적 체계를 존중한 해체 방법은 아니다.

18) R. Barthes, "La rhétorique de l'image," in *Communication*, No. 4, 1962.

지배하고 있는 심리 상태가 데코르에 반영되어 있는 경우를 말한다. 인상주의적 데코르와 표현주의적 데코르를 가름하는 기준은 데코르가 자연적인 것이냐, 인공적인 것이냐이다. 인상주의적 데코르는 멜로드라마에서 흔히 발견할 수 있는 것처럼 소나기가 퍼붓고, 천둥번개가 치는 밤중에 설정된 '격정의 장면,' 때묻지 않고 다듬어지지 않은 바닷가라는 자연공간에서 순수한 감정의 교류가 쉽게 이루어졌던 남녀가, 도시의 생활공간이라는 데코르에서 어색한 재회를 하게 되는 장면의 설정 등이 인상주의적 데코르의 사용법에 해당된다. 그에 반해 표현주의적 데코르는 특정 인물의 주관적 세계 혹은 무의식의 세계를 표현하기 위해 데코르를 이루는 요소들 간의 자연적인 관계를 무시하고 비현실적으로 바꾸어버리는 것이 보통인데, 독일 표현주의 영화와 현대의 괴기영화에서 그 예들을 흔히 찾을 수 있다.

⑦ 음향의 코드

음향의 코드는 영상을 동반하는 특수 음향효과와 음악의 사용 법칙을 말한다. 음향은 일반적으로 영상의 보조적 역할을 하는 것으로 인식되고 있으나, 현대 영화에서는 음향을 영상의 보조적 기능에서 탈피시켜, 영상과 음향 사이에 다각적으로 새로운 관계를 만들어줌으로써 그 기능이 다양해졌다. 알랭 레네Alain Resnais의 「히로시마 내 사랑」에서는, 제2차 세계대전 중 커다란 정신적 상처를 입은 주인공이 원폭의 정신적 상흔이 가시지 않은 히로시마를 여행하는 중에 무의식 속에 침잠되어 있던 옛 상처의 기억이 되살아나는 과정을 그린다. 영화 전편을 통해 날카로운 클라리넷과 둔중한 콘트라베이스의 합주로 이루어지는 음악이 반복되어 흐르면서, 무의식과 의식의 충돌 혹은 그 뒤섞임의 상태를 암시해준다. 이처럼 음향이 동반되는 영상을 추상화트는, 동적 영상이 다른 어느 종류의 표현수단보다 강한 현실감을 불러일으키게 되는 이유를, 영화와 그것의 근접 예술인 사진이나 연극과 비교해서 설명한다. 그의 지적에 따르면, 사진은 사물의 형태와 선과 색깔을 절대적으로 존중하는, 현상에 대한 충실하고 기계적인 복사이지만, 사진이 주는 현실감은 영화와 비교할 때 매우 약하다는 것이다. 사진을 통한 사건의 공간적 파악은 현실적이지만(그것이 바로 눈앞에 있으므로), 사건이 발생한 시간은 어느 날, 어느 순간 카메라의 렌즈 앞에서 그러한 사건이 있었다(사건은 정지되어 있기 때문에)는 식으로 과거로서 파악된다. 공간의 현실적 파악과 시간의 과거적 파악이라는 이질적인 시간의 접합 때문에 사진의 영상은 현실의 느낌을 갖게 하기는 약하다는 것이다.

반면에 영화의 경우, 그 영상은 실제로 일어나고 있는 사건이 아니라 어느 날 카메라 렌즈 앞에서 의도적으로 연기된 사건을 보여주는 데 지나지 않지만, 사진의 영상이 갖지 못하는 움직임 때문에 그 영상의 현실감은 훨씬 강한 것이라고 할 수 있다. 심리학자들의 말에 따르면, 물체의 형태나 두께·색깔 등은 복사된 사진을 통해서도 그 실제감을 얻을 수 있다. 하지만 움직임이란 그 움직임이 감지되는 순간에 현실감을 주는 것이다.

연극의 경우 그것이 재현해 보여주는 것은 허구의 세계이다. 하지만 연극을 이룩하고 있는 것들, 즉 무대나 연기하고 있는 인물들은 현실적인 것이어서 허구세계가 갖고 있는 현실감을 떨어뜨리게 해준다는 것이 일반적이다. 바꾸어 말해 연극은 현실의 공간에서 실제의 인물과 실제의 소도구 공간에서 허구의 세계를 만들어나가므로 허구의 현실과 실제의 현실이라는 두 현실의 끊임없는 충돌이 허구세계에서 일어나는 사건이므로 현실감을 주는 데 장애요소로 작용한다. 반면에 영상은 완전히 입체적으로 보이지만 실제로는 평면적인 화면의 비현실적인 세계 속에서 이루어지는 허구로서, 허구세계가 비실제적인 것들에 의해 만들어지므로, 허구세계의 실제성과 현실감을 더욱 강하게 해준다는 것이다.

이 같은 영상매체의 특수성 때문에 영상을 통해 보이는 세계는, 보는 사람으로 하여금 그것이 현실 그 자체의 한 토막 같은 착각을 불러일으켜 하나의 메시지로서 파악되기가 어렵다는 것이 바르트의 견해이다.

영상을 현실과 착각한 극단적인 예가 '원더우먼'이나 '6백만불의 사나이'를 흉내 냈던 어린이들의—그들로서는 용감하고 우리로서는 어처구니없는—죽음이었다. 그러나 그러한 현실착각 현상은, 교육받은 성인들, 심지어는 일부 커뮤니케이션 연구가들에게서도 발견된다. 오랫동안 영화나 텔레비전 사회학의 연구 방법으로 통용되었던 반영이론이 바로 그 한 예이다. 영화 혹은 텔레비전과 사회를 유추적인 관계에서 보고, 그 속에서 사회의 직접적인 반영을 찾으려 했던 시도는, 가히 현실착각 현상의 학문적인 한 형태라고 볼 수 있다.

영상 메시지의 분석을 동반하는 구두언어에만 의존하는 것 역시 앞에 예를 든 현실착각 현상과 별반 다를 것이 없다. 그것은, 영상을 구두언어를 통해 표현되는 메시지의 현실을 그대로 복사하는 기술 이외의 것으로 보지 않는 행위가 되기 때문이다.

영상을 하나의 충실한 복사수단으로서만 보게 될 때, 메시지 해독 과정에서 중대한 과오를 범하게 될 수도 있다. 대사의 의미 자체도 영상과의 상관관계에서 밝혀지는 경우가 많기 때문이다. 영상의 언어체로서의 구조에 무관심한 채, 막연한 인상이나 대본에 의거해서 다루게 될 때 생겨날 수 있는 더욱 심각한 문제는, 영상의 지시적 기능에는 접근이 가능해도, 표현적 기능들에는 접근이 어려워진다는 점이다. 표현적 기능들은, 영상을 구성한 요소들이 서로 얽혀 있는 관계의 세밀한 분석을 통해서만 파악이 가능하기 때문이다. 이것은 사실 참을성 있는 태도와 부단한 감수성의 동원을 필요로 하는 고된 작업이다. 하지만 현대사회에서 총아로 군림하고 있는 영상들의 주요 기능이란 바로 이 표현적 기능들이기 때문에 그러한 노력에 대한 요구는 증대되고 있다.

레니 리펜슈탈Leni Riefenstahl의 저 유명한 베를린 올림픽의 다큐멘터리를 보면서, 올림픽의 장관만을 감탄하고 있었던 나치 독일의 상황에서 우리가 배운 바가 있다면, 이와 마찬가지로 우리는 콜럼비아 우주선 발사의 우주중계를 보면서, 카운트다운을 숨죽이고 지키며, 천지를 진동시키며 날아가는 우주선의 발사 성공을 환호하고 있을 수만은 없을 것이다. 우주중계의 메시지는, 우주선 발사 상황이라는 지시적 정보의 기능만으로 사명을 다하는 것은 아니기 때문이다. NASA의 번쩍거리는 초현대적 컴퓨터들의 전시, 그 주위에 좌정하고 있는 세계적 두뇌들, 우주공간을 향해 겨누어져 있는 거대하고 육중한 우주선, 천문학적 숫자의 소요 경비를 소개하는 내레이터, KBS의 현지 중계팀의 흥분된 실황중계, 스튜디오에 모인 우리 과학자들의 표정과 코멘트, 이 모든 요소가 얽혀서 만들어내는 또 다른 메시지가 우리를 감동시키는 것이다. 미국이 거인처럼 보이고, 우리가 그 거인 미국의 우방임이 다행스럽게 여겨지고, 우주중계를 전해 받을 수 있을 만큼 성장한 우리의 국력이 자랑스러워지는 순간이다.

이처럼 영상 메시지의 의미는, 그것을 이루고 있는 구성요소들 사이의 상관관계에 의해 드러난다. 바꾸어 말해 영상구조의 분석이 그 메시지의 해독을 가능케 한다. 그러나 영상언어의 구조와 그 기능에서 살펴보았듯이 코드는 부단히 변화해가고 있고, 그 상관관계도 어떤 부동의 법칙에 의거하고 있는 것은 아니다. 문법과 수사법이 분류될 수 없는 영상언어의 특성 때문에 수사법이 무한히 풍부할 수 있다는 점, 표현적 기능의 효율성을 높이기 위한 새로운 표현수단의 개발에 대한 끊임없는 요구 등이 그 변화의 추진력이 되어주고 있다.

여러 가지 예를 통해 살펴보았듯이, 그 변화의 방향타 역할을 해주는 것은 사회문화적 환경과 시대적 여건이다. 결국 시각적 커뮤니케이션이 가능하기 위해서는, 송신자와 수신자가 공동의 기억을 끌어낼 수 있는 동일한 사회·문화·시기적 배경을 소유하고 있어야 한다는 얘기다. 서로 다른 세계에 속한 사람들 간에는 원활한 시각적 커뮤니케이션이 이루어질 수 없다. 알게 모르게 그들은 서로 다른 지각세계에 속해 있기 때문이다. 이런 관점에서 볼 때, 영상언어가 우주적 언어라는 인식은 잘못된 것으로서, 영상 메시지의 연구도 다른 메시지의 경우와 마찬가지로, 커뮤니케이션이 이루어지는 문화사회적 공간의 문제에 대한 일반적 이론들의 도움을 필요로 한다.

3장

하이퍼텍스트 시대 영상 커뮤니케이션 연구의
새로운 과제

1. 머리말

20세기 후반 이후 영상문화의 세계는 혁명적인 변화를 겪고 있다.
그 변화는 미디어 역사에서 알파벳 문자의 발명, 인쇄술의 발명, 사
진술의 발명에 버금가는 혁명적인 것으로 지적되고 있다.[1] 이러한 변
화를 미디어 발달사상 중요한 자리매김을 하는 변화로 본다는 사실은
이것이 단순히 영상문화 영역만이 아니라 사회적 커뮤니케이션의 방
식과 정신문화 전반에 걸쳐서 중요한 영향을 끼치게 될 변화라는 점
을 암시한다.

현재 진행되고 있는 변화의 내용을 열거해보면 다음과 같이 정리될
수 있다.

---

1) Ph. Auéau, "La Pensée virtuelle," in *Réseaux*, No. 61, CNET, 1993. 9~10, p. 69.

① 영상의 디지털화와 영상합성 기술의 등장이다. 영상은 컴퓨터를 통한 계산이 가능해졌으며, 모든 근원의 영상들이 디지털화된다. 따라서 디지털 코드로 조작, 처리, 저장, 원거리 송수신이 가능해진 단계이다.

② 영상과 실시간 상호작용이 가능해진 점이다. 예전에 군사용의 시뮬레이터에 한정되어 있던 이 기술이 일반화되어 여러 분야에 응용하게 되었으며 전자게임으로 폭넓게 대중화되었다. 컴퓨터의 계산력은 상당히 증가되어 영상의 일부 혹은 전부를 수정하고 싶은 순간에 수정이 가능할 수 있게 되었다.

③ 휴대용 입체 영상화 기술의 개발로 인해 영상 속에 들어가 잠기는 기분의 체험이 가능해졌다. 이것은 단순히 재미난 장난감의 수준이 아니라 영상과 그 사용자 간의 신체적 접촉관계를 근본적으로 바꾸는 특징을 지닌다. 우리는 영상 앞에 있게 되는 것이 아니라 영상 속에 있게 된 것이다.

④ 텔레버추얼리티tele-virtuality 기술의 발달로 합성 이미지 기술과 텔레커뮤니케이션 기술을 결합시켜 사용자가 원거리에 있는 다른 존재들과 가상적 재현을 통해 의사소통하고 일할 수 있는 새로운 방식이 개발되었다.

이상의 기술적 변화들은 영상 하이퍼텍스트와 상호작용성interactivity의 가능성으로 요약될 수 있다. 이러한 가능성이 영상 커뮤니케이션에 가져오는 영향은 다음의 두 가지 측면에서 검토되어야 한다.

첫째는 영상 텍스트의 존재 방식이 달라지는 데서 오는 문제이다. 영상 하이퍼텍스트의 단위영상들은 하이퍼링크를 통해 다양하게 연결될 수 있는데, 이 새로운 연결 형태는 영상언어의 성격에 큰 변화를 가져올 수 있다. 기존의 영상 텍스트들, 특히 연속적sequential 영상 텍스트들의 경우 구성 방식 자체가 문자문화의 논리에 종속되어왔다고 할 수 있다. 그러나 하이퍼텍스트의 구성은 그 방식에서 문자문화의 단선성이나 삼단논법적 논리를 많이 벗어나고 있다. 그러므로 문자언어의 논리로부터 영상언어를 해방시키면서 새로이 '구속'하게 될 언어적 논리는 어떤 것인지 탐구되어야 할 것이다. 이것은 영상문화와 영상 커뮤니케이션에 대한 의존도가 높아지는 사회에서 사고처리 방식thought processing에서의 커다란 변화를 암시하기 때문이다. 따라서 하이퍼텍스트 시대의 영상언어의 성격에 대한 새로운 조망이 필요하다.

두번째는 영상 하이퍼텍스트와 상호작용성 기술의 등장으로 텍스트의 사용자와 텍스트가 맺게 되는 방식이 변화된다는 점이다. 상호작용성의 기술을 통해 텍스트의 사용자 혹은 해독자는 영상 텍스트의 밖에, 혹은 앞에 머물지 않고 상호작용을 통해 영상 텍스트를 조작하고 간섭하거나 영상 텍스트 속에 들어가 그 일부로서 참여할 수 있게 되었다. 이렇게 될 경우 텍스트는 고정되고 완결된 의미를 지닐 수 없기 때문에 이제까지 영상 텍스트의 연구에서 중심적 이슈가 되었던 영상 텍스트의 담론, 이데올로기 연구와 영상 텍스트의 해독자에 대한 이데올로기 작용의 기제로 지적되는 주체구성constitution of subject의 문제가 계속 의미 있는 연구의 틀이 될 수 있을 것인가 하는 문제가 검토되어야 할 것이다.

따라서 여기서는 첫째, 하이퍼텍스트 시대의 영상문화는 어떤 변화를 낳고 있고, 그 변화는 사고처리 방식에 어떤 영향을 주게 될 것인지를 살펴보고자 한다. 이 문제는 영상언어의 논리, 문자언어의 논리, 하이퍼텍스트의 논리 간의 비교를 통해서 검토해볼 수 있을 것이다.

둘째, 텍스트의 형태와 텍스트-사용자 간의 관계가 달라진 영상 커뮤니케이션의 상황에서, 기존 연구의 주요 이슈들이 여전히 유효한 것인지를 점검해보고자 한다. 기존 연구의 방향을 검토하고 이것이 달라진 영상언어에 그대로 적용될 수 있는지의 여부, 가능하지 않은 이유 등을 규명하고 아울러 새 영상문화의 연구과제가 무엇인지를 논의해보기로 한다.

2. 영상언어의 특성과 영상문화의 언어적 논리

(1) 영상언어의 특성과 해독의 원리

영상은 구두언어나 문자언어 같은 자연언어처럼 의미를 지니지 않는 최소 단위인 음소phonème와 의미를 지니는 최소 단위인 형태소monème로의 분절이라는 이중의 분절double-articulated이 이루어지는 언어가 아니다.[2] 영상은 형태소만으로 단분절되는single-articulated 언어이다. 그러므로 자연언어의 메시지 구성에서 최소 단위가 되는 단어라는 개념이 없고 언어학적 의미의 '문법'이라는 것도 존재하지 않는다. 물론 영상구성이나 배열 조합에서 어떤 규칙이나 체계가 없는 것은 아니지만 이들의 체계나 배열 법칙이란 메시지를 만드는 데 엄격하게 요구되는 기본적인 체계나 법칙이 아니라 특정한 효과를 겨냥하고 메시지를 서술하는 데 요구되는 것으로 문법보다는 수사법에 더 가깝다.

따라서 자연언어로 된 텍스트의 경우는 단어-절-문장-문단의 순서

---

2) 이 책의 1부 2장, pp. 52~53 참조.

로 문법에 의존해서 선형적linear이며 인과적 원리에 따라 분석적인 해독의 과정을 거친다. 그러나 영상 텍스트는, 사진 같은 정영상의 경우를 예로 들더라도 텍스트를 구성하고 있는 기호들 사이에 순서적인 파악의 과정을 거치게 되지는 않는다. 우선 시선의 이동이 모든 사람에게 일정한 것이 아니라 해독자의 관심과 의지에 따라 달라진다. 시지각 관련 실험에 따르면 대체로 왼쪽에서 오른쪽으로, 위에서 아래로 훑기를 거친 뒤(〈그림 1〉의 A), 두번째 시선은 왼쪽 위의 구석에서 방사선의 형태로 오른쪽 아래로 주사하고 또다시 왼쪽 아래에서 오른쪽 위로 방사선형의 주사를 거치게 된다고 한다(〈그림 1〉의 B).

그러나 텍스트를 구성하고 있는 기호나 구성 방식에 따라 이 시선의 주사 순서는 얼마든지 달라질 수 있다. 예컨대 유난히 시선을 끄는 요소가 있어서 시선의 주사가 중앙이나 하단부에서 시작될 수도 있고 시선을 일정한 방향으로 유도하는 여러 가지 텍스트 장치가 동원되어 해독자들의 시선 이동이 〈그림 1〉과는 다른 양상으로 이루어질 수 있다. 다음의 도표는 한 영상 텍스트의 그래픽 기호들을 알파벳 문자로 바꾸어 단순화한 것이다. 이 경우 시선의 주사는 a-g-d-f-h-k-l-j-i 혹은 k-l-m-a-f-i-b-c-h-f-b-c-d, a-e-k-h-g-c-b-a-d-e-f 등 해독자의 관심에 따라 다양한 순서로 시선이 이동되면서 텍스트 읽기가 이루어질 수 있다(〈그림 2〉 참조). 말하자면 영상 텍스트의 경우 기호 해독의 순서는 텍스트의 수사법에 따라 다양하게 달라질 수 있으며, 텍스트 전체의 의미 해독은 기호들 간의 다이내믹한 상호작용의 결과로 이루어진다.

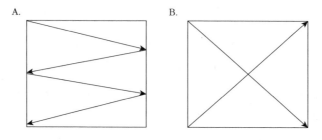

〈그림 1〉 일반 영상 텍스트에서의 시선 이동

A.　　　　　　　　　　　　B.

〈그림 2〉 여러 장치가 동원된 텍스트에서의 시선 이동

a	b	c	d
e	f		g
	h	i	j
k	l	m	

출처 : Ch. Cadet, *La Communication par l'image*, Paris : Nathan, 1996, p. 7.

(2) 영상언어와 구어체적 논리

　그러면 영상언어를 지배하는 논리를 어떻게 정의할 수 있을 것인가?

　일부 학자들은 동영상을 예로 들어 구어체적 논리oral logic와 유사한 논리가 작용한다는 점을 주장하고 있다. 피스크John Fiske[3]는 매클루언, 구디Jack Goody와 와트Ian Watt에 이어 대표적인 동영상 언어체인 TV가 구어체적 논리를 지닌 구어적 양식oral mode의 언어라고 본다. 이것

---

3) J. Fiske, *Reading Television*, London : Methuen, 1987.

은 문자언어를 사용하는 문어적 양식literate mode과는 여러 가지 점에서 대립되는 요소를 가지고 있다. 구디와 와트는 "논리"의 기원은 알파벳 문자 양식alphabetic literacy의 결과로 볼 수 있으며, 고대 그리스 시대의 문어식 담론literate discourse의 시작으로부터 유래한다고 주장한다. 그들은 처음으로 폭넓게 확산된 알파벳 문화시대에 "logic"(불변적이며 비인칭적인 사고의 과정을 요구하는 담론의 양식이라고 할 수 있는)의 개념이 등장했다는 사실에 주목하면서 논리적·인과론적 사고의 틀이 문어양식에서 비롯되었음을 암시한다.

피스크는 TV양식에서 발견되는 구어체적 논리는 문어적 논리와 달리 불변적이고 비인칭적이 아니며 오히려 반대로 자유로운 연상과 유사성similarity의 원리에 의해 이루어지는 것으로 수사법적rhetoric이라고 본다. 예컨대 TV 메시지는 그것이 등장하는 콘텍스트에 의해서 확인되는 것으로, 구성요소들 사이의 대조를 통해 의미가 구축되는 것이지 삼단논법의 연역적 방식에 따라 이루어지지 않는다는 것이다. 피스크는 TV의 구어양식과 문어양식 간의 차이를 〈표 1〉과 같이 구분한다.

〈표 1〉 TV양식과 문어양식의 차이

	TV양식	문어양식
메시지 조직 방식	episodic	sequential
	mosaic	linear
	dynamic	static
	dialectical	univocal/consistent
재현 방식	concrete	abstract
대상과의 관계	metaphorical	metonymic
텍스트의 해독	participative/active	passive
사고의 과정	rhetorical	logical

출처: 위의 표는 J. Fiske, *Reading Television*(Methuen, 1987)에서 재구성한 것임.

〈표 1〉을 설명해보면 다음과 같다.

① 메시지를 구성하는 기호단위들 사이의 연결관계

－영상 텍스트는 각각 독립되어 있는 비연속적인 기호들이 모자이크식 연결관계에 있고, 서로 간의 다이내믹한 상호작용과 다양한 층위의 기호들 간 결합을 통해 이루어지므로 그 기호들 간의 변증법적 교류가 이루어진다.

－문자 텍스트는 기호들이 선형적인 연속성으로 연결되어 있어서 서로 간의 관계가 정태적이고 문자라는 단일 언어체에만 의존하므로 단선적인 특성을 나타낸다.

② 재현 방식

－영상은 동기화된 기호를 사용하는 구체적 재현 방식에 의존한다.

－언어는 자의적 기호를 사용하는 추상적 재현 방식을 취한다.

③ 재현하는 기호체들 사이의 의미관계

－영상은 은유적인 것으로 유사한 의미를 각 기호체가 서로 다른 차원에서 반복적으로 나타내주고 있다.

－문어는 환유적인 것으로 각 기호가 별개의 의미를 지니면서 서로 합쳐져서 전체의 의미를 이룬다.

④ 텍스트의 해독

－영상은 해독자의 참여를 많이 요구한다.

－문어는 해독자의 참여보다 쓰인 대로 해독하는 수동적 태도를 요구한다.

⑤ 사고의 과정

－영상의 경우는 수사적이다.

－문어의 경우는 논리적이다.

여기서 시도한 문어양식과 TV양식의 구분은 문자와 영상매체 두 양식 간에 나타나는 의미구축 방식 사이의 차이를 드러내기 위한 것이다. TV의 경우(영화의 경우도 마찬가지겠지만) 영상과 구어, 비언어적 기호non-verbal sign 등 다수 언어체의 복합적 상황이라는 점이 특징으로 강조된다. 이들 영상매체에서 인물이 등장하는 경우 그들이 구어를 사용한다는 사실 때문이 아니라 면대면의 구어적 의사소통의 경우처럼 발화되는 말뿐이 아니라 화자의 모습, 표정, 제스처, 접촉 등 다원적 언어 간의 동적인 결합을 통해 의미구축과 해독이 이루어진다는 점에서 TV 같은 영상매체를 구어양식으로 분류하고 있는 것이다.

정영상의 경우 동영상 같은 복합적 언어체로 이루어져 있지는 않지만 그 의미구축의 방식은 앞에서 보았듯이 구성기호들 간의 연속적인 관계가 아닌, 모자이크적 연결관계에 의해 이루어진다. 따라서 기호들 간의 다이내믹한 상호작용을 통해 의미의 해독을 얻게 되므로 결과적으로 해독자의 능동적 참여를 요구한다. 정영상의 경우도 복합 언어체인 동영상의 경우와 유사한 방식으로 의미구축과 해독이 이루어지는 것을 알 수 있다.

이러한 관점에서 볼 때 정영상이나 동영상의 경우 모두 의미구축에서 문자언어와는 다른 구성적 논리를 지니고 있으며, 이것은 전반적으로 구어양식에 가까운 것으로 간주할 수 있다.

(3) 영상문화의 뒷방향 거울 바라보기 현상: 동영상의 문어체적 사용

이제까지의 서술은 정영상을 중심으로 해서 영상언어의 특징을 살펴본 것이고, 동영상의 경우에도 단위영상(하나의 숏)에 한정해서 그 특징을 서술해본 것이다. 이번에는 동영상이나 연속적 정영상의 경우 단위영상들이 연결되는 양상에 주목해보고자 한다. 사진에 움직임을 결합시킨 영화나 TV 같은 동영상의 경우는 단일 화면의 수준에서는 영상 논리가 작용하지만 연속성의 텍스트에서는 소설의 형태를 그대로 답습하게 되면서 화면과 화면의 연결 수준, 즉 편집의 수준에서는 단선적–연속적linear-sequential인 연결, 삼단논법적 연결의 원리를 따르게 된다.

예컨대 기존의 동영상과 동화상(영화, TV, 만화영화 등)의 경우 기본 단위인 프레임이나 숏 내에서는 구어적 논리의 영상적 사고에 의한 접근을 요구하는 반면, 전체 텍스트의 수준에서는 문어적인 논리가 요구된다. 이러한 경향은 특히 할리우드식 고전적 내러티브의 경우 더욱 심하다. 소련의 1920년대 몽타주 이론이나 1960년대의 고다르류의 새로운 영화이론, 또한 고다르Jean-Luc Godard의 연장선상에 있는 것으로 볼 수 있는 포스트모던 영화는 고전적 내러티브의 대안적 입장이라고 할 수 있는데, 이들은 바로 단선적–연속적인 영화의 이야기 서술 방식에서 벗어나고자 한 것이라고 할 수 있다.

따라서 이 같은 동영상의 경우는 텍스트의 생산이나 해독의 수준에서 모두 모자이크적·역동적 파악이라는 영상적 원리와 단선적 논리라는 문자적 원리의 이질적인 것이 함께 섞여 있음을 알 수 있다. 주류를 이루는 영상 텍스트들은 대부분의 경우 단위영상들의 연결에서 영상언어의 특성인 구어양식에 가까운 영상양식이 개발, 활용되지 못했다. 연속적인 영상의 경우에 영상과 영상 사이의 연결에서 영상구성의 원리를 따르지 못하고 문자구성의 논리를 따르게 되는 것은 매클루언이 지적한 바 있는 "뒷방향 거울 바라보기rearview mirrorism" 현상으로 말할 수 있다.

　매클루언은 신매체가 구매체를 대체해가는 과정에서 신매체가 가지고 있는 잠재력을 발굴하기에 걸맞은 양식을 개발하여 활용하지 못하고 구매체의 양식에 의존하는 현상을 그렇게 지칭했다. 그는 예컨대 TV가 문자양식을 따르고 있는 현상을 그 대표적인 예로 보았던 것이다.

　영화나 TV에서 문자 논리나 문어양식을 따르고 있는 예는 영화문화나 TV문화 전반에 걸쳐 논의되어야 할 것이기 때문에 간단히 설명하기는 어렵다. 그러나 몇 가지 대표적인 예를 든다면, 앞에서 지적한 것처럼 이야기가 단선적으로 선명하게 구축되어 있고 의미가 닫혀 있는 내러티브를 사용해서 해독자를 피동적으로 만들고, 능동적인 참여의 여지를 별로 허용하지 않는 텍스트 구성법 등을 들 수 있다.

3. 하이퍼텍스트와 영상문화

　머리말에서 지적했듯이 신新영상문화에서 기존의 영상문화와 구분되는 가장 핵심적인 특징은 하이퍼텍스트의 등장과 텍스트-사용자 간에 이루어지는 상호작용성이라고 할 수 있다. 이것은 기존의 영상 텍스트의 체험과는 전혀 다른 새로운 체험을 가능케 한다. 이것은 문자 텍스트와 마찬가지로 단선적으로 구축되어 있던 연속성의 영상 내러티브에 획기적인 변화가 생기게 된 것을 의미한다. 어떤 면에서는 문자문화의 논리에 복속되어왔던 영상언어의 마지막 굴레—연속적 영상의 문어적 연결 원리—를 벗어나는 계기를 만들어주는 것으로 볼 수도 있다. 따라서 여기서는 디지털 언어로 이루어지는 하이퍼텍스트의 성격을 알아보기로 한다.

(1) 하이퍼텍스트의 특징

하이퍼텍스트는 1940년대에 이미 미국의 버니바 부시Vannevar Bush에 의해 고안되었고, 이어 1960년대에 와서 테드 넬슨Ted Nelson에 의해 구체화되고 이름 붙여졌는데, 컴퓨터가 전자계산기 이상의 도구가 될 수 있었던 것은 이 덕분이라고 할 수 있다. 하이퍼텍스트는 풍부하기 그지없는 많은 양의 정보 사이에 유기적인 연결망을 구축해서 다양한 아이디어의 결합을 시도해볼 수 있는 정보 조직의 방식이다. 컴퓨터가 가능하게 해준 새로운 글쓰기 방식이라고도 할 수 있다. 다양한 정보와 텍스트들을 단선적인 줄 순서line-by-line, 페이지 순서, 책 순서book-by-book로 배열·조직해나가는 것이 아니라, 직관적이고 연상적인 방법으로 연결하는 비연속적인 글쓰기 방법이다.

책이나 영화 텍스트를 분절된 부분segments들의 결합으로 보았을 때 (바르트[4]에 따르면 일련의 렉시lexie들의 결합) 전통적인 텍스트의 경우에는 분명한 전개의 축이 있다. 분절된 부분들 사이의 연결은 한 단락에서 다음 단락으로, 한 페이지에서 다음 페이지로 병렬 배치되거나 영화의 경우는 한 숏에서 다음 숏으로 이어지게 된다. 그래서 일반적인 해독 과정은 책이나 영화에 연결되어 있는 순서대로 하나의 렉시에서 다른 렉시로의 이동을 의미한다. 전통적인 책이나 영화는 첫머리부터 중간을 거쳐 끝에 이르게 되는 전개의 축을 가지고 있는 것이

---

4) R. Barthes, *s/z*, Paris: Seuil, 1970, p. 20. 랜도G. P. Landow가 저서 *Hypertext: The Convergence of Contemporary Critical Theory and Technology*(Baltimore: Johns Hopkins University Press, 1992)에서 하이퍼텍스트의 노드에 해당하는 내러티브 조각 narrative fragment을 바르트의 렉시lexie라는 용어를 차용해 사용했다.

L1 ⟶ L2 ⟶ L3 ⟶ L4 ⟶ L5 - - - - - - ⟶ Ln

다. 이를 그림으로 나타내면 〈그림 3〉과 같다.

물론 해독자에 따라서는 특별한 목적으로 영화를 비디오로 감상할 수도 있겠고, 그럴 경우 상당히 '작가적writerly'으로 독해를 할 수는 있다. 책의 일부분에서도 각주로 이동했다가 맨 뒤의 장으로 갔다가 특정 단어의 뜻을 찾아보기 위해 사전을 찾아보거나 함으로써 비연속적인 요소들 사이에 새로운 연결관계를 만들어낼 수 있다. 영화의 경우도 처음부터 보아나가다가 끝이 궁금해서 종결 부분으로 뛰어넘어 갔다가 왔던 자리로 되짚어왔다가, 이해 안 되는 부분이 있어서 초반부로 되돌아갈 수도 있다. 아니면 주인공의 행적에만 관심이 있어 중간중간을 뛰어넘으면서 전혀 새로운 연결을 만들어낼 수도 있다. 이것들 역시 하이퍼텍스트적 체험의 일종이다.

그러나 컴퓨터에 의한 전자적 하이퍼텍스트의 경우는 이 같은 가지치기를 좀더 손쉽게 만들어준다. 하이퍼텍스트의 단계는 컴퓨터상에서 디지털 언어로 텍스트를 제작할 경우 비교적 복잡한 단계를 거친다. 디지털 언어를 사용해서 만들어지는 텍스트는 그 기본 단계에서는 일종의 수형도tree diagram의 모습을 취하게 되는데, 이것을 그림으로 나타내면 〈그림 4〉와 같다.

〈그림 4〉 브랜치 프로세싱에 의한 텍스트의 구축 방식

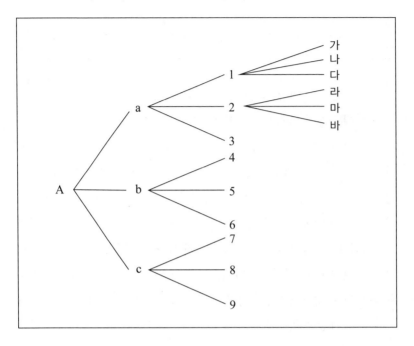

위의 그림은 초기 수준인 브랜치 프로세싱branch processing에 의한 텍스트의 구축 방식이다. 이 그림은 불가역적인 과정이다. 즉 노드 A에서 a를 거쳐 1(또는 2나 3)에서 가(혹은 나, 다)로, 혹은 A에서 b, 다시 4(또는 5나 6)로 가는 식으로, 왼쪽에서 오른쪽이라는 한 방향으로 진행할 수는 있어도 역방향으로의 진행은 불가능한 텍스트이다.

〈그림 5〉는 브랜치 앤드 바운드 프로세싱branch and bound processing에 의한 텍스트로 위에서 불가능했던 역방향으로의 진행이 부분적으로 혹은 전체적으로 가능해진 텍스트이다. 이것은 노드 A에서 노드 a, b, c로, 노드 a, b, c에서 다시 각기 노드 1, 2, 3 혹은 4, 5, 6으로라는 왼쪽에서 오른쪽 방향으로뿐만 아니라, 오른쪽의 노드 1에서 왼쪽의 노

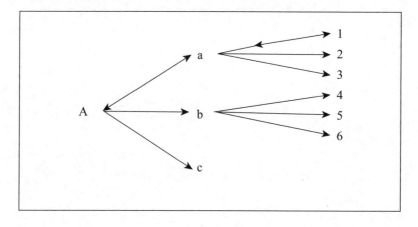

드 a로, 다시 노드 a에서 노드 A로 역방향 진행이 가능한 통로도 열려 있는 경우이다. 전자게임의 예를 들면 한동안 게임은 왼쪽에서 오른쪽으로, 혹은 앞에서 뒤쪽으로의 진행만이 가능했다. 그러나 게임 기술이 발전하면서 한정된 정도이기는 하지만 일단 지나간 장소로 되돌아올 수 있게 되어 그 장소에서 미처 따 먹지 못한 과일이나 돈을 취하거나 그 장소에서 지나쳐버린 다른 차원으로 열린 문으로 되돌아와 그 문을 통과해 다른 세계로 갈 수도 있게 된 것이다.

〈그림 6〉은 브랜치 앤드 바운드 프로세싱에 하이퍼링크 프로세싱 hyperlink processing이 결합된 텍스트이다. 이 경우에는 연결하기에 따라서 A에서 1로 직접, 혹은 1에서 9로, a에서 b로, 혹은 a에서 4로 점프가 가능한 경로들을 만들어주어 단선적인 진행이 아닌 멀리 혹은 엉뚱한 곳으로 튀어 진행하는 것이 가능하다. 하이퍼텍스트라고 하면 이처럼 하이퍼링크의 연결 방식이 활용된 텍스트를 말한다. 전자게임의 예를 들면 게임에 따라 명명하는 용어는 다르지만 「랩 존wrap zone」(슈퍼마리오)처럼 지상 위에서 진행해가다가 선택하기에 따라 천상으

〈그림 6〉 하이퍼링크를 이용한 텍스트의 구축 방식

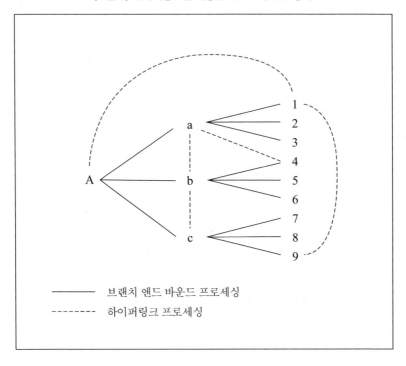

로, 혹은 지하로, 수중으로 뛰어 진행할 수 있게 된 경우가 하이퍼링크를 활용한 경우라고 할 수 있다.

하이퍼링크를 모든 노드의 차원에서 가능하게 한 것이 네트워킹 프로세싱networking processing이다. 네트워킹 프로그램을 활용한 텍스트에서는 모든 노드에서 어느 노드로나 뛸 수 있도록 경로가 열려 있다. 이 것은 바로 디지털 언어의 가능성을 십분 활용한 텍스트의 경우로 볼수 있다.

하이퍼링크가 다양하게 활용된 하이퍼텍스트나 모든 노드의 차원에서 하이퍼링크되어 네트워킹이 이루어진 하이퍼텍스트의 경우, 텍스트의 해독자는 아무런 노드에나 들어가서 어떤 통로나 자유자재로 선택하여 멋대로 항해해 다닐 수 있다. 그리고 이렇게 복잡하게 상호 연결된 하이퍼텍스트는 너무나 광대해서 텍스트 전체를 섭렵할 수 있는 가능성이 실제적으로는 희박하기 때문에 이 같은 텍스트에는 시간적, 혹은 텍스트적 의미의 시작이나 끝이 전적으로 독자에 의해서 결정된다. 하이퍼텍스트에는 중심이 되는 축도 없고, 분명하게 들어가는 길도 나오는 길도 없으며, 다른 연결점보다 우선권을 갖는 연결점들도 없다. 독자들 자신이 그것을 결정할 뿐이다. 그러므로 어떤 안내도 전거authority도 없는 상태에서 독자는 자기 자신에 의존할 수밖에 없다. 물론 한 장소에서 다른 장소로 어떻게 움직여갈 것인가에 대한 설명서 같은 것은 있을 수 있다. 그러나 독자에게 어느 방향이나 어느 길로 가야 할 것인지 우선순위나 가치를 제시하지는 않는다. 그런 텍스트도 있을 수는 있겠으나 그럴 경우 하이퍼텍스트로서의 특성을 상실하게 된다.

이미 발표된 몇 개의 하이퍼텍스트 픽션[5]을 살펴보면 좀더 분명해진다. 어떤 픽션은 네트워크의 지도를 제공하기도 하여 독자들이 어떤 통로를 선택해야 하는가를 결정할 수 있도록 도와준다. 어떤 것들은 그렇지 않고 독자들이 한정된 정보에 의존해서 스스로 선택을 해야 한다. 즉 짤막한 섹션 타이틀이 텍스트의 방향을 결정해주기도 하고 혹은 선택된 한 렉시 내의 키워드 중에서 하나를 선택하면 다른 렉시와 연결되기도 한다. 아무런 지도도 주어지지 않았을 경우 독자는 마치 미로를 탐험하듯이 텍스트를 탐험해야 한다. 가끔 독자는 이미

---

5) 문학 하이퍼텍스트 픽션의 예로는 초기의 것으로 M. Joyce, "Afternoon, a Story"(1987), S. Moulthrop, "Victory Garden"(1992) 등을 들 수 있다. 더 최근 것으로는 M. Joyce, "Twilight, a Symphony"(1996), T. McLaughlin, "Notes Toward Absolute zero"(1995)가 있다. 논픽션으로는 D. Greco, "Cyborg: Engineering the Body Electric"(1995)을 들 수 있다.

왔던 곳에 되돌아올 수도 있다. 그러나 맥락이 달라졌기 때문에 의미는 전혀 다를 수 있다. 한 가지의 묘사는 우선 어떤 특정 인물에 연결될 수도 있다. 그러나 같은 묘사를 후에 다른 맥락에서 만나게 될 때 그것은 다른 인물에게 적용되기 때문에 그 내용이 다른 방식으로 읽히면서 이야기의 해석이 달라질 수 있는 것이다. 가끔은 미로에서처럼 독자는 이야기 속에서 만나게 되는 궁금증이나 애매한 부분을 밝히기 위해서 다른 길을 찾아, 왔던 길을 되돌아갈 수도 있다.

이처럼 하이퍼텍스트의 내러티브는 기존의 텍스트처럼 명백하게 정해진 통로가 아니라 탐험해야 할 텍스트 공간인 것이다. 또한 독자들이 각기 다양한 방식으로 렉시들을 연결해가는 것이기 때문에 내러티브 자체에 어떤 명백한 종결이 있는 것도 아니다.[6)]

그 밖에도 하이퍼텍스트의 항해 과정에서 독자들은 자신의 코멘트나 반응을 덧붙일 수도 있고, 새로운 노드나 렉시를 텍스트의 원하는 부분에 첨가할 수도 있다. 또한 다양한 렉시 가운데 새로운 연결점들을 만들어낼 수도 있다. 그러므로 저자와 독자 간의 구분은 약화되며, 양자는 거의 완전히 용해될 수도 있다. 따라서 텍스트는 더 이상 정보와 아이디어가 저자로부터 독자에게로 전해지는 커뮤니케이션 시스템이 아니라 모든 참여자가 기여하고 대화의 내용과 방향에 영향을 끼치는 커뮤니케이션 시스템이 된다. 즉 하이퍼텍스트는 전통적으로 권위적인 작가에 의해 생산된 것을 수동적으로 소비하도록 하는 것이 아니라 작가적·능동적 해독을 가능케 하고 장려하는 커뮤니케이션 시스템인 것이다. 그러므로 텍스트는 탈중심적인 성격을 갖는다. 텍스트에는 중심도 없으며 1차적 축도 없고, 소실점처럼 텍스트가 이

---

6) S. Gaggi, *From Text to Hypertext*, Philadelphia : University of Pennsylvania Press, 1997, pp. 122~23.

야기하는 대상이라 할 만한 명백한 주체를 암시하는 작가의 단일하고 분명한 목소리도 없다.

(2) 영상 하이퍼텍스트의 특징

그렇다면 이러한 하이퍼텍스트의 테크놀로지를 영상 텍스트 제작에 도입함으로써 달라지는 결과는 무엇일까?

앞에서 보았듯이 정영상을 해독할 경우 영상을 구성하고 있는 요소들 사이를 시선이 오가면서 그 요소들을 서로 충돌시키고 결합시키고 교환시키면서 의미를 해독해나가게 된다. 이 경우 해독자들은 영상 위의 특정한 수사법이나 스타일 혹은 문자언어의 도움으로 일정한 방향으로 해독하도록 유도될 수 있다. 그러나 그러한 경우에도 일탈해독은 다양하게 일어나며, 그런 유도장치가 없는 경우 해독은 훨씬 더 다양할 수 있다. 하이퍼텍스트처럼 영상과 영상 간의 연결이 고정되지 않고 해독자가 앞에서 상술한 것처럼 자신의 선택에 따라 자유로이 항해하는 경우, 독자는 영상과 영상(어떤 장치에 의해서 연결관계나 논리가 전혀 암시되지 않은)들을 자유자재로 서로 충돌시키고 결합시키면서 의미를 해독해(만들어)나가게 되는 것이다. 이 경우 의미 해독은 이미 구축되어 있는 것을 찾아서 전유해나가는 것이 아니라 새로이 구축해나가는 대단히 생산적producerly이고 창조적인 작업이 되는 것이다. 이처럼 하이퍼텍스트로 연결된 연속영상의 경우 단위영상 내에서의 해독 메커니즘과 단위영상 간의 해독 메커니즘은 유사성을 띠게 된다.

단위영상 내에서 원근법—영상에 문자의 논리가 개입된 공간구축방법이라고 할 수 있는—또는 의미를 확실하게 하기 위해 문자를 보조적으로 사용하는 것 자체가 의미를 고정시켜놓고 자율적인 해독보다 일정한 방향으로 읽도록 유도하는 것과 마찬가지로, 연속영상의 경우 연결 방식 자체가 정해진 의미를 따라가도록 유도한다고 할 수 있다. 인쇄문자가 지배적이었던 시절에는 인쇄문자의 논리인 단선적-연속성이 영상 텍스트의 구축 방식 자체에도 상당 부분 침투했던 것이다. 그러나 하이퍼텍스트 테크놀로지의 발달은 문자 논리의 침투가 지배적이었던 영상 간의 연결수준에서 영상의 논리를 되찾게 만들어준 것으로 볼 수 있다. 하이퍼텍스트의 원리를 응용한 컴퓨터 텍스트의 구축이 가능해짐으로써 영상이나 화상언어의 특수성이 단위영상의 해독 차원에서와 마찬가지로 전체 텍스트의 해독 차원에서도 활용될 수 있는 텍스트가 등장할 수 있게 된 것이다.

결국 컴퓨터를 통한 디지털 글쓰기, 하이퍼텍스트는 영상언어가 절름발이 상태에서 벗어나 고유의 잠재적 가능성을 충분히 펼칠 수 있는 가능성을 열어준 것이라 할 수 있다. 근대 이후 영화 같은 동영상 기술의 등장은 시간에 대한 자유로운 구상을 가능케 했다. 들뢰즈Gilles Deleuze의 영화에 관한 괄목할 만한 두 권의 저서 중 두번째 책인 『영상-시간Image-Temps』에서 잘 설명되어 있듯이 이러한 사실은 1960~70년대의 영화에 구사된 다양한 시간구조를 통해 알 수 있다. 하이퍼텍스트 테크놀로지는 거기서 더 나아가 절대시간 개념을 약화시키고 4차원적 시간의 개념을 구체화하는 데 중요한 기여를 한 것으로 볼 수 있다. 즉 단위영상의 경우에 한해 소극적으로—소극적이었던 것은 원근법, 문자언어의 보조적 사용 때문이다—존중될 수 있었던 영상의 의미구축 논리가 연속영상의 수준에서도 문자 논리로부터 근본적으로 해방될 수 있는 가능성을 열어준 것이다.

하이퍼링크를 폭넓게 활용한 하이퍼텍스트의 경우 텍스트가 정형화되어 있고 고정되어 있지 않고, 수용자의 능력에 따라, 참여 방식에 따라 전개되는 텍스트의 성격이 달라진다. 그러므로 닫힌 텍스트가 아닌 열린 텍스트로, 중심화된 기존의 영상 텍스트에서 탈중심화된 영상 텍스트로 변화하게 된다.

4. 하이퍼텍스트와 사고처리 방식의 변화

하이퍼텍스트적 변화를 정신계의 변화와 연결지어 설명하는 가장 대표적인 철학자인 하임Michael Heim은 이 같은 텍스트의 변화를 "철학적 혹은 종교적 절대성의 부재현상과 유사한" 것으로 본다.[7] 후기 구조주의 혹은 포스트모던 이론가들을 연상시키는 그의 주장은 언어와 현실에 대한 그리스 시대의 이론을 거쳐 옹Walter J. Ong의 문자체계와 구어체계에 대한 언어적 이론[8] 및 구조주의 기호학, 사회언어학의 맥락에 속해 있다. 그는 소크라테스 이전 시기의 철학자인 아낙시만드로스를 인용하면서 이 같은 관점을 전개한다. 아낙시만드로스에게 "언어는(혹은 로고스는) 가능성의 무한한 매트릭스의 혼돈으로부터 정체성의 부상" 그 자체를 의미하는 것이다. 말하자면 언어는 고정된 것, 언어는 사전에 주어진 고정된 세계를 묘사하는 것이 아니다. 세계는 말로부터 끊임없이 부상한다. 현실은 우리가 나타내는 세계인 것이다.

이 같은 사고의 연장선상에서 하임은 세계를 표상하는 방식, 상징

---

7) M. Heim, *Electric Language: A Philosophical Study of Word Processing*, New Haven: Yale University Press, 1986, p. 221.
8) W. J. Ong, *Orality and Literacy: The Technologizing of the Word*, London: Routledge, 1982.

화하는 방식에서의 변화는 정신계에서의 변화를 생산한다고 주장한
다. 그는 이것이 단지 언어 그 자체만의 수준에서 논의될 수 있지는 않
고, 그 언어로 텍스트화하는 텍스트 테크놀로지의 수준에서도 언급될
수 있는 것이라고 주장한다. 즉 텍스트적 테크놀로지는 단순한 도구
가 아니라 세계와 관계를 맺고 개성 혹은 자아의 의미를 생산하는 양
식이라는 것이다.

하임은 텍스트 테크놀로지 발달의 주요 변화를 다음과 같이 짚는
다. 가령 구전문화가 지배적이었던 시절의 서체, 필법chirographic의 부
상에서부터 시작되어, 인쇄술 발명과 함께 시작된 활자문화의 발달,
그리고 워드프로세싱의 발달을 거쳐 현재 전자적으로 네트워크화된
텍스트 등장이라는 새로운 텍스트 테크놀로지에 도달해 있다.[9] 그런
데 이 같은 변화들 각각은 정신에서의 변화를 야기했다. 즉 우리가 우
리의 사고를 구조화하는 방식에서, 또한 우리가 우리 자신을 느끼는
방식, 그리고 우리가 세계와 혹은 타인들과 연루되고 상호작용하는
방식에서의 변화를 가져왔다는 것이다.

옹도 유사한 관점을 보여주고 있다. 그는 헤겔 시대 이래로 인간의
식이 진화한다는 자각이 생겨났다고 본다. 그런데 구전에서 문자 시
대, 전자처리 시대로의 변화, 문자문화, 인쇄, 전자식의 언어 프로세
싱의 결과 등에 관한 현대의 연구들이 점점 더 이 같은 의식의 진화가
글쓰기의 방식에 종속되어왔음을 나타내주고 있다는 것이다. 역사적
으로 볼 때, 현실을 상징화하는 방식이 변화할 때마다 정신의 재구조
화 현상이 잇따라 일어났다는 것이다.

글쓰기라는 관점에서 보았을 때 하이퍼텍스트는 인쇄문자가 요구

---

9) M. Heim, *Electric Language*, p. 30.

하는 선형성과 연속성의 원리에 따라 구축되는 것이 아니라 비非선형
적non-linear이며 자료들이 자유연상free association의 원리에 따라 구축되
는, 비연속성의non sequential 텍스트라고 말할 수 있다.[10) 하이퍼텍스트
는 DB 정보처리에 이어서 1980년대부터는 전자게임에 도입되기 시작
했다. 롤플레잉이나 어드벤처, 시뮬레이션 게임 같은 유형은 바로 하
이퍼텍스트가 게임에 부분적으로 적용되어 등장하기 시작한 장르라
고 할 수 있다. 이것은 사용자 자신이 게임의 진행 경로를 선택하고 결
정함으로써 게임의 구성요소로서 주어진 자료들을 자유롭게 결합, 배
열해가며 진행할 수 있는 가능성을 열어준다. 오늘날 하이퍼텍스트는
게임 같은 놀이문화뿐만 아니라 뉴스 제작, 픽션 극문화에까지 확산
되고 있다. 뉴스 취재 자료, 드라마의 단락 등이 토막 지어 주어지고
사용자는 취향이나 필요에 따라 자유자재로 이것을 배열, 조직해서
각기 다른 뉴스 텍스트, 서로 다른 내용의 드라마를 엮을 수 있게 되는
것이다.

   이러한 새로운 텍스트 제작 방식은 문자문화를 바탕으로 하고 있는
논리적 사고, 배열적 사고의 틀을 깨나가는 데 기여할 수 있다. 이것
은 이제까지 문자문화가 요구해왔던 것—기성세대들에게는 당연하
게 여겨져왔던—과는 다른 사고처리 방식을 요구한다. 문자나 영상
으로 이루어진 기존의 텍스트에서는 시작-중간-끝으로 이어지는 순서
적 배열의 논리가 사고 과정의 규범이 되어왔지만, 하이퍼텍스트에는
이러한 순서적이고 연속적인 논리의 구속이 없다. 단계적으로 이루어
지는 논리적 연쇄 혹은 논리적 단계 밟기가 아니라, 임의적인 다른 차
원으로의 자유로운 비약이 지배적인 양식이 되는 것이다. 하임은 이

---

10) M. Heim, *The Metaphysics of Virtual Reality*, New York: Oxford University Press, 1993.

같은 비약을 '하이퍼 점프hyper jump'라고 명명하고 있다. 물론 이것은 디지털 기술이 허용하는 상호작용성과 하이퍼링크를 네트워킹의 수준으로 확대해서 고단위의 자유로운 비약을 가능케 하는 기술을 유감없이 활용했을 경우에 더욱 두드러진다.

하이퍼텍스트의 테크놀로지를 활용한 새 영상의 경우에도 '뒷방향 거울 바라보기' 현상이 있어서 아직까지는 예전의 배열적 논리가 상당히 발견되는 것이 사실이다. 현재 만들어지고 있는 전자게임 중에 그런 경우를 많이 볼 수 있다. 그러나 게임의 발달 과정을 보면 기존에 사용된 컴퓨터 프로그램이 더 세련된 컴퓨터 언어의 프로그램으로 계속 대체 활용되어왔기 때문에 앞으로 그 같은 굴레에서는 점차 벗어나 디지털의 가능성을 충분히 활용하게 될 것으로 생각된다. 단선적으로 전개되는 영상이 아닌, 비단선적인 동영상 텍스트의 제작이 확산되면서 영상적 사고와 문어적 논리라는 이질적 접합을 벗어날 수 있을 것이다.

이러한 관점에서 보면 하이퍼텍스트적 논리는 영상언어의 논리와 유사성을 보인다고 할 수 있다. 영상언어가 구어적 논리를 근본적으로 지니고 있는 것으로 문자적 양식인 인과적·삼단논법적·수동적 수용 및 정태적인 특성과 대립되는 비배열적·연상적·수사적·능동적 참여, 역동적인 것이라면, 디지털 언어에 의한 하이퍼텍스트 역시 비배열적이고, 비약적·능동적 참여, 역동적인 특징을 가지고 있는 것이기 때문이다. 즉 영상이나 하이퍼텍스트 모두 기존의 문자문화적 논리와 사고의 틀에 대립되는 입장에서 사고처리 방식과 사고의 틀을 바꾸어가는 데 중요한 기여를 하고 있다고 할 수 있다.

5. 영상언어 양식과 문어양식: 전도된 영향관계

이 같은 현상은 어떤 점에서는 영상문화의 구어체적 양식이 문어양식에 영향을 주어 변화시켜나가고 있는 것으로도 볼 수 있다. 포스트모던 현상의 하나로 공통적으로 지적되고 있는 고전적 서사구조의 해체현상은 문어양식의 약화를 단적으로 드러내준다. 문자문화의 서사구조 자체가 인과적 연쇄의 틀에서 벗어나 파편화된 부분들이 모자이크식으로 연결된 형태의 구조를 지니는 현상이 흔히 지적되고 있는 것이다. 이러한 현상은 문어양식의 핵심적 특징이라 할 수 있는 논리적·인과적 표상의 체계가 허물어지고 있는 것처럼 보이기도 하고, 문어양식의 약화를 의미하는 것처럼 보이기도 한다.

그 원인을 프레데릭 제임슨, 장 프랑수아 료타르Jean-François Lyotard 등은 정치경제적 구조 변화로 인해 현대인들이 겪게 되는 시간적·공간적 경험의 파편화 현상에서 찾기도 한다. 일부 학자들은 사물에 대한 접근과 앎의 양태가 지식에서 정보로 전환되고 있다는 데서 원인을 보기도 한다. 지식은 논리적으로 구조화된 앎인 반면, 정보는 파편화된 앎의 집적인데, 후자가 전자를 점차 대체해가면서 서사구조의 파편화 현상이 일어나는 것이 아닌가 하는 추측도 가능하기 때문이다.

그러나 사회적 커뮤니케이션에서 영상에 대한 의존도가 증가하며 영상과 문자의 상대적인 힘의 관계가 변하면서 영상의 논리가 문어문화를 변화시켜나가고 있는 것이 아닌가 하는 해석도 가능하다. 정보화 사회의 한 특징은 대부분의 앎, 세상에 대한 이해, 인간관계 등이 직접적 경험에 의해서가 아니라 항상 간접적으로 매개된다는 점이다. 예전에 비해 상대적으로 점점 직접적인 체험의 영역은 줄어들고 매개적인 경험과 관계가 증가한다. 정보의 입수, 상업적 거래, 교육, 구매, 회의 등 수많은 사회적 상호작용이 컴퓨터 화면에서 하나의 이미지 형태로서 이루어진다. 또한 다매체, 다채널의 시대에 돌입하면서 시청각 대중매체가 폭발적으로 증가함에 따라 이미지에 의한 세계의 지배라는 말을 실감나게 만들고 있다. 우리의 세계에 대한 이해 중 많은 부분과 관심의 영역 등이 미디어에 의해 규정되는 경우가 많고, 상당 부분의 현실 이해가 미디어의 이미지가 만들어주는 현실구성의 결과인 경우가 다반사이기 때문이다. 따라서 보드리야르 등이 '시뮬라시옹simulation' '하이퍼리얼리티hyperreality' 이론에서 주장하듯이 현실의 이미지인 모사물simulacra들이 현실의 등가물이 되어 현실을 지배하는 전도된 상황이 전개되고 있다는 것이 설득력을 얻기도 한다. 합성 이미지들의 생산, 건축 영역 등에서 볼 수 있는 '시뮬라시옹 모델 이미지'에 의한 현실세계의 건설은 이미지와 현실세계의 전도된 관계를 여실히 보여준다.

이처럼 이미지에 대한 사회적 의존도의 증가는 문어양식에도 영향을 주어서, 문어 영역에도 논리적·인과론적 서사구조의 파괴가 오고 있는 것이 아닌가 하는 추론도 가능하다. 마치 초기의 정영상 문화가 문어양식의 일종인 원근법을 도입했고, 초기의 동영상 문화인 영화가 문어양식인 소설 전개 원리의 영향으로 고전적 서사구조라는 문어적 논리를 답습했던 것이 아닌가 하는 해석도 가능한 것이다. 디지털 언어와 하이퍼텍스트는 이 같은 변화를 추동하고 있거나 혹 관점에 따라서는 그 같은 변화에 의해 추동되면서 그 변화를 가속시키는 역할을 하고 있다고 볼 수 있다.

6. 기존 영상 연구의 경향과 하이퍼텍스트 적용의 문제점

(1) 기존 영상 연구의 특징

기존의 영상 연구는, 정영상의 경우 광고영상과 보도사진, 그리고 동영상의 경우는 영화와 텔레비전 중심으로 이루어져왔다. 정영상이건 동영상이건 이 분야의 연구에서 체계적인 연구 방법을 제공했던 것은 기호학-정신분석학 쪽이었고, 따라서 기호학이나 정신분석학적 관심사가 기존의 영상 연구의 주류를 이루어왔다. 이 영역의 연구에서 중심적 이슈가 되었던 것은 영상 텍스트의 담론, 이데올로기 연구와 영상 텍스트의 해독자에 대한 이데올로기 작용의 기제로 지적되는 주체구성의 문제로 요약할 수 있다.

① 이념 분석
이념 분석은 주로 정영상의 경우 광고나 보도사진, 동영상 텍스트인 영화나 텔레비전을 대상으로 이루어졌다. 어느 경우든지 분석 대상이 되는 텍스트에 그 제작자는 일관성 있고 통일된 의미를 구축하고자 시도했고, 해독자는 바로 그 의미를 해독해내고자 노력했다. 물론 해독자의 경우 생산자의 의도와는 빗나가는 일탈된 해독을 하게 되는 경우도 흔히 발생한다. 그러나 일탈된 해독의 경우도 해독된 의미가 텍스트의 선호된 의미가 아닐 뿐 의미는 여전히 일관성 있고 통일된 것인 경우가 대부분이다. 이 같은 텍스트의 의미구축 논리, 즉 의미화 방식에 깔린 기본 논리를 밝혀내고자 하는 것이 이데올로기 분석의 핵심이었다.

② 주체구성 연구

영상 텍스트의 이데올로기 작용의 기제로 지적되는 주체구성 관련 연구는 1970~80년대 중반까지 영상문화 연구의 가장 중요한 부분 중 하나였다. 이데올로기적인 텍스트가 그 해독자에게 어떻게 효과를 발생시키는가 하는 문제를 규명하기 위한 연구였다. 원근법 같은 영상의 공간구성의 원리 문제에서, 리얼리즘, 현실감impression of reality, 동일시에 관련된 연구들이 모두 주체구성과 관련된 것이다.

여기서 말하는 주체란 한 개체가 자기 스스로를 자유의지를 지니고 자율적 판단에 따라 생각하는 의식적 존재로서 느끼는 상태를 말한다. 주체구성이란 해독자에게 바로 주체의 상태를 만들어주는 것을 말하는 것으로, 일정한 방향으로 생각하고 믿고 느끼도록 조건화되어 있는 소외된 객체이면서도 스스로의 판단에 따라 자유롭게 판단하는 주체로서 느끼게 만드는 심리적 기제를 지칭한다.

원근법

영상에서 이 같은 주체구성의 가장 기본적인 기제로서 지적된 것이 바로 정영상, 동영상 모두에 공통된 공간구성의 코드라고 할 수 있는 원근법이다. 원근법은 1435년에 레온 알베르티Leon Battista Alberti에 의해 암실 장치의 실험을 통해 최초로 체계화되었다. 원근법은 오랫동안 물질세계와 정신세계에 관한 진실을 그대로 시각적으로 재현할 수 있는 자동적이고 기계적인 체계인 것처럼 인식되어왔다.[11] 원근법에 충실하게 재현된 공간은 자연적인 인간의 시각, 객관적인 외적 공간

---

11) W. J. T. Mitchell, *Iconology*, Chicago: University of Chicago Press, 1985, p. 37.

과 동일한 것으로 간주되었다. 인위적으로 구축된 공간구성의 방식이 '사물이 보이는 대로' '우리가 보는 대로' '사물이 실제 있는 그대로'를 자연적으로 나타내주는 것처럼 느끼게 만드는 데서 원근법은 이념적 성격을 띠게 된다고 볼 수 있다. 원근법은 3차원의 공간을 평면 위에 재현하는 기술로서 보통 우리가 그 대상에 대해 가질 수 있는 시각적인 지각과 유사하도록 심도 있게 재현하는 기술일 뿐이다. 이를 바탕으로 정영상이나 동영상 텍스트에서 원근법에 따른 주체구성 방식에 대한 연구가 폭넓게 이루어졌는데, 그 내용을 요약하면 다음과 같다.

원근법에 따라 구축된 사실주의적 회화에서 수용자의 시점은 소실점과 대칭하는 송신자의 관찰 원점에 위치하게 된다. 그럼으로써 우리가 실제로 그 대상을 직접 목격하는 듯한 환상을 갖는다. 수용자 자신이 그 대상을 보는 시각의 주체로서 느끼게 되는 것이다. 즉 그 화폭을 하나의 움직이지 않는 눈으로 관찰된 대상의 재현으로서, 특정 관점에 따라 의도된 사물의 해석으로서 의식하게 되는 것이 아니라, 송신자의 개입을 느끼지 못하고 사물이 있는 그대로 나타난 것으로 의식하며 수용자 자신이 그 대상에 대해 자율적으로 해석하고 판단하는 주체라는 느낌을 갖게 된다는 것이다. 사실주의 회화에서 이념적 효과를 생산하는 방식은 바로 이 같은 원근법적 원리에 의해 구축된 화면이 유도하는 주체구성을 통해 이루어진다.

서유럽의 정치적·경제적 상승에 힘입어 인위적 원근법은 이성, 과학, 객관성의 기치하에 시각적 재현의 세계를 정복했다. 그리고 이 같은 종류의 이미지를 생산하기 위해 구축된 기계가 바로 사진, 영화의 카메라로서 이것이 자연적인 재현의 양식이라는 확신을 강화해주었다.

원근법은 해독자가 텍스트의 세계와 동일시하는 과정에서 거치게 되는 1차적인 단계로 간주된다. 영상 텍스트를 접할 때, 1차적으로 원근법의 원리로 화면의 세계를 찍은 카메라 렌즈의 시점에 위치 지어짐으로써 화면에 등장하는 세계를 바라본 시점과의 동일시가 이루어진다. 이것은 2차적 동일시인 텍스트 내용과의 동일시에 앞서 화면의 세계를 매개작용 없이 스스로 바라보고 있는 시각적 주체로서 느끼게 되는 단계이다.

동일시

영화의 메시지 수용이 용이해지고 이념적 효과가 생산되는 이유 중의 하나는 영화가 주는 실재효과(서술되고 있는 이야기의 허구적 공간에 위치되어 픽션의 현실에 참여하고 있는 듯한 느낌)인데, 이 실재효과는 동일시로부터 비롯되는 것으로 간주된다.

그러므로 영화의 이념생산과 재생산에서 강력한 기제로 부각되는 것이 동일시의 메커니즘이다. 앞에서 언급한 1차적 동일시는 모든 것을 지각하는 초월적 주체로서의 동일시로, 관객은 카메라의 시점과 동일시하게 됨으로써 마치 자신이 그 현실을 통제하고 지배하고 있는 듯 착각하게 된다는 것이다. 특히 시점숏 같은 경우 이 같은 동일시 효과는 극대화된다. 이때 허구적 세계의 실재를 믿게 되는 심리적 효과가 생산된다.

2차적 동일시의 경우 그 대상은 인물, 상황 등 다양할 수 있지만 대개는 인물과의 사이에서 이루어진다. 고전적 이론은 동일시가 공감하는 대상에 대해 이루어지는 것으로 간주했다. 그러나 최근의 이론은 공감은 동일시의 원인이 아니라 그 결과라고 본다. 동일시는 그것을 유발하기 위한 다른 물리적 장치(시선의 구조, 카메라 작업 등)에 의해 이루어지고, 그 결과 특정 인물의 위치에서 사물을 관찰하고 체험하게 됨으로써 공감에 이르게 된다는 것이다. 따라서 실제 생활에서 별로 공감을 느끼지 못할 대상에 대해서도 영화에서는 동일시하고 공감할 수 있게 된다. 또한 동일시는 단일 대상에 대해 지속적으로가 아니라(그 대상에 대해서도 총체적이 아니라 부분적으로 발생할 수 있음) 유동적이고 이중적일 수 있다. 영화 연구의 상당 부분은 이 같은 2차적 동일시가 유도되는 방식에 할애되고 있다.

리얼리즘

영화의 이념생산과 재생산에 작용하는 또 다른 강력한 기제가 현실감이고 이와 관련된 연구 역시 번창했다. 기존의 동영상, 특히 고전적 할리우드 영화는 관객이 스크린의 환상에 몰입할 수 있도록 하기 위한 많은 장치를 고안해냈는데, 그 핵심은 현실감을 겨냥한 것이었다. 이렇게 현실감을 주기 위해 동원된 것이 리얼리즘의 장치이다. 앞에서 다룬 2차적 동일시를 지속시켜주고 강화시켜주는 것 또한 이 리얼리즘의 장치인 것으로 지적되기도 한다. 리얼리즘은 리얼리즘 소설의 서사 원리를 영화적으로 구현해낸 것으로 소위 고전적 내러티브의 규칙과 관행은 거의 모두가 현실감을 극대화하기 위한 장치였다고 할 수 있다. 영화의 영향력이나 이념적 효과 같은 것도 이 같은 현실감에서 상당 부분 비롯되는 것으로 지적되었다.

고전적 내러티브에서는 사건의 인과적 통합의 구조, 행위의 연결, 시점의 통일, 카메라 앵글 변화의 규칙을 통해 영화의 흐름에 투명성을 주고자 한다. 이렇게 해서 구축되는 것이 '그럴듯함'의 효과로서 환상적이고 허무맹랑할 수도 있는 이야기나 세계의 모습을 자연스러운 것으로 만들어준다. 이 밖에도 자료체 효과(과거의 것, 이미 유포되어 있는 것과의 유사성), 장르 효과(장르의 일반적 관습에 따르기) 등이 그 작용을 더욱 강화시켜준다. 리얼리즘의 장치는 영화의 환상성을 은폐해주는 물신적 요소이다.

(2) 기존 연구 방식에 따른 영상 하이퍼텍스트 연구의 문제점

① 이념 분석의 문제점

이념 분석은 텍스트가 중심적 의미와 전개의 축을 가지고 있을 때 가능하다. 그런데 영상 텍스트에 이 같은 의미의 중심과 축을 갖도록 해주는 것은 광고나 보도사진 같은 정영상의 경우 문자이다. 광고의 슬로건이나 카피, 혹은 사진 설명이나 보도기사의 문안 같은 문자들이 다의적이고 고정되기 어려운 영상의 의미를 고정시켜주는 역할을 하는 것이다.

영화, 텔레비전 같은 동영상의 경우는 대사 같은 구두언어와 함께 단선적-연속성의 연결 방식 자체가 의미의 중심과 축을 만들어주는 데 중추적 역할을 하게 된다. 이것은 문자 텍스트의 연결 방식, 특히 소설의 전개 방식을 그대로 영상 텍스트에 이식한 것이다.

이런 관점에서 볼 때 기존에 행해졌던 방식의 이데올로기 분석이란 연구과제는 영상 하이퍼텍스트에서는 거의 불가능해진다. 물론 해독자는 하이퍼텍스트 속에서 자유로운 항해를 해나가면서 자기 나름으로 의미를 만들어가겠지만 이는 공유될 수 있는 게 아니다. 즉 텍스트에는 내러티브가 완결되어 있지 않고, 따라서 고정된 의미가 부재하고 해독자 각자가 만들어가는 다양한 의미가 가능하기 때문이다. 현 단계에서 생각해볼 수 있는 것은 통계적인 분석일 것으로 생각된다.

② 주체구성 관련 연구

동일시

우선 1차적 동일시에서 원근법적 구도로 공간구성이 이루어질 경우 동일시 효과는 디지털 이미지에서도 여전히 생산된다고 할 수 있다. 그러나 역원근법 혹은 원근법이 무시된 그래픽을 이용한 텍스트도 만들어진다. 반면에 일부 현재 만들어지는 텍스트들은 1차적 동일시 효과에서 기존의 동영상물보다 훨씬 더 효과적인 경우도 있다. 예컨대 전자게임의 경우 1인칭 시점숏으로 지속되는 '둠' 스타일의 게임은 동일시를 쉽게 유발할 수 있는 설정이다. 그러나 시점숏 게임이 프로그램화되어 있는 대로 움직여갈 수밖에 없는 반면, 가상현실게임 같은 경우는 사용자 자신이 시점을 자유자재로 이동시킬 수 있다. 그러므로 사용자는 설정되어 있는 가상적 세계 속에서 움직이면서도 시점에 종속되지 않고 가상적 주체로서의 사용자가 명실 공히 시점과 행동의 주체가 된다. 사용자는 이 가상적 주체인 자신과 동일시를 이루는 셈이다.

그러나 2차적 동일시, 즉 이념효과를 생산해내는 핵심적 단계인 이 단계의 주체구성은 무엇보다 이야기의 연속적 서술을 통한 이야기와의 동일시이다. 때문에 그것은 단선적-연속성의 연결 방식으로부터 오는 것이므로 하이퍼텍스트의 경우는 2차적 동일시의 문제가 같은 방식으로 논의되기 힘들다. 그리고 같은 방식으로 연결된 텍스트의 경우라 해도 게임 전개와 같은 방식으로 진행된다면, 그 형태상의 특징 때문에 지속적으로 연결되지 않고 실패하게 될 때 자주 중단되기에 동일시가 지속적으로 유지되기 어렵다. 하이퍼텍스트의 상호작용적 특징의 하나는 이렇게 만들어진 텍스트가 기존의 영화나 텔레비전의 경우처럼 완성된 형태로 주어지지 않고 완성시켜나가는 대상이 됨으로써 중단이 자꾸 생길 수 있다는 점이다. 이 같은 가능성은 하이퍼텍스트를 활용해서 만든 전자게임 같은 경우를 통해 잘 알 수 있다.

리얼리즘

이것 역시 하이퍼텍스트의 경우에는 같은 방식으로 적용되기 어렵다. 우선 가장 강력한 요소가 고전적 서사체의 구조인데, 이는 하이퍼텍스트 같은 단선적-연속성의 텍스트가 아닌 경우 기대하기 어려운 것이다. 따라서 단락과 단락, 렉시와 렉시 사이의 시간적·공간적 연속성이 거의 불가능하기 때문에 종래의 동영상 문화가 의존해왔던 리얼리즘 효과를 기대할 수 없다. 그 대신에 디지털 영상의 상호작용성은 다른 차원의 현실감을 기대할 수 있다. 고정된 주어진 의미의 세계를 섭렵해나가는 것은 아닐지라도 렉시와 렉시를 자유자재로 연결해 텍스트를 만들어나가는 과정에서 그 세계에 참여하고 있는 듯한 느낌은 강하게 받을 수 있을 것이다. 그러나 이러한 참여감에서 비롯되는 것을 기존 동영상의 픽션세계 이야기 내용에 공감해서 이루어지는 현실감 효과로 정의하기는 어려울 것이다. 이 같은 사용자의 참여와 간섭은 일종의 몰입효과를 강화시켜주면서 가상적 세계의 가상성을 약화시켜주는데, 이것을 일단은 '하이퍼리얼리즘'으로 명명할 수 있을 것이다. 이것은 가상현실 프로그램 속에서 체험하게 되는 텍스트의 경우 더욱 강하게 나타날 수 있다.

가상현실virtual reality은 고성능 컴퓨터를 사용하여 3차원의 환경을 구축해서 사용자가 그 수학적으로 생성된 세계와 실시간으로 상호작용을 할 수 있도록 만들어놓은 것이다. 가장 먼저 활용된 것이 비행연습용 비행 시뮬레이터라고 할 수 있는데, 해상도가 높은 비행 시뮬레이터 속에 몇 분간 파묻혀 있게 되면 그 가상적 현실이 실제처럼 여겨지는 하이퍼리얼리즘 효과가 생산된다. 그래픽 처리 기술이 세련화될수록 하이퍼리얼리즘이 극적으로 증가하게 된다. 결과적으로 현실과 가상현실 간의 분리는 점차 감소하는 것이다. 이것은 인간 현실과 기계적 현실 간의 경계가 감각적으로 곧 구분 불가능해짐을 의미한다. 또한 앞으로는 신경 감응neuronal induction 방식으로 정보가 신경체계에 직접 쓰여질 수 있게 됨으로써 장갑이나 투박한 특수안경들이 불필요해질 것이다. 그럴 경우 이 같은 혼동현상은 더욱 심화되리라고 생각된다. 그러나 이 극도의 실제감은 디지털화, 하이퍼텍스트가 가능케 해주는 상호작용성에서 오게 된다는 사실에 주목할 필요가 있다. 그 경우 그래픽의 해상도나 외형적 유사성이 주는 현실감은 보조적인 것에 지나지 않는다. 또한 텍스트의 '이야기'라는 것도 자신이 선택해가는 체험적 결과로 생기는 것이어서 상호작용성의 결과로 볼 수 있다.

기존의 연구들은 대개 문자문화의 논리에 따라 만들어지고 리얼리즘 효과를 확대시키고자 했던 의도에서 비롯된 영상물을 대상으로 한 것이었다. 단위영상 차원의 원근법이나 단위들 사이가 단선적-연속성의 방식으로 연결된 것이 기존 영상문화의 특징이었기 때문이다. 따라서 영상 연구에서도 문자문화의 논리에 따르는 것이 무용한 것은 아니지만, 하이퍼텍스트의 구조적 특성에 대한 통찰을 바탕으로 텍스트 내용과 이념에 관한 문제가 재조명되어야 할 것이다. 텍스트의 사용자에 대한 효과생산 방식, 즉 주체구성의 방식에서는 이전에 해왔던 것처럼 텍스트 자체의 장치에 대한 탐구는 의미가 없다. 수동적인 접근만이 가능했던 일방향성의 텍스트가 아닌 상호작용적 텍스트로서 사용자의 간섭과 능동적 참여가 필수적이기 때문이다. 따라서 이 문제는 텍스트와 사용자 간의 상호작용 과정에서 사용자 자신이 하게 되는 체험에 대한 치밀한 분석을 통해서만 규명될 수 있을 것이다.

7. 맺는 말: 새로운 연구의 방향

하이퍼텍스트는 문화 소비자가 완성된 문화물을 일방적으로 소비하거나 수용하는 수동적인 위치에서 벗어나 텍스트의 생산 과정(텍스트의 창조 과정, 텍스트의 전개 과정)에서 생산자적 위치의 참여를 가능케 해줌으로써 생산자와 수용자 간의 경계가 모호해지는 경험을 선사해준다. 이것은 문화에서 구분 해체de-differentiation 현상을 야기하여, 문화생산의 주체인 생산자와 객체인 소비자라는 산업사회적 구분을 붕괴시키는 데 일조할 것으로 지적되기도 한다.[12] 결과적으로 그 경계의 붕괴로부터 탄생하는 새로운 문화의 주체라 할 수 있는 문화의 생산적 소비자cultural prosumer가 중심이 되는 새로운 문화환경—일부 논자들[13]은 그것을 탈문화post culture로 부르기도 한다—이 조성되리라는 전망도 있다.

이 같은 문화의 발달을 단지 디지털 기술과 하이퍼텍스트의 등장이라는 기술적 요인을 통해서만 설명할 수는 없을 것이다. 이것은 전 세계적으로 보편화되고 있는 참여민주주의의 확산과 그 연장선상에 있는 참여문화적인 사회변화의 물결을 타고 증폭되어가고 있다. 문화에 대한 자기실현의 욕구가 팽배해지면서 시민들이 다양한 방식으로 소비자에서 생산자적 위치로 옮겨가고자 하는 경향을 드러내고 있는 것을 볼 수 있다.

하이퍼텍스트-상호작용적 문화는 이 같은 문화의 생산자적 참여욕

---

12) S. Lash, *Sociology of Postmodernism*, London & New York: Routledge, 1990, pp. 11~15.
13) S. Crook 외, "From culture to post culture," in *Postmodernisation*, London: Sage, 1992, pp. 47~78.

구를 실현시켜주는 가장 강력한 도구 중의 하나라고 할 수 있다. 문화의 사회결정 이론의 관점에서 본다면 하이퍼텍스트라는 새로운 텍스트 테크놀로지 자체가 이 같은 사회문화적 욕구의 변화에 부응해 개발된 것이라고도 할 수 있다.

앞에서 살펴보았듯이 영상 하이퍼텍스트는 하이퍼텍스트 테크놀로지가 가져다줄 수 있는 영향, 변화를 더욱 증폭시켜줄 수 있는 가능성을 잠재적으로 갖고 있다. 다만 문제는 이 새로운 언어 논리와 문화가 가져올 변화의 결과에 대해 아무도 단언하고 있지 못하다는 것이다.

한편에서는 이전까지의 수동적 소비자들이 생산적 소비자의 위치로 이동하게 되므로 영상과 텍스트 생산에 대한 통제와 권력을 부여받게 되는 권력 증가 현상이 생길 것으로 보기도 한다. 그러나 다른 한편으로는 하이퍼텍스트가 불가피하게 야기할 일종의 탈중심 현상의 결과에 대한 우려도 만만치 않다. 탈중심화는 기존의 불평등사회의 구조적 모순을 생산, 강화하고, 재생산하는 것으로 간주된 문화의 이데올로기적 기능을 대폭 약화시킬 수도 있다. 그러나 동시에 사회적 수준에서 의미 있는 힘을 행사할 수 있는 주체성이 상실될 수도 있기 때문이다.

결국 이 모든 문제를 영상문화에 대한 기존의 문제 틀과 연구 방법으로는 다룰 수가 없다. 새로운 문제들과 적절한 연구 방법의 개발이 절실하며 이를 위해서는 다음과 같은 기초적 연구가 선행되어야 할 것으로 생각된다.

무엇보다 중요한 것은 사용자들이 텍스트와 상호작용의 과정에서 겪게 되는 다양한 체험을 가려내고 체계화하는 작업이다. 상호작용을 통한 텍스트에 대한 간섭과 참여의 차원이 가장 핵심적인 문제이기 때문에 새로운 영상문화의 연구를 위해서는 상호작용의 양상에 관한 연구가 선행되어야 한다.

　이를 위해서는 사용자들에 대한 참여 관찰, 심층 인터뷰, 자기기술 방식 등 민속지학적 연구를 폭넓게 활용해서 규명하려는 노력이 필요하다. 다루어야 할 문제들은 다음과 같이 정리할 수 있다.

① 영상 하이퍼텍스트를 다루면서, 사용자들이 다양한 경로 중에서 특정한 경로를 선택할 때 적용하는 기준은 무엇인지, 선택에 작용하는 요인들(사회적·심리적)은 무엇인지를 조사한다.
② 형성되는 주체의 성격은 어떤 것인지(일부 체험자들은 텍스트의 캐릭터도, 사용자 자신도 아닌, 그 둘이 섞여 이루어지는 제3의 주체가 형성되는 것 같다는 체험을 피력했다) 알아본다.
③ 동일시는 일어나는지, 일어날 경우 어떻게 일어나는지, 이전의 텍스트와의 차이는 무엇인지에 대한 문제를 연구한다.
④ 심리적인 몰입의 정도와 몰입의 형태는 어떤 것이며, 몰입의 기제는 무엇인지를 알아본다.
⑤ 어떤 과정을 거쳐서 텍스트에 내재해 있는 논리(있다면)를 내면화 혹은 탈신비화하게 되는지 등에 관한 연구가 기본적으로 필요하다.

　이처럼 새로운 연구는 상호작용성에 초점을 맞추어 사용자를 중심적인 대상으로 탐구되어야 한다. 그러나 보조적으로 텍스트 자체에 대한 탐구도 필요하다. 사용자의 상호작용 대상이 되는 것은 텍스트이기 때문에 그것의 성격에 대한 이해가 요구되기 때문이다. 이 경우 주어진 영상 하이퍼텍스트에서 가능한 시나리오를 추출하여 가치, 혹은 이념적 패턴들을 가려내는 작업이 가능한지를 검토해볼 필요가 있다. 엄청난 경우의 수가 가능한 하이퍼텍스트에서 이 같은 작업은 텍스트 자체보다는 사용자에 대한 이해와 분석을 위해 필요하다.

이를 위해 현 단계에서 생각해볼 수 있는 것은 통계 방법과 모의실험simulation testing을 결합한 분석이다. 예컨대 텍스트를 구성하고 있는 렉시의 수에 따라, 가능한 시나리오 경우의 수는 수백에서 수만에 달할 수도 있다. 이것은 수학적 계산으로 쉽게 산출될 수 있다. 그러나 그 경우의 수를 모두 분석한다는 것은 거의 불가능하므로 통계와 시뮬레이션 기법을 이용하여 일단 가능한 시나리오의 경우의 수 전체에 대한 추론적 접근을 시도해볼 수 있다. 예컨대 통계학적 방법을 이용해 십여 개 내지 수십 개의 표본을 추출해서 경우의 수 전체에 대한 통계학적 결론을 내릴 수도 있다. 그 결과 추출된 표본의 백분율을 기준으로 해서 예컨대 수만의 시나리오의 경우의 수 중 특정 가치체계, 혹은 이념 1, 이념 2 등이 차지하는 백분율을 환산해낼 수 있을 것이다.

이와 동시에 통계 분석 과정에서 여러 가지 가정을 세워 그것에 대한 모의실험 방법을 결합해볼 수 있다. 이 경우 분석자는 현실적으로 가능한 여러 가지 경우의 수에 대한 모의실험을 해볼 수 있다. 예컨대 시나리오의 마지막 단계에까지 도달할 경우, 중간 단계 혹은 첫 단계에서 멈추는 경우 등의 백분율을 다양하게 가정해서 반복적으로 실험해보는 것이다. 이처럼 현실적으로 가능한 경우에 대한 가정을 세워 반복실험을 거쳐 전체에 대한 통계적 결론을 얻을 수 있다. 이러한 분석을 통해 가치체계나 이념들을 몇 가지 혹은 수십 가지 추출해낼 수 있다.

요약하면, 새로운 분석 방법을 개발하기 위해 선행되어야 할 연구는 텍스트의 사용자가 텍스트를 다루는 상호작용 과정에서 하게 되는 체험의 성격을 규명해내는 것이며, 이를 보조하기 위해 텍스트 내용의 가능한 패턴을 추출해낼 수 있는 방법의 실험 역시 필요하다. 이 같은 연구를 기초로 해서 영상 하이퍼텍스트의 사회문화적 특성과 기능, 새로운 영상문화가 이루어낼 새로운 정신문화의 성격 등을 밝힐 수 있는 향후 연구의 틀이 구축될 수 있을 것으로 생각된다.

4장
가상현실의 커뮤니케이션 양식
: 상호작용성과 몰입의 상호작용

　다양한 형태로 발전하고 있는 디지털 미디어 중에서도 세련된 인공 두뇌기술 같은 첨단의 디지털 기술이 집적되어야 하는 '가상현실virtual reality(이후 VR로 표기)은 그 기술만이 아니라 새로운 형태의 커뮤니케이션 수단으로 주목의 대상이 된다. 디지털 기술은 대부분 이전과 다른 커뮤니케이션 양식을 보이고 있지만 VR은 그 어느 기술보다 급전적인 변화를 예고하고 있기 때문이다.[1] 여기서 VR은 사이버스페이스를 통칭하는 개념이 아니라 사용자가 3차원 그래픽 세계 속을 구성하고 있는 요소들과의 상호작용을 통해 감각적이고 비언어적인 경험을 하게 되는 커뮤니케이션 형태를 의미한다.

　VR은 커뮤니케이션 텍스트 연구, 특히 내러티브 연구 분야에서 새로운 차원의 분석을 요구한다. VR 텍스트는 커뮤니케이션 수용자(혹

---

1) M. Heim, *The Metaphysics of Virtual Reality*, New York: Oxford University Press, 1993; P. Levy, *Becoming Virtual: Reality in the Digital Age*, New York: Plenum Trade, 1998.

은 사용자)가 텍스트에 개입하는 방식을 변화시키기 때문이다. VR 텍스트는 수용자에게 '몰입immersion'과 '상호작용성interactivity'이라는 두 가지의 주요 반응을 유발하며 작동한다. 라이언Marie-Laure Ryan은 이 두 가지 방식이 내러티브 역사와 인류문화에서 핵심적인 패러다임의 변화를 이루어내는 "연료"가 될 것으로 본다.[2) 커뮤니케이션 텍스트나 예술이 새로운 내러티브 전략을 사용하게 됨으로써 내러티브 문화의 발전에서 중요한 변화의 계기를 이루어주기 때문일 것이다.

그런데 문제는 서로 상반된 기능을 가지고 있는 것으로 보이는 이 두 가지 기제가 VR 커뮤니케이션 과정 속에서 서로 어떻게 관계를 맺으며 작용하는가 하는 점이다. 최소한 기존의 영상 미디어 이론에서는 몰입과 상호작용은 상반되는 기능을 가지는 커뮤니케이션 양식으로 간주되어왔기 때문이다. 일반적으로 영상 내러티브 텍스트에서 몰입은 단선적-연속성의 흐름을 전제로 한다. 그리고 몰입을 유발하는 동일시는 이야기가 중심적 의미와 전개의 축을 가지고 있을 때 가능한 것으로 되어 있다. 영화와 텔레비전 같은 동영상의 경우, 대사 같은 구두언어와 함께 단선적-연속성의 연결 방식 자체가 의미의 중심과 축을 만들어주는 데 중추적 역할을 하게 되는 것이다. 그 밖에도 텍스트에는 완결된 내러티브가 있고, 따라서 고정된 의미가 있다.

그러나 VR의 상호작용적 개입은 텍스트가 영화나 텔레비전의 경우처럼 완성된 형태로 주어지지 않고 완성시켜나가는 대상이 됨으로써 자꾸 중단이 생길 수 있는 것이다. 설사 텍스트 자체는 단선적-연속성의 방식으로 이어져 있다 해도 이야기의 흐름은 사용자의 개입을 통해 자꾸 중단될 수밖에 없다. 몰입으로 이어지는 동일시는 이야기의

---

2) M.-L. Ryan, *Narrative as Virtual Reality*, Baltimore: Johns Hopkins University Press, 2001.

연속적 서술을 통한 이야기와의 동일시이기 때문에 이야기의 흐름이 중단되면 동일시가 지속적으로 유지되기 어려운 것이다.

그러므로 상호 모순적으로 보이는 수용자의 이 두 가지 개입 기제가 어떻게 상호작용하고 있는지를 밝히는 것이 중요하다. VR은 기존의 동영상보다 더 완벽한 몰입의 체험을 가능하게 하는 매체로 인식되고 있으면서도 수용자 자신이 능동적인 창조와 행동의 주체성을 발휘할 수 있는 매체로서도 언급되기 때문이다.

동일시를 통한 몰입은 수용자를 수동적이고 이념에 종속적인 존재로 만드는 데 중요한 역할을 하는 모더니즘 문화의 '악' 중의 하나로 치부되어왔고, 그 동일시의 메커니즘을 깨는 것이 한때 브레히트를 비롯한 진보주의자들의 과제 중 하나였다. 브레히트의 서사극epic theater의 전략이나 이것의 연장선상에 있다고 할 수 있는 고다르의 영화 서사 전략은 영화나 극 중간에 극의 흐름을 끊고, 관객과의 대화적 상황을 끼어 넣는다든지 관객과의 눈 맞춤을 통해 픽션 속으로의 몰입을 의도적으로 방해하는 내러티브 전략을 쓰기도 했던 것이다. 이후 포스트모던 영상 텍스트에서 볼 수 있었던 자기반영적self-reflexive 방법—바라보는 시점을 감추기가 아닌 드러내기 같은—도 브레히트나 고다르식의 정치적 의도는 많이 탈색되었지만 기법상으로는 같은 전통에 속하는 것으로 볼 수 있다.

그런데 더 강한 몰입이 이루어질 수 있다는 VR에서 사용자가 텍스트와의 주체적 상호작용을 병행할 수 있고, 결과적으로 텍스트 속으로의 몰입과 텍스트와의 상호작용이 상호 보완적일 수 있다면 이제까지의 영상매체 이론은 재검토되어야 할 것이다.

그러므로 이 장에서는 VR에서의 상호작용과 몰입에 관한 기존의 입장들을 살펴보고, 경험적인 사례 연구를 통해 대조해보고자 한다. 사례 연구는 이전의 연구 작업을 위해 시도했던 VR의 수용 방식에 대한 민족지학적 연구의 데이터[3]를 활용했다. 이전의 연구에서는 커뮤니케이션 매체로서의 VR에 대한 기본적인 정리와 아울러 수용 방식을 전반적으로 관찰하기 위한 것이었다면, 이번에는 수용 과정에서 VR의 핵심 기제인 몰입과 상호작용성의 관계를 중심으로 살펴보고자 한다.

1. 상호작용성, 몰입, 상호작용적 몰입

몰입과 상호작용성의 개념은 간단한 개념 같아 보이지만 그리 단순하지 않다. 우선 몰입의 경우만 보아도 단순히 텍스트나 공연에 대해 관객들이 집중하게 되는 현상과 동일한 것은 아니다. 어떤 형태의 집중은 몰입으로 연결되지만 어떤 것은 감상에 머물게 된다. 또 상호작용성의 경우도 텍스트에 대한 독자 혹은 사용자의 일방적인 반응이나 비판을 상호작용적이라고 볼 수는 없다. 그것은 반드시 관련자들 사이의 활발한 양방향적 교환이 이루어져야 하는 것이기 때문이다. 이두 가지 개념을 좀더 이해하기 쉽도록 하기 위해서 연극 무대 디자인의 유형을 통해 은유적인 설명을 해보고자 한다. A, B, C의 각 유형에 대해서는 상호작용성, 몰입, 상호작용적 몰입interactive immersion의 문제를 다루는 부분에서 설명될 것이다.

---

3) 박명진·이범준, 「가상현실의 수용연구」, 『언론정보연구』, 41권 1호, 2005, pp. 29~60.

〈그림 1〉 상호작용적, 몰입적, 상호작용적/몰입적 무대 디자인 비교

● 배우

● 관객

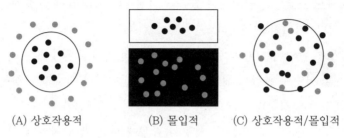

(A) 상호작용적　　　　(B) 몰입적　　　(C) 상호작용적/몰입적

출처 : M.-L. Ryan, *Narrative as Virtual Reality*, p. 299.

(1) 상호작용성

① 전통적 상호작용성의 문화

우리의 문화에서 상호작용성의 대표적인 예는 운동경기장에서의 관람 상황을 들 수 있을 것이다. 〈그림 1〉에서 보는 (A)형이 그 상황을 잘 나타낸다. 그림에서 배우와 관객이 분리되어 있듯이 운동경기장에서도 객석과 경기장은 엄격히 분리되어 있다. 이 경우 관람객들은 필드에서 벌어지는 운동경기를 볼 수 있을 뿐 아니라 동시에 다른 관객들도 볼 수 있다. 스포츠 이벤트 동안 팬들은 경기자들에게 소리를 지르며 응원하기도 하고 야유를 보내기도 한다. 동시에 경기에 대한 관전평을 큰소리로 나누기도 한다. 이때 다른 팀을 응원하는 패거리들과 응원과 야유의 대결을 벌이기도 한다. 이들의 응원이나 야유는 경기에 영향을 끼치기도 하며, 경기의 상황이 응원이나 야유를 유발시키기도 하는 상호작용적인 피드백의 고리를 이루기도 한다. 관람객들

은 경기에 고도로 집중되어 있기는 하지만 경기의 세계 속에 영화나 연극에서처럼 '몰입'되어 있는 것이라고는 할 수 없다. 실제로 운동장에서 경기를 하고 있는 선수들의 경기세계 속에 들어가 있거나 선수들에게 스스로를 동일시해서 그들의 감정이나 심리 상태를 함께 겪고 있는 것은 아니기 때문이다.

스포츠 관람의 상황과 유사한 상호작용적 문화의 경우에는 서커스나 마술 시연의 관람도 해당된다. 서커스 단원이나 마술가의 경우 집중 효과는 엄청나다. 그러나 서커스 배우나 마법사의 묘기를 감탄스럽게 감상하기는 하지만 그 외형의 감상에 머물 뿐 인물의 정신이나 심리세계 속을 뚫고 들어가는 감정이입이 이루어지지는 않는다. 관객들은 가끔 환호를 보내고 박수를 쳐대기도 하지만 공연의 결과에 대한 감탄일 뿐 그들의 세계에 공감하고 있기 때문은 아니다. 이처럼 일반관객들의 자질을 뛰어넘는 예외적인 기술과 자질을 가진 특정 분야 공연자들의 공연 감상은 픽션의 감상과는 다르다. 공연자와 관객 사이에 상호작용은 이루어지지만 '몰입'이 이루어지지는 않는다. '몰입'은 해독자 혹은 관객이 자신이 현실적으로 속한 '지금-여기'라는 시공간을 잊고 텍스트가 제공하는 시공간의 세계 속에 흡수되어 들어가는 심리적·정신적 상태를 말하는 것이기 때문이다.

상호작용적 체험의 다른 경우는 비교적 특수하기는 하지만 브레히트 연극 타입의 반몰입적anti-immersive 기술을 활용한 텍스트의 체험을 들 수 있다. 브레히트의 서사극에서 사용되는 거리 두기 효과 Verfremdungseffekt는 어떤 종류의 몰입도 방지함으로써 비판적 사고를 고무시키기 위한 목적으로 동원된다. 관객은 연극의 플롯을 당연하고 운명적인 것으로 받아들이지도 않고, 인물들에 감정이입할 필요도 없이 단지 극중에서 벌어지는 상황에 대한 비판적 분석을 하도록 유도된다. 즉, 극 전개와 인물들로부터 객관적인 거리 두기를 시도하도록 하는 것이다. 브레히트 서사극의 경우 시공간적 몰입을 극소화할 수 있는 장치들을 이용한다. 예를 들어 서사극에서 시간적 몰입은 중간에 끼어드는 노래로 맥이 끊어지거나, 극도로 최소한의 무대장치만 갖춘 무대에서 이루어지기도 한다. 이때 소도구나 장치들은 그 공간적 현실의 구성요소가 아니라 무엇인가를 의미하는 '기호'로서의 성격이 강해지기 때문에 공간적 몰입도 일어나기 어렵다. 또한 감정적 몰입은 서사극의 특수한 연기 방식 때문에 어려워진다. 가끔 연기자는 자신이 연기하던 인물에서 벗어나 그 인물을 객관화하며 관객을 향해 그 인물에 대한 자기 나름의 코멘트를 하기도 한다. 배우의 인물에 대한 객관화는 관객을 향한 것만이 아니라 배우의 연기 교육 과정에서도 비판적 교육 방식을 통해 연기 방법으로 내면화된다. 이 같은 교훈적 연기는 관객과 배우 사이의 상호 교환이 쉽사리 이루어지게 하며, 이 과정을 통해 관객은 연극에서 일종의 참여자가 된다는 개념이다. 즉, 서사극의 경우 연극 텍스트의 체험은 몰입을 배제한, 순수한 상호작용적 방식으로 배우와 관객 사이의 교환이 이루어질 것을 목표로 하고 있는 것이다.

② VR의 상호작용성

VR이 제공하는 상호작용성은 체험자가 텍스트에 일방적으로 종속되지 않고 행위 주체성agency을 행사할 수 있도록 해주는 것이다. 행위 주체성의 체험은 우리가 스스로 의미 있는 행동을 취하고 우리의 결정과 선택의 결과들을 보는 데서 만족을 얻는 것이다. 행위 주체성의 체험은 결과적으로 만화경과 유사한 즐거움과 재미를 맛볼 수 있게 되는 체험이다. 주어진 문제에 대해 다양한 시점과 변형된 판본들을 경험하게 되기 때문이다. 세상을 다양한 시점에서 보는 듯 포착할 수 있는 만화경적 체험처럼 사용자 자신이 선택한 이야기를 진행시키고, 관찰·참여하거나 자신의 마음에 드는 특정 역할 속에 들어갈 수도 있고, 이것을 자신의 행동에 의해 변형시킬 수도 있게 되는 것이다.

VR에서 이루어지는 상호작용의 타입을 분류하면 사용자 혹은 독자가 누리게 되는 자유의 정도와 개입의 목적성 정도를 기준으로 해서 스케일을 만들어볼 때 다음의 세 가지 유형으로 나눌 수 있다.

개입의 정도가 가장 약한 것은 '반응적 상호작용reactive interaction'[4]의 경우이다. 이것은 사용자 측의 어떠한 의도적 행동도 개입되지 않은 상호작용의 경우로서, 디지털 예술작품의 예에서 보면 장소의 소음이나 온도, 밝기에 반응해서 변화하는 작품을 들 수 있다. 즉 음향, 온도, 조명의 강도에 따라 서로 다른 이미지를 보여주는 경우이다. 이같은 상호작용은 체험자로 하여금 연극의 무대감독과 유사한 역할, 즉 무대의 배우들이 연기를 지속해나갈 수 있도록, 연극이 지속적으로 전개되는 데 필요한 자극과 명령을 주는 역할을 수행하도록 한다. 하지만 반응적 상호작용은 체험자로 하여금 극의 내용이나 연기 방법에 관여하지는 않으면서 연극 텍스트가 제때제때 필요한 방식으로 전개되도록 하는 수동적인 역할에 그치게 한다.

'무작위적 상호작용'의 경우는 의도적 스케일에서 반응형보다 한 단계 높은 것으로 여러 가지 대안 중에서 무작위적 선택, 즉 액션을 취하기는 하지만 그 행동의 결과를 예견할 수는 없는 경우를 말한다. 이때 상호작용적 행동의 목적은 단지 텍스트가 전개되고 진행되도록 하

---

4) S. Dinkla, "From Participation to Interaction : Toward the Origins of Interactive Art," in L. H. Leeson(ed.), *Clicking In : Hot Links to a Digital Culture*, Seattle : Bay Press, 1996, pp. 279~90.

는 수준에 국한된다. 이 경우를 은유적으로 말하면 텍스트가 일종의 영토이고, 링크는 그 영토 속에 거미줄처럼 얽혀 있는 길이며, 체험자는 여행자나 항해자와 같은 역할을 하게 된다. 그러므로 여행자가 클릭하여 선택하는 길들이 연결되면서 여정이 된다. 그러나 그 무수한 링크라는 길 중에 어느 것을 선택한다고 해서 그 여정의 내용이 어떤 것일지는 알 수 없다. 체험자는 다만 무작위적으로 어떤 하나의 길을 선택하고, 그 선택의 결과로서 전개되는 풍경과 장소의 광경의 체험을 계속할 뿐이다.

'선택적 상호작용'은 스케일의 맨 위에 위치되는 유형으로, 상호작용성의 정도가 높은 것이다. 이것은 체험자의 개입이 텍스트 세계에 지속되는 흔적을 남기고, 방향, 진행의 속도, 순서를 바꾸기도 하는 작가적 상호작용성의 경우이다. 그렇다고 기본적 단위부터 모두 만들어가는 작가적 역할은 아니다. 이때 텍스트의 구성요소는 만화경처럼 이미 주어져 있고, 체험자는 텍스트들의 파편을 선택하여 자기 나름의 방식으로 결합·배열시키면서 지속적으로 변하는 텍스트를 생산해나가는 역할을 하게 된다.

(2) 몰입

① 아날로그 텍스트와 몰입―수동적 몰입

미디어 텍스트(소설, 영화, TV, 만화 등) 속으로의 몰입현상은 해독자 혹은 관객이 자신이 현실적으로 속한 '지금-여기'라는 시공간을 잊고 텍스트가 제공하는 시공간 세계 속에 흡수되어 들어가는 심리적·정신적 상태를 말한다. 〈그림 1〉의 (B)가 이러한 상황을 보여주는 경우인데, 이때 관객과 무대는 분리되어 있고 관객과 작가, 배우나 인물의 역할도 엄격히 구분되어 있지만 관객석은 배우들이 연기하는 극의 세계에 빠져 있다. 몰입현상은 VR의 등장으로 생겨난 새로운 것이 아니다. 고전적 영화 같은 동영상 텍스트 역시 관객의 몰입을 통해 내용의 효율적 전달을 시도했고, 몰입을 유도하고 유지시키기 위한 다양한 장치와 표현 기법을 가지고 있었다.

이러한 연구에 관심을 가졌던 것이 1970~80년대 중반의 영상 연구에서 기호학, 정신분석학 방법론을 적용한 할리우드 고전 영화 연구였다. 이 연구들은 주로 동영상 텍스트들의 이념적 논리와 이념작용 방식에 집중했는데, 이념작용 방식을 설명하기 위해 사용한 것이 알튀세르, 라캉 등에서 빌려온 '주체구성'의 개념이었다. 여기서 말하는 '주체'란 한 개체가 자기 스스로를 자유의지를 지니고 자율적 판단을 통해 생각하는 의식적 존재로서 느끼는 상태를 말한다. '주체구성'이란 해독자에게 바로 주체의 상태를 만들어주는 것을 말하는데, 일정한 방향으로 생각하고, 믿고, 느끼도록 조건화되어 있는 소외된 객체이면서도 스스로의 판단에 따라 자유롭게 판단하는 주체로서 느끼게 만드는 심리적 기제를 지칭한다. 이러한 심리적 효과를 만들어내기 위해 동원된 것이 바로 원근법 같은 영상의 공간구성 원리, 리얼리즘, 현실감, 동일시의 기제 등이었던 것이다.[5]

그런데 주체구성을 유발하기 위한 이러한 심리적 장치들이 동시에 몰입을 유발시키는 장치로서 작용하는 것이다. 이를테면 정영상, 동영상 모두에 공통된 공간구성의 코드라고 할 수 있는 원근법은, 오랫동안 물질세계와 정신세계에 관한 진실을 그대로 시각적으로 재현할 수 있는 자동적이고 기계적인 체계처럼 인식되어왔다. 원근법에 충실

---

5) 이 책의 1부 3장 참조.

하게 재현된 공간은 자연적인 인간의 시각, 객관적인 외적 공간과 동일한 것으로 간주되어온 것이다. 원근법은 3차원의 공간을 평면 위에 재현하는 기술로서 보통 우리가 그 대상에 대해 가질 수 있는 시각적인 지각과 유사하도록 심도 있게 재현하는 기술이지만, 사물이 '보이는 대로' '우리가 보는 대로' '사물이 실제 있는 그대로'를 자연적으로 나타내주는 것처럼 느끼게 만들어줌으로써 텍스트 속으로 몰입할 수 있게 만드는 장치의 역할을 하게 되는 것이다.

예컨대 원근법에 따라 구축된 사실주의적 회화에서 수용자의 시점은 화폭을 중심으로 소실점과 대칭하는 송신자의 관찰 원점에 위치하게 된다. 수용자 자신이 그 대상을 보는 시각의 주체로서 느끼게 되는 것이다. 즉, 수용자는 그 화폭을 하나의 움직이지 않는 눈을 통해 관찰된 대상의 재현으로서, 특정 관점에 따라 의도된 사물의 해석으로서 의식하는 것이 아니라, 송신자의 개입을 느끼지 못하고 재현된 실제의 세계 속으로 들어가게 되는 것이다.

바꾸어 말하면 작가라는 송신자가 텍스트에 제시한 타자의 관점을 통해 텍스트의 세계를 체험하는 몰입의 상태에 진입하게 되는 단계인 것이다. 고전적 동영상에서 원근법은 바로 관객의 몰입을 가능케 하는 동일시를 유도해낸다.

리얼리즘은 동일시를 유발하며 동시에 유지시켜주는 기제 중의 하나이다. 고전적 할리우드 영화 같은 동영상의 경우, 관객이 스크린의 환상에 몰입할 수 있도록 하기 위한 장치를 많이 고안해냈는데, 그중 핵심적인 부분이 현실감을 겨냥한 것이다. 현실감을 주기 위해 동원된 것은 리얼리즘의 장치였는데, 이 리얼리즘의 장치는 관객이 텍스트의 세계 속으로 몰입하는 것을 지속시켜주고 강화시키는 역할을 수행한다. 리얼리즘은 리얼리즘 소설의 서사 원리를 영화적으로 구현해낸 것으로 소위 고전적 내러티브의 규칙과 관행은 거의 모두가 현실감을 극대화하기 위한 장치였다고 할 수 있다. 영화의 영향력이나 이념적 효과 같은 것도 이 같은 현실감에서 상당 부분 비롯되는 것으로 지적되었다.[6]

현실감은 일단 대상과 재현된 이미지 간의 외적인 유사성도 중요하지만 그것이 전부는 아니다. 고전적 영화의 서사에서 흔히 볼 수 있는 이야기 속 사건의 인과적 통합의 구조, 시공간적 연속성과 통일성, 행위의 연결, 시점의 통일, 카메라 앵글 변화의 규칙은 모두 영화의 흐름에 투명성을 주고자 했던 것이다. 꾸며진 이야기가 아니라 실제 세계처럼 느끼게 되는 것이 이 투명성의 효과이다. 이렇게 해서 구축되는 것이 그럴듯함의 효과로서 환상적이고 허무맹랑할 수도 있는 이야기나 세계의 모습을 자연스러운 것으로 만들어준다. 이러한 효과가 만들어내는 현실감을 통해 몰입이 지속되고 강화될 수 있는 것이다.

그러나 이 같은 동일시와 그럴듯함의 효과는 무엇보다도 이야기의 연속적 서술을 통한 '이야기와의 동일시'이고, 그것은 단선적-연속성의 연결 방식에서부터 오는 것이어서 이미 완성되어 주어지는 이야기의 흐름에 관객이 함께 실려가지 않으면 몰입 상태에 들어갈 수 없다. 또한 시공간적 연속성의 흐름 역시 면밀한 연구를 토대로 편집한 것이어서 관객은 그 흐름 속에 위치되지 않으면 리얼리즘의 효과를 느끼지 못하는 것으로 되어 있다. 결국 아날로그 동영상 텍스트 속에서 몰입은 지극히 수동적인 몰입의 형태라고 할 수 있다.

---

6) D. Bordwell, J. Staiger & K. Thompson, *Classical Hollywood Cinema*, New York : Columbia University Press, 1985.

② VR과 몰입—능동적 몰입

VR 속에서 몰입은 타자의 관점을 통하여 사태를 체험하는 것을 의미한다. 지식의 획득은 몰입을 통해 가능해지고, 몰입의 방식으로 실현된다. VR에서의 주요한 앎은 이렇게 타자의 관점과 동일시 또는 감정이입empathy을 함으로써 획득된다.[7]

VR의 유형은 크게 몰입형 가상현실immersive VR과 비몰입형 가상현실non-immersive VR로 구분된다. 몰입형 가상현실이란 헤드 마운티드 디스플레이HMD를 출력장치로 해서 조이스틱, 위치 추적기 및 데이터 글러브 등의 입력장치를 이용하는 형태로 외부 환경을 차단함으로써 사용자에게 가상세계만을 보게 한다는 점에서 몰입을 극대화하는 유형의 가상현실이라 말할 수 있다. 비몰입형 가상현실은 컴퓨터 화면 또는 대형 스크린상에 출력된 3차원 입체영상을 보면서 마우스, 조이스틱 혹은 데이터 글러브를 사용하여 상호작용하는 것으로 몰입형 가상현실에 비해 실제감이 떨어지는 대신 저렴하게 이용할 수 있다는 장점이 있다. 따라서 비록 두 가지 유형을 구분하기 위해서 몰입, 비몰입이라는 용어를 사용하고 있지만, 몰입형 가상현실과 비몰입형 가상현실은 사실 정도의 차이가 있을 뿐 유사한 심리 상태를 가져오는 것으로 볼 수 있다.[8]

한 VR 전문가는 VR 사용자가 가상세계 안으로 몰입하면, 스스로 대상이 되거나 다른 사람의 시점을 갖게 되는데, 이러한 감정이입을 통한 시점의 변화가 가상현실의 특징적인 대인적 관계의 방식이자 지식 획득의 방식임을 지적한다. 이러한 감정이입, 동일시는 타인이나 다

---

7) M. A. Moser & D. MacLeod(eds.), *Immersed in Technology: Art and Virtual Environments*, Cambridge, Mass.: The MIT Press, 1996.
8) 전통적인 동영상에서의 '몰입'은 후자에 더 가까울 수 있다. 그러나 전통적 동영상에서 상호작용성은 이 몰입을 방해하고 억제할 수 있다.

른 동물 같은 생물에 대해서도 가능하다. DNA에 대해 우리는 통상적으로 DNA 구조를 '보는' 시점을 갖게 되지만, 가상현실을 통해 자신의 시점을 DNA 속의 분자molecule로 전환시킨다면, 사용자는 그 분자 속에서 그 분자의 입장, 위치에서 분자가 된 경험을 할 수 있게 되는 것이다.

예를 들어 본 연구에서 체험의 대상이 되었던 「히말라야 존」이라는 작품의 경우 VR 사용자는 통나무의 시점을 가짐으로써 자신이 통나무가 될 수 있다. 개인이 실제로 통나무의 몸을 갖지 않더라도 통나무의 것으로 상상되는 시점과 동일시함으로써 벌목되어 히말라야 계곡의 물살을 타고 내려오는 통나무의 체험을 경험할 수 있는 것이다. 이러한 감정이입의 과정은 데이비드 루이스David Lewis의 용어를 빌리자면, 지금-여기의 세계 속에 중심을 잡고 있던 사용자가 사용자의 실제적인 공간좌표로부터 이동하여 '텍스트 속 세계'라는 다른 세계 속에 재중심화하게 되는 과정이라고 볼 수 있을 것이다.

몰입은 세 가지 다른 차원에서 이루어진다. 그중 하나는 공간적 몰입spatial immersion으로 텍스트가 서술하는 세계의 지도를 상상적으로 구축할 수 있게 해주는 기능이다. 사용자가 새로운 공간의 외양, 구조, 특성을 인식하고 그 새로운 공간에 자신을 위치시키는 재중심화가 이것을 통해 이루어진다. 공간적 몰입은 흔히 마르셀 프루스트Marcel Proust의 『잃어버린 시간을 찾아서』라는 소설에 나오는 '마들렌 효과'에서 비롯된다고 한다. 마들렌 효과는 맛이나 냄새처럼 체험자의 기억에 상당 부분 의존한다. 즉 체험자의 기억이 텍스트의 지형과 섞이면서 텍스트의 공간에 몰입해 들어갈 수 있게 된다는 것이다.[9] 이

---

9) M.-L. Ryan, *Narrative as Virtual Reality*, pp. 121~22.

때, 공간적 이미지의 현실감은 상당 부분 기억에 의존하기 때문에 무조건적으로 그래픽의 정교함이 중요한 것이 아니라 기억을 환기시킬 수 있는 요소들이 텍스트 속에 포함되어 있는가의 여부가 중요해진다.

시간적 몰입temporal immersion은 비교적 이야기의 전개가 있는 텍스트에서 발견되는 것인데, 객관적 혹은 시계적인 시간의 재현을 요구하는 것이 아니라 체험적 시간을 필요로 한다. 강한 시간적 몰입을 유도하는 것은 서스펜스 전략이다. 미래에 일어날 일에 대한 확실성이 감소하고 불확실성이 증가함에 따라 서스펜스는 커진다. 즉 무엇이, 어떻게, 누가 다음 순간에 등장하게 될 것인가, 혹은 문제를 발생시킬 것인가 혹은 문제를 해결하게 될 것인가에 대한 궁금증이 체험자를 텍스트의 내러티브 속으로 유인해가는 몰입의 동인이 된다. 여기서 라이언은 시간적 몰입에서 메타서스펜스의 중요성을 지적한다. 메타서스펜스는 체험자로 하여금 작가가 자신의 작품 텍스트에서 과연 문제를 어떻게 해결할 것인가에 대한 일종의 '작가적'인 궁금증을 유발하게 하는 것을 말한다. 이것은 사건 자체에 대한 미래 예측이 아니라 작가의 서스펜스 전략과 그 논리를 찾아내고자 하는 관심을 촉발시킬 수 있어야 한다. 어떻게 보면 메타서스펜스는 체험자로 하여금 내러티브를 단지 쫓아가게만 하는 것이 아니라 적극적으로 비밀의 열쇠를 찾아가도록 하면서, 이야기 속에 더욱 집중하게 만드는 경우가 된다. 이것은 체험자의 개입을 통해 가능한 것이므로 몰입과 상호작용성 간의 역동적인 중첩관계를 잘 보여준다. 또한 메타서스펜스에서 텍스트는 세계보다는 게임에 더 가깝게 된다.

몰입의 세번째 차원은 감정적 몰입emotional immersion이다. 이것은 체험자들로부터 실제 생활에서 발생하는 것과 마찬가지의 감정적 반응을 유도해내는 텍스트 전략을 말한다. 체험자들로 하여금 실제 상황에서처럼 기쁨, 분노, 즐거움, 공포, 경멸, 슬픔 등 폭넓은 스펙트럼의 감정을 겪을 수 있게 함으로써 이들이 텍스트 속 가상인물들과 심리적 동일시를 할 수 있게 하는 중요 기제이다. 감정적 몰입의 전략은 텍스트 속 가상인물들이 가공적으로 만들어진 기호학적 인물이 아니라 실제의 인물인 것처럼 체험자들이 반응하게 만드는 힘을 발휘한다. 이 감정적 몰입은 텍스트 속 인물의 상황과 감정에 대한 동일시를 통해 이루어지는데, 그럴 수 있기 위해서는 무엇보다도 동일시의 조건을 충족시키는 설정이 중요하다. 따라서 어떻게 동일시가 가능해질 수 있는지를 이해하기 위해서는 동일시의 심리적 메커니즘을 작동시킬 수 있는 정신분석학적 이해가 전제되어야 한다.[10]

(3) 상호작용적 몰입 혹은 몰입적 상호작용성

① 전통적 범주

VR은 상호작용을 통해 텍스트에 대한 체험자의 개입이 이루어지는 다양한 기술과 방식을 제공하지만 그렇다고 몰입을 배제하거나 배제되는 쪽으로 이끌지도 않는다. 오히려 VR은 체험자가 현실적으로 속한 '지금-여기'의 상황에서 벗어나 텍스트의 세계 속으로 몰입해 들어올 것을 적극적으로 유도한다. 또한 이러한 방식을 통해 다양한 지식을 습득하고 타인이나 다른 생물의 감정이나 느낌을 공유하며 무생물 세계의 존재 상태 같은 것도 체험할 수 있게 하는 것을 목표로 한다. 결국 몰입은 상호작용성과 함께 VR적 커뮤니케이션 양식의 대표적 요소가 된다.[11] 이 같은 몰입과 상호작용성은 앞에서 살펴본 바와 같

---

10) M. Heim, *The Metaphysics of Virtual Reality*, New York : Oxford University Press, 1993.
11) K. Hillis, *Digital Sensations: Space, Identity and Embodiment in Virtual Reality*,

이 서로 모순되고 대립되는 요소를 가지고 있는 것이 사실이다. 그러나 그런 요소를 상호 보완적으로 활용하고 있는 문화적 체험은 VR 외에도 더러 있다. 예를 들면 유원지나 테마파크에서 만나게 되는 놀이 기구 중에 몰입과 상호작용성을 상호 보완적으로 활용하고 있는 것을 찾아볼 수 있다.

② VR의 범주

VR을 이용한 중요한 사례로는 체험자들이 참여하는 머드게임이나 상호작용적 드라마를 들 수 있을 것이다. 여기서는 물리적 세계의 전자적 시뮬레이션 속에서 다수의 참여자-배우들이 헤드세트로 연결되어 상호작용하며 한 명의 조정자가 이들의 액션이 연결되도록 하는 역할을 수행한다. 이 같은 VR 작업은 즉흥 드라마의 창조성과 새로운 기술을 융합시키는 것이다. 물론 즉흥 연기는 직업적인 연극 연습에서 원작 드라마 작가의 설계를 개선하고 확장시키고 대사를 창조하기 위해서 배우에게 권한을 부여하는 수단으로 오랫동안 사용되었다. 그러나 이 특별한 상호작용적 드라마 작업은 역할 간의 장벽을 깨서 작가, 관객, 연기자, 인물 간의 차이를 제거할 목적을 지닌 것이다. 〈그림 1〉에서 보듯이 (C)의 상호작용적/몰입적 상호작용의 경우에는 무대와 객석을 분리하는 경계선이 그려져 있기는 하지만, 배우와 관객 모두 그 경계선을 넘나들면서 경우에 따라서는 관객의 위치에서, 혹은 배우의 위치에서 역할을 바꾸어가며 참여하고 관람을 하게 되는 것이다.

이와 같은 VR의 경험은 체험자가 일련의 상호작용적 조작을 통해

Minneapolis: University of Minnesota Press, 1999.

시각적인 장면과 시간적인 지속을 통제함으로써 더욱 실감효과가 커진다. 전통적인 회화나 사진에서의 관점이 예술가나 사진기 렌즈로 결정되는 단일한 관점을 수용자에게 제시하는 형태이고, 영화나 TV의 동적인 관점이 감독이나 편집자에 의해 사전에 결정된 것이라고 한다면, VR에서 사용하는 것은 즉석에서 감독/편집자가 되어 관점에 대한 선택권과 통제권을 갖는 것이다. 이러한 사용자의 능동적인 통제는, 마치 사용자 자신이 다른 정체성을 획득한 것처럼 텍스트 세계 속에 몰입하여 실감나게 가상적 세계를 체험하는 것을 가능하게 해준다. 가상현실의 시각적 표상 및 외부 환경에 대한 지각의 단절 역시 몰입에 영향을 주지만 무엇보다 상호작용적 조작 같은 기술적 특징이 결정적 역할을 하는 것이다. 상호작용적 조작은 몰입을 방해하는 요소가 아니라 몰입을 더욱 촉진하는 보완적 기술로 작용할 수 있게 되는 것이다.[12]

전통적인 동영상이 유도하는 몰입이 '수동적 몰입'이라면, VR은 '능동적 몰입'이라고 차별화할 수 있을 것이다. 이 같은 몰입의 상태는 의도적으로 자신으로부터 벗어나 감정이입을 통해 획득한 새로운 정체성을 가지고 역할을 수행함으로써, 가상의 세계에 대한 현실감과 믿음이 형성되는 체험일 수 있다. 동시에 두려움에 마비되거나 체험현실에 대한 완전한 착각의 상태에 이르지는 않으면서 환상 속에서 편하게 행동하고 가상 속의 세계를 체험할 수 있는 가능성을 제공해준다는 것이다.[13]

12) F. Biocca & M. R. Levy(eds.), *Communication in the Age of Virtual Reality*, Hillsdale, NJ: Lawrence Erlbaum Associates, 1995; L. Strate 외, *Communication and Cyberspace: Social Interaction in an Electronic Environment*, Cresskill, NJ: Hampton Press, 2003.
13) J. Murray, *Hamlet on the Holodeck: The Future of Narrative in Cyberspace*, New York: Free Press, 1997.

2. VR의 체험과 자료 수집

분석 대상이 된 사용자들의 체험 기록은 2003년과 2004년 사이에 열린 세 차례의 전시회 관람(VR 관련 작품들)을 통해 얻은 것이다. 2003년 개최된「미술과 놀이」전시회에서의「안광준의 가상현실과 테크놀로지 아트」와 인사아트센터에서 개최된 전시회인「과학＋예술— 10년 후에」, 2003년 대한민국 과학축전의「Sci-Art, 'V-R Life전'」에서 발표된 VR 프로그램들이었다. 이 가운데는 기술상 미숙한 요소들도 많았고, 일부 그래픽 영상 수준이 조잡한 작품들도 적지 않았다. 특히 기술적 완성도가 부족해 작품이 애초 겨냥하는 효과의 체험을 가능하게 하는 데 장애가 되는 경우도 많았다. 그러나 기술적 완성도나 조잡한 그래픽이미지에도 불구하고, 이 전시회들의 유치 작품 수가 압도적으로 많기 때문에, 이미 학계에서 소개·분석되고 있는 몰입이나 상호작용성 스타일의 유형이 아닌, 몰입과 상호작용성 간의 관계 및 두 요소가 상호적 혹은 배타적으로 작용하는 방식 등에 관한 분석을 하는 데 유용한 자료가 될 수 있을 것이라고 판단했다.

이 실험 과정에서는 특히 체험집단의 역할이 중요했는데, 체험집단은 서울대학교 언론정보학과 학부생 다섯 명과 석·박사 대학원생 다섯 명으로 구성되었다. 체험집단을 일반인으로 택하지 않고 VR에 대해 사전 지식이 있는 언론정보학 전공 학생으로 선정한 것은 VR 체험의 특징을 명료하게 기술하는 것이 매우 어렵다는 판단 때문이었다. 실제로 많은 사람은 VR 프로그램을 체험하고 난 뒤 "신기하다" "재미있다" 또는 "짜증난다" "어지럽다" 등의 반응을 보이는데, 그러한 느낌이 구체적으로 어떻게 형성되는 것인지를 설명하는 데는 어려움을 겪는다. 이유인즉 새로운 경험을 우리의 일상적인 경험을 기반으로 한 언어로 표현하는 것이 용이한 작업은 아니기 때문이다. 체험집단의 구성원들은 그동안 다양한 미디어 체험에 관심을 가져왔을 뿐만 아니라, 그러한 체험의 특징을 파악하고 설명하는 작업에 익숙한 사람들이었다. 실제로 이들의 준전문적인 능력은 VR 프로그램의 체험을 인상적인 수준에서 머무르지 않고, 다른 미디어 체험(영화, TV, 게임, 오락, 놀이기구 체험)과의 비교를 통해 더 깊이 있게 접근하는 데 큰 도움이 되었다. 또한 미숙한 기술과 조잡한 그래픽 이미지라는 장애요소에도 불구하고 그것이 극복될 때 어떤 효과를 가져올 수 있을까에 대한 추론과 전망을 일목요연하게 제시해주기도 했다. 참여자들은 단순히 체험의 구체적인 기술을 통해 분석자료를 제공해주는 수준을 넘어 나름의 시각에 따라 1차적 분석 작업까지 수행한, 이 연구 작업의 공동 분석자로서 간주해도 좋을 것 같다.

체험집단 구성원들의 실험은 다음의 과정으로 이루어졌다.

① 체험 시 관심을 가져야 할 경험의 측면에 대한 안내
② 전시회 방문, VR 프로그램 현장 체험
③ 각자의 체험에 대해 의견을 교환하는 집단토론
④ 토론 결과에 따라 전시회 재방문, 추가적인 VR 프로그램 체험
⑤ 각자의 VR 프로그램 체험기 작성

이 연구는 일반인들의 자연스러운 VR 프로그램 체험의 양상을 조사하기 위한 것이 아니라, VR 프로그램 수용 방식의 특징을 파악하기 위한 것이었다. 때문에 기존에 논의되었던 VR에 대한 논의를 바탕으로 관심을 가져야 할 경험의 측면을 명시하고, 그것이 실제로 어떻게

나타나는가에 주의를 기울이게 했다. 기존의 논의가 비교적 추상적이었기 때문에 그것을 자신의 경험에 적용시키는 데 어려움이 따를 수밖에 없었다. 그렇기 때문에 체험자들 간에 서로의 경험을 이야기하면서 불명료하게 파악된 인상이나 느낌을 좀더 구체적으로 정리할 수 있도록 하기 위해 집단토론의 과정을 거쳤고, 토론 내용을 참고로 추가적인 VR 프로그램 체험을 통해 다시 확인해보도록 했다.

체험 대상 VR 프로그램(전체는 부록에서 소개했다) 중에서 이번의 분석 대상은 다음의 7개 작품을 선택했다. 그 작품들은 딘클라Soke Dinkla의 상호작용성 스타일의 유형에 따라 '반응적 상호작용성' '무작위적 상호작용성' '선택적 상호작용성'의 세 가지 유형으로 분류했다.[14] 상호작용성의 유형에 따라 몰입의 상태가 어떻게 달라지며, 그 차이에 따라 작품 텍스트에 몰입시키는 요소들은 어떻게 달라지는가를 보고자 하는 것이다. 몰입은 상호작용성이나 그래픽, 내러티브의 요소에 따라 수용자가 느끼는 심리적·정신적 체험의 상태이기 때문에 이러한 작업은 그 다양한 요소 간의 상관관계를 보는 계기도 될 수 있을 것이다.

3. VR의 분류 및 분석

이번 분석 대상이 된 VR 작품들을 앞서 제시한 상호작용성의 스타일에 따라 세 가지로 분류하고, 각 스타일별로 그 특성을 가장 잘 드러내는 작품들을 한 편 혹은 두 편씩을 선택하여 그 특징을 살펴보았다.

---

14) S. Dinkla, *Clicking In: Hot Links to a Digital Culture*, pp. 279~90.

상호작용성의 스타일 분류는 체험자의 행위 주체성이 가장 적은 것부터 시작해서 가장 큰 것의 순으로 정리한 것이다. 상호작용성이 요구되는 정도에 따라 체험자의 텍스트에 대한 개입의 정도가 커지며, 행위 주체성도 커진다.

(1) 반응적 상호작용성

① 「히말라야 존」

체험자의 상호작용적 개입이 거의 요구되지 않는 지극히 수동적인 체험의 경우였다. 롤러코스터를 타는 듯한 강한 감각적 체험은 있었지만 일종의 아이맥스 영화를 보는 것 이상의 새로운 체험은 아니었던 듯하다. 통나무들이 히말라야 절벽을 하강하는 체험들이 통나무의 시점에서 보임으로써 강한 육체적 자극은 받을 수 있지만 그것은 실제 몸의 동작과 체험하는 운동이 일치하지 않는 상태로서 어떤 의미에서는 탈육체적 체험disembodiment과도 유사한 것이었다. 이것은 비교적 좋은 평가를 받았는데, 대부분의 체험자는 통나무들이 잘리거나 절벽 등지에서 빠른 속도로 하강할 때 마치 실제로 그러한 공간에 있는 것처럼 놀랐다는 반응을 보였다.

이러한 작품의 경우 2차원적인 영화보다 입체적으로 구현되는 '가상현실'이 표상된 시공간으로의 몰입을 훨씬 더 강화시킬 수 있음을 보여준다. 입체적인 공간에서의 운동에 수용자들은 훨씬 빠르고 강렬하게 빠져들어간다. 즉, 자신이 관람하고 있는 시공간의 맥락에서 벗어나 화면에 표상된 시공간의 세계에 더 효과적으로 속하게 되는 것이다. 그러나 체험자들의 진술을 참조해볼 때 이러한 몰입은 작품 전체에 걸쳐 유지되지 않고, 대부분 아찔하고 자극적인 장면에서만 나타났던 것으로 보인다.

　화면의 사실성 부족과 입체성의 불완전한 구현이 이러한 진술에 대한 원인으로 꼽혔다. 가령 화면에 펼쳐지는 공간이 2차원적으로 표현되거나 입체적으로 표현되었다고 하더라도 초점이 맞지 않는 경우가 많아서 체험자들이 어지러움이나 불편함을 느꼈다고 했다. 화면의 사실성 부족과 입체성의 불완전한 구현이 몰입의 방해요소로 작용한 셈이다. 그러한 장면에서 체험자들은 작품의 결함을 느끼게 되면서 '세계'가 아닌, '작품화된 세계'로 인식하며 몰입에서 벗어나게 되었다고 지적한다. 또한 공감각적 장치의 부재 역시 중요한 결함이었던 것 같다. 더 입체적이고 사실적인 음향과의 결합, 화면과 연결된 관람석의 움직임 등이 실현되었다면 좀더 '가상현실'을 체험한다는 느낌이 강했을 것이라고 여러 체험자가 지적했다.

　「히말라야 존」의 경우 통나무와의 동일시를 통해 감정적 몰입이 가능해 자신이 마치 통나무인 것처럼 가상적으로 여행할 수 있었다고 말하는 체험자가 있었는가 하면, 통나무와의 동일시는 실제 생소한 것이기 때문에 동일시할 수 없어서 영화의 진행을 따라가기 힘들다는 지적도 있었다. 「히말라야 존」은 화면으로 펼쳐지는 입체적인 공간을 체험하는 것이었기 때문에 화면구성의 대부분은 1인칭의 시점에서 본 풍경으로 이루어져 있다. 마치 영화의 시점숏 같은 것이었기 때문에 관람자의 1차적 동일시는 비교적 쉬웠지만, 이것이 내용과의 동일시인 2차적 동일시로 이어지지 못한 경우가 있었다는 의미이다. 이후 계속해서 작품에 몰입하는 경우도 있었지만, 많은 경우 그러한 동일시를 지속시키는 데 어려움을 겪었다고 했는데, 수용자의 입장에서는 '통나무'와의 동일시를 계속해서 유지시킬 만한 동기가 부족했기 때문이다. 따라서 많은 체험자가 만약 동일시할 대상이 인간 또는 친숙한 대상이고 동일시할 근거가 이야기 구조상 보장되었다면 작품에 몰입하기가 쉬웠을 것이라고 지적했다. 작품 내에 나를 투여할 수 있는 대상이 뚜렷하지 않다는 점은 이 작품의 상호작용이 다소 단발적이라는 점과 함께 작품 몰입의 장애요인으로 작용했던 것 같다. 체험자들이 동일시의 대상에 대하여 많이 언급한 것은 이 작품이 상호작용적 조작의 여지를 주지 않고 기존의 영화나 다름없는 수동적 감상에 가까워서 동영상 영화 관람 때의 기대가 반사적으로 커졌기 때문으로 생각된다.

그러나 동일시에 성공한 경우도 있었다. 한 체험자는 기술적인 불완전함, 잘 들리지 않는 음향, 장비들의 감각, 조잡한 그래픽 이미지 등 때문에 상황에 대한 집중 상태가 중단되는 체험, 즉 몰입이 끊어지는 체험을 했다. 그리고 상호작용을 통한 개입이 이루어지지 않는 상황이 관심을 약화시켰음도 지적했다. 그러나 이 체험자의 경우는 통나무와의 동일시가 가능했고, 통나무의 시각에서 낙하감 등을 경험했던 것은 상당히 인상적이었다고 술회했다. 이 체험자는 이것이 일상적이고 안정적인 지각 방식을 깨는 체험이었으며, 매우 빠른 공간적 이동이 주는 속도감과 매우 급격한 낙하감은 매우 '평범하지 않은 경험'이었고, 정서적으로 강한 호소력을 발휘하여(지속적인 긴장감, 흥미, 놀라움 등과 같은) 더욱 자신을 VR의 공간으로 몰입시키고 그 속에 존재하는 듯한 느낌을 주었다고 말했다. 이것은 결국 상호작용성이 약한 텍스트의 경우는 전통적인 동일시와 동시에 강한 감각적 자극이 주어져야 몰입이 가능하다는 것을 말해준다.

② 「Vulnerable VR」
「Vulnerable VR」은 개인 정보를 입력하면 컴퓨터 모니터를 통해서

개인 정보와 위치가 계속 추적되어 체험자가 이동하다 특정 위치에 도달하면 액정 화면에 체험자의 신상 정보가 뜨게 만든 장치이다. 한 체험자는 자신의 모습이 감시, 관찰된다는 기분이 들면서 불쾌감을 받았다고 지적했다. 이 경우, 자신이 감시와 관찰의 대상이 되는 데서 불쾌감을 받았다는 것은 감정이입이 일어났다는 증거로서, VR의 체험을 자신의 체험으로 동일시할 수 있는 심리적 연관성을 VR 텍스트 내에 설정해놓았기 때문에 가능한 것이라 할 수 있다. 이 경우는 추적 당하는 사람의 심리 상태와 동일시가 일어난 것으로 볼 수 있는데, 동일시는 아무 대상이나 아무 상황에 대해 일어날 수 있는 것이 아니므로 그 동일시의 정신분석학적 원리를 참조해야만 활용될 수 있을 것으로 보인다.

반면에 자신의 정보가 뜨는 액정 화면이 단지 사각형에 지나지 않기 때문에 자신과의 공통점이 느껴지지 않았다는 지적도 있었다. 사각형이 자신의 위치에 기민하게 반응했기 때문에 이용자가 작품에 순간적으로 집중하기는 했으나 몰입할 수는 없었다는 것이다. 특히 주변에 희미하게 보이는 다른 사람들과 달리 자신을 재현한 이미지가 생물체 같은 기호가 아니라 '평면의 사각형'이라는 점에서 그 화면에 뜬 자신의 정보에도 불구하고 감정이입이 일어나지 않았다는 것이다. 결국 '반응적 상호작용성'의 경우 몰입을 위해서는 전통적 동영상에서처럼 동기화된 동일시의 과정이 필요한 것으로 설명할 수 있다.

(2) 무작위적 상호작용성

① 「가상 미술관」

「가상 미술관」은 체험자가 3D 필터 안경 또는 HMD를 통해 대형 스크린에 투사된 고궁의 컴퓨터 그래픽을 감상하는 작품으로서 체험자가 머리를 돌리는 정도에 따라 시야가 바뀐다. 「가상 미술관」은 자신의 목적과 결과를 의식한 의도적 선택이 아닌, 여러 가지 다양한 대안 중의 하나를 선택한 무작위적 선택의 체험에 해당하는데, 이 경우 몰입이 힘들었다는 지적도 있었다. 가장 큰 이유는 영상의 반응이 사용자의 움직임에 따라 실시간으로 변화하지 못했다는 기술적인 측면과 일단 작품의 크기가 작아서 감각적으로 압도할 수 있는 힘이 작았던 데서 찾을 수 있을 것 같다.

한편, HMD의 착용으로 사용자는 외부의 공간으로부터 단절되고, 사용자의 행동에 따라 주위 환경이 변하는 것으로 지각하게 되면서 마치 가상공간에 실제로 있는 듯한 느낌을 갖게 되었으며, 이 같은 외부 세계와의 차단효과 때문에 비교적 작품세계로 몰입하기 쉬웠다는 긍정적 평가들도 있었다. 긍정적인 평가를 했던 체험자들은 HMD에서 보여주는 입체적인 가상공간이 시야를 완전히 장악하고 자신의 움직임에 따라 입체영상이 변화한다는 점에서 완전히 다른 세계에 있는 것 같다는 느낌을 가졌다고 말했다. 고궁 속으로 "빨려 들어가는" 느낌이나 영상 속으로 걸어 들어가도 될 것 같은 느낌을 받았다는 것이다. 반면 부정적인 평가를 했던 체험자들은 디스플레이되는 영상의 크기가 작고, 불완전하게 입체적이며, 자신의 움직임을 제대로 반영하지 못한다는 점에서 완전한 몰입이 이루어지지 않았다고 지적했다.

그러나 부정적인 평가의 체험자들도 HMD를 착용했을 때 "현실에서 벗어난 느낌" 또는 "분리된 느낌"을 갖게 된다는 것을 인정했다. 기본적으로 실제의 맥락에서 시각적으로 분리되어 가상공간에 놓이게 되기 때문이다. 우리가 경험하는 현실감의 70퍼센트가 시각을 통해 제공된다는 점에서 시야를 완전히 가상환경으로 대체하는 것은 앞선 유형보다 훨씬 몰입감을 강화하는 효과가 있는 것으로 보인다.

문제는 대체된 가상환경이 시각적인 면에서 효과적으로 몰입을 가져오는가가 될 것이다. 몰입감이 생각보다 약했다는 체험자들은 구현되는 입체성이 불완전하고, HMD를 통해 보이는 이미지가 너무 작다는 점을 지적했다. 특히 이 작품에서 HMD는 너무 작아 "마치 망원경으로 세계를 보는 듯"했는데, 많은 체험자가 이 문제를 지적했다. HMD 착용으로 실제 맥락으로부터의 단절은 효과적으로 이루어졌지만 대체되는 가상환경이 시각적으로 압도적이지 못했다는 것이다. 이러한 반응으로 미루어볼 때 시야가 덜 장악될수록 감각적인 자극으로 인해 압도당하는 느낌이 적어 다른 시공간 속으로의 소속감이 약화된다고 볼 수 있다. 이것은 영화 화면과 TV 화면이 주는 임팩트의 차이에 비교해서 설명할 수 있을 것이다.

「가상 미술관」의 경우 몰입효과는 체험자의 개입으로 강화되었음을 알 수 있다. 비록 이 작품은 무작위적 상호작용성의 경우에 해당되는 것으로 의지적 선택의 개입은 아니었지만 관람객의 위치나 다름없는 수동적인 체험의 경우보다는 행위 주체성의 수준이 높은 것이었기 때문이다. 체험자들은 자신의 움직임에 따라 가상적인 환경이 변화되는 상호작용에 흥미를 느꼈으며, 그것이 몰입을 강화시킨다고 지적했다. "몸을 앞으로 숙이면 절의 건물 안으로 들어가는 느낌을 받았으며 뒷걸음질 쳐서 걸을 때는 반대로 절에서 빠져나오는 것 같았다"는 반응이나 "가상의 고궁에서 처마 밑을 바라보거나, 고궁의 벽면을 타고 올라가 상단의 장식을 관찰하는 것이 가능했다"는 반응은 이러한 특징을 잘 보여준다. 내가 마치 그곳에 있는 것처럼 자유롭게 움직이고, 그 움직임의 결과가 실제 현실(즉 현실의 기억)과 유사하게 시각적으로 재현된다는 것은 가상환경으로의 몰입을 강화시키는 중요한 요소가 될 것이다.

여기서도 「히말라야 존」의 경우와 마찬가지로 동일시의 어려움이 몰입을 방해했다는 지적이 있었다. 「가상 미술관」의 가상현실 체험이 신기하기는 했지만 고궁 같은 미술관의 관람이 자신의 관심과는 거리가 있어 작품세계로의 집중과 몰입이 어려웠다는 것이다. 이 점은 VR로 펼쳐지는 내용이 무엇이냐에 따라 수용자의 VR 체험의 양상이 달라진다는 것을 말해준다.

대면하고 있는 현실에 대한 체험을 스스로 통제―시점의 선택, 바라보는 장면의 선택―할 수 있다는 것은 몰입을 높여준다. 그러나 체험자들은 그래픽이 3차원, 2차원 등으로 변화하는 과정에서 생기는 그래픽의 불완전성으로 인하여 현실감이 떨어졌다는 반응을 보였고, 이것이 몰입을 방해하는 요소였다는 지적을 하기도 했다. 말하자면 상호작용성의 수준이 초보적 단계에 지나지 않고 활발하지 못한 경우, 그래픽 등 재현된 세계의 현실감이 중요한 역할을 하는 것 같다. 이 작품의 경우 역시 관객spectator으로서의 체험이 중심이고, 참여적 행동이 활발한 것이 아니었기 때문에 그런 정도의 개입에 만족하지 못하는 체험자들이 반사적으로 이러한 지적을 했던 것으로 사료된다.

(3) 선택적 상호작용성

① 「가상 실로폰」

「가상 실로폰」은 상호작용성의 정도가 가장 높은 범주의 VR이다. 「가상 실로폰」은 VR과 현실세계를 접목시킨 작품으로 가상의 스튜디오에서 상대방과 가상 실로폰 연주 대결을 벌이는 게임 형식의 작품이다. 전면에는 커다란 스크린이 있으며, 게임 참여자의 모습을 컴퓨터 그래픽과 합성하여 보여준다. 스크린에는 가상의 음악선생님이 나와 게임 진행을 담당하게 된다. 이 작품의 기본적인 상호작용 구조는 게임 참가자가 정해진 노래("무엇이 무엇이 똑같은가")를 화면에 컴퓨터 그래픽화된 가상 실로폰으로 연주하면, 그 연주의 결과를 평가하여 게임의 승패를 가르도록 하는 것이다.

참가자들은 단순히 조이스틱이나 키보드를 조작하는 것에 그치지 않고, 탁자 위에 있는 유리잔을 막대로 치는 '연주'를 하게 된다. 연주의 결과는 컴퓨터 그래픽으로 만든 화면상의 가상 실로폰에 나타나고, 가상 진행자가 이에 대해 평가를 한다. 대부분의 체험자는 이 작품에 흥미를 느꼈으며, 가상의 차원이 합성된 게임의 세계에 몰두하게 되었다고 진술했다. 하지만 자신이 빠져든 게임의 세계가 '가상현실'인지, '현실 속의' 게임인지 구별되지 않았다는 지적이 많았다. 뭔가 이상하고 신기하긴 하지만 '현실'과의 차이가 크게 경험되지 않았다는 것이다.

이때, 이미지의 정세도는 가상현실 체험에서 중요하게 작용했다. 선명하지 못한 이미지 때문에 '가상 음악교실'이라는 공간에 몰입하기 어려웠다고 지적하는 체험자들이 많았다. 시각적으로 내가 그 공간에 있음을 확인하기 어렵기 때문이다. 다른 한편, 정밀하지 못한 이미지는 게임의 진행을 따라가지 못하게 하는 요인으로 작용했다. 투사된 이미지만 봐서는 게임이 요구하는 자신의 행동을 해낼 수 없기 때문에 참가자들은 실제 공간에서 자신의 행동에 주의를 기울여야 했는데, 이는 가상현실로의 몰입에서 벗어나게 하는 요인이 되었다.

이 작품은 선택적이고 의지적인 개입이 가능한 상호작용을 허용했다. 즉 전시 작품 중에 행위 주체성의 수준이 가장 높은 수준의 것이었다고 볼 수 있다. 대부분의 체험자가 이 상호작용의 방식이 작품에 흥미를 느끼고 그것에 몰입하게 하는 가장 큰 요인이었다고 지적했다. 이 작품의 특징은 참여자의 입력행위가 그 자체로서 가상공간에서 의미를 갖는다는 것이다. 데스크톱 가상현실처럼 키보드 조작과 같은 추상화된 동작이 가상공간에서 '의미 있는' 동작으로 변환되는 것이 아니라, 하드웨어적인 공간에서의 동작 자체가 가상공간에서 그 자체로 의미를 갖게 된다는 것이다. 체험자들은 이러한 점이 흥미로울 뿐 아니라 가상현실로의 몰입을 강화한다고 지적했다. 이러한 점은 이후의 다른 가상현실 작품에서도 공통적으로 확인할 수 있다.

실제 공간에서 취하는 동작이 어떠한 것이냐에 따라 참여자들은 자신이 하는 상호작용을 완전히 다른 것으로 '체감'할 수 있다. 이 작품의 경우는 막대로 유리잔을 쳐서 음을 내는 동작이 몸의 '실제적인' 움직임이었기 때문에 VR에서 흔히 볼 수 있는 실제 몸의 '동작'과 몸이 느끼는 '감각' 간의 괴리가 없다는 점이 몰입감을 증가시킬 수 있었다. 현실에서와 같은 동작, 즉 동작과 결과가 다르지 않고 같은 경우 두 세계 간의 연결이 자연스럽게 이루어지는 것이다.

체험자들은 이 작품이 "친숙하고" "경쟁하는 게임" 형식이기 때문에 쉽게 몰입할 수 있었다고 지적했다. 익숙하기 때문에 비교적 빠른 시간 내에 작품의 세계에 참여할 수 있었고, 상대방과 서로 경쟁하고 그에 따라 보상을 받는 체계이기 때문에 흥미진진했다는 것이다. 몇몇 체험자는 이 작품이 다른 작품과 달리 인간 간의 상호작용 요소가 있었다는 점에서 특징적이었다고 지적했다. 가상의 여성 진행자는 게임의 두 참여자와 대화를 하듯이 말하는데, 그것이 가상공간으로의 몰입을 강화했다는 것이다. '대화'는 실상 면대면 커뮤니케이션에서 디지털 커뮤니케이션에 이르기까지 상호작용성의 정도가 가장 높은 유형이다. 이러한 대인 간의 상호작용을 통하여 가상현실이 상호 주관적인 하나의 '현실'로 받아들여지기 때문이다. 한 체험자가 지적했 듯이 만약 진행자와 '가상적인' 대화를 나눌 수 있는 구조가 보강되었 다면 더 효과적인 몰입이 이루어졌을 것이다.

한 체험자는 실제의 게임과 가상적으로 매개된 이 작품의 차이를 게 임의 경쟁 상대자와의 관계에서 찾았다. 작품에서 상대방 경쟁자는 직접 마주 볼 수 없고 화면에 투사된 이미지로서만 마주하게 된다. 이 렇게 간접적으로 매개된 상호작용은 실제의 게임과 달리 낯선 사람과 도 부담 없이 게임을 함께할 수 있게 한다. 이 체험자는 낯선 사람과 마주하는 어색함을 많이 느끼지 않기 때문에 좀더 적극성을 띨 수 있 었고 자유롭게 행동할 수 있었다는 점을 지적했다. 이러한 VR 작품의 장점은 화면의 정세도가 높아질수록 약해질 수 있을 것이다. 하지만 타인과의 연결이 간접적으로 매개되는 데다 많은 비언어적 표현요소 가 생략되기 때문에 실제의 대인 커뮤니케이션 상황보다 훨씬 관계에 대한 부담감이 줄어들 수 있을 것이다.

② 「녹천」
「녹천」은 참여자들에게 가장 인기가 있었던 작품이다. 폭포수가 내 려오는 듯한 스크린 앞에 서면 체험자의 그림자가 비추어지고, 그림 자의 움직임에 따라 폭포수의 흐름 및 모양이 실시간으로 변화한다. 이 작품은 고글 등의 장치를 활용하거나 3D의 입체감을 주는 것이 아 닌, 2D의 평범한 스크린을 이용한 것이다. 체험자의 손끝을 센서가 인 식하기 때문에, 공중에 손가락을 띄운 채 움직이면서 그림을 그릴 수 있는 작품, 그리고 관객의 움직임이나 몸을 그림자로 인식하고, 그것 에 따라 초록색 물방울이 흩어지는 그림이 스크린에 펼쳐지는 두 작 품으로 이루어져 있다.

이 작품을 체험하면서 체험자는 집중하기 쉬웠다고 했는데, 그 가장 큰 원인은 자신의 움직임에 따라 스크린의 그림이 바뀐다는 점인 것 같다. 자신의 움직임에 따라 물의 흐름과 물의 크기가 변화하면서 다양한 무늬가 펼쳐지고, 스크린에는 자신의 그림자와 자신의 움직임에 따라 변화하는 물줄기의 다양한 형상이 존재한다. 그림자로 재현되는 자신의 작은 움직임에 따라 물줄기는 그 형상을 달리하면서 새로운 공간을 창조하는 것이다. 이와 같은 과정을 거치면서 체험자는 자신이 스크린 속에 펼쳐진 공간에 개입되어 있으며, 그 공간의 주체는 자기 자신이라는 점을 인식하게 된다. 상호작용성의 정도가 높아서 스크린 속에 펼쳐진 공간에 대한 주체의 영향력이 크고, 자연세계에 가까운 물줄기의 모습 같은 그래픽 요소의 현실감이 역시 컸기 때문에 몰입이 일어나기 쉬웠던 것으로 보인다.

가상세계에 대한 자신의 통제력 혹은 반응 정도가 커질 때 집중도가 상승하고 세계에 대한 시각적 현실감, 고전적 의미의 현실감은 보조적으로 작용한다. 대부분 짤막한 단위의 체험이었고, 영화나 TV 드라마처럼 장시간을 요하는 것이 아니었기에 사실 집중도는 컸어도 텍스트 세계 속으로의 몰입은 쉽지 않았다는 체험자들도 있었다. 현실감이 항상 몰입으로까지 유도하는 것은 아니기 때문이다. 그러나 이것은 작품의 체험시간 길이와도 상관이 있을 듯하다. 이 작품을 비교적 오랫동안 체험해본 참가자의 경우는 몰입이 발생했음을 알 수 있다. 실제 물방울 속에 있는 듯한 공간감과 시원함을 맛볼 수 있었다는 지적도 있었다. 또한 물방울 그림 그리기의 경우, 전적으로 관람객의 움직임에 따라 그림이 되어 나타나므로 미술작품을 창조하는 예술적 주체가 되는 느낌을 가질 수 있었다고 했다.

또한 「녹천」은 무엇보다 자신이 그것을 통제할 수 있었다는 점에서 강하게 몰입할 수 있는 작품이었다는 지적들이 반복되었다. 손을 이리저리 휘저어도 실제로는 만질 수 없으며, 소리도 들을 수 없는 물줄기였지만 진짜 물장난을 치는 것 같은 기분이 들었다는 술회도 있었다. 아래로부터 올라오던 자연스런 물줄기에 파장이 생기고 변화가 일어나는 것은 순전히 '자신'의 '개입'에 의한 것이므로, 스스로가 작품에 의미 있는 변화를 일으키며 작품의 일부가 되고 있다는 데 재미와 흥미를 느끼며 몰입하게 되었다는 체험자도 있었다. 어느 순간부터 자신은 작품의 일부, 즉「녹천」이라는 가상현실의 일부와 같은 느낌을 갖게 되고 몰입할 수 있게 되었다는 것이다. 손으로 그림자 폭포수를 튀겨보는 횟수가 늘 때마다 마치 자신이 정말로 그 폭포수 안에 들어와 있다는 느낌을 받았고, 폭포수 그림자에 겹쳐서 비치는 자신의 그림자까지 마치 한 폭의 영상을 보는 듯했다는 체험자도 있었다.「녹천」을 직접 체험하고 난 후 잠시나마 계곡으로 휴가를 다녀온 듯한 상쾌한 기분마저 들었다는 지적도 있었는데, 한 체험자는 더위를 피한 것 같은 시원함을 느꼈다고 말했다.

이 네 가지 경우 모두 공간적 몰입감이 상호작용성에 의해 강화되고 있음을 알 수 있다. 상호작용성에 의한 통제감이 중심적인 역할을 하고 그래픽 요소의 현실감은 보조적으로 작용했음을 공통적으로 확인할 수 있었다. 그리고 상호작용성은 재미, 집중, 공간적 몰입을 유발하며 체험자들을「녹천」의 세계 속으로 재중심화시키는 요소로서 작용하고 있었다.

③「고릴라 게임」과「아바타 러닝머신」

「고릴라 게임」은 상하좌우를 표시하는 네 가지 터치 스크린을 밟아서 전면의 스크린에 투사된 고릴라를 움직이는 게임으로 고릴라는 토끼, 뱀, 개구리 등의 아이템을 '먹는' 한편, 수시로 등장하는 자동차와 오토바이를 피해야 하는 상황에 처한다. 또한 「아바타 러닝머신」은 체험자가 실제 조깅하면서 아바타가 뛰는 모습을 보고 아바타의 동작을 자유자재로 통제해나갈 수 있는 작품이다.

「고릴라 게임」은 사실 그래픽 면에서 매우 뒤떨어졌고, 게임 방식 역시 한때 유행하던 펌프, DDR 등의 댄스게임을 연상시키는 단조로운 것이었다. 그래픽 면에서도 마치 아마추어들이 만든 플래시 애니메이션을 연상시키는 조잡한 것이었지만 모든 전시물 중 가장 집중하게 만들었다고 진술한 체험자도 있었다. 그 체험자는 스스로가 가상현실 속의 인물을 직접 통제할 수 있고, 더욱이 그러한 통제가 자신의 몸 전체를 움직여 가상현실 속의 주체와 유사한 동작을 하게 되는 방식 때문에 집중하게 된 것 같다고 진술했다. 즉 온몸 전체가 개입되는 상호작용의 유형이었기 때문이라는 것이다. 체험자의 진술에 따르면, VR 텍스트에 흥미를 느끼게 된 것은 온몸이 참여함으로써 여러 감각이 동시에 그리고 실감나게 자극되었다는 것만은 아니고, 적극적 상호작용의 방식이 더 비중 있게 작용했기 때문으로 보인다. 즉 체험자의 행동과 생각이 가상현실 속 인물에 반영되고, 그 속에서 일어나는 현실이 또 자신에게 영향을 주는 상호작용성이 큰 작용을 했다는 것이다. 말하자면 감각적 자극만으로는 몰입의 유지가 힘들고, 자신의 개입과 그 개입에 따라 변화와 반응이 일어날 때 집중과 몰입이 쉬워진다는 지적이다.

즐거움은 몰입으로 이끌어가는 중요한 기제인 것 같다. 집중의 계기를 만들어주기 때문이다. 화면을 보면서 장애물을 피하는 과정을 바닥의 발의 움직임을 통해서 조작해야 하는데, 처음엔 서툴러서 고릴라가 사고를 당하고 넘어지기도 해서 생기는 우스꽝스러운 모습을 즐기기도 했고, 어수룩한 고릴라 캐릭터와 조화를 이루는 데 흥미를 느끼기도 했다는 체험자도 있었다. 「고릴라 게임」은 다른 작품들과는 달리 약간의 내러티브를 가지고 있다는 점에서도 차이가 있었다. 하나의 줄거리 속에서 움직이고 게임을 하기 때문에 캐릭터의 감정과 동일시되는 감정적 몰입도 가능했던 것 같다. 이 작품의 경우는 상호작용적 드라마처럼 스토리 라인이 있으며, 그 스토리 전개에 사용자가 개입해서 변화를 이루어낼 수 있는 체험이 즐거움과 함께 몰입효과를 높여준 것 같다.

또한 '고릴라'라는 가상적인 주체는 자신과 같은 사람이 아니었음에도 불구하고, 자신의 동작에 따라 가까스로 자동차를 피할 때 스릴과 함께 마치 자신이 사람으로서의 정체성을 잠시 잊고 그 고릴라가 된 듯한 느낌을 가질 수 있었다는 지적도 있었다. 이러한 느낌이 얼마나 오래 지속되었는지 알 수 없지만 집중을 통해 몰입할 수 있고, 무엇보다 자신의 정체성을 잊을 수 있었다는 것은 「고릴라 게임」의 경험이 상당한 수준의 몰입이었음을 보여준다. 무엇보다도 이것은 스토리 라인이 짧으나마 존재했기 때문에 가능했을 것이다.

「아바타 러닝머신」도 이와 유사하다. 「아바타 러닝머신」의 경우 그 자체가 사용자로 하여금 화면의 중심부밖에 볼 수 없도록 이루어져 있지만 아바타가 러닝머신의 속도, 경사도, 체험자가 움직이는 속도에 따라 움직이고 반응한다. 이것은 실내에서 제자리 뛰기라는 지루할 수 있는 운동의 효과를 높이고 어떠한 공간에서 자신이 진짜 달리고, 지치고, 힘들어하고 있다는 가상의 체험을 가능케 해줄 수 있는 실용적인 작품이기도 하다.

무엇보다도 「고릴라 게임」이나 「아바타 러닝머신」처럼 자신의 동작을 대신해주는 대상을 통제하는 작품의 경우, 그 대상과의 동일시가 일어날 수 있는가의 여부가 중요한 것 같다. 이것은 자신을 대상에 투사함으로써 얻어지는 동일시이기 때문에 투사 대상에 대한 친근감이 중요하게 작용한다. 실제 남자 체험자의 경우는 고릴라와의 동일시에 문제가 없었지만 여성 체험자의 경우 너무 혐오스러워서 고릴라와는 동일시가 어려웠고, 「아바타 러닝머신」의 아바타와는 그런 문제가 없었기 때문이다.

4. 상호작용성과 몰입의 관계

(1) 상호작용성의 몰입 강화와 보완작용

전반적으로 상호작용성은 몰입을 방해하거나 약화하기보다는 강화하고 보완하는 방향으로 작용했음을 알 수 있었다. 반면에 상호작용성이 약한 텍스트의 경우 전통적인 아날로그 영상 텍스트와 마찬가지로 캐릭터와의 동일시와 강한 감각적 자극이 주어져야 몰입이 가능했다. 상호작용성만이 몰입을 유도하는 것은 아니지만 분석 대상이 되었던 VR 텍스트들은 비교적 짧았고, 긴 호흡의 체험이 힘든 것이었는데, 짧은 텍스트의 경우는 전통적인 동영상에서 이루어지던 몰입의 메커니즘이 발생하기는 어렵기 때문이다. 전통적인 동영상이 많이 의존하게 되는 감정적 몰입의 메커니즘이 작동하기 위해서는 지속되는 내러티브와 캐릭터와의 동일시가 중요하다.

상호작용성이 약한 텍스트의 경우는 기술적 미비나 조잡한 그래픽 이미지, 화면의 사실성 부족과 같은 요소들이 몰입을 방해하는 경우가 많다. 상호작용성이 강한 경우는 이러한 요소들이 물론 방해는 하겠지만 몰입 자체를 차단할 만큼의 영향력을 갖지는 못한다. 또한 시각적 요소뿐 아니라 청각적·촉각적 자극장치들이 결합된 공감각적 자극은 몰입에 효과적으로 작용한다. 그러나 이것 역시 상호작용성이 큰 경우는 결정적인 영향을 미치지 못한다.

공간적 몰입효과는 공간이 주는 현실감의 정도가 중요한 역할을 한다. 여기서 현실감이란 단순히 정세하게 묘사했다는 묘사기술의 수준이 아니라 그래픽 요소들이 체험자의 공간 기억을 얼마나 환기시킬 수 있는가에 좌우된다. 그러나 이 경우도 예외 없이 상호작용성의 정도가 현실감의 효과를 능가하는 것을 발견하게 된다. 가장 인기가 있었던 「녹천」에서 보듯이, 상호작용성의 정도가 높은 경우에는 스크린 속에 펼쳐진 공간에 대한 주체의 영향력이 크기 때문에 몰입을 즐길 수 있었고, '지금-여기'의 공간에서 벗어나 '그곳'의 공간 속으로 옮겨갈 수 있었던 것이지, 자연세계에 가까운 물줄기의 모습과 같은 그래픽 요소들은 보조적인 역할밖에 하지 않았던 것으로 많이 지적되었다. 상호작용성은 재미, 집중과 공간적 몰입을 유발하며 체험자들을 「녹천」의 세계 속으로 재중심화시킬 수 있었던 것이다.

감정적 몰입은 상호작용성의 정도도 중요하지만 그에 못지않게 내러티브의 존재 여부와 그 내러티브 속에서 동일시할 수 있는 대상이 주어져야 가능한 것 같다. 짧더라도 하나의 줄거리 속에서 움직이고 텍스트가 전개될 때 캐릭터의 감정과 동일시되는 감정적 몰입이 가능하기 때문이다. 상호작용적 드라마처럼 스토리 라인이 있으며, 그 스토리 전개에 사용자가 개입해서 변화를 이루어낼 수 있는 체험의 정도가 높으면 몰입의 효과가 커지는 것은 물론이다. 그런데 동일시는 대상의 속성을 자기 것으로 차용하는 방법을 통해서도 이루어지지만 자신의 속성을 상대방에게 투사하는 방법인 「아바타 러닝머신」처럼 자신의 동작을 대신해주는 대상을 통제하는 작품의 경우, 자신을 대상에 투사함으로써 얻어지는 동일시이기 때문에 투사 대상에 대한 친근감이 중요한 요소로서 작용했다.

시간적 몰입은 실상 이번처럼 짧고 내러티브가 적은 VR 텍스트에서는 발견하기 어려웠다. 서스펜스를 통해 궁금증을 유발하는 전략은 일정 정도 이상의 시간을 거쳐 이루어지는 이야기의 전개 속에서 효과적이기 때문이다. 그러나 인기가 좋았던 「녹천」이나 「고릴라 게임」 같은 경우, 선택적 상호작용성의 예로 상호작용성의 정도가 높았는데, 그것이 결과적으로는 서스펜스를 높여주는 작용을 하기도 했다. 어떻게 자신이 움직이고 행동하고 개입하면 어떤 결과가 나올 것인가에 대한 궁금증이 텍스트 속으로 체험자를 이끌어가는 데 중요한 역할을 했기 때문이다.

(2) 몰입감을 증가시키는 상호작용의 유형

① 육체감/탈脫육체감

상호작용성의 정도가 높은 것, 즉 텍스트의 세계에 대한 체험자의 통제감이 크다는 것이 반드시 자동적으로 몰입감의 크기를 결정하는 것은 아닌 듯하다. 상호작용의 유형 역시 중요하다. 예컨대 참여자에게 요구되는 몸동작과 VR 텍스트 속에서 실제 몸이 느끼는 감각 간의 괴리가 없다는 점이 몰입감을 증대시킬 수 있는 것 같다. 현실에서와 같은 동작, 즉 동작과 결과가 다른 것이 아니라 같은 경우, 두 세계 간의 연결이 자연스럽고 쉽게 이루어지기 때문이다. 둘 사이의 괴리가 있는 경우는 감각의 정도가 상당히 강렬해야만 몰입감이 유지될 수 있다. 이것은 탈육체적 체험의 상황인데, 그것이 완벽하게 이루어질 수 있는 기술적 발전의 단계에 이르면 몰라도 아직까지는 오히려 몰입감을 방해하는 것 같다.

② 대화적 상호작용

특히 사람들 간의 대화적 상황은 몰입도를 높여준다. 대화적 상호작용은 면대면 커뮤니케이션에서 디지털 커뮤니케이션에 이르기까지 상호작용성이 가장 높은 유형으로 인식되고 있다. 이런 상황에서는 대인 간의 상호작용을 통하여 가상현실이 상호 주관적인 하나의 '현실'로 받아들여지기 때문에 몰입이 쉽게 이루어질 수 있다.

③ 온몸-이미지 투사형

상호작용의 정도가 비슷한 경우에 데스크톱 VR이나 투사형 VR보다는 온몸-이미지 투사형 VR이 몰입효과가 큰 것 같다. 이것은 온몸 전체가 개입되는 상호작용의 유형으로, 온몸을 통해 텍스트 체험에 참여하게 됨으로써 여러 감각이 동시에 실감나게 자극되기 때문이다.

④ 시야 차단형

HMD의 착용 등으로 체험자의 시야가 외부의 공간으로부터 단절되고 완전히 가상환경으로 대체되는 방식 역시 몰입감을 높여주는 작용을 한다. 물론 새로 진입한 세계 속에서 통제력이 작용할 수 있어야지 그렇지 않으면 HMD 등의 기구는 망원경 같은 것에 지나지 않을 수도 있다. 우리가 경험하는 현실감의 70퍼센트가 시각에 의거한다는 점을 고려해볼 때, 시야가 장악될수록 감각적인 압도감과 함께 다른 시공간 속으로의 소속감이 강화된다고 볼 수 있다.

⑤ 몰입효과의 극대화

가상세계에 대한 자신의 통제력 혹은 반응 정도가 커질 때 집중도가 상승하여 몰입으로 쉽게 연결된다. 그러나 고전적 동영상에서 현실감과 그에 수반되는 몰입효과를 높이기 위해서 사용되는 표현적 장치들이 동반된다면 그 몰입효과는 배가될 수 있을 것이다. 예컨대 그래픽 요소의 세련화, 내러티브와 동일시 대상의 동기화된 설정 같은 것이 그것이다. 또한 작품의 체험시간 길이와도 상관이 있다. 몰입이란 심리적 과정으로 순식간에 발생하기는 어렵고, 서서히 이루어져가는 시간의 산물이기 때문이다.

5. 맺는 말

VR 수용 관련 1차 연구[15]에서는 수용 전반에 대한 문제를 다루었다. 자아 정체성의 양상, 동일시, 상호작용적 조작과 행위 주체성, VR 체험에 영향을 주는 작품 내의 요소 등이 1차 연구의 주요 관심사였다. 이들 요소는 체험자들이 가상현실 체험에서 가장 민감하게 반응한 부분이기도 했기 때문이다. 그러나 의도하지 않았던 것임에도 불구하고 체험자들은 자연스럽게 몰입과 상호작용성의 문제에 대해 언급을 했다. 체험자들은 몰입감에 작용하는 요소들이 무엇인지에 관심을 보였고, 대부분의 체험자는 상호작용의 방식이 가상세계로의 몰입을 가져오는 중요한 차원이라는 것을 많이 지적했다.

하지만 기존의 동영상 연구에서는 상호작용성이 가상현실로의 몰

---

15) 박명진·이범준, 「가상현실의 수용연구」, pp. 29~60.

입을 방해하는 요인으로 다루어지는 경우가 많았다. 작품의 수용에서 상호작용은 만들어진 가상세계로의 동일시를 방해하기 때문이다. 체험자들이 텍스트에 대해 상호작용적 조작을 가하는 것은 텍스트에 구축된 시각적·내러티브적 시점과의 동일시로부터 벗어날 가능성을 증가시킨다. 상호작용적 과정 속에서 자신이 참여한 세계를 객관화하여 바라보게 되기 때문이다.

이러한 기존 연구들의 주장과는 달리, 1차 연구에 참여한 체험자들은 상호작용성을 몰입을 강화하는 중요한 요인으로 보고 있었다. 기존의 가상현실 연구에서 상호작용성이 몰입을 강화하는 경우는, 예를 들어 HMD를 착용하고 사용자가 이동했을 때 이에 동기화되어 가상의 세계가 변화하는 측면 정도가 논의되었다. 좀더 현실감 있는 시각적·청각적·촉각적 감각을 제시하기 위해 상호작용적 장치들이 정확하고 빠르게 반응할 수 있도록 하는 것이 주요 관심사였다. 하지만 체험자들은 다소 다른 차원에서 상호작용성과 몰입의 관계를 인식했다. 체험자들이 가장 많은 관심을 보인 것은 상호작용적 조작을 통하여 흥미 있고 창조적인 방식으로 '가상현실'의 세계를 변화시킬 수 있다는 점이었다.

「녹천」과 같은 작품 체험에서 보여주듯이 단순히 구축된 가상현실 세계와 동기화된 상호작용적 조작 이외에도, 자신의 참여가 얼마나 새롭고 창조적인 세계를 만들어내는가에 따라 사용자들은 자신과 작품이 만들어내는 세계에 더 쉽게 빠져들어갈 수 있었다. 자신의 반응으로 변화되어 펼쳐지는 세계가 무엇인가가 가상현실 체험에서 중요한 요인으로 지적될 수 있었던 것은 바로 이러한 점 때문이다. 좀더 능동적이고 창조적인 가상현실 체험을 이끌어낼 수 있도록 상호작용적 장치 및 내용을 개발하는 것은 더 창조적이고 능동적인 매체 경험을 가져온다는 점에서 의미가 있을 뿐 아니라 가상현실로의 몰입을 강화시킨다는 점에서도 중요하다고 할 수 있다.

이 연구는 상호작용성과 몰입 간의 구체적인 관계를 확인하는 과정이었다. 특히 상호작용성, 몰입 같은 커뮤니케이션의 양식이 전혀 새로운 것은 아니고, 전통적인 문화 텍스트를 통해 이미 체험되어온 것이었기에 기존의 텍스트와 내러티브 연구의 성과와 VR의 현상을 비교, 대조해보는 작업이 필요했다. 그 결과, 이 두 가지 요소가 보완적인 관계를 가진 텍스트는 비교적 최근에 등장한 놀이공원의 몇 가지 기구에 불과했고, VR에 이르러서야 본격적으로 시작된 것을 알 수 있었다. 그러므로 상호작용성과 몰입의 양식은 각기 인류의 텍스트 문화에 중요하게 개입되어온 양식이지만 그것이 결합되어 이루는 효과에 대해서는 앞으로 계속 연구해나가야 할 중요한 과제가 될 것이다.

상호작용성이란 미디어 커뮤니케이션에서 달성되어야 할 바람직한 것으로, 인간을 의식적이고 능동적인 행위 주체로 만들어갈 수 있는 양식으로 환영받아왔다. 그러나 몰입의 양식은 건강한 미디어 커뮤니케이션을 위해서는 벗어나야 할 멍에이며, 상업적 목적이나 이념적 조작에 동원되는 바람직하지 못한 것으로 인식되어왔다. 그러나 VR에서는 상호작용성이 바로 몰입효과를 강화시키는 요소로 작용한다. 이런 경우, 상호작용성이 과연 이제까지 우리가 믿었던 것처럼 긍정적인 역할을 할 수 있을 것인가? 부정적인 지적들도 많아 이미 일정 방향으로 프로그램이 된 VR에서 상호작용성이란 행위 주체성의 환상을 심어줄 뿐 행위 주체성을 일깨워주지는 못한다는 것이다. 이것은 분명 중요한 문제 제기이지만 다른 한편에서는 기술의 발달과 그 활용의 방식이 이러한 문제를 극복하게 해줄 것이라는 기대도 있다. 분명한 것은 VR을 새로운 커뮤니케이션 양식으로 보고 접근하면서 그

가능성과 한계를 탐구해나가는 작업이 지속적으로 이루어져야 한다
는 것이다.

1. 전시회 「미술과 놀이Art & Play」의 「안광준의 가상현실과 테크놀로지 아트」

일시: 2003. 7. 25~8. 24.

장소: 예술의전당 한가람미술관

(1) 입체영상 모니터

일반 컴퓨터 모니터를 이용하여 유명한 명화들을 3차원 정화상으로 변형해서 보여주는 작품.

(2) 3D게임

고릴라 랠리　　　갈색의 고릴라가 원색의 패턴들로 구성된 지형을, 위험물을 파괴하거나 피하면서 돌아다니는 게임. 소형 컴퓨터 모니터 버전과 실크스크린 버전이 제공되며, 3D 필터 안경을 쓰고 키보드의 방향 키와 ctrl 키를 이용하여 고릴라의 움직임을 조작하게 함.

전갈 3D게임　　　폐쇄된 푸른색 방 속에 있는 자줏빛의 전갈을 키보드의 방향 키와 ctrl 키 등을 이용하여 조작하면서 공을 굴리게 하는 작품.

(3) 롤러코스터 시뮬레이션

대형 스크린에 롤러코스터를 탄 사람이 볼 수 있는 이미지들을 3차원 그래픽으로 투사한 작품.

(4) 인터랙티브 디지털 박스(가상현실 객체)

스크린 속에 구현된 공 모양의 3D 객체를 3D 필터 안경을 쓴 사용자가 손가락으로 굴려 움직일 수 있도록 만든 장치.

(5) 인터랙티브 디지털 연못

인공적인 느낌이 드는 푸른색 바닥에 노란색 실루엣으로 처리된 물고기 이미지들을 장난감 망치로 상호작용하게 한 작품(장비 문제로 망치의 조작이 물고기 움직임에 반영되지 않음).

(6) 가상 박물관

사용자가 3D 필터 안경 또는 HMD를 통해 대형 스크린에 투사된 고궁의 컴퓨터 그래픽을 감상하는 작품.

(7) 비전 스테이션

지정된 의자에 앉으면 비행기 조종석에 앉아 있는 것처럼 이미지들이 사용자를 감싸는, 곡면 스크린 디스플레이 장치를 활용한 작품. 사용자는 총을 든 사람이 되어, 휠 마우스로는 보는 각도(x, y, z축 모두)를, 키보드의 방향 키로는 위치(전/후, 좌/우)를 조정하면서 미로를 탐험한다.

2. 전시회 「과학+예술—10년 후에」

일시: 2003. 7. 30~8. 24.

장소: 인사아트센터

(1) 「아바타 러닝머신」

아바타가 뛰는 모습을 실제 조깅하면서 볼 수 있게 한 작품.

(2) 「고릴라 게임」

상하좌우를 표시하는 네 가지 터치 스크린을 밟아서 전면의 스크린에 투사된 고릴라를 움직이는 게임. 고릴라는 토끼, 뱀, 개구리 등의 아이템을 '먹는' 한편, 수시로 등장하는 자동차와 오토바이를 피해야 한다.

(3) 「지금 여기에서Be Now Here Interactive」

극단적인 비율의 와이드스크린에 세계의 몇몇 장소의 동영상을 담고 있는 작품.
사용자가 스크린 정면에 마련된 마우스를 통해 화면에 제시되는 장소와 시간(오
전/오후)을 결정하면, 이미지가 마우스가 놓여 있던 지점을 중심으로 한쪽으로
확장되며 기존의 이미지들을 말소해나간다.

(4) 「가상 음악교실, '가상 실로폰'」

정면에 투사된 진행자의 진행에 따라 바로 앞에 놓인 탁자 위에 있는 유리잔 건반
을 치면서 상대편과 게임을 하는 작품. 정면의 가운데에는 프로그램화된 진행자
가, 그 양편에는 카메라로 포착된 나와 상대방이 투사되어 있다. 실제의 생활공간
과 벽면에 투사된 전자화된 공간이 합성된 작품.

(5) 「녹천」

관람자의 움직임에 따라 화면이 반응하는 작품. 사용자의 손끝을 센서가 인식하
여 공중에 손가락을 띄운 채 움직이면서 그림을 그릴 수 있는 작품과 관객의 움
직임이나 몸을 그림자로 인식하고 그에 따라 초록색 물방울이 흩어지는 그림이
스크린에 펼쳐지는 두 작품으로 이루어져 있다.

(6) 「내가 만드는 미래 도시(청계천)」

청계천 복원 사업을 모델로 관람객이 가상현실 시스템을 이용, 직접 미래도시를
설계하도록 한 작품. 관람자가 청계천 일대의 축소 모형에 각각 상업지구, 주택
지구, 아파트, 공원, 다리 등을 표시하는 작은 스펀지 공을 올려놓으면 이것이 전
면 벽에 설치된 컴퓨터 그래픽에 반영된다. 예를 들어 상업 지구를 표시하는 스
펀지 공을 축소 모형에 올려놓으면, 스크린상에서 해당 부분에 상가들이 건축되
는 모습이 컴퓨터 그래픽으로 구현된다.

(7) 「인터랙티브 사이버가든」

인위적으로 만든 자연을 사용자가 변화시킬 수 있도록 만든 가상 실내 정원. 사

용자가 지구를 움직이면, 그 위치에서의 계절 변화를 자연의 소리, 그림자, 배경(계절의 낮과 밤하늘의 모습), 조명 등의 변화로 느낄 수 있게 했다.

(8) 「유비쿼터스 라이프」

미래의 거주공간을 표현한 작품. 정육면체 형태의 구조물(사방 약 3미터로 추정) 안에 모니터와 거대한 스크린 등을 배치한 작품이다. 방의 바닥에는 16개의 모니터가 있으며, 입구를 제외한 세 면의 벽이 모두 스크린으로 되어 있다. 바닥의 모니터들과 스크린들은 모두 영상을 보여주며, 바닥의 모니터들은 발로 밟고 설 수 있도록 만들어져 있다. 참여자가 원하는 그림이 나오는 바닥의 모니터 위에 올라서면, 선택한 장면이 벽의 큰 스크린에 펼쳐진다.

3. 2003년 대한민국 과학축전 「Sci-Art, 'V-R Life전'」

일시: 2003. 8. 13~17.

장소: 서울무역전시장

(1) 입체영상관 「히말라야 존」

벌채된 나무가 일정한 경로를 따라 떨어지고 구르면서 목적지에 도착할 때까지의 여정을 보여주는 입체영상물이다.

(2) 「Vulnerable VR」

사용자가 입구에서 컴퓨터에 자신의 이름, 나이, 월수입을 입력한 뒤 무대에 들어가면 카메라가 그/그녀의 이미지를 포착해서 전면의 스크린에 투사한다. 이 투사된 이미지에 관람객이 입력한 정보가 노란 꼬리표가 되어 따라붙는다.

(3) 「가상 미술관」

3D 필터 안경을 끼고 대형 스크린에 펼쳐지는 동영상을 관람하는 작품과 HMD를 착용하고 이동하면서 고궁을 살펴볼 수 있도록 만든 작품으로 이루어져 있다.

(4) 「가상 생명체의 창조와 진화: Episode #1」

사용자가 3D 컴퓨터 그래픽으로 만든 가상생명체들과 직접 상호작용하는 것을 가능케 한 작품. 데이터 글러브와 3D 필터 안경을 착용한 사용자가 녹색, 자주색, 하얀색 등의 공이나 나선으로 표현된 가상 생명체들 가운데 하나를 손가락으로 건드리면 이들 생명체의 반응과 성장 과정을 볼 수 있다.

이미지 문화를 보는 방법들

: 정영상에서 VR영상까지

1. [서평] 『기호학이란 무엇인가』를 읽고

『한겨레』 | 1994-06-01 | 09면 | 문화 기획

▌'해방의 언어'를 향하여······ 고뇌가 배어 있는 입문서

『기호학이란 무엇인가』(김경용 지음)는 커뮤니케이션 전공자가 쓴 기호학 입문서이다. 나는 애초 별다른 기대감이나 관심 없이 이 책의 서평을 맡았다. 전공이 커뮤니케이션학이고, 10여 년 넘게 기호학 방법론을 가르쳐온 데다 우리 분야에 이 이론과 방법론의 전공자가 별로 없었기 때문에 의무감에서 수락한 셈이다. 기대나 관심이 적었던 이유는 저자를 전혀 알지도 못했던 데다 한국책이나 서양책을 막론하고 기호학 입문서라면 대개 그 구성이나 서술 해나가는 방식들이 빤하기 때문이다.

입문서라면 대개 초보자들에게는 난해한 용어들이 즐비하고, 이론과 방법론의 차원이 경쾌하게 나뉘어 설명되지 않고 섞여 있어 머리만 복잡하고, 분석 방법으로 곧바로 응용해보기가 간단치 않은 결점들을 가지고 있기 때문이다.

그러나 이 책을 들추어가면서 무관심은 곧 호감으로 바뀌었다. 기존 입문서들의 문제점을 통감하고 쓴 양, 이 책은 그러한 단점들을 깨끗이 극복하고 있었기 때문이다. 난해한 기본 개념들은 구체적이고 친절한 예를 통해 설명되어 있었고, 분석 방법은 도구로서 쓰임새 있게 잘 정리되어 있었다. 그와 동시에 입문서에서 흔히 볼 수 있는 서술 방식인 차갑고 기계적인 방법으로 이런 이론, 저런 입장들을 요령 있게 엮어 소개해주는 투가 아닌 점이 인상적이었다.

물론 저자는 입문서의 그러한 의무를 충실하게 수행하고 있지만 동시에 많은 사람이 천착하다가 지쳐 결론 없이 접어둔 문제들을 고뇌하면서 열심히 해답을 찾아 보여주려 하고 있었다. 차가운 입문서가 아닌 '고뇌의 열기'가

배어 있는 독특한 입문서인 셈이다.

그의 고뇌의 핵심은 모더니즘적인 억압적 담론, 이데올로기, 신화의 지배로부터 벗어나되 그것이 포스트모던적 허무주의로 떨어지지 않으면서 희망적인 방향으로 이루어질 수는 없는가 하는 문제에 대한 해답의 모색에 있다.

그는 모더니즘이 언어가 현실을 재생·복사할 수 있다는 기호의 현실표상성에 대한 믿음 위에 성립되었다면, 포스트모더니즘은 언어에 의한 현실표상은 부적절하며 불가능하다는 주장 위에 서 있다고 설명한다. 포스트모더니즘의 방법론적 자포자기, 허무주의 증상은 언어에 대한 절망과 포기의 표시이다. 포스트모더니즘적 언어 사용을 후기자본주의 시대 문화 논리의 어쩔 수 없는 산물로 보는 프레데릭 제임슨식의 입장에서 그는 많이 벗어나 있다. 포스트모더니즘은 언어에 대한 믿음의 포기로부터 비롯된 일종의 선택적 행위이다.

그러나 그는 포스트모더니스트들에 동의할 수 없다. 표상성이 일상적 생활을 주도하는 사회에 살고 있기 때문에 언어는 포기될 수 없다는 것이 그 이유이다. 기호의 세계라고 할 수 있는 대의제도적 정치적 대표성을 이 제도의 온갖 모순에도 불구하고 포기할 수 없음과 마찬가지이다.

그러면 해답은 무엇인가? 그것은 강자의 신화를 파괴하고 약자의 신화를 대항적 신화로 창조해나가는 것이다. 그리고 그것을 가능하게 하는 수단이 기호학이다. 그레마스의 기호학적 사변형의 이론들은 특히 이 점에서 유용하게 사용될 수 있다. 그는 기호학에 실로 엄청난 기대의 짐을 지우는 셈이다.

그의 주장에 설득력이 없는 것은 아니다. 그러나 약자의 대항적 신화의 창조가 불가능한 것은 아니겠으나, 문제는 그것이 자동적으로 대항적 힘을 갖게 되는 것이 아니라는 사실이다. 해방의 언어란 단지 믿음과 기호학적 기교만으로 가능하지는 않을 것이다.

혁명의 현장에서만 생명력 있는 해방의 언어가 가능하다는 보드리야르의 견해는 약자의 언어가 힘을 획득할 수 있는 조건에 대한 암시로서 경청할 만하다. 저자의 기호학에 대한 각별한 애정과 기대는 이러한 조건에 대한 고려와 결합할 때 결실을 볼 수 있을 것이다.

2. 「김정일 연가」와 북의 변화

『경향신문』 | 1993-11-13 | 05면 | 칼럼, 논단

북한의 문헌을 읽을 때나, MBC 프로그램 「통일전망대」에서 북한 방송을 시청할 때나 지겹게 느껴지는 점의 하나는 '어버이 수령님'이나 '지도자 동지'의 어록이 몇 구절이든 어김없이 인용된다는 점이다. 이것은 과학적 원리를 설명하는 기술서적이나 텔레비전의 생활과학 정보 프로그램에서도 예외가 아닐 정도로 모든 종류의 북한식 글쓰기와 말하기에 의례화되어 있는 관행이다. 우리는 흔히 이것을 중증의 우상화 작업으로만 치부해왔는데, 그 점을 부인할 수는 없겠으나 그런 작업이 북한 사회 내에서 어떤 기능을 해왔을까 하는 문제는 다른 각도에서 보아야 할 것 같다. 북한식은 스탈린에 대해 행해졌던 우상화 작업과도 상당히 다른 것으로 생각된다. 스탈린 역시 김일성과 마찬가지로 '위대한 지도자'일 뿐 아니라 온갖 전문 영역에 도통하고 있는 전지전능한 인물로 그려졌지만 김일성의 경우처럼 '전지전능한 가부장'이라는 가족주의적 개념으로 표상된 적은 없기 때문이다. 김일성은 북한이라는 대가족 사회의 '어버이'인 가부장이다. 그것도 아주 이상적이고 완벽한 가부장이다. 그는 '빼앗긴 나라를 찾아주고' '외부의 침략 야욕으로부터 보호해주며' '좋은 집에서 편안히 배불리 먹고 살 수 있게' 해주는 가부장의 기본 사명을 다할 뿐 아니라, '찬물에 머리 감는 여군들이 애처로워 손수 가마에 물을 데워주시고' '주민의 집에 들러 솥뚜껑을 열고 흰 쌀밥이 그릇에 담겨 있는 것을 보시고는 뛸 듯이 기뻐하실 만큼' 자식인 주민들의 사소한 일상에 이르기까지 걱정하고 보살펴주는 다정함과 자상함을 갖춘 가부장이기 때문이다. 북한 주민들에게 이 '자식을 차별하지 않는 어버이'에게 보내는 보답으로 요구되는 것도 자식으로서의 효도와 충성심이다.

김일성이 인격화의 방식으로 북한식 사회주의를 상징하고 있는 것은 확실한데, 문제는 왜 사회주의를 '어버이 수령'이라는 가족주의적 개념의 가부장으로 상징화했을까 하는 점이다.

영국의 문화이론가인 스튜어트 홀은 영국에서 왕실이 담당하는 상징적 기능에 대해 매우 재미있는 말을 한 적이 있다. 공화국이란 참으로 이해하기 어려운 국가의 개념이지만 입헌군주제는 국가를 왕실에 의해 인격화함으로써 훨씬 이해하기 쉬우면서 친근감 가는 대상으로 만든다는 것이다. 이데올로기 이론에 이데올로기가 설득효과를 갖게 되는 메커니즘을 설명한 것으로 '주체의 구성'이라는 개념이 있다. 이데올로기는 단지 세상을 특정한 방식으로 이해하고 해석하도록 유도할 뿐 아니라 동시에 그러한 이해와 해석이 우리들 자신의 주체적 판단의 결과에서 비롯된 것으로 믿도록 하는 작용을 한다는 것이다.

이처럼 주체적인 판단의 결과로 믿게 하는 메커니즘이 '주체의 구성'이다. 그런데 주체의 구성이란 주로 이해하기 어렵거나 낯설게 느껴지는 것을 친근감 가고 이해할 수 있는 범주의 것으로 바꾸어주는 작업을 통해 이루어진다.

김일성을 가부장으로 하는 가족주의적 표상 방식은 바로 이 같은 주체구성의 방법으로 가능하지 않았을까 생각된다. 광복 직후 문맹자투성이이며, 근대적인 국가 개념조차 서 있지 않았던 사람들을 상대로 사회주의 같은 생경하고 복잡한 사상을 납득시키기는 쉬운 일이 아니었을 것이다.

이러한 상황에서 김일성을 정점으로 하는 가족주의에 바탕을 둔 선전선동 방식은 사회주의를 쉽고 친근감 가는 대상으로 이해시킬 수 있는 방법이었을 것이다.

최근 김정일에게 권력계승 작업이 본격적으로 시도되면서 북한의 선전 방식에는 재미있는 변화가 엿보인다. 김정일이 '아버지'로 호칭되는 등 가족주의적 표상이 대물림되고 있기도 하지만, 가슴 설레게 하는 이성의 애인 모습으로도 등장하기 때문이다. 서양식 경음악단을 본떠 조직된 보천보 악단의 노래에서는 "나는 그이만 보면 가슴이 설레고 마음이 끌려……그이 이름은 김정일……" 운운의, 젊은 처녀가 늠름한 총각에게 느끼는 연애 감정에 빗대어 만든 노랫말들이 무성하다. 북한 역시 신세대 감각에 맞추어 상징체계와 선전 방식을 바꾸려고 시도해보는 것일까? 어쨌든 대안적 범주의 등장은 이제까지 북한 주민들이 맹목적으로 수용해왔을 기존의 선전 방식 자체에 대해 어떤 형태로든 비판적 거리를 가질 수 있도록 해줄 것이라는 점에서 긍정적인 현상으로 생각된다.

3. [시론] 대선 후보의 언어 폭력

『동아일보』| 2002-06-02 | 06면 | 오피니언·인물

3공, 5공 같은 군사정권 시절 미디어 언어들은 온통 군사적 메타포로 오염되어 있었다. 경제·사회·문화 구분 없이 고지 탈환, 융단폭격 등의 군사적 언어들이 난무했다. 세계화, 신자본주의의 물결이 일면서 이제는 상업적 언어들이 비상업적 영역까지 휩쓸었다. 사람의 가치나 인기도 주가에 비교되고, 학교나 선생님은 교육의 공급자, 학생은 교육의 고객이나 소비자 같은 말로 지칭되고는 한다. 자칫 선생에게도 사도가 아닌 상도가 요구되는 세상이 오는 게 아닌가 착각할 정도이다.

"깽판" "빠순이" 반사회적

언어는 단순한 의사소통의 도구가 아니라 이처럼 그 언어가 통용되는 사회의 의식구조를 드러내준다. 그 사회에서 주로 추구하는 가치가 무엇인지, 그 사회의 성격이 어떤 것인지, 편견이 무엇인지를 보여주는 좋은 거울이다.

언어는 의식의 산물이지만 반대로 그 언어가 통용되는 사회에 사는 사람들의 의식을 만들어주거나 강화하는 작용을 하기도 한다.

한때 '가정파괴범'이라는 자극적 용어가 언론에 자주 오르면서 여성운동가들의 호된 비판을 받았던 것도 바로 그런 이유에서이다. '가정파괴범'이란 집안에 침입한 강도가 가정주부에게 성폭력까지 가한 경우의 범죄행위를 일컫는 말로 범죄 후유증으로 가정이 파괴되는 사례가 있어 생긴 것이다.

그러나 그런 경우를 당한 가정은 파괴될 수밖에 없다는 전제가 암암리에 내포되어 있어서 그런 아내를 버리지 않는 남편이 비정상으로 비치는 사회의식을 만들어낼 수도 있는 위험천만한 말이었던 것이다.

"남북대화 하나만 성공하면 다 깽판 쳐도 괜찮다." 최근 민주당 노무현 대통령 후보가 공식석상에서 발언한 내용이다. "잘 쓰라고. 그렇지 않으면 내 자네 창자를 뽑을 거야." 한나라당 이회창 대통령 후보가 1997년 기자들과의 술자리에서 발언한 것으로 전해지는 말이다.

상상을 해보자. 정치 지도자 같은 공인들이 하는 말은 쉽게 미디어를 타고 만인의 주목 대상이 된다. 특히 자극적이고 흥미로운 말들은 모방의 대상이 되며 쉽사리 널리 퍼진다.

그 결과 아이, 어른 할 것 없이 많은 국민이 이 같은 말들을 일상적으로 사용하게 된다면? 언어이론으로 풀어보면 그 사회는 폭력배적 사고가 만연하고 인간관계는 도살장 같은 살벌한 분위기가 될 것이다.

이것은 부질없는 상상이 아니다. 요새처럼 문제된 정치 지도자들이 문제의 핵심이 무엇인지를 깨닫고 반성하기보다 과장법을 좀 쓴 것을 가지고 공연히 말꼬리 잡는다며 오히려 불만을 토로하고 있는 한, 족히 우리의 현실이 될 수도 있는 일이다.

노 후보는 거친 어투 때문에 상대 당의 자질 시비에 자주 휘말린다. 나는 노 후보의 자질을 의심하지는 않는다. 단지 그의 선거운동 전략에 문제가 있다고 본다. 그는 얼마든지 고상하고 점잖은 말을 사용할 줄 안다. 더 박력 있고 화끈한 이미지를 만들고 그의 지지 기반이라고 생각하는 계층에서 정서적 친근감을 얻어내기 위한 전략적 이유로 그런 언어 행태를 보이는 것으로 생각하고 싶다.

최근 이회창 후보는 '빠순이' 발언으로 난처한 상황에 빠졌는데, 이것도 같은 맥락이라고 볼 수 있다. 젊은이들이 사용하는 은어를 써서 그들의 환심을 사려고 했다가 실패한 경우이다.

은어나 절제되지 않은, 거칠고 단순하며 자극적인 말들은 그것을 즐겨 사용하는 집단이나 공동체의 정서적 결속과 유대감을 형성해주는 효과가 있다. 다듬어지고 절제된 말이 갖지 못하는 힘이다. 그런 만큼 배타성도 강하다. 그 집단 밖의 사람들이 섣불리 사용하다가는 그 집단의 호응을 얻기보다 오히려 비웃음과 경계의 대상이 될 수도 있고 , 다른 집단으로부터는 암암리에 따돌

림의 대상이 될 수도 있다. 잘못하면 하나를 얻는 대신 다른 많은 것을 잃을 수도 있는 만큼 함부로 사용할 것이 아니다.

▌절제된 용어 더 호소력

더구나 대통령 후보는 다양한 취향과 성향의 국민을 상대로 한다. 어느 정도의 동질성을 지닌 지역사회 선거 후보와도 다르다. 국가사회 같은 거대 집단을 상대할 때는 미지근해 보여도 다듬어지고 절제된 말이 지속적이고 폭넓은 호소력을 지닐 수 있다.

대통령 후보들은 후보 위치에서도 대통령다운 언행을 보여주어야 할 것이다. 과장법을 쓰거나 농담을 한다고 반사회적인 가치가 내포된 말들을 마구 써도 될 것인지, 과연 거친 말이 서민적이거나 박력 있는 것이라 할 수 있는지, 귀족 이미지에서의 탈피가 언행의 품격절하에서 얻어질 수 있겠는지 숙고해주기 바란다.

4. [횡설수설] 현대사 바로 보기

『동아일보』 | 2005-01-10 | 34면 | 오피니언·인물

며칠 전 텔레비전에서 옛날 사건을 소재로 한 퀴즈 프로그램을 보았다. 1950∼60년대 우량아선발대회의 평가기준은 몸무게 외에 어떤 것이 있었을까, 1960년대 장발과 미니스커트 단속 때 길이는 어떻게 쟀을까 등을 알아맞히는 프로그램이었다. 비만을 공공의 적처럼 보는 시대, 노출과 복장이 자유화된 이 시대에 그런 일들은 코믹하다 못해 엽기적으로 보일 만하다. 1960년대를 이런 식으로 되돌아보는 방송은 흔히 있었고, 나도 가볍게 웃어넘기곤했다. 그런데 이번에는 기분이 별로 유쾌하지 않았다. 과거를 모두 청산 대상으로 몰아가는 요즘 분위기에서 생긴 피해의식 때문인지 모르겠다.

▶최근 북한 개성공단을 방문할 기회가 있었다. 춥고 황량한 벌판에서 남

북 간에 물꼬를 터보려는 사람들의 노력이 눈물겹게 느껴졌다. 그곳에서 남한의 1950년대 산야를 연상시키는 민둥산들을 보며 마음이 아팠다. 유엔식량농업기구FAO는 한국을 독일·영국·뉴질랜드와 함께 세계 4대 조림 성공 국가로 발표한 적이 있다. 한국은 특히 전국적으로 황폐해진 산림을 불과 몇십 년 사이에 복구해낸 세계 초유의 성공 사례로 꼽혔다. 제3공화국이 이루어낸 큰 업적 중 하나라고 할 수 있다.

▶중국의 동북공정東北工程, 일본의 역사교과서 왜곡에 항의하며 우리는 치열한 역사전쟁에 휘말리고 있다. 그러나 그 전쟁에서 우리는 과연 당당할 수 있을까? 예컨대 3공의 역사를 한쪽에서는 혹심했던 인권탄압의 측면으로만 보려 하고, 다른 쪽에서는 경제발전과 근대화의 업적만을 부각시킨다. 빛과 어둠을 동시에 아우르며 그 명암이 어떻게 어우러져 그 시대를 만들어갔는가를 객관적으로 바라볼 수 없게 만든다. 우리 스스로 우리의 역사를 왜곡하고 있는 셈이다.

▶최근 일부 인문사회과학자들이 현대사를 객관적으로 보기 위한 연구·출판 작업에 착수했다고 한다. 산업화 세력과 민주화 세력이 모두 겸손해지고, 양 눈으로 역사를 보며, 균형감각을 되찾는 계기가 되면 좋겠다.

5. [금요칼럼] 양분화 구도를 극복하자

『동아일보』| 2005-01-28 | 30면 | 칼럼, 논단

새해 들어 우리 사회의 주요 화두 중 하나가 양분된 사회갈등을 넘어서 어떻게 사회통합을 이루어낼 것인가 하는 문제이다. 이 과제를 풀어나가는 데 언론매체가 감당해야 할 몫이 크다고 생각한다. 그동안의 사회분열에서 가장 큰 책임은 정치권, 그중에서도 여권에 있지만 언론 역시 정쟁政爭으로부터 비판적 거리를 유지하기보다 함께 휘말리면서 분열을 부추겼다는 비난을 면키 어렵기 때문이다.

그동안 언론매체들은 어떤 사안이 등장하든 여야 정쟁, 혹은 진보-보수의

양분된 구도에서 이를 다루었다. 과거사 청산이든, 국가보안법 존폐문제든, 교육개혁이든, 신문은 해당 지면을 절반으로 갈라 찬반의 시각을 대립시키는 경우가 많았다.

텔레비전 방송은 이런 구도를 신문의 몇 배에 달하는 파괴력으로 증폭시켰다. 특히 심야의 시사토론 프로그램들은 대부분 사회자를 중심으로 좌우에 각각 여야 정치인과 함께 의견을 같이하는 교수 혹은 시민단체 인사를 동수로 초청, 배치해 설전을 유도한다. 방청객이나 시청자의 전화 참여도 양측 동수로 의견을 취합해 발표한다. 공정성의 실천이 아니라 완전히 사회를 반 토막 내 전쟁을 부추기는 형국이다. 이런 포맷에서는 아무리 복잡다단한 사안이라도 포괄적인 동의나 반대가 가능할 뿐, 타협과 조정에 필요한 제3의 관점이 제시될 여지가 없다.

언론이 편 가르기 조장

복잡한 국정에 대해 이런 단순한 편 가르기를 하는 것은 인터넷에서 절정을 이룬다. 정치권의 정쟁이 제도권 미디어를 거쳐 담론화되면 찬반 양쪽이 인터넷 사이트에 몰려다니며 전쟁을 벌인다. 더욱더 강한 흑백 논리와 막말이 난무한다. 그런 과정에서 신문이나 방송에서 발언을 한 사람들은 험한 공격에 지쳐 만신창이가 되기 십상이다. 웬만한 배짱으로는 소신을 말하기가 겁나 회피하게 되고, 결과적으로 합리적인 비판과 의견 표명이 어려워진다.

노무현 대통령은 참여정부 아래에서처럼 언론의 자유가 무제한으로 보장된 적이 우리 역사에 있었느냐고 반문하곤 했다. 얼핏 듣기에는 맞는 말이다. 필화사건으로 감옥이나 정보기관에 끌려간 사람도 없고, 인터넷 게시판 같은 곳에 들어가면 누구나 못할 말 없이 그야말로 언론의 자유를 구가한다. 그러나 많은 사람이 군사정권 때 못지않게 언론의 자유가 억압받고 있다는 느낌을 갖게 된 것은 웬일일까? 그것은 정권 측에서 주장하듯이 보수 기득권층의 실권에 따른 소외감 때문만은 아닐 것이다. 스스로를 진보의 편에 서 있다고 생각하는 사람들도 그런 느낌을 자주 피력하기 때문이다.

여야 간의 극심한 정쟁 상황에서, 집권 여당은 누구의 어떤 발언이든 간에 자신에 대한 지지 여부에 따라 진보, 혹은 기득권층 어느 한편으로 기계적으로 분류하고 반대편을 비난하고 공격해왔다. 이에 덩달아 언론매체들은 지지와 반대, 어느 쪽이건 간에 그런 대립구도를 그대로 재생산함으로써 분열을 조장해온 셈이다.

오늘날처럼 다극화, 다원화되어 개인의 정체성 자체도 혼성일 수밖에 없는 사회에서 그처럼 어느 한쪽으로 선명하게 분류될 수 있는 가치체계를 가진 사람이 얼마나 될까? 북핵 해결 방법에는 정부 방침을 지지해도 과거사 청산 방법에는 반대할 수도 있는 것이다. 양극화된 틀로 모든 담론을 재단하려 하니 부당하다는 생각과 함께 언론 자유가 억압되고 있다는 느낌이 들 수밖에 없다.

▌제3의 관점 존중해야

다행히 올해는 대통령부터 분열과 갈등을 뛰어넘어 통합을 지향하겠다는 발언을 했다. 그 영향인지, 혹은 정치권 자체에서 주요 정쟁 이슈들이 지난해 말을 계기로 소강 상태에 들어간 탓인지 신문기사나 방송사 토론 프로그램들의 대립적 전선구도가 최근 들어 약화된 기미가 보인다. 기존의 분류 틀을 거부하는 '뉴라이트' 같은 제3의 입장이 등장하고 있기 때문일 수도 있겠다. 대통령부터 자신이 한 발언을 일관성 있게 실천하는 것이 문제해결의 관건이 되겠지만 설혹 정치권에 정쟁의 불이 다시 붙더라도 언론매체들이 정쟁을 예전처럼 파괴적으로 확대 재생산하는 일은 없었으면 좋겠다.

6. [정동칼럼] 학교서 영상언어 가르치자

『경향신문』| 1993-11-27 | 05면 | 칼럼, 논단

초등학생이나 중학생을 키우는 가정의 부모들이 매일 겪어야만 하는 전쟁 중의 하나는 아마도 텔레비전이나 비디오를 덜 보게 하고 컴퓨터게임을 덜하게 하기 위한 싸움일 것이다. 텔레비전을 아예 집에서 추방해버리고 어른들

도 안 보고 지내는 가정도 있다고 한다. 이유는 대부분 시간을 빼앗겨 공부에 방해가 된다는 것과 막연히 학업 능력 키우기에 도움이 안 된다는 데 있는 것 같다. 아닌 게 아니라 우리나라처럼 교육환경이 문자문화의 독재하에 있는 곳에서는 타당한 걱정이다. 우리 사회에서 요구하는 논리적 사고, 나아가 창의적 사고라는 것도 문자문화적 논리이며 문자문화적 창의성이기 때문이다.

그것은 영상문화로부터 키워질 수 있는 사고의 형태와는 판이한 것이다. 영상의 해독은 문자언어와 같이 선적이고 인과적이며 분석적인 해독의 과정을 거치지 않는다. 즉 논리적 사고를 요구하지 않는다. 논리logic의 기원은 고대 그리스 시대로 알파벳 문자양식의 등장과 때를 같이한다. 따라서 불변적이며 비인칭적인 사고의 과정을 요구하는 논리적 사고, 인과론적 사고의 틀은 문자문화로부터 비롯된 것으로 알려져 있다.

그러나 영상의 생산이나 해독에서 요구되는 것은 반대로 자유로운 연상과 유사성의 원리에 따라, 순서적이 아니라 일종의 모자이크식으로 이루어지는 동시적인 짜맞추기 작업이다. 말하자면 문자문화에서 요구하는 논리적 사고는 영상문화에서는 별로 유용한 것이 되지 못한다.

물론 아직까지는 영상문화가 선행문화인 문자문화의 양식으로부터 완전히 벗어나고 있지 못한 탓에 영화나 텔레비전 프로그램이 논리적·분석적 능력을 요구하고 있는 것은 사실이다. 그러나 포스트모던 문화의 발달에서도 엿볼 수 있듯이 문자문화적 논리의 약화는 피할 수 없는 사실인 것 같고, 이 점은 미래에 대한 많은 시사점을 제공한다. 논리적 사고를 기본으로 하고 있는 현재의 과학이 부딪치고 있는 많은 문제는 영상적 사고로의 전환으로 풀릴 수 있게 될지도 모른다는 가정도 가능하다.

어쩌면 머지않은 미래에 과학적 사고란 바로 문자적 논리로부터의 탈피와 영상적 사고로의 전환을 요구하게 될지도 모른다. 그런데 우리의 학교교육에서는 많은 나라에서 보편화되고 있는 영상교육이 전혀 이루어지지 않고 있으며, 특히 영상문화의 인재를 본격적으로 키우기 위한 교육기관도 없다.

미래에 요구되는 과학적 사고를 얘기할 것도 없이 영상적 사고가 우선적으로, 그것도 시급하게 요구되는 분야는 영상산업 그 자체이다.

할리우드가 세계 영상 프로그램 시장을 오랫동안 지배하고 있는 이유 중의 하나는 미국이 가장 먼저, 그리고 가장 적극적으로 영상문화를 꽃피워왔기에 영상 제작 능력에서 가장 앞서 있다는 사실일 것이다.

「터미네이터」「배트맨」「에일리언」「ET」 등의 영화들은 문자문화의 논리적 사고에서 보면 '유치하고 웃기는 내용들'일 테지만 그 산업적 규모나 사회문화적 영향에서 보면 결코 웃기는 것이 될 수 없음은 물론이다.

그런데 그 웃기는 상상력은 영상적 사고력의 소산이다. 그 영화들의 흡인력이 되고 있는 엉뚱한 창의적 발상들은 문자문화의 논리적 사고에서는 나오기 힘든 것이며, 오랫동안 연마된 영상적 사고의 소산이라고 생각된다. 유럽이 영상문화의 창의력 면에서 상대적으로 뒤지고 있는 것도 미국과는 달리 문자 우대에 영상 경시의 보수적인 문화적 전통이 있었기 때문이다.

오늘의 시점에서 중요한 것은 학교교육에서 국어를 가르치듯이 영상언어를 가르치기 시작해야 한다는 점이다.

요즘 암기력 위주의 교육에서 벗어나 '사고력' 함양의 중요성이 강조되고 있는데, 그 사고력이 문자논리적 사고력에 국한되어서는 21세기를 따라가기 어려운 '논리적 사고의 바보'를 만들 위험성이 다분하다. 영상적 사고력도 동시에 길러주어야 할 것이다.

21세기에 엄청난 발전이 예측되는 영상문화 산업의 인재들은 그 과정에서 자연스럽게 발굴될 수 있을 것이며, 특수전문교육기관에서 그 육성을 맡아야 할 것이다.

그런 의미에서 한국예술종합학교에 설치 예정으로 알려진 영상원의 설립은 고무적인 것으로 보인다.

7. [시평] 광고와 기사 사이

『한겨레』 | 1997-03-20 | 04면 | 칼럼, 논단

오늘도 도시인들의 문화환경에서 크나큰 비중을 차지하고 있는 것이 광고

이다. 신문·방송·잡지가 거의 전적으로 재원을 광고에 의존하고 있고 버스·전철 등 대중교통수단들이 광고에서 보조수입을 얻고 있기 때문에 우리를 바깥세상과 연결해주는 모든 통로에서는 어김없이 광고가 우리를 공략한다.

연상작용 통해 슬그머니 연결

광고의 주요 기능 중 하나를 상품 정보를 통한 생활과학 정보의 제공이라고 말하지만 솔직히 오늘날 우리가 흔히 접하는 광고, 특히 동영상이 수반되는 방송광고 중 그런 기능을 하는 광고란 별로 없다.

상품과 직접적인 상관이 없고, 상품에 내재해 있지 않은 덕목이나 자질 같은 것을 매개체를 통해 전이시켜 그 상품의 이미지로 만드는 것이 상품광고의 보편화된 전략이다. 그 매개체는 아름다운 자연일 수도, 아름다운 여인일 수도, 멋진 라이프스타일일 수도 있다. 그렇게 해서 공기오염원 중의 하나인 담배가 오염되지 않은 깨끗한 자연과 맑은 공기의 이미지로, 엔진오일이 샤론 스톤도 감격시킬 강한 남성성으로 둔갑하기도 한다.

이 광고들은 우리에게 자유자재의 연상작용을 통해 우리의 은밀한 욕망이나 상처, 꿈들을 끌어올려 실제 아무 관련 없는 상품에 슬그머니 연결시킨다. 그런 자의적인 연상작용이 세상을 이해하고 의미를 읽고 행동으로 이끄는 방식이 되도록 우리를 부추기고 있는 것이다. 합리적 사고나 비판적 판단의 노력은 근원적으로 차단된다. 냉철한 이성으로 무장하고 세상을 바라볼 것이 요구되는 신문·방송의 본래 기능과는 동떨어져도 한참 동떨어진 세계이다.

오늘날 매체들이 광고의 세계와 공존할 수밖에 없지만 그 공존관계를 좀더 바람직한 것으로 만들기 위한 노력은 필요하다. 신문광고는 한정된 지면 사정 때문에, 방송은 20초라는 한정된 시간 때문이라지만 광고의 본래 기능인 상품에 대한 생활과학적 정보 제공 기능은 증발하고 상품과는 상관없는 뜬구름 같은 이미지만이 너울거린다.

세탁기나 텔레비전에 세련된 컴퓨터 기능이 추가되었다지만 그것을 제대로 활용할 수 있는 소비자가 얼마나 될 것인가? 사용설명서가 있다지만 전문인이 아니면 마음먹고 연구하고 실습해보아도 터득하기가 어렵다는 것이 많은 사람의 불평이다. 그런데도 물건 만드는 당사자들이 상품의 바른 사용에 필요한 생활과학적 정보 제공을 위해 광고를 할애하려는 노력은 찾아볼 수조차 없다.

상품에 대한 생활과학 정보의 부재도 문제이지만 더 심각한 것은 광고와 기사, 프로그램 간의 경계가 애매해져가는 현상이다. 잡지기사는 이미 심각한 상태이고, 방송 프로그램도 위험수위에 육박해가고 있다. 특히 문제가 되는 것은 방송 프로그램에 출연하고 있는 연기자나 진행자들이 같은 방송사의 광고에 출연해 프로그램에서 형성된 이미지를 이용하고 있고, 그 광고 이미지가 거꾸로 프로그램에 투영되는 현상이 빚어지고 있는 점이다.

중대한 국가 사안에 대해 냉철하게 시시비비를 가리는 토크쇼의 진행자가 몇십 분 앞뒤에서 자신도 잘 알지 못하는 상품의 판매를 위해 목청을 돋우고 있는 것도 염려스럽지만, 거꾸로 그 같은 광고의 이미지 때문에 그가 진행하고 있는 프로그램의 내용이 희화화되어 보인다면 방송이 담당해야 할 언론의 기능이 크게 손상되는 결과를 빚게 될 수도 있는 것이다. 최소한 방송이 나가고 있는 기간만이라도 이 같은 광고와 프로그램의 중복출연은 절제되어야 할 것으로 생각된다.

▌언론·오락까지 먹어버린다면

후기산업사회의 문화가 지니는 병폐로 지적되고 있는 것 중의 하나가 소비를 조장하고 소비를 부추기는 문화의 범람현상이다. 소비문화의 주력부대는 광고문화이다. 광고문화의 세계에서는 우리의 모든 꿈과 고뇌, 상처, 불안 등에 대한 해결의 왕도가 상품의 소비로 제시된다. 정치적 갈등, 경제적·사회적 문제에서 비롯되어 그 속에서 해결점을 찾아야 할 것들이 상품의 소비로 모두 용해될 수 있을 것처럼 여기도록 만드는 것이 오늘의 광고가 도달한 지점이다. 우리가 광고를 추방할 수는 없다 해도 광고가 다른 문화, 예컨대 언론, 오락문화에까지 침투해 프로그램과 광고 간의 벽을 허물고 방송에서 광고시간만이 아니라 프로그램의 내용 자체가 광고수단이 되어버린다면 이 같은 소비문화의 병폐는 더욱 걷잡을 수 없이 되고 언론 자체의 기능이란 무의미해지고 마는 것이다.

방송사는 프로그램의 광고화를 방지하려는 노력을 게을리 하지 말아야 하고, 광고 종사자들은 프로그램을 광고에 녹여버리고자 하는 달콤한 유혹을 자제해야 한다. 우리 모두가 생각하는 갈대가 아닌, 소비하는 동물로 전락하지 않기 위해서 우리의 생활 터전이 광고의 바다에서 떠도는 조각배처럼 되지 않기 위해서이다.

8. [정동칼럼] '가상현실'이 현실로 몰려온다

『경향신문』 | 1994-01-22 | 05면 | 칼럼, 논단

새로운 현대문명에 관한 기발한 정보를 재미있게 전해주는 이원복 교수는 최근의 한 만화에서 테크노 섹스에 관한 내용을 다루고 있다. 갖가지 최첨단 장비를 신체에 장착하고 실제 성 접촉과 똑같은 촉감을 컴퓨터를 통해 느끼게 해주는 하이테크를 이용한 시뮬레이션 섹스를 그렇게 부르는데, 특별한 점은 단순한 물리적 자극만으로 만족을 주자는 기계가 아니라는 것이다. 컴퓨터에 연결된 헬멧을 쓰면 영상 모니터를 통해 자기가 원하는 유명배우든 누구든 프로그램화된 이상형의 파트너와 실제나 다름없는 접촉의 체험을 할 수 있기 때문에 정서적 만족까지 준다는 것이다. 이 기계는 이미 개발되어 1995년경이면 전 세계에 시판될 예정이라고 한다. 이 같은 가상현실virtual reality의 기술은 이미 세상을 떠난 사람과의 접촉 체험도 가능하게 해준다고 한다. 마치 살아 있는 사람과 하듯이 아름다운 산야에서 낙엽 밟는 소리를 들으며 함께 웃고 대화를 나눌 수 있게 된다는 것이다. 이런 체험을 무엇이라고 규정지을 수 있을까? 현실이라고 부를 수 있을 것인가, 픽션의 경험이라고 할 것인가? 살과 피를 가진 존재와의 접촉이 실제로 일어나지 않았으니 현실이라고 할 수는 없을 터이다. 그러나 분명히 직접 접촉과 다름없는 감각적 체험을 했으며, 영상으로 재현된 상황이나 인물들과의 사이기는 하지만 적극적인 상호작용의 결과로 얻은 것이니 픽션 체험이라고 할 수도 없다.

가상현실은 21세기에 들어서면서 보편화될 새로운 형태의 영상문화이다. 르네상스 시대 원근법의 개발 이후 영상문화의 주된 관심사는 어떻게 하면 현실을 즉물적 체험과 유사하게 재현해낼 수 있느냐 하는 문제였다. 그러한 현실복사의 관심이 회화에서 사진·텔레비전·영화 등의 기계영상으로 옮아온 후 현실감을 극대화시킬 수 있는 영상 재현의 요구는 나날이 증가했고, 그 요구에 부응해 입체영화 등 온갖 기술이 개발되기도 했던 것이다.

그러나 아무리 현실감 나는 그럴듯한 재현 양상이라고 해도 주어진 것의 일방적인 수용에 지나지 않는 체험이었으며, 그것도 대리자를 통한 대리만족, 대리경험에 지나지 않는 것이었다.

이어서 재현된 영상과 상호작용을 할 수 있는 단계로의 발전이 이루어졌으니 컴퓨터게임이나 드라마의 진행을 마음대로 조작해가며 감상할 수 있다는 하이퍼드라마 같은 것이 그 대표적인 경우이다. 그러나 여기서 체험의 주체는 어디까지나 재현될 세계의 밖에서 그 세계 속의 대리자를 통해 간접적으로 조작을 가할 수 있을 뿐 그 세계 속에 들어가지는 못한다.

그런데 가상현실은 이 픽션세계 내부의 행위 주체로 끼어들어 상호작용, 체험을 할 수 있게 해주는 것이다. 이렇게 되면 현실과 픽션의 경계가 애매해질 뿐 아니라 현실, 비현실의 이분법이 무의미해지고 현실 개념의 정의 자체가 달라져야 할 판이다.

현대문명은 근본적으로 명확한 현실 개념을 바탕으로 발전해왔다. 실제로 존재하는 것과 아닌 것 사이의 경계가 분명했고, 보고 듣고 만지고 냄새 맡는 등의 감각자료를 기반으로 세상을 정의하고 예측하고 설명해왔다. 그런데 이 현실 개념이 무너지면 어떻게 될 것인가? 현실 살인과 가상 살인을 구별하기 어렵게 된다면? 결과적으로 힘 가진 사람들이 우리의 현실 체험을 자유자재로 조작할 수 있게 된다면? 이것은 공상과학적 망상이 아니라 예측 가능한 현실이다.

이제까지 비선진국들의 첨단기술 도입은 선진국과 시차를 두고 이루어졌다. 어느 정도 실험도 끝나고 그것이 야기하는 사회적·문화적 문제 등에 대한 나름의 처방 역시 준비된 다음에 있게 마련이었다. 그런데 소위 지구화인지 세계화인지 하는 시대에는 뉴욕·도쿄·서울 사이에 도입의 시차가 별로 없다. 참고할 선진국의 해결책도 처방도 마련되지 않은 상태에서이다.

　그 처방은 우리 스스로 고민하고 고안해내는 수밖에 없는 것이다. 게다가 기술은 인문사회적 대응을 마련할 여유를 주지 않는다. 이 새로운 기술결정론의 시대에 인문사회과학자들이 바쁘게 혼자 달려가면서 할 수 있는 역할은 무엇인가?

9. [한국논단] 명예로운 초상권

『한국일보』 | 1995-11-09 | 05면 | 정치·해설 칼럼, 논단

　노태우 씨의 검찰 출두 일정이 결정되었던 날 저녁, 모 텔레비전 방송사는 9시 뉴스 시간에 노태우 씨의 이틀 후 출두 모습을 시뮬레이션으로 방영했다. 흔히 우리가 보아왔던 검찰청 청사의 입구에서 사진기자들을 위해 포즈를 취하고 있는 모습으로 이전에 소환되었던 사람의 몸체에 노태우 씨의 얼굴을 붙여 합성해낸 것인 듯했다. 분명히 다른 때 같으면 초상권 시비에 휘말릴 수도 있는 영상물이었다. 뉴스 시간에 아무런 부연 설명도 없이 그 같은 영상물을 내보냄으로써 방송사 스스로 뉴스 영상에 대한 신뢰를 깨고 있다는 생각도 든다.

미, 신종 사업 각광

　새로운 영상처리 기술의 발달로 가뜩이나 뉴스 영상에 대한 사실성의 신화가 위기에 처한 시대이다. 미국에서는 10여 년 전부터 죽은 저명인사의 초상권을 가지고 돈벌이를 하는 신종 대행 사업이 적지 않은 수익을 올리면서 확장일로에 있다고 한다. 1985년에 관련법이 통과되면서 죽은 사람의 상속자가 그 초상에 대한 소유권을 사후 50년간 행사할 수 있도록 함으로써 그것의 활용을 대행해주는 회사들이 생겨 호황을 누리고 있는 것이다. 주 고객은 물론 그레타 가르보, 잉그리드 버그먼, 험프리 보거트, 엘비스 프레슬리, 메릴린 먼

로, 제임스 딘 같은 온갖 신화를 남긴 연예인 스타들이 대부분이지만 아인슈타인이나 프로이트 같은 학자들에다 맬컴 엑스 같은 민권운동가도 끼어 있다.

얼마 전 제임스 딘을 상표로 사용해왔던 모 코미디언이 운영하는 우리나라의 속옷회사가 그것의 사용을 둘러싸고 국제적인 분쟁에 휘말렸던 것도 고인의 초상권 대행회사의 항의 때문이다. 죽은 유명인의 초상이 활용하기에 따라서는 꽤나 수익성이 있어 보였는지, 최근 소니 사에서는 메릴린 먼로의 공동 상속자였던 모 고아원과 그녀의 옛 연기 스승으로부터 아예 그녀의 초상에 대한 권리 일체를 사버렸다고 한다. 앞으로 세계의 유수 기업들 간에 고인이 된 유명인들의 초상권 매입 경쟁이 치열해지는 건 아닌지 모르겠다.

이들의 초상은 아직까지는 대부분 광고에 쓰이고 있다. 수십억 달러에 달하는 상품들이 죽은 이들의 이미지 덕분에 잘 팔려나가고 있는 모양이다. 광고주들 중에는 살아 있는 유명인보다는 죽은 이를 선호하는 경우도 많다고 한다. 우선 비용도 상대적으로 적은 데다 뒤탈로 인해 속 썩게 될 염려가 없기 때문이다. 살아 있는 연예인은 살인 혐의자로 재판정에 서기도 하고, 마약복용이나 어린이 추행 등의 스캔들을 일으키기도 해서 거금을 들여 제작해놓은 광고가 무용지물이 되는 경우도 생길 수 있다. 그러나 죽은 이들은 이미 확립된 이미지를 가지고 있으면서 돌발사고로 그것이 훼손될 위험성도 없기 때문이다.

앞으로 초상의 활용 영역은 광고뿐 아니라 무궁무진할 모양이다. 새로운 디지털 영상처리 기술을 이용해서 죽은 이들의 가장 전성기 모습을 복원하여 컴퓨터로 연기시킨 새로운 영상물이 제작되기도 한다. 예컨대 최근에는 죽은 험프리 보거트가 새로 만든 텔레비전 드라마의 한 회분에 주인공으로 등장해 화제가 되기도 했다. 소니 사에서도 젊은 메릴린 먼로를 주인공으로 하는 새 영화를 기획 중이라고 한다.

후기산업사회에 들어서면서 예전에는 팔거리라고 상상조차 할 수 없었던 것이 상품화되는 극상품화hyper-commodification 현상을 목도하게 된다. 죽은 사람의 초상이 상품화되어 큰 재산이 되는 것도 그 같은 맥락이다. 고인들의 초상은 그 후손에게는 새롭게 부상한 유산목록이다. 돈이나 재산을 물려받지는 못했어도 훌륭한 조상을 가진 후손들은 명예로 마음이 넉넉하게 될 뿐 아니라 물질생활도 넉넉해질 수 있을 것이다. 어찌 죽은 부모의 초상을 팔아 치부할 것이냐고 하겠지만, 이미지 관리만 잘하면 불경스럽지 않게 오히려 좋은 이미지를 더욱 공고히 할 수도 있는 일이다. 모 그룹의 홍보물에 등장하는 '무학자' 에디슨의 사진을 보고 존경의 염을 가질지언정 딱하게 보지는 않는다. 또한 급격히 바뀌고 있는 가치관으로 미루어보건대, 초상으로부터 얻는 수익을 저작권으로부터 얻는 수익과 다르지 않게 인식하게 될 날도 머지않은 것 같다. 가까운 장래에 독특하고 훌륭한 이미지를 지닌 정치가나 과학자, 연예인들이 세상을 하직하면서 명분 있는 공익사업에 금전 대신 자신의 초상권을 기금으로 내놓는 일도 생길 수 있을 것이다.

▌깨끗한 얼굴 되게

어차피 물질적인 것으로부터 비물질적인 것으로 가치가 이동되어가는 것이 고도 정보화 시대의 특성이다. 권력을 가진 사람들이 부동산이나 뇌물 같은 것을 은밀히 모아 후손에 물려줄 궁리를 하기보다 빛나는 공적과 깨끗한 얼굴을 남겨주는 것이 나라를 위해서나 후손의 정신적·물질적 앞날을 위해 얼마나 보람된 일이 될 것인가.

2부

영화, 이념, 정치

1장
영화기호학이란 무엇인가

1960년대 중반부터 프랑스, 이탈리아를 중심으로 등장하기 시작한 영화기호학은 이후 서구 영화 연구의 지배적인 패러다임으로 자리를 굳혀왔다. 한 미국 평론가의 지적처럼, 프랑스로부터의 지적 영향에 늘 경계 태세를 지녀왔던 영미의 앵글로색슨 지역의 영화 연구조차 "한마디의 불평도 없이 영화기호학의 식민지배하에 들어갔다."[1] 아리스타르코Guido Aristarco의 우려 섞인 지적처럼 프랑스, 이탈리아 등지에서는 기호학이 영화에 접근하는 하나의 방법이 아니라 왕도처럼 인식되어 독재적 위력을 행사해오고 있는 상황이다.[2] 일본에서도 영화기호학회가 구성되고, 영화기호학의 대부 격인 크리스티앙 메츠를 위시해서 서구의 유명 기호학자들을 정규적으로 초빙해서 대학의 강단을 맡기고 있다.

---

1) R. Durgnat, *Cinéaste*, vol. X, No. 2, 1980.
2) G. Aristarco, *CinémAction*, No. 20, 1982, p. 169.

롤랑 바르트, 레비-스트로스, 알튀세르, 라캉, 푸코Michel Foucault 등을 일약 인문, 사회과학 분야의 지식인들 사이에서뿐만 아니라 전 세계 매스컴의 총아로 등장시켰던 1960년대 구조주의의 회오리바람 속에서 영화기호학은 탄생했다. 기호학이 영화에 도입된 사정이나 배경은 영화나 영화이론 발달 과정의 특수한 상황이 고려되어야 하겠지만 다른 인문과학 분야에서의 그것과 같은 맥락에서도 찾아볼 수 있다.

1960년대의 유럽은 갤브레이스John Kenneth Galbraith의 표현처럼 '풍요의 시기'였다. 비록 제3세계라는 어두운 얼굴을 의식하지 않을 수는 없었지만 구시대의 식민주의적 경제체제를 청산하고 미국적 모델에 따라 현대화한 자본주의 경제체제 위에 성장과 풍요를 구가하던 시절이었다. 융성의 시기에 자리하게 마련인 낙관과, 자신과 확신이 또한 넘쳐흐르던 시절이었다.

학문 분야에서도 무엇이든 설명될 수 있고 파악될 수 있다는 일종의 환상적인 신념이 도도한 물결을 이루었고, 이것은 이른바 '과학적'인 것에 대한 요구가 큰 문제로 제기된 적 없었던 인문과학 분야에서도 '과학주의' 선풍을 일으켰다. 구조주의는 이러한 시대적 요구를 적절하게 충족시켜주었다고 볼 수 있다.

영화기호학의 발달 역시 이 시대를 풍미한 '과학주의' 경향으로 설명될 수 있다. 기호학 이전의 문학비평에서와 마찬가지로, 이전의 영화 연구는 사회학적·역사적·전기적 접근이 대부분을 이루었고, 영화 비평은 인상적이고 주관적인 해석이나 평가로 점철되어 영화에 대해 아무나 무엇이든 말할 수 있는 상황이었다. 이런 분위기에서 영화를 영화 외적 요소가 아닌 영화 자체로서 설명할 수 있게 하며, 엄격한 과학적 틀을 제공한 구조주의 언어학은 영화연구가들에게 상당히 매력적으로 비칠 수 있었다.

영화기호학의 급속한 성장은 1960년대 프랑스에서 일어난 영화 창작 경향의 변화에서도 그 원인을 찾을 수 있을 것이다. 1950년대 후반부터 프랑스의 저널리즘이 '누벨바그nouvelle vague'로 명명한 비평가 출신의 새로운 영화작가들의 활약이 그것이다. 트뤼포François Truffault, 샤브롤Claude Chabrol 등 후에 대중적 인기를 얻게 된 작가들은 그 명성과는 달리 새로운 기여를 하지 못했지만 알랭 레네, 장-뤽 고다르 등은 명실 공히 기존 영화로부터의 단절을 시도한 새로운 체질의 작품을 제작하기 시작했다. 이와 같은 새로운 영화의 출현에 직접적인 영향을 끼친 것은 레네류의 경우 누보로망, 고다르류의 경우, 베케트Samuel Beckett, 이오네스코Eugène Ionesco 혹은 브레히트 연극을 들 수 있다. 로브-그리예Alain Robbe-Grillet, 뒤라스Marguerite Duras 등 누보로망 작가들이 영화 창작으로 전향한 사실이 시사하듯이, 전통적 심리주의를 배척하고 '의식의 흐름'을 추적하여 객관적으로 서술하고자 했던 누보로망의 세계에는 문자언어보다도 시간과 공간의 자유로운 구축이 무리 없이 가능한 영화적 언어가 훨씬 더 적절했을지도 모른다. 레네류의 영화는 바로 누보로망의 지적·예술적 모험을 영화를 통해 구현한 것이었다.

한편 투영화/동화작용을 영화 메시지 수용에서의 불가피한 메커니즘으로 여기고 있었던 시기에, 새로운 연극에 심취한 고다르와 그 추종자들은 브레히트류 이화작용의 실현을 통해 동화작용의 메커니즘을 차단해보고자 하는 실험을 시작했다. 그것은 비슷한 시도를 했던 일부 연극들처럼 단순히 형식적 차원에 머문 것은 아니었고, 이화작용을 통해 관객으로 하여금 경험하고 있는 사건이나 인물에 대해 정치적 분석을 유도하는 데 근본 목적이 있는 것이었다. 비록 오늘날 동화작용과 이화작용 간의 거리나 각각의 효과에 대해서는 이론이 많지만 1960년대 맥락에서는 가히 혁명적인 시도였다고 볼 수 있다.

이 두 가지 새로운 경향의 출현은 영화언어의 성격에 대한 새로운 관심을 갖게 했다. 이미 영화언어, 영화문법 등의 개념은 존재했지만 그것은 체계화된 것이 아닌, 에세이 수준을 넘지 못한 것이었다. 당시 프랑스에서의 지배적 영화이론은 1950년대 『카이에 뒤 시네마Cahier du cinéma』를 중심으로 소개되었던 앙드레 바쟁André Bazin으로 대표되는 리얼리즘의 영화미학이었다. 바쟁의 리얼리즘은 영화를 표피적 현실의 단순한 복사기술로 보았던 영화사 초기의 그것과는 달랐지만, 영화를 대상이나 세계를 '의미화signifier'할 수 있는 언어의 개념으로 파악하고 있지는 않다. 가톨릭 신자였던 바쟁은 모든 예술에 대한 자연세계의 우월성을 확신하고 있었으며, 영화를 포함한 모든 예술의 사명은 범상한 눈으로 파악될 수 없는, 현실세계의 감추어진 의미를 드러내주는 데 있는 것으로 보았다. 따라서 어떤 뛰어난 예술적 재현도 자연세계 그 자체의 완벽함을 능가할 수 없으므로 영화예술의 심미적 가치는 실제 세계의 자연적인 통일성을 파괴하지 않고 그것의 잠재적 의미를 외현화해줄 수 있는 능력에 있는 것으로 보았다. 따라서 세계에 대한 주관적 해석을 형상화한 표현주의 영화나 숏 커팅이나 몽타주에 의존하여 피사체나 시계의 공간을 자유자재로 분할하고 조합하여 다양한 의미 창조 방식을 개발해왔던 에이젠슈타인Sergei Mikhailovich Eisenstein류의 영화를 배척해왔다. 자연히 몽타주 미학에 대한 거부는 신의 공간적 유니티를 지키면서 에피소드의 전개 면에서는 그와 관련되는 요소들을 토막토막 자르지 않고 물리적 전체성 속에서 서술이 가능한, 딥 포커스deep focus,[3] 숏 시퀀스one shot-one sequence[4] 같은 기법

---

3) 초점 거리가 짧은 렌즈를 사용함으로써 화면의 심도를 깊게 하는 방법.
4) 하나의 숏으로 한 시퀀스를 형성하는 방식.

을 영화의 사명을 가장 적절하게 구현할 수 있는 영화적 표현의 정수로 보았다.

그러나 1960년대 들어서 등장하기 시작한 새로운 영화작품은 바쟁의 리얼리즘 영화미학 이론으로는 이미 설명될 수 없었다. 새로운 영화들은 자연세계의 관찰을 통해 그 숨겨진 의미를 '드러내고자' 하는 작업이 아니라 근본적으로 현실세계에 의미를 부여하는 작업이었고, 이에 따라 다양한 몽타주 기법을 통해 겉으로는 전혀 연관성 없이 보이는 이질적인 시간과 공간의 토막을 접근시켜 의미를 구축하고자 하는 대담한 시도를 통해 리얼리즘 미학이 이단시했던 시공간적 연속성의 파괴를 불가피하도록 했기 때문이다.

새로운 영화를 설명할 수 있는 이론의 부재 속에서 모든 인문사회 현상을 의미를 갖고 있는 기호체계로 간주하는 기호학은 리얼리즘 계열의 영화를 포함하여, 모든 경향의 영화에 접근할 수 있는 분석 틀로 각광을 받게 되었다. 그러므로 영화기호학의 발달은 구조주의의 유행이라는 시대의 흐름뿐 아니라 영화계 내에서, 이미 기존의 작품 영향 혹은 이론과의 단절이 준비되고 있었던 상황에 비추어서도 설명되어야 할 것이다.

1. 기호체계로서의 영화

영화기호학은 바르트, 메츠 등의 기호학 대부들에 의해 영화를 기호체계로서 볼 수 있을 것인가에 대한 논의로부터 시작되었다. 이러한 논의는 영화가 이야기를 서술하는 메시지라는 점에 일치를 보고 있던 상황에서 좀 역설적인 것 같다. 하지만 당시에는 영화가 다른 예술과 달리 사진술과 녹음술에 의해 실제의 형상과 소리 움직임이 충실한 복사물을 그 표현자료로 삼고 있다는 데서 현상을 의미화한 것이 아닌, 현실과 같은 것이라는 인식이 일반적으로 뿌리 깊게 자리하고 있었기 때문이다. 바쟁의 리얼리즘 미학도 본질적으로는 이와 같은 인식에서 출발한 것이라 볼 수 있다. 영상을 통해 보이는 세계를 현실과 동일한 것으로 본다면 영화는 하나의 복사술이지, 기호체계로서 볼 수는 없다. 그러한 관점을 엄격히 적용하면 바쟁이 찬양한 로셀리니Roberto Rossellini 등의 네오리얼리즘neo-realism의 영화나 장 르누아르 작품 같은 리얼리즘 계열의 영화 역시 다듬어지고 세련된 복사물 이상의 것은 아니다. 그런 의미에서 영화가 기호체계인가에 대한 논의는 상당히 중요한 의미를 지닌다.

바르트와 메츠는 각기 「영상의 레토릭」[5]과 「영화에서의 현실감에 대하여」[6]에서 영화를 다른 예술과 비교하여 '현실감'에 기초한 예술로 정의함으로써 영화 기호체계의 특수성을 밝혀주었다.

바르트가 영화를 현실과 등가의 것으로 보게 된 데는 영화예술이 다른 어느 예술보다도 강한 '현실감'을 불러일으키기 때문이라고 했다. 근접예술인 사진이나 연극과 비교할 때 이것은 더욱 분명해진다. 바르트의 경우, 사진은 사물의 형태와 선과 색깔을 절대적으로 존중하는, 현상에 대한 충실한 복사이지만 사진이 주는 현실감은 영화와 비교할 때 무척 약하다고 본다. 사진을 통해 하나의 사건을 파악할 때, 사건의 공간적 파악은 현실적이지만(사건 자체의 공간적 상황이 우리 눈앞에 바로 펼쳐져 보이기 때문에), 사건 발생 시간은 "어느 날, 어느

---

5) R. Barthes, "Rhétorique de l'image," in *Communication*, No. 4, 1964, pp. 40~51.
6) Ch. Metz, "A propos de l'impression de la réalité au cinéma," in *Essais sur la signification au cinéma*, Paris: Éd. Klincksieck, 1968.

순간 카메라 렌즈 앞에서 어떤 사건이 있었다"(사건은 정지되어 있기 때문에)는 과거로서 파악된다. 공간의 현실적 파악과 시간의 과거적 파악이라는 이질적인 시간의 접합 때문에 사진의 영상은 현실감을 불러일으키기에는 상당히 약하다는 것이다. 반면에 영화의 경우, 그 영상은 실제로 일어나고 있는 사건이 아니라, 어느 날 카메라의 렌즈 앞에서 의도적으로 연출된 사건을 보여주는 데 지나지 않지만, 사진의 영상이 갖지 못하는 움직임 때문에 그 영상의 현실감은 더욱 강한 느낌으로 다가올 수 있다는 것이다. 심리학적 설명에 따르면, 물체의 형태나 두께, 색깔 등은 복사된 사진을 통해서도 그 실제감을 경험할 수 있다. 하지만 움직임이란 움직임이 감지되는 순간에 현실감을 얻는 것이다. 따라서 영화의 영상 역시 실제 사건이 아니라, 카메라의 렌즈 앞에서 일어난 사건을 보여주는 데 지나지 않는다 해도 움직임은 우리의 눈앞에서 실제 일어나고 있는 것이어서 사건의 현실감을 생생하게 체험할 수 있다. 동시에 움직임은 움직이는 주체에 입체감과 굴곡을 주어 생동감이 느껴지므로 실체감을 더욱 크게 해준다. 때문에 영화의 영상은 현실과 같은 것이라는 착각을 불러일으키게 된다는 것이다.

연극의 경우를 보면 재현해 보여주는 무대는 허구의 세계이다. 하지만 연극이 실행되는 무대나 연기하고 있는 인물들은 현실적인 것이어서 허구세계가 갖고 있는 현실감을 잃게 한다. 바꾸어 말해 연극은 현실의 공간에서 실제의 인물과 실제의 소도구를 통해 허구의 세계를 이루어나간다. 그러므로 허구의 현실과 실제의 현실이라는 두 현실의 끊임없는 충돌이 허구세계에서 일어나는 사건의 현실감을 경험하게 하는 데 장애요소로 작용한다. 반면에 영화의 영상은 완전히 입체적으로 보이지만 실제로는 평면적인 화면의 비현실적인 세계 속에서 이루어지는 허구로서, 허구세계가 비실제적인 것들에 의해 이루어짐으로써 허구세계의 실제성, 현실감을 더욱 강하게 만들어주는 것으로 지적하고 있다.

이와 같은 영화매체의 특수성 때문에 생겨나는 '현실착각' 현상이 영화를 하나의 언어체계로 보기 어렵게 만들어왔다는 것이다.

바르트의 설명에 덧붙여 메츠는, 영상이란 현대의 테크놀로지에 힘입어 사물의 실체에서 그것의 외형만을 떼어내어 복사하는 것으로 실제의 초상icon에 지나지 않음을 환기시킨다. 이 초상이 영상 표현의 자료가 되어 영상은 실제의 사물보다 훨씬 더 조종하기 쉽고 실체보다는 그것을 보는 의식에 가까운 것이 되며, 그 손쉬운 예로서 영상을 통해 실제의 현실에서 경험할 수 없는 자유자재의 방법으로 시간과 공간을 구성해낼 수 있다는 점을 들고 있다.

이 같은 지적은 그 당시까지 앵글로색슨 지역의 유일하게 체계적인 영화미학 이론이었던 루돌프 아른하임Rudolf Arnheim의 이론을 수정해주는 것이기도 했다.[7] 무성영화를 대상으로 정립된 아른하임의 영화미학은 바르트나 메츠가 우선적으로 해결하고자 했던 문제인 영화 커뮤니케이션에서 수용상의 특수성에 대한 통찰이 결여된 채, 표현 형식에만 관심을 기울이고 있다. 아른하임에게 예술적 작업이란 현실의 단순한 모방이나 선택적인 모사가 아니라 대상의 관찰된 특성을 주어진 매체의 형식으로 전환하는 데 있다.

그는 영화가 예술일 수 있는 것은 영화 테크닉의 '기술적 결함' 때문에 현실의 정확한 재생이나 복사가 불가능하다는 데 있는 것으로 보았다. '기술적 결함'이란, 무성영화의 경우 대사와 색채의 부재, 공간

---

7) 아른하임의 영화미학 이론에 대해서는 그의 저서 『예술로서의 영화Film as Art』, 김방옥 옮김, 홍성사, 1983 참조.

적 깊이감의 부재, 시공간적 연속성의 부재 등으로서 이 '결함'의 특성들이 바로 카메라 특유의 지각양식을 성립시켜 예술적인 창조를 가능케 한다는 것이었다. 따라서 그의 이론에 따르면 가장 예술적 영화는 '기술적 결함'이 가장 많은 무성영화이다. 그리고 1920년대 후반 이후 꾸준히 계속되어온 색채, 토키, 와이드스크린 등 영화에서 물리적 현실의 재생 능력을 더욱 증가시키는 새로운 테크닉의 개발은 영화의 예술성을 감소시켜나가는 방해요소로 간주되었다. 그런 이유로 그는 유성영화의 출현과 함께 그 예술적 빈곤성에 실망하고 영화 연구를 중단했다.

그러나 그는 예술적 가치, 즉 예술 형식상의 새로운 창안이나 그 예술적 성취는 하나의 예술매체가 제공하는 표현수단들이 "저급하고 초보적인 단계에서는 서로 엄격히 분리되어 있으면서, 그 자체로서 완벽하고 폐쇄적인 양식들이 그다음의 구조적이라 할 수 있는 높은 단계에서 하나의 상호 관계를 이루어낼 수 있을 때,"[8] 즉 다양한 표현수단이 이루어내는 구조적인 결합관계에서 찾을 수 있다고 생각했다. 이것은 예술작품의 심미적 가치가 개념적 사고와는 상관없이, 영화적 표현수단들의 구조적 결합관계가 이루어내는 표현성에 있으며, 바로 이 점이 프루스트의 작품과 요리책의 차이 또는 비스콘티Luchino Visconti의 영화와 의학 다큐멘터리의 차이를 설명할 수 있는 관건이라고 파악하는 메츠의 예술론과 일치하고 있다.[9] 다만 영화 메시지 수용상의 특수성을 고려하지 않고 일반 예술론을 기계적으로 적용함으로써 영화 테크놀로지의 비관론에 빠진 것이다.

반면에 기호학자들은 새로운 영화 테크놀로지의 개발은 '현실감'

---

8) 같은 책, p. 214.
9) Ch. Metz, *Langage et cinéma*, Paris: Larousse, 1971.

이라는 영화적 표현의 매력을 더욱 증가시켜주는 것으로 예술적 성취의 방해가 아니라, 그것을 더욱 풍요롭게 만들어줄 수 있는 것으로 보았다. 영화를 예술일 수 있게 하기 위한 노력, 즉 단순한 복사술에서의 탈피, 물리적 현실의 자동적 재생이라는 '자동성'으로부터의 해방 노력은 무성영화 이후 영화예술가들의 핵심적인 관심사였다. 이들은 새로운 테크닉의 개발은 영화를 더욱 완벽한 사진술로 만들기보다 그 다양한 표현수단들의 결합관계를 통해 더욱 높은 차원의 예술적 성취를 가능케 하는 것으로 보고 있다.

이처럼 '현실감'과 '자동성'을 구분해줌으로써 초기 기호학자들은 영화를 하나의 기호체계로서, 언어체로서 이의 없이 받아들일 수 있는 터전을 닦아주었다.

2. 영화 기호체계의 특성

영화가 기호체계라면 그것이 랑그langue인가 랑가주langage인가 하는 것은 다음에 제기된 문제이다.[10] 프랑스어에서는 구분이 가능하나 우리말이나 영어에서는 구분 없이 모두 언어language로 번역되는 이 두 개념은 각기, 자연언어(한국어, 일본어, 영어 등)처럼 일반화할 수 있는 엄격한 법칙을 갖고 있는 기호체계와 그렇지 않은 기호체계를 의미한다.

영화에서 이 논의는 영화기호학 이전에 이미 존재하고 있었던 영화 문법이라는 개념이 타당한 것인가, 영화에는 과연 문법과 같은 법칙

---

10) 이 문제에 관해서는 Ch. Metz, "Langue ou langage?," in *Communication*, No. 4 참조.

이 존재할 수 있느냐 하는 문제와 함께, 메츠가 영화기호학의 모델로 삼고 있는 구조주의 언어학의 방법과 이론이 어떻게 적용되어야 하는가 하는 문제와 관련되어 제기된 것이다.

이 문제에 관해서는 초기에 파솔리니Pier Pasolini처럼 랑그로 보는 견해와 메츠나 움베르토 에코처럼 랑가주로 보는 두 가지 견해가 대립되었다. 영화기호학은 후자의 견해를 바탕으로 해서 발달되었다.

메츠나 에코는 언어학자 앙드레 마르티네André Martinet의 구분법[11]에 따라, 영화는 이중분절이 가능하지 않다는 점과 자연언어의 메시지 구성에서 최소 단위가 되는 단어의 개념이 존재하지 않는다는 점에서 영화 기호체계를 랑그로서, 즉 사전에 확립된 일반화할 수 있는 법칙에 의거한 언어로서 보지 않는다.

파솔리니는 영화영상을 구성하는 요소들, 보인 물체, 형상, 행위 등을 각기 영화소cinème로 부르며, 자연언어의 음소에 해당되는 것으로 본다. 또한 자연언어에 대한 의미소를 이루기 위해서는 자음과 모음의 결합이 필요하듯이 물체, 형상, 행위 등의 영화소들이 결합되어 최소의 의미단위인 숏[12]이 형성된다고 보며, 유럽 언어의 경우 음소는 대개 20여 개에 지나지 않으나, 영화소는 무한대에 달하므로 영화가 자연언어보다 훨씬 풍요한 언어체라고 주장한다.

그러나 메츠는 영화소란 음소와 달리 명백히 어떤 의미를 지닌 요소이며, 하나의 필름이나 필름의 한 부분의 형성에 필요한 최소 단위인 숏이 자연언어의 메시지 구성에서 최소 구성단위가 되는 단어와 같지

---

11) 마르티네에 따르면 랑그는 의미를 지니지 않는 최소 단위인 음소phonème로 1차 분절이 이루어지고, 의미를 지니는 최소 단위인 형태소monème로 2차 분절이 가능한 언어이다.
12) 숏이란 시공간적 연속성을 갖는 영화구성의 최소 단위로서 기술적으로는 촬영 시 카메라의 모터가 작동하기 시작해서 정지할 때까지 중단 없이 단번에 찍힌 필름단위를 말한다.

않다는 사실을 환기시켰다. 가장 단순한 영상의 한 예로, 하얀 바탕에 하나의 검은 점이 있다 할 때도 그것은 '점'이라는 단어가 아니라 굵은 혹은 가는 '하나'의 점이며, 또 그것은 하나의 이러이러하게 생긴 점으로서가 아니라 "여기에 이러이러한 하나의 점이 있다"로 지각되므로 숏은 하나의 문장에 해당되지 단어로 볼 수가 없다는 것이다. 그 외에 영화에서의 물리적 최소 단위인 프레임frame을 자연언어의 음소에 해당되는 것으로 보는 일부의 주장에도 반대한다. 프레임은 이미 영화가 아닌 사진의 상태로서, 숏을 프레임으로 다시 분할하는 것은 분석행위가 아닌 파괴행위로 보기 때문이다.

영화의 문법에 관해서는 비록 영화의 영상구성이나 영상의 배열이 관습화된 체계에 따라 이루어지기는 한다. 하지만 이들의 체계나 배열 법칙이란 일반적으로 메시지를 만드는 데 반드시 요구되는 규범적인 것이 아니라, 특정한 커뮤니케이션 효과를 겨냥하고 메시지를 서술하는 데 요구되는 것으로 문법보다는 수사법에 더 가까운 것으로 본다.

영화가 랑그가 아닌 랑가주이며, 숏이 단어처럼 의미의 최소 단위가 아니고 다수의 의미를 포괄하는 것이라 할지라도 영화적 흐름에서 분할 가능한 최소 단위로 보는 메츠의 관점이 현재까지 일반적으로 통용되고 있다.

3. 기호학적 영화 분석

영화의 기호학적 분석은 텍스트 분석의 영역과 서술구조 분석의 두 가지 영역으로 구분된다. 그러나 뒤에 설명되겠지만, 영화 서술상의 특수성으로 인해 서술구조의 분석보다 텍스트 분석이 선행되어야 한다.

(1) 텍스트 분석[13]

기호학적 관점에서 그 개념에 완전한 일치가 이루어진 상태는 아니지만 텍스트란 대개 "특정 커뮤니케이션 전략에 의거해서 구성된 완성되고 통일된 담화적 총체"[14]로서 정의된다. 텍스트 분석은 영화작품을 하나의 텍스트로 보고, 그것의 커뮤니케이션 전략, 바꾸어 말해 시청각적 의미구축 방식을 분석해내는 데 그 목적이 있으며, 시각적 요소, 청각적 요소, 몽타주 방식 등 시청각적 배열의 법칙이 그 분석 대상이 된다.

영화언어에 일반화시킬 수 있는 절대적 법칙이 존재하지 않는다면 그 의미구축 방식은 어떻게 분석해낼 수 있는가? 움베르토 에코의 경우, 영화작품은 제각기 고유한 시공간적 차원과 고유한 문법을 가지고 있어서, 그 나름의 해독과 세계관의 분석을 가능케 한다고 본다. 이것은 자연언어를 사용하지 않는 모든 예술에 공통된 현상이다. 즉 예술은 자연언어처럼 양방 커뮤니케이션을 위한 것이 아니라, 일방적 커뮤니케이션을 위한 것이기 때문에 일반화할 수 있는 문법은 불가능하다는 것이다.

그러나 메츠는 영화에 절대적 법칙은 없으나 지배적 관습이 있고, 이 지배적 관습을 무시하고 아무렇게나 사용된 조명의 효과나, 아무렇게나 편집된 영화는 이해될 수 없다고 주장한다. 이와 같은 근거에

---

13) 텍스트 분석에 관해서는 Ch. Metz, *Langage et cinéma* 참조.
14) F. Casetti, *Théorie du film*, Paris: Albatros, 1980.

서 메츠는 현대 영화의 관습에 의거해 숏 방식의 코드와 영상 배열 방식의 코드를 분석의 지침으로 제시한다.

메츠는 숏의 분석을 위해 마르셀 마르탱Marcel Martin이『영화언어』라는 책에서 분류하고 있는 십여 가지의 코드를 차용하고 있다. 즉 색채, 조명, 화면의 굵기, 시계의 깊이, 의상, 데코르, 음향 대사, 카메라의 움직임, 카메라의 앵글, 동작 등이 그것이다.[15]

메츠의 텍스트 분석에서는 위에 소개된 숏을 구성하고 있는 기표記標, signifiant들의 분석과 이들이 함께한 시퀀스[16] 내 숏들의 통합syntagmatique관계 연구가 중심을 이루고 있으며, 계열paradigmatique관계는 그다지 많이 다루지 않는다. 영화의 기술적 용어를 사용하면 콘티뉴이티continuity와 몽타주의 연구가 중심을 이루게 된다. 이는 영화 기표의 경우 계열체paradigm는 무한대에 이르고 있기 때문에 체계적인 분석이 불가능하다는 이유에서이다. 예컨대 자연언어에서는 어휘가 아무리 풍부하다 해도 한계가 있는 반면, 화면의 밝기나 카메라의 앵글은 무한대의 조종이 가능하기 때문이다.

영상의 연결 방식, 즉 통합관계 분석의 틀로서는 현대 영화가 관습적으로 따르고 있는 패턴에 따라 '대통합Le grand syntagmatique관계'라는 명명하에 다음의 여덟 가지를 제시하고 있다.[17]

① 독립 숏

하나의 숏이 종결된 에피소드를 이루는 것으로 자연언어에서 하나의 문장이 하나의 문단을 이루는 경우에 비교될 수 있다. 독립 숏plan

---

15) M. Martin, *Langage cinématographique*, Paris: Éd. du Cerf, 1962.

16) 시퀀스란 하나의 종결된 이야기 단위로서 하나 이상의 숏의 연결로 이루어진다.

17) Ch. Metz, *Essais sur la signification au cinéma*, pp. 120~24.

autonome의 형태로는 숏 시퀀스와 인서트insert 두 가지가 있다. 숏 시퀀스는 시퀀스가 하나의 긴 숏으로 이루어지는 경우로 여기서는 장소의 변화가 이루어질 수 있으나, 행위의 통일성과 시간의 동질성이 숏에 독립성을 부여하며 하나의 에피소드를 이룬다. 인서트는 이야기의 전개 도중 꿈이나 과거의 기억처럼 서술상의 필요로 삽입되는 숏이나 혹은 설명을 위해 삽입되는 부분적인 클로즈업 등을 말한다.

이야기의 시간적 순서와 관계없는 통합체를 '비연대기적 통합체 syntagme a-chronologique'라고 부르는데, 여기에는 평행적 통합체syntagme parallèle, 포괄적 통합체syntagme en accolade, 묘사적 통합체syntagme descriptif 세 가지 형태가 있다.

② 평행적 통합체

두 가지 이상의 모티브를 번갈아가며 보여주는 것으로 이들을 접근시켜 하나의 에피소드를 이루는 방법이다. 이러한 접근에서는 모티브들 사이의 시간적·공간적 동질성이 요구되지는 않는다. 예컨대 가난한 사람들의 생활과 부유한 사람들의 생활이라는 모티브들의 접근, 정적과 소란, 도시와 농촌, 바다와 산의 모티브들을 연속적으로 교대해가며 접근시키는 방법을 말한다.

③ 포괄적 통합체

같은 카테고리에 속하는 사실들을 나열시켜가며 연결하는 방법이다. 전쟁영화에서 흔히 볼 수 있는 것처럼 파괴된 건물, 폭격된 다리, 울부짖는 부녀자와 아이들 등, 전쟁의 참화라는 카테고리에 속하는 사실들을 연속적으로 보여주는 것이 그 한 예이다.

④ 묘사적 통합체

시간의 흐름 속에서 하나의 이야기가 이루어지는 것이 일반적인데, 여기서는 시간적으로 동시성을 갖는 숏들을 그것들의 공간적인 인접 관계를 보여줌으로써 하나의 에피소드로 만들어나간다. 공간의 묘사에 자주 사용되는 방식으로 전원의 산, 나무, 호수, 덤불 등의 숏을 차례로 연결해서 전원 풍경을 묘사해나가는 방법의 예를 들 수 있다. 그러나 이것은 정적인 대상에만 국한되지는 않고 행위의 묘사에도 사용될 수 있다. 양떼의 행렬에서 몇 마리의 양, 목동, 몰이 역할을 하는 개 등을 차례로 보여주는 묘사 방법이 그 한 예이다.

이야기의 시간적 순서를 존중해가며 숏을 연결해나가는 방식을 '연대기적 통합체syntagme chronologique'라고 부르며, 여기에는 서술적 교대 통합체syntagme narratif alterné, 신scène, 일반 시퀀스séquence ordinaire, 에피소드형의 시퀀스 등의 네 가지 형태가 있다.

⑤ 서술적 교대 통합체

서술적 통합체로 연결된 숏들은 시간적인 연속성을 갖고 있으며 이들은 어떤 결과에 귀착된다. 이때 서술적 통합체를 이루는 숏들은 선형의 연속성을 가질 수도 있고, 입체적인 연속성을 가질 수도 있다. 입체적인 연속성의 경우가 바로 서술적 교대 통합체로서 평행구조 parallel action이라고 흔히 불리는 편집 방법이 여기에 속한다. 예컨대 쫓는 자, 쫓기는 자, 다시 쫓는 자의 순으로 영상이 교체될 때 각 숏 간에는 시간적인 이질성이 생기나, 이 숏들을 포괄하는 시퀀스 내에서는 시간적 연속성이 이루어진다.

⑥ 신

선형의 서술적 통합체에서는 이야기의 서술에 중요하지 않은 부분이 생략될 수도 있는데 이때 시간의 연속에 순간적이나 단절이 생길 수 있다. 예컨대 문을 열고 방에 들어가는 행위를 묘사할 때, 문밖에서 문을 열기 위해 문에 손을 대는 영상으로 하나의 숏이 끝이 나고, 뒤이어 문 안에 들어서서 문을 닫기 위해 문에 손이 가는 영상의 숏으로 연결되는 경우 문을 열고 들어가는 동작이 생략되어 짧은 시간의 단절이 생겨나게 되는데, 이러한 순간적인 시간의 단절 없이 서술이 이루어질 때 그 서술단위를 신scène이라고 한다.

⑦ 일반 시퀀스

신 외의 선형의 서술적 통합체, 즉 순간적인 시간의 단절이 용납되는 이야기 단위를 일반 시퀀스라고 부른다. 시간의 단절이 연속적인 행위를 서술하는 과정에서, 단순히 부분적인 생략을 이루는 것으로 그칠 때, 일반 시퀀스가 되는 것이다. 따라서 시퀀스는 여러 개의 신으로 구성되어 있으며, 이 신들은 시간적 순서에 따라 연결된다.

⑧ 에피소드형의 시퀀스

시퀀스 내의 시간적 단절들이 연속성을 갖는 긴 시간대 내에서 각기 하나의 에피소드를 구성하게 될 때, 이를 에피소드형의 시퀀스라고 부른다. 예컨대 한 부부의 결혼생활에서 점차 간극이 심화되어가는 것을 서술하기 위해 1년 뒤, 2년 뒤, 5년 뒤의 저녁식사 신들을 차례로 연결해서 하나의 시퀀스를 만들 수 있다. 이때 각 신은 저녁식사라는 하나의 에피소드를 구성한다. 그러나 1년 뒤의 저녁식사에서, 2년 뒤, 5년 뒤의 저녁식사의 에피소드로 넘어갈수록 그 식사 분위기는 점점 차가워진다. 즉 결혼생활이라는 연속성을 갖는 긴 시간대 속에서 시간의 단절은 해를 거듭할수록 차갑게 달라지는 저녁식사 분위기의 변화를 표현하는 에피소드들을 이루게 된다.

메츠의 분석 모델에 의거한다면, 영화작품의 전체를 분석한다는 것은 기술적으로 곤란한 문제를 야기한다. 일반적으로 몽타주 테이블에서 장면장면 흐름의 정지와 작동을 반복해가며 해야 하는 이 작업은 무한한 시간과 노력을 요구한다. 그러한 이유로 해서 미세한 분석 작업은, 대상 작품의 특정 시퀀스를 선택하여 이루어진다. 시퀀스를 구성하는 숏의 연결관계, 각 숏 구성의 패턴 등을 통해 특정 영화작품의 의미구축 방식을 찾아내게 된다. 부분으로써 전체가 설명될 수 있는가 하는 의문이 생기게 되지만, 기호학적 의미의 통일된 담화체계인 텍스트로 볼 때 하나의 영화작품은 하나의 에피소드가 종결되는 시퀀스에서, 그 작품의 시청각적 배열의 특성의 단면, 바꾸어 말해 연출방식의 근본적 특성의 단면을 드러낼 수밖에 없게 된다. 담화의 커뮤니케이션 전략은 전체를 꿰뚫고 있기 때문이다.

(2) 서술적 구조 분석[18]

영화기호학의 또 다른 주요 연구 분야는 이야기의 서술 방식이다. 여기에는 문학적 분석을 위해 구축된 개념들이 많이 도입되었다. 소설과 영화는 이야기를 서술한다는 점에서 공통점을 갖기 때문이다. 그러므로 이야기 구조 분석 방법에 관해서는 문학에서 많이 소개가 되었으므로 생략하고 문학에서 제기되지 않는 영화의 특수한 문제점

---

18) 서술적 구조 분석 문제는 D. Château & F. Gost, *Nouveau cinéma, nouvelle sémiologie*, Paris: U.G.E, 1979 참조.

만 지적하기로 한다.

문학에서의 이야기 구조 분석에서는 사용된 언어의 코드에 대한 검토 없이 이야기 그 자체의 분석이 가능하다. 하지만 영화에서는 시청각적 배열의 법칙을 알기 위해 앞서 소개된 텍스트 분석이 수반되어야 한다. 기호학 이전에도 서술 방식에 대한 분석은 있었으나 대개 시나리오에 의존한 것으로, 게다가 이야기를 구성하는 시청각 구성요소에 대한 기호학적 배려 없이 이루어져 많은 오류가 범해졌다.

가장 어려운 문제는 "누가 이야기하는가?" 하는 서술자를 가려내는 문제이다. 영화에서 이 문제는 쉽사리 풀어지지 않는다. 소설의 경우에는 비록 다양한 해답이 나올 수는 있어도 참을성을 가지고 엄밀히 검토하면 비교적 명확하고 철저한 분류가 가능하다. 그러나 영화에서는 소설에서 제기되지 않는 문제 때문에 해답은 더욱 복잡해진다. 그것은 영화가 적어도 영상을 통한 이야기와 구두언어에 의한 이야기라는 두 가지 차원의 이야기를 포함하고 있기 때문이다. 문학의 분석 방법을 적용하면 구두언어에 의해 서술되는 이야기에서는 내레이터가 쉽사리 발견될 수 있다. 그러나 영상 이야기는 쉽지 않다. 예컨대 한 인물이 자신이 경험한 사건을 이야기한다고 가정할 때 대부분의 경우 서술자의 구두언어에 의한 서술과 함께 서술자가 서술하는 내용을 재현하는 영상적 서술이 동반된다. 구두적 서술의 층위에서는 서술자의 관점에서 그 사건이 소개되지만 영상적 서술의 층위에서는 영상 속에 구두 서술자가 등장하고 있기 때문에 그 사건은 이미 구두 서술자의 관점에서 소개되고 있는 것이라 볼 수는 없다. 그는 사건 속에 위치하고 있으며 그것을 보는 사람, 즉 영상적 서술자는 구두적 층위의 서술자와 일치하지 않는다는 모순이 생긴다. '누가 보며' '누가 말하는가,' 이 구분이 명확히 되지 않으면 영화의 서술 분석은 오류를 범하게 된다. 그 유명한 예가 바로 구로사와 아키라의 『나생문羅生門』의 분석이다. 이 영화의 핵심적 내용을 간추리면 다음과 같다.

한 사무라이의 시체가 발견된다. 네 사람의 증인이 재판에서 각기 자신이 목격한 사실을 증언한다. 산적, 살해자의 부인, 무당의 입을 통한 살해자 자신, 나무꾼 들이다. 그러나 이들을 통해 이 사무라이의 살인사건은 네 가지 다른 이야기가 되며 이것들은 서로 일치하지 않는다. 1951년 베니스 영화제에서 대상을 수상한 이 작품은 당시 서구의 비평가들에 의해 동일한 상황에 대한 주관적 인식의 거리문제를 제시하는 영화의 타입으로 설명되었다. 이러한 설명은 영상 층위의 서술자와 구두 층위의 서술자가 일치한다는 전제하에서나 가능하다. 그들이 일치하지 않는다고 할 때 문제는 그리 간단치 않다.

구두적 서술의 층위에서는 각 증인의 네 가지 서로 다른 증언이 있고 증인들 자신이 각기 서술자가 된다. 그렇지만 영상 서술의 층위에서는, 그 증인들 자신이 사건 속에 위치하고 있음으로 해서 그들 자신을 서술자로 볼 수는 없다. 네 사람의 증인이자 사건 관련자들을 네 가지의 다른 각도에서 사건과 관련시켜주는 전지적 서술자(여기서 그것은 감독 자신일 수도 있다)의 시각을 통해 보이고 있을 뿐이다. 영화가 사건과 재판 소식을 전해 들은 중이 인간의 거짓에 대해 환멸을 느끼고 한탄하나, 뒤이어 버려진 아이를 맡아 키우기로 하는 나무꾼 증인에게 감동되어 인간에 대한 믿음을 회복하는 것으로 종결됨으로써 이야기는 더욱 복잡해진다. 증인들을 통한 사건의 구두적 서술, 그 서술들의 불일치에 대한 중의 해석, 네 사람의 서로 다른 입장을 두루 꿰뚫어보는 감독이라는 서술자의 시각, 이 세 가지를 연결하는 실마리를 찾는 일은 이 영화 특유의 시각적 요소와 청각적 요소의 배열관계라는, 텍스트 분석의 도움 없이는 달성될 수 없다. 문학이론가들의 소설

분석에서는 만날 수 없는 영화 특유의 문제점이 여기에 있다.

4. 영화기호학의 기여와 한계점

영화기호학은 영화의 내재적 분석에서 필수적인 최소 단위의 분할 방식, 최소 단위 간의 관계 유형, 영화적 표현 시스템의 분석 모델 등을 제시해주었다는 점에서 영화이론의 정립에 괄목할 만한 기여를 한 것이 사실이다. 영화의 과학적 분석 없는 영화이론의 구축이란 모래성을 쌓는 작업이나 다름없기 때문이다.

그러한 소중한 업적에도 불구하고 메츠의 기호학은 만만치 않은 공격을 받고 있다. 가장 맹렬한 공격자들은 아리스타르코, 기 엔벨 등 마르크시스트 계열의 영화이론가와, 같은 시청각 매체인 텔레비전 메시지의 연구에 주력했으면서도, 알튀세르의 모델을 원용하고 있는 영국의 버밍엄학파 등이다. 이들 사이에서 다양하지만 일치되는 공격의 내용은 메츠의 기호학에 형식주의적 경향이 짙다는 점이다. 또한 영화기호학이 이데올로기적 텍스트를 가지고 이데올로기를 탈색해버리는 작업을 했다고 비난한다.

앞서 살펴보았듯이 영화기호학은 주로 시청각 표현요소들의 구축 방식이라는 기표의 분석에 중점을 두고 있다. 메츠와 그의 추종자들은 영화의 내용이란 뻔한 것이어서 영화의 논할 가치는, 내용의 독창성에 있지 않고 그것을 표현하는 표현요소들의 조합 장식에 있다고 본다. 예컨대 모든 범죄물은 살해, 동기, 증거, 체포 등의 이야기 단위들의 조합으로서, 걸작품과 실패작의 차이는 이야기 내용이 아니라 그것을 전달하는 방식의 차이에 있다는 것이다.

그러나 메츠의 기호학을 특정 의미를 전달하기 위해 어떤 표현의 체계가 사용되었느냐를 살피는 기표의 기호학이라 할 때, 그 관심은 특정 표현체계는 어떠한 의미를 전달하느냐 하는 점에 있다고 볼 수 있다. 그렇다면 기의記意, signifié의 기호학이라 볼 수 있는 알튀세르의 모델을 사용한 버밍엄학파의 연구 결과들은, 메츠가 말하는 뻔한 내용이란 무시해도 좋을 만한 내용이 아님을 제안하는 것이다.

용감하고 유능한 경관은 반드시 범인을 잡지만, 두들겨 잡는 현대적인 코자크 스타일의 이야기가 있고, 휠체어를 타고 다니면서도 빠른 두뇌회전으로 잡아내는 구식의 아이언사이드 스타일의 이야기가 있다. 버밍엄학파 연구자들은, 이 두 가지가 서구 사회가 사회적·계급적 대립을 해소하는 서로 다른 방식을 재현해 보여주고 있는 것임을 지적한다. 여기서 사건을 엮어가는 방식의 오리지낼리티만을 즐긴다면, 그것은 예술을 향락의 도구로 격하시키는 행위라고 비판하는 것이다.

새로운 세대의 영화기호학들 역시 메츠의 기호학에 대해 많은 문제점을 지적하고 있다. 프랑스, 이탈리아 등지에서 아리스타르코, 기 엔벨의 기호학에 대한 관심이 높아지면서 소쉬르Ferdinand de Saussure의 이분법 위에 구축된 기호학 이론들이 재검토되고 있는데, 일단 영화기호학의 경우는 퍼스의 관점에서 보는 영화기호의 타입 문제에 논의의 초점이 맞추어져 있다.

그러나 퍼스냐, 소쉬르냐 하는 논쟁이나, 기표와 기의 중 무엇을 출발점으로 삼아야 하느냐에 관한 관점의 차이는 받아들일 여지가 있다 하더라도 메츠의 기호학에서 가장 문제가 되어야 할 점은 기표의 연구에서 '사회성'이 완전히 추방되었다는 사실일 것이다. 시청각 기표들의 배열법칙 연구는 그것이 어떻게 생산되는가 하는 문제를 도외시하면 형식주의적 경향에 빠지기 쉽다. 1970년대 후반에 이르러 영화기호학이 기표의 생산 과정 문제에 관심을 갖고 프로이트의 정신분석학적 방법을 원용하게 되면서, 형식주의적인 경향에서 많이 탈피한 것은 사실이다. 하지만 기표의 생산 과정에서 프로이트와 함께 고려되어야 할 '사회성'의 문제에는 관심을 보이고 있지 않다. 메츠와 그의 추종자들이 적용하고 있는 프로이트의 저술 또한 사회적·역사적·심미적 측면에 관계된 것들이 아니라 전의식前意識에 관한 것에 한정되어 있다. 기표의 생산에 대해 내적 충동, 금지 전위 등의 정신분석학적 설명도 가능할 것이다. 그러나 영화예술이 개인의 작품이기는 하지만 중요한 사회적 커뮤니케이션 수단의 하나라는 점을 감안한다면 사회적 관계를 통해서도 설명되어야 할 것이다.

사회적 커뮤니케이션의 의미화 작업에서 성공적일 수 있기 위해서는 그 의미가 수용자에게 전달될 수 있고 공감을 얻을 수 있어야 한다. 수용자인 관객과 송신자인 연출팀 사이에 형성된 공감대 속에 그 의미화 작업은 뿌리를 박고 있기 때문이다. 메츠가 열거한 다양한 숏의 연결 방법에 의해 전달되는 메시지를 우리가 이해할 수 있는 것은, 우리가 축적한 사회문화적인 경험들이 인식의 과정에 작용하기 때문이다.

한 원탁토론에서 메츠는 "영화기호학이 영화 분석에 좀더 과학적 엄밀성을 갖도록 한 것은 사실이나 이제 하나의 학파로서는 수명을 다했고 사라질 차례"라고 이야기한 바 있다. 그 자신도 영화 분석에서 떠나 기호학 이전의 영화이론들을 재검토한 것으로 알려졌다. 메츠의 술회는 영화기호학 연구가 상승 국면을 지나 절정에 달해 모든 사물의 이치처럼 서서히 하강 국면에 접어들 수밖에 없다는 평범한 이야기처럼 들리기도 한다. 그러나 반反구조주의자들이 흔히 얘기했듯이 구조주의가 확실성이 팽배한 '풍요의 시대'에나 적합한 이론이었다면, 소위 '불확실성의 시대'라는 오늘에 이르러 매력을 잃기 시작하고 있음을 감지한 탓인지도 모른다. 영화 연구의 왕도로서는 빛을 잃었고, 또 반드시 그렇게 되어야 할 것이었지만, 수정되어야 할 많은 결함에도 불구하고 메츠의 영화의 내재적 분석 이론은 영화 연구사상 최초의 과학적이고 체계적인 것이었다. 이런 사실만으로도 그것을 대신할 만한 다른 것이 나오지 않는 한 메츠의 영화기호학은 앞으로 한동안 영화 분석 방법의 기본 패턴이 될 것임에는 틀림없다.

2장
자본주의 영화에 대한 제3세계의 도전

1. 영화산업의 체제유지적 성격

다른 문화 활동, 예컨대 문학·미술·음악·연극 등의 창작행위와 달리 '일반적으로' 영화의 제작은 대량의 자본과 고도의 기술집약적인 생산 및 배급체계를 필요로 한다. 따라서 이른바 영화 선진국들의 영화산업은, 유럽에서처럼 국가의 지원 및 깊숙한 개입으로 떠받쳐지거나, 미국·일본처럼 독점 자본의 지배 아래 놓이게 된다. 국가가 개입하는 경우, 예술·문화 '육성책'의 일환으로 지원이 주어지는 것이므로, 영화 활동이 돈벌이 수단으로서보다 창작 활동으로 고무되어 예술영화의 발달을 기할 수도 있다. 반면 독점 자본의 지배 아래 있는 나라의 경우, 영화에 자본의 논리가 더욱 강하게 작용함으로써 투자 규모가 큰 만큼 넓은 시장을 필요로 한다. 그에 따라서 광범한 시장용 영화, 즉 엄청난 인적·물적·기술적 동원과 거대한 광고 선전기구의 가동은 물론 감정반응지수조사emotional response index 같은 심리적 테크닉을 사용하여, 영화의 흡인력을 사전 테스트하게 된다. 그리하여 리듬과 서스펜스 등의 조정 작업을 거친 '눈요깃감'의 소비적 오락영화가 발달하게 된다.

그러나 그 어느 경우에서나 영화산업은 체제유지적인 성격을 띨 수밖에 없다. 또 공식적인 영화산업 시스템 내에서 지배적 이데올로기에 대항하는 영화의 제작을 기대할 수는 없다. 레너드 헤니Leonard Henny의 지적처럼, 저항집단은 지배적 체제가 내세우는 '현재가 최선'이라는 이데올로기를 의미 있게 뒤엎을 만한 규모로 '대항 제작'을 해낼 재정적 자원을 갖고 있지 못하다. 때문에 급격한 사회변혁 과정에서, 영화는 혁명운동이나 변화의 도래에 공헌하기보다는 이를테면 소련·베트남·쿠바에서처럼 성공한 혁명을 공고히 하는 작업에 참여할 수 있을 뿐이다.

영화산업의 이 같은 특성 때문에 오랜 세기 동안 영화는 본질적으로 기분전환용의 오락물이거나, 드물게는 혜택받은 지식인·예술가들의 자못 환상적인 표현도구로서 인식되어왔다. 바로 이러한 상황에 도전하는 새로운 영화의 물결이 1950년대 후반부터 전 세계적으로 일기 시작했다. '새로운 영화' '청년영화' 혹은 '반反할리우드 영화운동'이라 일컬어지는 일련의 움직임들은 1960년대에 절정을 이루며, 1970년대 초엽까지 유럽과 제3세계 여러 나라에 연대적으로 파급되는 양상을 보였다. 이 운동들은 서로가 연계를 맺고 이루어진 통일된 움직임은 아니었다. 또 정치적 성격이나 심미적 지향 면에서 각기 다른 양상을 보이고 있다. 하지만 1920년대 이후부터 세계 영화시장에 군림했던 할리우드 영화에, 그리고 그 사회적 기능상 할리우드 영화와 다를 것 없다고 보았던 자국 내의 산업 시스템 속에서 만들어진 영화 등 기존의 지배영화 극복을 기치로 내걸고 있다는 데서 공통점을 찾을 수 있다.

이러한 새로운 영화운동을 가능케 한 근본 요인은 물론 시대적 상황의 변화에서 비롯된다. 1950년대 후반부터 동서 두 진영이 냉전체제에서 점차 벗어나 데탕트를 맞게 되었다는 사실과, 제3세계의 민족해방운동 내지 1955년의 반둥회의로써 구체화된 제3세계의 규합운동들이 그것이다. 서유럽과 캐나다·일본 등 선진 자본주의 국가에서는 냉전체제로부터 벗어나게 된 진보적인 세력들이 발언하는 용기를 얻게 된다. 여기에 구식민 세력이었던 아프리카, 아랍, 아시아 등지에서 일어난 민족해방운동의 여파는 사회체제 내의 모순을 표면화시켰다. 피지배계층의 반발이 심화되어 일련의 개혁운동들과 함께 이른바 반권위주의 기운이 일기 시작한다. 이 같은 시대적 분위기 속에서 다양한 체제비판적 문화운동들이 등장했고, 새로운 영화의 물결도 이들과 맥을 같이한다.

그러나 그러한 시대적 상황에도 불구하고, 저렴한 가격의 영화 제작을 가능케 했던 영화기술상의 변화가 없었다면 그러한 움직임은 기대하기 어려웠을 것이다. 1950년대 중반부터 동시녹음이 가능한 16mm 카메라와 녹음 장비 등이 직업용으로 상품화되기 시작하면서, 소규모의 자본과 고도의 전문적인 테크닉에 의존하지 않고도 영화 제작이 가능해졌다. 종래의 35mm 촬영 장비에 비해 16mm 장비의 개발로 필름의 소요 경비가 격감된 것은 물론, 카메라가 가벼워져 유동성이 좋아짐으로써 카메라 이동에 요구되었던 많은 장비에 대한 의존도가 줄어들었다. 이에 따라 촬영 스태프의 수도 줄어들고, 촬영 기간도 단축되었으며, 필름의 현상 가격도 저렴해지는 등 기존 영화산업 시스템 밖에서의 제작을 기도해볼 수 있는 여건이 조성된 것이다. 실상 어느 나라든 기존 영화산업의 문호는 지극히 폐쇄적이어서 영화에 뜻을 두었다고 해서 쉽사리 그 기회가 주어지지 않았다. 더구나 체제 의존적일 수밖에 없는 기존의 영화산업 시스템 속에서 제작된 영화에 도전하는 영화의 자리가 그 안에 마련될 수는 없었기에, 그 산업구조 밖에서의 제작이 가능하지 않는 한 새로운 영화운동은 어려웠을 것이다.

2. 서구의 새로운 영화

새로운 영화는, 기존의 상업적 오락영화들과는 전혀 다른 영화관에서 출발하고 있다. 상업영화들은 사고를 요구하지 않는다. 현실에 대한 관심보다는 이상화된, 환상적인 '꿈'의 세계로 유도함으로써 근심·피곤·욕구불만을 해소해주는 소비적 오락수단으로서 간주된다. 새로운 영화는 현실의 모순 및 불합리성을 탐구하고 분석하여 동시대인들에게 삶의 문제점을 깨우쳐주도록 유도하는 것을 그 기본적 사명으로 본다. 전자의 것이 영화 테크닉의 환상적 효과, 신비화할 수 있는 힘에서 영화의 본령을 찾았다면, 후자는 현실재현의 가능성에 뿌리박고 있는 것이라 볼 수 있다.

한편 유럽 등지의 이른바 제2세계의 새로운 영화운동과 제3세계의 그것 간에는 중요한 차이가 발견된다. 영국의 '프리 시네마,' 프랑스의 '누벨바그,' 독일의 '청년영화' 등 자국의 영화 역사 및 전통을 갖고 있던 나라들에서는 미국의 할리우드 영화에 대한 반발도 있었지만 자국의 기존 영화에 대한 비판과 극복의 의지가 두드러졌다. 그에 반해 남미 등 제3세계 국가들처럼 영화사적 전통이 일천했던 나라들의 경우에는 할리우드 영화가 그 공격의 목표였다. 특히 남미의 경우 카스트리즘과 게바리즘의 열기가 대단했던 1960년대 '반미제국주의' 운동의 물결 속에서 할리우드 영화는 '민족문화를 말살'하고 '제국주의 체제의 강화'에 공헌하는 '문화적 제국주의'의 상징으로 인식되고 있었다. 따라서 브라질, 볼리비아, 콜롬비아, 과테말라, 칠레, 아르헨티나 등지에서 일어난 새로운 영화운동에는 반체제적이고 정치적인 투쟁의 동기가 더욱 강하게 작용한 것이다.

영국의 프리 시네마와 프랑스의 누벨바그 운동은, 영화평론지를 통해 비평 작업을 해온 일련의 영화이론가들을 중심으로 전개되었다. 프리 시네마는 1950년대 후반에 일어난 다큐멘터리 영화운동이다. 옥스퍼드 대학교의 영화학회 정기간행물인『시퀀스Sequence』와 국립영화연구소 기관지『사이트 앤드 사운드Sight and sound』에 관여해온 캐럴 라이츠Carel Reisz, 토니 리처드슨Tony Richardson, 린지 앤더슨Lindsay Anderson 등에 의해 주도되었다.

프랑스의 누벨바그는『카이에 드 시네마』지에서 비평 작업을 해왔던 프랑수아 트뤼포, 루이 말Louis Malle, 알랭 레네, 클로드 샤브롤, 장-뤽 고다르 등이 그 중심인물이다. 카메라에는 서툴지만 상당한 수준의 젊은 영화이론가들이었던 이들이 유럽의 새로운 영화운동의 주역으로서 독일의 청년영화, 스위스와 퀘벡 등지의 민족영화운동의 개화에 상당한 영향을 끼쳤다. 이들은 영화산업 시스템의 상업적 조건 아래서 빚어지는, 기술적·관습적 제약에 의한 구속이 작가 개인의 가치관이 자유롭게 표현되는 것을 방해한다는 데서 산업영화에 반발했다. 하지만 그들의 반발은 단순히 흥행성이라는, 영화산업에서 추구되는 상업적 가치의 지배로부터 자유로워지고자 하는 데 국한되지는 않았다. 흥행성의 추구에 불가피하게 수반되게 마련인 지배적 가치에 대한 순응주의에 공격의 초점을 맞추었던 것이다.

당시의 영국 영화는 우리에게도 잘 알려진 「콰이강의 다리」 같은, 주로 할리우드의 자금 지원으로 만들어진 제2차 세계대전물이나 상류사회의 연애물·심리물들이 주류를 이루었다. 또한 그리어슨John Grierson 이후 영국의 자랑거리였던 다큐멘터리 분야에서도 이국적인 영국 풍물들, 예컨대 계절, 자연과 사라져가는 문화 등을 소재로 한 풍경화적인 다큐멘터리 등이 만들어졌을 뿐이다. 지난날 식민지들의 잇단 독립 및 아프리카 식민지에서의 민족해방운동, 수에즈 운하 사건 등으로 해서 대영제국은 그 기저에서부터 흔들리고 있었으므로, 영국 정부 당국은 '신경안정제' 같은 영화의 제작을 장려하고 있던 시기였다. 누적된 사회적 모순들이 드러나고 그 해결책이 시급하게 요구되는 상황에서 예술은 그 모든 것과 무관하게 존재할 수 있는가? 특히 엄청난 사회적 투자를 요구하는 영화가 대다수 성원의 화급한 현실문제를 외면하고 자연과 사랑만을 노래하고 있을 수 있는가 하는, 단순하지만 명료한 문제 제기를 통해 프리 시네마파들은 예술과 사회의 관계, 예술가의 윤리문제를 탐구하고, 그들의 저술 활동과 작품 활동을 통해 영화의 나아가야 할 방향을 구체적으로 제시하려 시도했다. 그들은 영화가 사회적 문서social document로서 존재해야 하고, 영화인은 사회현실에 대한 고발자여야 한다는 주장을 내세웠다. 그러면서 노동자들의 삶, 도시생활의 문제, 청년문화 등 기존의 영화가 내버려두었던 소재를 가지고 당시의 연극을 중심으로 일어났던 '앵그리 영 맨angry young man'이라 불렸던 진보적 문화운동가들과 보조를 같이했다.

프랑스의 여류 저널리스트였던 프랑수아즈 지루Françoise Giroud에 의해 '누벨바그'라 명명된 새로운 영화는, '프리 시네마'와는 달리 영화 산업 밖에서 성공적인 픽션영화의 제작 가능성을 증명해 보였다. '카메라를 잡아본 일이 없는 무서운 신인들'의 신화를 낳아 전 세계 영화 지망생들의 선망의 적이 되었던 누벨바그파들은 프리 시네마처럼 어떤 통일된 목표의식을 갖고 있었던 것은 아니어서—누보로망의 영화화에 치중했던 레네에서부터, 애정심리극에 치중했던 샤브롤, 정치사회적 현실문제에서 소재를 찾았던 고다르에 이르기까지—그 작품 경향 면에서 각양각색이다. 단지 이들을 하나의 움직임으로 묶을 수 있었던 것은, 이들의 영화에서 기존의 영화가 지니고 있는 '심미적 순응주의' '도덕지향적' '부성주의적' 성격 등이 공통된 공격의 목표로 등장했기 때문이다. 즉 정형화된 표현양식 탈피와 도식화되고 개념화된 인간형 묘사의 극복, 다루는 모든 문제에 대해 도덕적인 판단을 내려주고 도덕적인 행동 방향을 제시해주는 영화로부터의 해방이 이들에게 공통된 과제였다. 기존 영화에서와 같이 이상화되고 단순화됨으로써 조작된 인간형이 아니라, 심리적 모순 및 심리적 복잡성을 사실 그대로 지니고, 실생활에서 만날 수 있는, 약점과 강점을 두루 갖춘 진실된 인간의 탐구에 주력했다. 모든 행위나 문제의 해결 면에서 기존의 도덕적 관점에서 유도할 것이 아니라 관객의 주체적인 판단에 맡기고 영화는 현실의 진실된 모습을 그려주는 것에 그쳐야 한다는 것이 이들의 주장이었다.

그러나 여기서 짐작할 수 있듯이, 고다르를 제외한 대부분의 작가의 영화에서는 사회문제에 대한 관심이 직접적으로 드러나지 않고, 도덕주의나 권위주의에 대한 반발을 통해 소극적이고 조정적으로 드러날 뿐이었다. 새로운 영화운동 중에서 진보적 색채가 가장 약했다. 고다르의 사회문제에 대한 관심도 누벨바그의 시기로 볼 수 있는 1960년대 중반까지는 냉소적이고 관망적인 태도에 머물렀던 것으로 보인다. 누벨바그의 이 같은 한계의 원인으로 당시 드골 정권의 언론에 대한 엄격한 규제, 혹은 이들이 부르주아 출신이었다는 점을 지적하기도 한다. 하지만 그보다는 누벨바그의 새로운 물결이 일기 시작하는 단계에서 기존의 영화산업이 재빨리 이들을 흡수해버림으로써 그 물결이 제대로 확산될 여유를 갖지 못했던 데서 그 근본적 원인을 찾을 수 있을 것이다.

　누벨바그는 그 자체로서보다도 다른 나라의 영화운동에 중요한 자극제가 되었다는 점에서 영화사적 의미를 찾을 수 있을 것이다. 같은 프랑스어 사용권인 스위스의 로망드 지역, 캐나다의 퀘벡, 그리고 독일 등지에서 일었던 새로운 영화운동은 누벨바그보다는 진보적 색채를 띠었다. 이들 영화를 고무시켰던 것은 누벨바그가 보여주었던 산업 시스템 밖에서도 흥행될 수 있는 극영화의 제작 가능성 때문이었다.

　빔 벤더스Wim Wenders, 폴커 쉴렌도르프Volker Schlöndorff 등이 중심인물이었던 독일의 청년영화는 독일 내에서는 전혀 주목을 끌지 못했다. 반면 프랑스·미국 등지의 평론계의 찬탄을 받고, 세계 주요 영화제의 시상감으로 외국의 극장을 범람하다가 뒤늦게 독일에 소개되기 시작했다는 점에서 특이하다. 전후 독일에서 영화산업은 점령국인 미국에 의해 오랫동안 억제되어왔다. 나치 치하에서 무서운 선전의 위력을 발휘했던 신문·방송·영화 등의 사회적 커뮤니케이션 시스템의 해체 작업에 나섰던 미국은 독일의 영화산업을 억제하는 대신 매년 수백 편에 달하는 할리우드 영화를 독일 극장가에 쏟아부음으로써 돈벌이도 하면서, 나치즘에 오염된 독일 국민의 정신을 '미국적 꿈'과 '미국적 생활양식'으로 개종시키려 했다. 또한 나치즘의 망령이 되살아날 것을 우려한 당국의 온갖 규제로 인해 성교육을 빙자한 포르노물이나 지방 사투리나 지방 풍습을 소재로 하는 향토영화Heimatfilm 혹은 꼭두각시형의 나치 당원을 소재로 하는 시대영화Zeitfilm 코미디물이

고작이었다. 유럽의 다른 나라보다 이같이 할리우드 오염도가 더욱 심했던 사실이 독일에서의 청년영화 수용에 커다란 장애요소가 되었던 것이 아닌가 싶다.

3. 제3의 영화와 집단 제작 방식

제2세계의 새로운 영화들이 '반권위주의적' '반순응주의적' 저항의 수준에 머물렀던 데 반해 제3세계, 특히 남미에서는 더 급진적인 영화운동의 물결이 일어났다. 1960년 카스트로Fidel Castro의 집권 후, 카스트로나 체 게바라Che Guevara의 사상은—1970년대에 쿠바가 소련의 사회적 제국주의에 종속된 체제로서 공격받고 비판의 대상이 되기 전까지는—남미의 많은 진보주의자에게 남미 사회가 안고 있었던 정치사회적 모순의 해결 방법 면에서 이념적 방향타로서 받아들여졌다. 반제국주의 정치투쟁과 게릴라전의 열기 속에서, 문학·연극·영화에 의한 진보적 문화 활동은 급진세력들의 정치적 실천목표에 종속되어 그 투쟁에 적극적인 참여의 태도를 보였다. 영화인들은 '할리우드 영화'를 '문화적 제국주의'의 주범으로 단정하고, 유럽의 새로운 영화운동에서 소홀히 했던 미국 영화의 이념과 그 사회적 기능을 분석하는 작업에 착수, 기존 영화에 대한 이론적 탐구와 더불어 그들의 정치적 목표에 대한 뚜렷하고도 실천적인 인식으로 무장하고 나섰던 것이다. 그 이론 작업의 주목할 만한 결과가 아르헨티나의 영화인인 페르난도 솔라나스Fernando Solanas, 옥타비오 헤티노Octavio Getino 등이 발표한 「제3의 영화를 향하여」라는 논문으로 나타났다. 이들은 논문에서 세계의 영화를 그 제작 방식, 자본의 출처, 이념적 성격에 따라 세 가지로 분류하고 있다. 즉 제1영화는 할리우드 영화처럼 대규모의 산업 시스템 속에서 만들어지는 규격화된 오락영화로서 그 속에는 "아름다움이 두려움을 은폐"하고, "환상과 유령이 가득 차 있으며," 온갖 덕목을 갖춘 "출세한 영웅"과 "게으르고 미개하며, 어리석고," 저항할 때는 "사나운 짐승처럼, 정신이상자처럼 돌변해버리는 위험한 민중"들이 묘사되고, "소비자 결정성과 자본의 축적을 통해 지배계급의 필요에 봉사하는 기능"을 하며, "저개발국가로 수출되어 민중의 마취제 역할"을 하며, "남아 있는 모든 민족의식을 파괴시키는 역할"을 하는 것으로 비판되고 있다.

제2영화는 이에 대한 최초의 대안으로 유럽의 예술영화, 새로운 영화, 남미의 새로운 영화의 하나인 브라질의 '시네마 노보cinema nôvo'가 이에 속한다. 이들은 산업 시스템에서 벗어나 영화작가의 해방을 획득했고, 새로운 영화기법과 새로운 주제를 탐구했으며, 선택된 관객들—주로 지식인·자유주의자·진보적 종교인—의 사회적 비판의식에 대한 욕구를 충족시켜주었다. 그러나 이 영화 유형은 비판과 고발의 남발에 그침으로써 오히려 사회적 비리에 면역되게 하는 결과를 가져왔고, 그 위에 비판의 자유가 허용되는 이른바 사회체제적 관용에 환상을 갖게 했다고 지적된다.

이에 반해 제3영화는 혁명적이고 투쟁적인 것으로서 제3세계 해방운동의 일환으로 발전한다. 이들의 비판과 고발은 뚜렷한 정치적 전망과 연결되는 진정한 인간해방을 지향하는 영화로 주장된다.

이 같은 분류 방식은 물론 남미의 투쟁적 영화의 성격을 분명히 하기 위해 시도된 것이지만, 유럽의 영화이론가들에게 저항 없이 채택되었음은 주목을 요한다. 남미 영화 중 제2영화의 범주로 분류된 브라질의 '시네마 노보'는 1960년대 전반, 브라질의 군부 쿠데타 직전까지의 시기에 제작된 것으로 브라질에서 민족주의 사상이 연극·문학 등의 문화예술 활동을 지배하고, 좌익세력·노조운동 등이 활발히 전개되던 시기의 산물이다. 글로베르 로샤Glauber Rocha, 도스 산토스Dos Santos 등으로 대표되는 이들 영화는 주로 민중의 처참한 처지나 종속적인 상태에 대한 의식화를 꾀하는 것이었다. 그것은 빈곤과 핍박을 운명으로 믿고 살아왔던 가난한 농부들, 사회의 주변 인물들이 그 같은 상태의 원인에 대한 깨우침에 이르는 과정을 그리고 있다. 그러나 이들 영화는 뚜렷한 정치적 해결방안이 제시되지 않았다는 사실 때문에 '제3의 영화' 범주에서 제외되어 있다.

제3의 영화의 특색은 집단 제작 방식에서 찾아진다. 그것은 제1영화에서처럼 비즈니스맨이 모든 권한을 소유하고 감독 이하 모든 참여자를 기술자 내지 기능공으로 부르게 되는 제작 방식과 감독이 창작자의 위치에서 영화의 모든 과정을 통솔하게 되는 제2영화와는 달리 모든 참여자의 공동 의사결정에 따라 제작 과정의 모든 문제가 결정되고 시행되는 제작 방식을 말한다. 그 대표적 영화집단으로 볼리비아의 산지네스Jorge Sanjines 감독으로 대표되는 '우카마우Ukamau' 집단을 들 수 있다. 이들의 제작 방식 및 작품을 통해 우리는 솔라나스와 헤티노가 제3의 영화로 분류한 남미의 새로운 영화들의 특징적인 면모를 찾아볼 수 있다. 「민중의 용기」 「콘도르의 피」 「근본적인 적」 등은 지배층의 관점이 아닌 피지배계층인 민중의 처지에서 역사를 서술하고자 한다. 이들 작품은 실제의 역사적 사실들을 픽션으로 재구성한 다큐드라마 형식이다. 그러면서도 배우가 아닌, 실제 사건의 주인공들이 스스로의 역할을 연기하고 있다는 점에서 미국식 다큐드라마와 다르고, 실제 사건의 기록이 아니라 극화하여 재구성했다는 점에서 다큐멘터리와도 구분된다.

「민중의 용기」는 피해자 광부의 입장에서 한 주석 광산의 파업과 그것을 저지하기 위해 투입된 볼리비아 군대가 저지른 광산촌민의 집단 학살 사건을 재구성하고 있다. 이 영화의 출연자들은 이 참사에서 살아남은 일부 광부들과 그 뒤를 이어 광산에서 일하고 있는 광부 및 그 가족들로서, 제작 스태프와 함께 시나리오 작성에서부터 촬영·편집에 이르기까지 거의 모든 의사결정에 참여했다. 이 영화는 게바리즘의 영향이 강하게 드러나는 것으로 지적되었으나, 그 독특한 표현양식으로 인해 이 영화의 이념적 측면에 대한 동조와 상관없이 영화비평계의 주목을 받았다.

또한 이 영화에는 주인공이 없다. 정확히 말하면 광부와 그들의 가족이라는 집단이 주인공으로 등장한다. 하나나 둘의 주인공을 중심으로 모든 인간관계가 연결되고, 사건이 전개되며 해결되는 종래의 드라마 양식이 지양되고 있다. 역사의 주역은 개인이 아니라 민중이라는 사상을 표현하기 위해 시도된 이 방식은 일부 현대 영화나 텔레비전 드라마에서 가끔 볼 수 있는 복수 주인공 방식과도 다르다. 텔레비전의 경우는 특정 인물 개개인 간에 벌어지는 개성의 대립이나 평행적 비교 형식으로 서술되지만, 여기서 개인은 집단을 묘사하고 설명하기 위한 부분으로서 등장할 뿐이다. 이 영화는 전례 없는 위험한 시도를 성공적으로 수행함으로써 주인공 없는 극영화도 감동을 줄 수 있을 뿐 아니라 주인공 중심의 드라마 형식에서는 기대할 수 없는 참신한 감동을 줄 수도 있다는 사실을 증명해 보였다. 또한 실제 사건의 주인공들이 스스로의 역할을 해내는 데서 얻어지는(기존의 드라마에서 느낄 수 없는) 현실감, 동시에 다큐멘터리에서 볼 수 없는 극적 감동, 그리고 드라마의 필요에 따른 허구적 영웅주의의 미화 작업이 철저히 배제되면서도 그 어느 드라마의 영웅들보다 민중을 영웅스럽게 부각시킬 수 있었다는 사실, 저개발국의 영화가 토속문화를 소개하고자 할 때 흔히 노리게 되는—생활의 진실로부터 유리된—전시효과적인 토속성이 배제되었으면서도 토착문화의 진수를 경험할 수 있도록 해주었다는 점 등은 서로 이념을 달리하는 비평가들로부터 공통적으로 지적되는 이 영화의 강점들이다.

새로운 영화운동은 대부분 오래지 않아 산업영화 속에 흡수되어버렸다. 대부분의 진보적 문화운동이 그것이 지향하고 있었던 변화나 개혁으로 직접 연결되지 않은 경우에 으레 그렇듯이—일부 핵심적인 인물들은 더 급진적이 되고, 나머지는 제자리 찾기를 하는 것으로 결말이 맺어지는 것과 같이—일부는 급진적인 '밀리턴트militant 시네마 운동'으로 나아갔고, 나머지는 산업체제 속에 흡수되어 '산업영화의 거장'으로서, 많은 경우 할리우드의 자금 지원을 받아가며 세계적인 배급망을 통해 명성을 날리고 있다. 그로써 그 나라 산업영화의 질적 향상이나 변신에 크게 기여한 것은 사실이다. 신문·방송과 달리 영화산업은 변화의 흡수에 민감하다. 사회적 변동기에는 신문이나 방송에서도 진보적인 젊은이들을 중심으로 지하신문·해적방송들이 발달되었다. 하지만 신문과 방송의 개혁 면에서 기사 작성 방식, 편집, 방송의 포맷 등 형식적인 차원에서는 기존의 영화에서만큼의 영향력을 발휘하지 못했다. 그러나 영화는 새로운 운동을 쉽게 흡수한다. 물론 그것이 산업영화가 갖고 있는 체제의존적 성격에 근본적 변화를 일으키지는 못하지만, 그런 한계 내에서의 변화, 예컨대 소재 선택이나 기법 등은 쉽게 수용해왔다. 그 이유는 1950년대 중반 이후 영화의 관객층이 급격히 젊어졌기 때문에 새로운 움직임이 젊은 층의 요구를 반영하는 것이라고 판단될 때는 즉각 그것을 자기 것으로 만들어야 될 산업적 압력을 받고 있기 때문이다.

새로운 영화 '주역'들의 '전향'과 상관없이, 새로운 영화운동 자체는 영화 제작이나 영화 연구에서 큰 성장의 계기를 이루었다. 산업영화의 질적 개선은 차치하더라도 영화에 그 특유의 고유한 기능이 있는 것이 아니라 사회가 그것을 어떻게 사용하느냐에 따라 결정되는 것이라는 점은 높이 평가할 만하다. 그리고 지극히 당연하지만 인식되지 못했던 문제를 깨달을 수 있었던 것, 평범한 관객들에게 기존의 지배영화를 객관화시켜볼 수 있는 여지가 생겨난 것, 그리고 1970년대의 영화 연구 분야에서 활발히 기존 영화의 이념 분석 작업과 그에 따른 문화적 실천운동들이 일어날 수 있었던 것 등은 비록 그 시기에 다른 문화 분야에서도 흡사한 활동이 이루어지고 있었다고 할지라도 세계가 오로지 하나의 영화만을 갖고 있었다면 쉽게 실현될 수 없었으리라.

3장
미국 영화와 한국 영화의 문화

　우리나라에서 영화가 일반에게 소개되기 시작한 것은 1903년부터이다. 당시의 영미연초회사, 한미전기회사 등 미국계 회사들이 궐련초의 판매 증가나 전차 이용객의 증가를 위해 벌였던 판촉 작업이 그 계기가 되었다.

　이처럼 한국 땅에 최초로 영화가 도입된 계기가 미국에 의해 주어지기도 했지만 이후 제2차 세계대전 중의 4~5년을 제외하고는 일제강점기를 포함해서 어느 시기를 막론하고 한국 영화시장에서 지배적 위치를 점해왔던 것은 미국 영화였고, 현재도 이것은 변하지 않고 있다. 그러므로 미국 영화가 한국 사회에 끼친 영향이 상당히 크리라는 것은 쉽게 짐작할 수 있다.

　그 영향 중 하나는 미국 영화가 우리가 세상을 인식하고 이해하는 방식에 끼친 영향, 즉 이념적 기능의 측면이고, 다른 하나는 미국 영화 내지는 미국의 영화문화가 한국의 영화문화에 끼친 영향, 즉 영화에 대한 인식의 틀과, 취향의 형성에 작용한 방식의 측면이라 생각된다.

첫번째의 경우는 그 규명을 위해 방대한 양의 미국 영화 작품 분석이 요구된다. 따라서 결국은 미국 영화 연구가 될 터이고, 그 분석 결과는 미국 영화가 지배적이었던 나라에 두루 적용될 수 있는 것으로 이미 1960년대 후반부터 외국에서 많이 시도되었고 우리나라에도 그 결과가 대강은 소개되어 있으므로 현 상태에서 새삼스런 논의는 의미 없어 보인다.

따라서 이 장에서는 두번째 문제를 중심으로 미국 영화와 한국의 관계를 살펴보고자 한다. 미국 영화는 한국인의 영화에 대한 인식, 취향의 형성 면에서 중요한 역할을 했다고 생각되며, 이것이 한국의 영화정책 입안자, 영화 창작자, 영화관객에 두루 작용하여 오늘과 같은 한국의 영화문화의 상황이 가능해졌다고 보기 때문에 필요한 작업이라고 생각된다.

1. 대중오락, 예술, 언론으로서의 영화

대중오락물로서의 영화에 대한 인식은 1910년대 중반 이래 미국을 중심으로 정착되었다고 할 수 있다. 이렇게 된 배경에는 당시 기간산업에 맞먹는 규모로 산업적 기반을 다지기 시작했던 영화산업의 주체들은 당시 미국의 잡다한 오락문화 시장의 떠돌이 흥행사들이었다. 이들을 주체로 한 거대한 오락산업의 가능성을 본 월스트리트의 막강한 지원으로 탄생한 것이 할리우드였다. 할리우드는 오락물 제조로 이윤을 올리는 산업이라는 기업적 목적 외에 예술로서, 혹은 언론으로서의 과제를 전혀 부여받지 않은 채 탄생했다.

이에 따라 할리우드 제작사의 구조도 오락물 대량생산 체제에 알맞은 분업과 계획생산을 위한 공장식의 골격을 갖추게 되었다. 또한 산업계는 점차 대기업 중심으로 합병, 흡수되어 5~8개의 독과점 기업을 중심으로 한 소위 메이저 컴퍼니 시스템이 구축되었다.

1915년 미국 대법원Supreme Court은 극영화 제작업을 이윤 추구의 오락사업으로 규정지었다. 이에 따라 미국 영화는 언론, 예술 표현의 자유를 보장받는 수정헌법 제1조의 보호를 받지 못하고, 쇼 같은 일반 오락물들과 마찬가지로 자율 검열의 형태로 혹은 지역 행정기구에 의한 검열의 대상이 되어왔다. 1910년대 후반 이후 현재까지 할리우드는 전 세계 영화시장의 패권을 장악해왔고, 따라서 자연스럽게 이 같은 인식이 보편화되었다.

이와는 달리 미국 영화와의 경쟁에서 살아남아야 했던 유럽에서는 영화를 예술적 표현양식으로 보고 예술영화의 전통을 세우기 위한 노력을 기울였다. 제2차 세계대전 전에는 개인적이고 산발적인 시도에 지나지 않았다가, 제2차 세계대전 이후부터는 국가의 정책적 지원을 받아가며 예술영화의 발달이 시작되었다.

자본의 규모나 산업구조상의 열세로 대중오락적 터전에서 할리우드와의 경쟁을 포기했던 유럽 여러 나라는 자국의 고급문화유산을 바탕으로 한 예술영화의 육성으로 정책을 전환하게 되었다. 이에 맞추어 영화산업 구조 역시 수십에서 때로는 1백여 개에 달하는 군소 영화사로 이루어졌고, 기업인이 아닌 영화인들이 영화사를 이끌어나가게 되었으며, 공장식의 분업 제작이 아니라 개인의 창작품으로서의 제작이 가능한 구조적 형태를 갖추게 되었다.

다른 한편으로는 전통적인 극영화 형식에서 대중오락, 예술 이외 언론으로서의 새로운 영화 개념이 등장했다. 주로 남미의 반미제국주의, 반독재정치운동의 운동 과정에서 등장한 이 개념은 극영화가 사회개혁이나 민족해방 등의 정치운동에서 여론 형성 및 집합 의지의 결집, 민중 동원의 가능성을 가진 것으로 보고 그 가능성에 기반을 둔 영화 제작을 시도하고 영화이론들을 전개했다.

영화는 일찍이 1920년대 소련에서는 사회주의 건설의 수단으로 그 사명이 표방되기도 했고, 때로는 나치, 파시스트 치하에서 강력한 선전도구로 쓰이기도 하는 등 영화 제작이 정치적 목표와 연계되어 기능하거나 시도된 예는 예전에도 있었다. 하지만 그것은 집권자에 의한 시도들이어서 여론 형성을 하는 언론 기능보다는 계몽이나 조작의 수단으로서의 인식이 더욱 강했다. 그러나 남미의 경우는, 자본축적과 고도의 기술집약을 요구하는 영화가 피지배자의 입장에서 혹은 반체제의 입장에서는 집권세력에 대한 반대 여론을 결집시키고 투쟁을 촉발시킬 수 있었다는 점에서 언론으로서의 새로운 인식을 가능케 했던 것이다. 또한 이 새로운 영화 개념은 할리우드 영화에 의한 경제적 지배 및 이념적 지배에 대한 비판과 항거의 형태로 시작되었다는 점에서 중요한 의미를 지닌다.

유럽의 예술영화 정책은 할리우드 영화의 침식으로부터 자국의 영화시장을 보호하고 민족영화를 보호하자는 취지 아래 영화문화에 한정된 시각에서 할리우드의 오락영화에 대해 경계의 태도를 보인 것이라 할 수 있다. 남미의 언론으로서의 영화 개념은 영화를 더 넓은 사회적 지평에 위치시켜 사회 전반의 구조적 모순에 대한 해결과 진보적 변혁의 관점에서 영화의 역할을 보고, 할리우드 오락영화의 '민중의 마약'적 기능에 대한 반발로부터 비롯된 것이라 할 수 있다.

2. 미국 영화의 한국 시장 점유

미국의 극영화가 우리나라에 들어오기 시작한 것은 1923년경으로 당시 일간지의 보도를 근거로 해서 보면 1925년부터 본격적으로 수입되기 시작했던 것 같다. 당시의 『동아일보』를 살펴보면 1925년 한 해 동안 약 20편에 달하는 미국 영화 소개기사를 발견할 수 있다.

관련 자료가 발견되지 않아 그 이후 미국 영화의 연간 수입 편수를 정확히는 알 수 없다. 그러나 1920년대 후반 파라마운트Paramount, 유니버설Universal, 유나이티드 아티스트United Artist, 퍼스트 내셔널First National, M.G.M., FBO, 폭스Fox 등 당시 메이저 영화사들이 조선에 각기 전문대행사를 두고 영화를 배급했다는 사실[1]이나 1938년 『조선연감』에서 메트로Metro, RKO 등이 각기 30~40여 편의 자사 영화를 배급했다고 기록하고 있는 것으로 보아 그 수는 상당했던 것으로 보인다.

즉, 당시 할리우드의 거의 모든 메이저 및 준 메이저 영화사가 조선 시장에 진출하고 있었는데, 각각 30여 편 이상의 규모라면 200여 편 이상이 된다는 계산이 나온다. 1938년의 『조선연감』이 일제강점기의 연감으로 나와 있는 것 중 유일하게 메이저 영화사별 수입 편수를 부분적으로나마 기록하고 있는 자료인데, 좀더 상세히 소개하면 RKO(31), 폭스(37), 유니버설(25), 유나이티드 아티스트(30), 메트로(30) 등으로 나와 있다. 한 배급사가 여러 회사의 영화를 대행한 경우는 숫자 파악이 안 되어 정확히 알 수는 없다. 하지만 위의 5개사의 배급량만 계산해도 153편에 이르는 것으로 미루어보건대 연간 200~300

---

1) 이영일, 『한국영화전사』, 한국영화인협회, 1969, p. 79.

여 편에 달했을 것으로 짐작된다. 더욱이 1938년은 총독부가 조선에 외화 상영 쿼터제를 실시하던 때라는 것을 감안하면 1920년대 후반에서 1930년대 중반 사이는 300여 편에 이르지 않았을까 생각된다.

물론 이 숫자 모두가 장편 극영화는 아니었을 것이다. 당시에 극장 영화의 표준이 90~120분짜리 장편 극영화로 자리 잡아가던 시기였으나 코미디, 모험물 등의 장르에서 연속 시리즈나 시리얼serial 형식의 약 10~30분짜리의 영화도 상당수 있었기 때문이다. 즉, 극장의 1회 상영시간은 대개 두 시간 내외이되 시리즈나 시리얼 형식의 영화들을 여러 편 모아서 상영하는 방식이 성행되던 시기이므로 300편이라 해도 그 시간량은 오늘날과 같지는 않을 것이다.

그러나 이 숫자는 일제강점기 때 만들어진 조선 영화의 수와 비교할 때 엄청난 것이다. 조선 영화는, 처음 연쇄극이라는 연극 중에 삽입되는 토막 필름의 형태로 제작되기 시작하여 점차 독립된 극영화 형식으로 옮겨갔다. 연쇄극을 제외하고 독립된 극영화로서 조선시대에 만들어진 영화의 총 편수가 130여 편에 머물러 연간 6~7편 정도(이것은 순수한 의미의 민간영화 제작이 허용되지 않고 주로 전시용 국책영화들이 제작되었던 1941~45년을 제외한 숫자이다)에 지나지 않는다.

이 시기에는 프랑스, 이탈리아, 독일 영화 등도 수입되었으나 그 영화들은 일본에 있는 대행사를 통해 들어왔던 것으로 미루어 짐작건대, 수입 규모는 별로 크지 않았던 것으로 보인다. 일본 영화는 상당수 들어왔던 것으로 보이지만 미국 영화보다 많았는지의 여부는 확실치 않다. 그러나 연감에서 발견한 기록들이 외화의 흡인력이 대단했음을 자주 지적하고 있는 것으로 볼 때, 그 수가 설사 우세했다 하더라도 전반적인 관객 동원 규모에서는 뒤지지 않았을까 짐작된다.

광복 후 군정하에 들어가면서 한국 영화시장은 할리우드의 독점적 지배의 양상을 보인다. 광복 후 수년간 한국 영화는 연간 4~5편 정도에 불과한 제작 실적을 보였으나 수입된 할리우드의 영화는 100여 편에 달했던 것으로 보인다. 실제 수입 편수에 대한 기록을 찾을 수는 없다. 하지만 당시 군정직할로 설치되었던 미국 8대 메이저 영화사(워너 브러더스Warner Brothers, 파라마운트, 20세기 폭스20th-Fox, 콜럼비아Columbia, M.G.M., 유니버설 등)의 외국 배급 카르텔인 MPEAMotion Picture Export Association의 한국 사무소인 중앙배급소Central Motion Picture Association의 연간 배급 목표가 100편이었던 점을 감안할 때 대체로 비슷한 숫자가 수입되었을 것으로 짐작된다. 중앙배급소는 제2차 세계대전 후 패전한 일본에서 미국이 점령지 문화공작의 일환으로 미국 육군부, 국무부, MPEA의 상호 협력에 따라 도쿄에 설치한 MPEA의 도쿄 지부가 남한에 배급하기 위해 1946년 4월에 서울에 설치한 사무소였다.

제2차 세계대전 후 미 행정부는 패전국가들의 국민을 '교화'하기 위한 문화공작 수단으로 할리우드 극영화의 배급이 가장 이상적이라고 보고 독일, 이탈리아, 일본 등에 MPEA를 진출시켜 전쟁 전의 미국 극영화를 대거 쏟아부었다. 독일의 경우, 소위 나치 정신에 극도로 '오염'된 독일 국민을 '교화'하기가 가장 어렵다고 판단, 그 어느 나라보다도 많은 연간 400~500여 편의 미국 영화를 독일 시장에 풀었고, 연합국 측의 정책에 따라 1950년대 후반까지 독일 영화산업을 억제했다.

광복 후 한국에서 미국 영화의 지배는 역시 이 같은 전후의 점령 지역에 대한 이념공작의 일환으로 시작되어 그 후 한국이 계속 미국의 영향권 아래 놓이면서 지속되었다.

외화 수입의 국가별 자료가 나와 있는 것은 1959년부터이다. 1959년부터 1977년 사이 수입된 외화 총 1,425편 중 미국 영화가 861편으로 65퍼센트에 달한다. 그러나 나머지 프랑스, 이탈리아, 영국 등 유럽 국적의 영화 중 상당수가 '런어웨이 제작runaway production 방식'이나 '런어웨이 투자runaway investment 방식'의 형태로 외국에서 제작한 할리우드 영화란 점을 고려할 때 미국 영화의 외화시장 점유율은 65퍼센트를 훨씬 상회할 것으로 보인다.

특히 5·16 군사정변 이후 수입 쿼터제를 엄격히 적용하면서 한때는 200여 편에 달했던 외화 수입 규모가 60여 편으로 줄었다가 1978년 이후는 영화 수급상의 조절을 위해 수입 쿼터의 수를 감소시킴으로써 연간 25~30편의 규모로 대폭 줄어들었다. 수입 쿼터의 감소는 외화시장의 미화 점유율을 더욱 높이는 결과를 가져왔다. 당시 20여 개의 국산 영화 제작사에게 한두 편 정도의 쿼터가 배정되는 실정이었으므로 흥행 전망이 불투명한 영화는 아예 수입 대상이 되지 못했다. 결과적으로 유럽 영화는 거의 배제되고, 미국 영화 일색이 되다시피 했다. 예컨대 1984년의 경우 수입된 외화는 미국 영화 23편, 홍콩 영화 여섯 편, 프랑스 영화 한 편의 분포이고,[2] 1985년의 경우는 미국 영화 21편, 홍콩 영화 네 편, 대만 영화 한 편의 분포를 보였다.[3]

이처럼 일제강점기 이후 현재까지 우리 영화시장에서 미국 영화는 거의 절대적 위치를 차지해왔다. 이것은 결과적으로 한국 관객으로 하여금 유럽, 제3세계 등 미국 이외 영화와의 접촉을 어렵게 만들었다. 한국 사회 전반의 영화에 대한 인식의 틀과 취향의 형성에 절대적 영향을 끼친 것은 미국 영화와 미국 사회의 지배적인 영화관이었음을 쉽게 짐작할 수 있다.

1947년 미국에서 영화산업에 반反트러스트법을 적용하기 시작한 이

---

2) 『'84 한국영화연감』 수출입편, 한국영화진흥공사, 1985.
3) 『'85 한국영화연감』 수출입편, 한국영화진흥공사, 1986.

후 1950~60년에 할리우드의 트러스트 영화산업 체제가 붕괴하며 독립영화사들이 등장한다. 동시에 TV의 보급 확대로, 미국 사회에서 대중문화 매체로서의 영화의 위치가 TV에 비해 상대적으로 약화된다. 이 같은 일련의 변화로 인해 취향영화라는, 다수의 대중관객이 아니라 특수 취향관객을 목표관객으로 한 일종의 계층영화들이 등장한다. 대부분은 교육수준이 높은 지식인들을 대상으로 한 영화들로, 유럽의 저명 감독들을 기용해서 만들어졌거나, 유럽 예술영화 취향의 미국인 감독들이 제작한 유럽식의 '예술영화'의 범주에 포함되는 것들이었다. 그중 상당수는 진보적 정치 색채를 띤 것들이기도 했다.

이 같은 새로운 영화들의 등장으로 할리우드산 영화에도 다원성이 자리 잡기 시작했지만, 우리나라에는 그와 같은 영화들의 수입은 거의 실현되지 않았다. 1960년대 이후 시작된 외화 수입 쿼터제의 강화로 수입 영화의 수가 줄어들게 됨에 따라 흥행 전망이 불투명한 그런 부류의 영화들은 제외될 수밖에 없었기 때문이다. 결국 한국 영화문화에 절대적 작용을 한 것은 미국 영화 중에서도 대중적 오락영화였다고 할 수 있다.

3. 할리우드의 한국 영화 정보 시장의 점유

미국 오락영화의 한국 영화시장 점유와 함께 주목할 만한 사실이 있다. 외국 영화, 특히 미국 영화가 본격적으로 들어오기 시작했던 1920년대 중반 이후 당시 조선의 일간지에는 할리우드 영화 관련 정보가 매스미디어의 연예란을 거의 독점하다시피 하면서, 할리우드가 당시의 중요한 영화 정보 공급원으로 기능하기 시작했다는 점이다.

예컨대 1926~28년 3년간 『동아일보』의 연평균 영화 관련 기사(영화평론은 제외)는 120여 개에 달하는데, 사흘에 한 번꼴로 실렸다. 오늘날의 일간지와 비교할 때 당시 일간지의 영화 기사의 비중이 상당히 컸음을 알 수 있다. 그런데 120편 중 70여 편은 미국 영화 관련 기사로 그 대부분이 미국 스타들의 사생활, 연애, 결혼, 이혼, 수입 규모, 의상, 장신구, 휴가 등에 관한 것이었고, 나머지 50여 편이 조선 영화, 일본 영화, 프랑스, 독일, 중국, 소련 등지의 영화 관련 소식으로 충당되어 있었다.

미국 영화 관련 기사는 통신이나 미국 영화 배급 대행사를 통해 입수되었던 것으로 보인다. 이는, 그 내용이 스타 관련 기사가 대부분이었다는 데서 짐작할 수 있듯이 당시 할리우드의 메이저 영화사들이 구축, 관리하고 있었던 스타 시스템 운용의 일환으로 제조해서 전 세계에 적극적으로 전파하고 있었던 미국 영화 홍보용의 정보들이었다.

스타 시스템은 할리우드의 독과점 산업구조하에서 오락영화의 흥행 실패를 방지하는 이윤 보장의 방편으로서 구축되었다. 스타 시스템은 스타를 제조하고, 홍보 활동을 통해 널리 알리는 체계적 작업으로 각 스타를 특정 장르 영화의 유사한 역할에만 지속적으로 출연시키고, 그 극중 역할과 동질적인 사생활을 연출하도록 계약을 통해 강요하고, 이렇게 연출된 사생활 정보를 적극 홍보함으로써 각 스타를 특정 오락 타입의 상징으로 만들어내는 작업이었다. 따라서 스타 시스템의 홍보 작업은 특정 배우 개인의 이미지를 파는 것이라기보다 스타들이 출연한 영화에 특정 오락 타입으로서의 정체성을 만들어주고 시장화하는 데 사용되었던 것이다. 따라서 스타 시스템의 홍보 작업은 오락문화로서의 영화에 대한 인식을 형성하는 데 괄목할 만한 역할을 했던 것으로 지적된다. 이러한 관점에서 볼 때 일제강점기 때

유포된 엄청난 양의 할리우드 소식들은 당시 영화시장을 지배했던 할리우드산 대중오락영화와 더불어 조선 관객들의 영화에 대한 오락적 인식의 형성에 크게 기여했을 것으로 생각된다.

광복 이후 자유당 정권을 거치며, 일간지에서 영화 관련 기사는 일제강점기에 비해 상대적으로 줄어들고 미국 영화에 관한 한국 영화 관련 기사의 비율도 줄었으나, 다른 외국 영화 관련 기사에 대한 압도적 우세는 여전했다.

1960년대 후반부터 주간지들이 등장하고, 1980년대 들어서는 영화 대중전문지들이 생겨나면서 일간지의 영화 관련 보도는 현격히 줄어드는 양상을 보였다. 즉, 영화 관련 정보는 일간지에서 주간지나 영화전문지로 옮겨갔는데 그 정보의 성격 면에서는 큰 차이가 없었다. 1980년대의 주간지나 영화 대중전문지에서도 외화 관련 정보는 미국의 것이 압도적이었다. 트러스트 체제 시절에 유지되었던 스타 시스템은 붕괴되었으나 배우 개인이 혹은 영화사들이 고용하는 언론 대행사들이 제조해서 전파하는, 옛날과 다를 바 없는 배우 사생활에 관련된 것이거나 영화 홍보용 정보들로 메워져 있다.

4. 할리우드식 영화문화를 지향한 한국의 영화정책

미국 영화문화의 영향으로 형성된 오락문화로서의 영화관은 자유당 정부와 5·16 군사정권의 영화정책에 의해 거의 공식화되었다. 자유당 정부는 1954년부터 국산 영화 육성에 관심을 갖고 일련의 국산 영화 보호정책을 쓰기 시작한다. 그런데 당시 정부의 영화관이 어떠했는가는 1958년 실시된 국산 영화 육성을 위한 행정 조치가 "국산 영화 장려 및 영화오락 순화를 위한 보상 특혜 실시"라는 명칭으로 공포된 사실로서도 짐작할 수 있다.

5·16 군사정권의 집권 후 영화법이 처음으로 제정되고, 정부의 여러 가지 정책적 개입이 시작되었다. 그 정책적 골격은 미국식의 영화산업구조를 구축하고, 미국식의 대중오락영화 제작 달성을 그 목표로 지향하는 것이었다. 1962년에 제정된 영화법의 제1조가 영화정책의 기본 과제를 "영화산업의 육성 발전을 촉진하고 영화예술의 질적 향상을 도모하여 민족예술의 진흥에 기여하는 것"으로 규정하고 있으나 '영화예술'이란 지칭은 자유당 시절의 지칭 방법인 '영화오락'에 비해 영화의 격을 좀더 높여주기 위한 것이었을 뿐, 오락영화에서 탈피하려거나 그것과 병행해서 '예술영화'를 육성시키고자 하는 의미에서 사용된 것은 아닌 듯하다. 우선 '영화예술'이란 영화 전반을 통칭하기 위해 사용된 개념이다. 그리고 당시의 영화정책 내용을 살펴보건대, 할리우드식의 소수 독과점 대형 영화사 중심의 메이저 컴퍼니 시스템의 구축을 시도한 영화산업 구조의 개편, 영화산업 진흥 방식에서 짐작할 수 있듯이 오락영화 육성용이었기 때문이다.

예컨대 새로운 영화법의 시행에 앞서 정부는 기존의 71개사에 달했던 영화사를 자진 통폐합 형태로 16개사로 정리했으며, 1963년의 영화법으로 영화 제작업 등록제를 만들고, 시설 기준과 설립 허가 요건을 강화하여 2차 통합을 단행, 4개사로 줄였다. 당시 난립해 있던 영세 규모의 제작업을 대기업화하여 미국, 일본에서와 같은 메이저 컴퍼니 시스템을 정착시키고자 하는 의도였다. 이에 따라 영화 진흥 방식도, 예술영화의 육성을 위해 요구되는 ① 예술과 산업의 이원적 육성이 고려되지 않은 채 산업적 육성에 집중되었으며, ② 그것도 제작과 함께 영화산업의 통합적 부분인 배급이나 흥행 분야는 제외된 채 제작 분야에 집중되었으며, ③ 제작 분야의 지원도 제작 활동 자체가 아니라 제작회사에 주어졌다.

이 같은 제작회사 중심의 육성책은 영화시장이 넓고, 산업 자체의 전망이 밝은 입지조건하에서 영화 제작 자본이 축적되지 않았을 때나 효과를 거둘 수 있는 방법이다. 예컨대 1910~20년대의 할리우드가 구축되던 시기의 상황이 바로 그러했다. TV라는 경쟁자도 없었고 제1차 세계대전의 타격으로 유럽의 영화산업이 부재한 상태여서 해외 시장도 독차지할 수 있었으며, 국내 시장의 수요도 엄청나게 증가 추세에 있었던 상황에서는 소수의 제작회사의 집중 투자라는 방식이 단시일 내에 효과적으로 영화산업을 일으키는 길일 수 있었고, 월스트리트는 바로 그 방법을 택했던 것이다. 그러나 우리나라처럼 영화시장이 좁고 텔레비전 보급으로 텔레비전과 치열한 경쟁을 감수해야 한다는, 산업으로서의 발전 전망이 불투명했던 입지조건을 가졌던 1960년대에 실행된 그와 같은 정책은 실패로 끝날 수밖에 없었다.[4] 그러나 이 정책은 계속적인 실패와 많은 반발, 비판에도 불구하고 1980년대 초까지 변함없이 줄기차게 고수되어왔다. 이것은 한국 영화에 치명타를 가하여, 영화의 저질화와 침체를 유발한 근본적 원인으로 지적되고 있다. 더욱이 제작기업 육성수단으로 외화 수입권을 이권화하여 한국 영화 제작기업들에 배정하는 방법을 썼던 탓으로 한국 영화 제작은 완전히 외화 수입권을 얻기 위한 요식행위로 전락했고, 결과적으로 저질 영화의 범람을 초래했다.

흥행 성공에 대한 동기가 영화 제작의 1차적 동기가 아니었던 상황에서 가능한 한 적은 규모의 자본(미국 영화 제작비의 1퍼센트 수준)을

---

4) 이 책의 2부 4장 참조.

투입하여 미국식 오락영화를 모델로 삼아 값싼 방법으로 시청각적 자극을 구사해서 관객을 모으고자 한다면, 그것은 필연적으로 저속한 방법이 될 수밖에 없다. 아울러 다룰 수 있는 주제의 영역이 한정되어 있었던 우리의 검열 실정에서는 그중 손쉬운 것이 한국 영화의 저질 시비에서 항상 등장하는, 눈물과 성에 의존하는 방법이었으리라 생각된다. 흥행에 성공하면 좋지만 실패해도 영화사의 사활과는 별로 관련이 없었던 산업구조상의 모순은 한국 영화로부터 흥행성의 추구 동기를 차단해버렸고, 결과적으로 미국식 대중오락영화 같은 흥행성도 갖지 못하게 했다. 영화는 무엇보다도 대중오락물이어야 하고, 대중적 오락이란 관객의 환상적 욕구충족을 목표로 삼아야 하고, 생각은 적게 하도록 유도하고 감각적 자극을 최대한으로 구사해야 달성되는 것이라는 미국식 대중오락영화 제작의 기본 전략이, 그것을 수행할 수 있는 엄청난 물량과 기술이 뒷받침되지 못하는 상황에서 채택되어 빚어진 결과인 셈이었다.

결국 우리의 자본 규모나 시장 여건으로는 따라가기 어려운 미국식 영화문화를 우리 영화 진흥의 모델로서 수용한 정책이 한국 영화의 저질화, 다원성의 결여, 산업적 침체를 야기했다고 볼 수 있다. 그리고 미국 영화가 우리의 모델이 될 수밖에 없었던 데에는 일제강점기 이후 장기간에 걸쳐 형성되어온 영화에 대한 인식의 틀이 미국식 영화관으로부터 비롯된 때문이라 할 수 있다.

5. 미국식 영화문화의 정착과 그 영향

영화에 대한 오락으로서의 인식이 지배적인 나라는 물론 우리나라

만은 아니다. 공산권을 포함해서 미국 영화문화의 영향을 직간접적으로 받지 않은 나라는 하나도 없을 것이다. 1910년 이래 국내의 산업적 기반을 굳히고 제1, 2차 세계대전 중 경쟁자였던 유럽의 영화산업이 파괴된 사이 미국은 전 세계 시장을 장악하여 현재에 이르기까지 항시 시장 점유율이 50퍼센트를 훨씬 상회하는 실적을 보여왔다. 이러한 과정에서 할리우드의 극장용 상업영화의 표준이었던 90~120분짜리의 장편 극영화의 패턴이 전 세계 시장의 표준이 되었고, 이것은 공산권도 예외는 아니었다.

그러나 한국처럼 할리우드 영화문화가, 강력하고도 꾸준하게 영향력을 행사해온 나라는 그리 많지 않을 것으로 생각된다. 우리나라가 일본의 식민통치하에 있었던 시기에도 미국 영화문화의 강력한 영향력에 노출되어 있었던 것은 흥미로운 일이다. 당시 서구 국가들의 식민지배를 받고 있었던 나라들의 경우는 상황이 같지 않았기 때문이다. 예컨대 유럽의 옛 식민지로서 아직 그 영향력 아래 있었던 남미에 미국 영화가 본격적으로 상륙한 것은 제1, 2차 세계대전 사이였고, 당시 유럽 식민통치를 받고 있었던 중동, 아프리카의 경우는 1950년대 초엽부터였다.

일제강점기에 미국 영화가 활개를 칠 수 있었던 것은 일본이 영화 선진국이 아니었던 이유도 있겠지만 당시 일제의 영화에 대한 인식도 돈벌이 오락수단의 범주를 벗어나지 못했던 때문이 아닐까 생각된다. 프로파간다 수단으로서의 가능성에 대한 인식도 전시체제에 들어가고, 나치, 파시스트의 예를 통해 비로소 가능해졌던 것으로 보인다. 영화에서 문화예술적 가치를 보지 않았기에 외국 영화들의 정신적 영향력에 대한 우려가 별달리 없었고, 외화 수입에 별다른 규제를 가하지 않았기에 흥행력을 갖추고 있어 좋은 돈벌이가 되었던 외화들이 대거 들어올 수 있었던 것으로 보인다. 외화에 대한 규제로는 1930년 대 중반 이후 실시된 상영 쿼터제를 들 수 있다. 이것은 어디까지나 일본 영화사들이 성장하면서 외화에 의한 흥행 자본의 침식을 견제하기 위해 취해진 조처였지 영향력이나 내용상의 염려 때문은 아니었다.

광복 이후 우리나라는 미국의 영향력 아래 들어가면서 미국 영화의 일반적인 공세에 놓였고, 그것은 이후 정부의 정책으로 지속되었다. 반면에 남미나 아프리카의 경우, 과거 식민국가들의 지배로부터 벗어 나고 미국 영화의 대거 상륙이 이루어진 뒤에도, 유럽산 영화들이 계속 유입되었고, 특히 아프리카와 중동의 경우는 서로 팽팽한 경쟁 상태를 유지하기도 했다. 그 결과 서로 다른 부류의 영화들이 번갈아 혹은 동시에 접촉하면서 이들 지역에서는 영화에 대해 비교적 덜 편향된 시각이 형성되었던 것으로 보인다.

남미 같은 제3세계 국가에서 투쟁영화 혹은 언론으로서의 영화 개념이 등장할 수 있었던 근본적 원인은 당시의 정치 상황에서 찾을 수 있겠지만, 동시에 영화에 대한 다원적 인식이 형성되어 있었기 때문으로도 볼 수 있다. 기존의 영화에 대한 관점 이외의 또 다른 가능성에 대한 사고의 지평이 열려 있었던 데서도 원인을 찾을 수 있을 것 같다.

미국 영화의 지배는 우리나라에서 영화에 대한 다양한 시각과 관점이 정립되는 것을 방해하고, 오로지 대중오락적 장편 픽션물의 한 가지 관점에서만 보도록 유도하고 한 가지 영화만이 자리 잡도록 했다. 이것이 얼마나 굳건했던지, 1950년대 후반 이래 1970년대 유럽에서 제3세계에 이르기까지 도처에서 할리우드 영화, 혹은 그 패턴의 영화 극복을 기치로 내걸고 다양한 예술적, 혹은 정치적 영화운동들이 끊이지 않았음에도 불구하고, 우리나라에서는 그와 비슷한 시도도 없었을 만큼 오락영화의 무풍지대로 만들었다.

또한 1970년대 이래 국내에서는 문학, 미술, 연극 등 다른 문화 영역에서는 다양한 진보적 문화운동이 활발하게 일어나고 있었음에도 불구하고 영화 분야만은 요지부동이었고, 겨우 1980년대에 들어서야 대학 영화 서클이나 소집단운동의 형태로 새로운 영화운동이 점차 일어나기 시작했던 것이다. 수십 년간에 걸쳐 형성된 '한 가지 영화'에 대한 안목으로부터 벗어나는 일이 얼마나 힘든 것이었던가를 알 수 있다.

6. 변화, 그리고 미래

할리우드와 한국의 관계는 새로운 국면에 접어들었다. 1980년대 초반부터 민중문화 운동권으로부터 반反할리우드 영화운동이 시작되었고, 기존 영화계로부터 미국 영화사의 직접 배급에 대한 반발이 격화되어 반미, 즉 반할리우드 무드가 생겨났다.

외화 수입 쿼터제도로 그 수입 편수가 제한되어왔던 외화에 대해 1987년 이후 완전 시장 개방이 이루어지면서 한국 영화는 위기를 맞았다. 1985년 9월 미국영화협회MPAA는 불공정 거래에 관한 미 통상법 제301조에 따라 한국 영화시장의 개방과 영화법의 개정을 요구했고, 한국 정부는 거의 100퍼센트 미국영화협회의 요구를 들어주었다. 이로써 1988년부터 20세기 폭스사와 U.I.P가 현지법인으로 등록하여 업무를 시작했다. U.I.P는 미국의 3대 메이저 영화사인 MGM-UA, 파라마운트, 워너브라더스 등이 공동출자해서 설립한 배급 카르텔로서 한국 영화계와 갈등을 빚고 있는 장본인이었다. 이로써 한국 영화는 연간 상영 일수의 5분의 2에 해당되는 스크린쿼터 이외의 아무런 보호

장치도 갖지 못한 채 미국 영화와의 사활이 걸린 경쟁을 하게 되었다. 한국 영화계는 미국 영화사들의 국내 직접 배급을 반대하고, 정당 등을 통한 영화법 개정을 위한 운동을 활발히 전개하였다.

그러나 이러한 일련의 반할리우드 움직임이 일반 관객의 수준에까지 이르지는 못한 것으로 보인다. 그것은 아마도 사안의 중대성에 대한 인식이 덜 형성되어서이기도 하겠고, 미국 영화 취향은 매우 오랜 세월 동안 형성된 것이어서 쉽게 변화되기 어려운 측면이 있었기 때문이기도 하다.

영화의 시장개방이 이루어지고 미국 영화의 직접 배급의 저지가 어려워 보이는 상황을 감안할 때, 앞으로의 할리우드와 한국 간의 관계에 대한 전망은 밝지 않다. 미국 영화산업의 침투는 극장영화에만 국한되지 않고 케이블 TV, 비디오카세트 등 뉴미디어 분야는 물론 TV 방송의 제작 개방이 이루어지면 이를 포함해서 영상문화 프로그램 시장 전반에 걸쳐 실행될 것이기 때문이다. 그것은 할리우드 영화산업이 영화 한 편을 제작해서 극장, 케이블 TV, 비디오카세트, 통신위성 등의 다양한 채널을 통해 배급하는, 멀티미디어를 통한 중복 배급의 구조를 갖고 있기 때문이다. 배급으로부터 시작된 침투는 제작 분야에까지 이를 것으로 보인다. 그것은 이제까지 할리우드의 시장 침투 전략의 정공법이었기 때문이다. 그 결과로써 다음과 같은 전망이 가능하다. 첫째, 미국 영화 자본의 한국 영화 제작 분야 침투로, 전반적인 한국 영화의 질적 수준은 개선될 수 있을 것이다. 둘째, 그러나 영화문화의 민족적 정체성은 상실되고 유럽 국가 다수가 이미 경험한 바 있는 '국제화'된 영화로 탈바꿈할 위험성이 다분하고, 셋째, 앞으로 점차 확대되어갈 엄청난 규모의 우리나라 영상문화 프로그램 시장이 할리우드에 예속되는 결과를 가져올 수도 있을 것이다.

더욱이 1960년대 후반 이래로 할리우드 영화산업들은 다국적 복합기업에 흡수되어 오늘날은 영화사들이 석유, 항공, 레저, 담배, 부동산, 커뮤니케이션 산업체 등의 자회사가 되었다. 즉 영화산업은 더 이상 다른 경제 분야와 무관한 관계가 아니라 밀접한 유기적 관계를 갖게 된 것이다. 이 같은 현상은 미국 영화의 부정적 영향력을 우려해온 사람들에게 그 우려를 증폭시키고 있다. 미국의 경제적 이해관계가 영상문화 속에 은밀히 숨어들 수 있는 여지가 그만큼 더 커졌고, 다국적 복합기업으로 대표되는 제국주의적 침투가 영상문화의 직접적인 지원을 받게 될 가능성이 커졌기 때문일 것이다. 그 이전에도 미국 영화는 미국의 패권주의를 합리화시키고, 미국식 자본주의의 가치를 당연하고도 자연스러운 것으로 만들어주며, 기존의 사회적 불평등관계를 은폐해주는 기능을 효과적으로 수행해온 것으로 지적되어왔다.

결국 미국식 오락영화 문화란 단순히 오락이어서 문제가 아니라 지극히 강력한 이념작용을 하는 오락이어서 문제라고 할 수 있다. 또한 그 이념작용은 사회적 불평등구조를 변화시키고 자주적 삶을 지키고자 하는 개인과 국가에 역기능적으로 행사되는 것이어서 문제가 된다.

따라서 한국의 영화문화가 당면하고 있는 위기 상황을 극복하기 위해서는 응급 처방과 장기적 치유 처방이 동시에 구사되어야 한다. 정책적 측면, 대 관객의 측면, 한국 영화 체질개선의 측면 등등 다각도의 대처가 필요하다. 구체적 내용은 상황의 변화에 따라 달라져야 하겠지만 그 모든 대처방안은 미국 영화문화의 정체를 바르게 파악하고 그것이 우리 사회의 필요와 어떤 관계에 있는가, 이 시점에서 우리가 전향적으로 발전해나가기 위해 필요한 영화의 타입이 무엇인가에 대한 정확한 인식을 바탕으로 해야 할 것이다.

4장

제3공화국 이후 한국의 영화 육성책 연구

1. 머리말

광복 이후 정부가 한국 영화의 보호 육성책이라는 적극적 형태의 영화정책을 실시하기 시작한 것은 1954년으로, 국산 영화의 입장세 면제를 결정한 입장세법의 개정이 그 출발점이 된다. 그 이전 광복 직후 10여 년간의 군정, 정부 수립, 한국전쟁 등으로 이어지는 격변기에는 군정 당시에 골격이 마련된 활동사진취체령에 의거해서, 행정부가 영화의 사전 검열에 관계하는 정도인 소극적 형태의 영화정책이 있었을 뿐이다. 입장세 개정 이후, 1958년 수입 외화의 규제와 우수 국산 영화에 대한 보상 특혜 실시를 결정하면서 국산 영화 보호 육성을 위한 행정부의 개입은 점차 확대되기 시작했다.

5·16 군사정권이 들어선 뒤 1962년에 제정된 우리나라 최초의 영화법은, 영화 육성을 위한 정부의 본격적 개입 의지를 명확히 드러내고

있다. 자유당 정권의 국산 영화 육성책은 세법 개정, 외국 영화로부터 국내 시장의 보호, 우수 영화에 대한 포상 등, 측면 지원을 통해서 국산 영화 발전에 유리한 조건을 마련해주고자 하는 것에 그친 간접적 개입의 방법이었다. 반면에 군사정권의 정책은, 조국 근대화와 언론 사업 정비의 청사진에 따라 국산 영화산업을 그 겉모양에서 알맹이까지 완전히 탈바꿈시키고자 하는 의도로 영화산업을 법과 규제로 얽어매어 행정부의 직접적이고 적극적인 개입하에 영화 진흥을 도모하고자 하는 거의 강제 명령에 가까운 것이었다. 1962년의 영화법 이후 다섯 차례의 법안 개정과 여러 차례의 시행령 개정을 거듭하고, 1984년에 이르러 또다시 새로운 영화법을 갖게 되었다. 새 영화법은 4차 개정이 있었던 1973년 이후 처음 가지게 된 개정법으로, 1962~73년의 10여 년 사이에 4차의 법 개정이 있었던 셈이 된다. 공화당 정부의 영화 육성책이 심한 난항을 거듭하고 있었음을 짐작케 한다. 그 결과 국산 영화산업은 극도로 침체되었고, 그 산물은 저질문화의 상징이 되었으며, 국산 영화 제작업은 외국 영화 흥행이라는 큰 돈벌이 수단을 위해 형식적으로 존재하는 위치로 전락해버렸다. 그와 함께 그 대부분의 책임은 잘못된 영화 육성책이 져야 한다는 주장도 되풀이되었다.

이 장에서는 1962년 이래 1980년대까지 시행되어온 국산 영화 육성책의 변모 과정을 살펴보고 그 의미를 분석해봄으로써 그 정책이 근본적으로 추구해온 것이 무엇이었는가, 그 정책은 영화산업의 특수성이나 우리나라 영화산업의 여건에 비추어 타당한 것이었는가, 그것은 왜 당시 한국 영화 침체의 원인으로 지목되고 있는가 하는 문제들을 규명해보고자 한다. 결국 이 장은 주로 한국 영화정책의 실패 원인을 파헤치는 작업이 될 것이다.

그동안 영화계, 학계에서는 한국 영화의 문제점에 대한 분석과 개선방안을 제시하는 논문, 보고서 등이 많이 발표되었다. 그중 대표적인 것으로는 이신복 교수의 「한국 영화 무엇이 문제인가」[1]와 최창섭 교수의 「한국적 영상을 통한 한국 영화의 해외 진출에 관한 연구」[2] 등을 들 수 있다. 그러나 이 두 편의 논문을 포함한 대부분의 연구가 그동안의 영화정책이 야기한 부작용들을 정확히 지적해주고는 있지만 영화산업의 당면 문제 해결을 위한 구체적 개선방안에 초점을 맞춘 것이어서 그러한 부작용이 생길 수밖에 없었던 근본적 원인 규명에는 미흡한 감이 없지 않다. 그런 작업이 선행되지 않고 문제점이 생겨날 때마다 영화법이나 시행령의 몇 개 조항을 이리저리 고쳤다가 다시 원상복귀해보았다 하는 식의 미봉책으로는, 이제까지 무수히 되풀이되어온 시행착오의 악순환 속에서 헤어나기 어려울 것으로 생각된다.

여기서는 검열제도에 관해서는 다루지 않는다. 검열제도가 영화정책의 중요 부분이며, 오늘날의 영화 현실의 이해에 도움이 되리라 생각하지만, 이 글에서 중점적으로 다루고자 하는 것은 영화산업의 보조, 지원을 위한 적극적 정책의 부분이기 때문에 검열제도는 제외했다.

한국 영화 육성책을 평가, 분석하는 데는 유럽의 영화정책을 많이 참조했다. 미국의 경우는 별로 참조가 되지 못했는데, 미국에는 행정부 차원에서 공식 기구를 통해 실행되는 영화 육성책이 존재하지 않기 때문이다. 미국의 영화산업은 독점 기업화되어 있고, 수많은 독립 프로덕션들도 제작 배급 단계에서 메이저 회사들의 통제를 벗어날 수 없는 상황으로, 메이저 회사들의 영화정책이 곧 미국의 영화정책이며 행정부는 독점화 덕분에 협조관계의 수립이 수월한 영화산업계에 폭

---

1) 이신복, 「한국 영화 무엇이 문제인가」, 유네스코 주최 세계 커뮤니케이션의 해 기념 심포지엄 주제 발표 논문, 유네스코 한국위원회, 1983.
2) 최창섭, 「한국적 영상을 통한 한국 영화의 해외 진출에 관한 연구」, 한국영화아카데미 엮음, 『영화 연구 논문집』, 영화진흥공사, 1984.

넓은 자율을 허용하고, 원격조정으로 통제해나가고 있다. 반면에 유럽의 경우는 미국과 달리 영화 발달의 입지조건이 불리한 탓에 민간영화 자본이 축적되지 못한 관계로 국가의 육성, 지원책에 의지해서 발달해왔다. 그리고 세계 시장의 지배적 영화인 할리우드 영화를 위시해서 외국 영화의 과다침투로부터 국내 영화의 보호라는, 미국에서는 찾아볼 수 없는[3] 보호주의 정책을 영화정책의 주요 과제로 삼고 있다는 점 등, 우리의 상황과 유사점이 많다. 그리고 이들 나라에서 영화의 육성책이 극장 흥행용으로는 이미 사양산업화된 지 오래인 영화산업을 상승 국면으로 이끌지는 못했지만, 1970년대 이후 관객 감소 현상을 정지시키는 데 성공했으며, 무엇보다도 영화의 질적 향상에는 성공했기 때문에 영화 육성책의 목적을 "영화산업의 육성 발전을 촉진하고, 영화예술의 질적 향상을 도모하여 민족예술의 진흥에 기여하는 것"(영화법 제1조)으로 취하고 있는 우리로서 시사받을 수 있는 점이 많으리라 생각된다.

2. 적극적 영화정책의 과제와 그 대두 배경: 유럽의 경우

영화가 세상에 선을 보인 1895년 이후 50여 년간 때로는 나치, 파시스트 치하에서처럼 강력한 선전도구로 쓰이기도 했고, 전위 예술가들의 실험, 표현도구가 되기도 했으며, 종군기자들의 생생한 현실 기록수단이 되어주기도 했지만, 일반적으로 영화에 대한 사회적 인식은 기분전환용 오락물로서의 용도 이상의 것이 되지 못했다. 그렇기 때

---

3) 미국에는 보호주의 정책에 명문화되어 있지 않으나, 메이저 영화사의 배급 시스템은, 어느 나라의 외국 영화 규제법들보다도 효과적으로 외화의 본격적 침투를 제재해왔다.

문에 국가 차원의 영화정책도 19세기에 이르기까지 적용되어왔던 모든 오락물을 대상으로 한 문화정책들처럼, "해서는 안 되는 것"을 규정한 제약적 조항을 명시해주는 소극적 정책에 머물렀다.[4] 영화검열 제도 같은 것이 바로 여기에 해당된다.

영화가 보호, 육성, 장려, 지원 등 적극적 정책의 대상으로 바뀌기 시작한 것은 제2차 세계대전 이후 영국, 프랑스 등 일부 서유럽 국가에서이며, 오늘날에는 미국을 제외한 거의 모든 나라에서 적극적 영화정책을 채택, 시행하고 있다.

클로스코우스카Antonia Kloskowska는 국가의 차원에서 육성과 지원이라는 형태로 통일되고 일관성 있게 시행되는 적극적인 문화정책의 등장은 대중매체의 발달로부터 비롯된 것으로 본다. 그 이전에는 단지 서로 다른 문화기구나 집단들이 그들 나름의 문화정책을 표방하고 있는 정도였을 뿐 국가 차원의 정책은 볼 수 없었다는 것이다.[5] 미하일 구레비치Mikhail Gurevich 역시 같은 관점으로, 대중문화의 발달로 인해 문화정책의 필요성이 강력히 대두되기 시작했으며, 그 필요성 주장의 근거는 다음의 세 가지로 요약될 수 있다고 한다. ① 대중문화의 내용은 근본적으로 열악하고 저속하다. ② 공중을 그 영향으로부터 보호하기 위한 조처가 취해져야 한다. ③ 그러한 조처는 좀더 양질의 문화적 산물의 창조, 전파, 소비를 장려할 수 있어야 한다.[6] 이것으로 미루어볼 때 문화정책에 부여된 과제는, 근본적으로 저속할 수밖에 없는 대중문화의 질적 향상을 도모하고, 그것이 문화 공동체 구성원들에게 두루 향유될 수 있도록 해야 한다는 것으로, 엘리트 문화주의와 문

4) A. Kloskowska, "La sociologie et les problèmes de la politique culturelle," in *Communication*, No. 14, 1969, p. 183.
5) 같은 곳.
6) M. Gurevitch, "L'attente du public," in *Communication*, No. 14.

화적 민주주의가 접합되어 이루어진 것임을 알 수 있다. 이강수·강현두 두 교수는 문화정책을, "한 나라의 문화현상의 퇴화 내지는 저질화를 지양하고" "국민적 공동 문화 수립을 위한 문화 활동 및 문화적 자원에 국민 모두의 접근 및 참여를 가능케 하는 수단"으로 설명하고 있다.[7] 그들의 관점 역시, 문화정책이 엘리트 문화주의와 문화적 민주주의가 접합된 성격의 것으로 보는 구레비치의 관점과 유사하다.

적극적 형태의 영화정책은, 대중매체의 발달로부터 비롯된 문화정책의 일환으로 볼 수 있다. 우리나라를 비롯해 대부분의 나라에서 영화정책이 표방하는 것은 영화문화, 혹은 영화예술의 육성이다. 소극적 영화정책에서 적극적 영화정책으로의 전환이 이루어지기 시작한 시기는 대중영화 논쟁이 유럽에서 활발했던 때로 기분전환용 오락 이외의 구실을 하지 못하고 있는 영화를 인간의 정신생활에 더 생산적으로 작용할 수 있는 문화예술로서 육성해야 한다는 엘리트 문화주의가 그 바탕에 깔려 있음을 발견하게 된다.

(1) 예술과 산업의 타협점 모색

그러나 엘리트 문화적 관점에서 대중문화로서의 영화를 예술로 육성시키는 데는 당연히 어떤 한계가 전제될 수밖에 없다. 다른 전통적인 예술 형식과 달리, 영화는 그 제작을 위해서 대규모의 자본 투자와 함께 산업적 하부구조를 필요로 한다. 영화 제작에는 자본축적과 기술집약이 요구되며, 스튜디오에서 제작되어 나온 것은 릴에 감긴 필름 토막일 뿐 영화의 창작행위는 극장에서 관객에게 보여줌으로써 완

---

7) 이강수·강현두, 「대중문화정책에 관한 고찰」, 『한국의 사회와 문화』 제1집, 정신문화연구원, 1980.

성되는 것이므로 거대한 배급과 흥행체계가 요구된다. 그 때문에 영화문화, 영화예술 육성에는 산업적 육성이 수반되어야 한다. 이렇게 영화예술의 발달은 영화산업의 발달을 필요로 하면서도, 그것에 의해 한정지어지는 묘한 관계에 있다. 산업적 측면에서 볼 때, 영화의 제작은 생산 합리화를 위해 일반 공산품의 생산 공정과도 흡사한 표준화된 과정을 거쳐 제작되어야 하지만, 이는 규격화를 경시하고 독창성을 그 주요 가치의 하나로 보게 되는 영화예술의 측면에서 제일 피하고 싶은 과정이다. 또한 제작된 영화의 성공 여부도, 각기 상업적 이윤의 성취도라는 구체적 기준과 심미적 가치의 구현이라는 추상적 기준으로 일치되기 어려운 것이다. 영화정책의 주요 과제 중의 하나는 이 모순되는 양면성인 산업적 요구와 예술적 요구가 서로 공존할 수 있는 타협점을 찾아주는 것이다. 즉, 일정한 수준의 예술적 기준을 만족시키려면 동시에 이러한 기업적 성공도 거둘 수 있는 타협점 위에선 영화를 중심으로 해서, 다양한 경향의 영화가 발달할 수 있도록 유도하자는 것이다.

대립되는 두 요소의 타협점을 찾기란 쉬운 일이 아니다. 저질 코미디와 포르노 영화가 주종을 이루었던 독일 영화의 질적 향상을 위해 10여 년간 공공자금을 동원해서 예술적 육성에 치중했던 독일은, 새로운 영화의 질적 우수성이 세계 유수 영화제와 평론가로부터 인정을 받아 국제적 명성은 얻었으면서도 독일 내에서는 전혀 흥행이 되지 않아 국내에서는 존재조차 희미한 것이 되는 기현상을 낳았는가 하면, 흥행 실적에만 급급했던 나머지 권격영화로 세계 시장에 진출하여 일시적인 상업적 성공은 거두었지만, 저질문화의 대명사처럼 되어버린 홍콩 영화 같은 예도 발견할 수 있다. 그러나 독일을 위시해 어느 나라도 흥행되지 않는 영화산업을 장기간 버티어줄 수는 없다. 또한 홍콩 같은 특수한 상황이 아닌 이상, 영화를 단순한 상품으로서만 취급할 수는 없는 것이고, 한 나라의 정신문화를 구성하는 문화 산물이라는 점을 중시하지 않을 수 없다.

(2) 영화문화적 자산의 공정한 분배

일반적으로 문화정책 원칙의 두 기둥 중 하나인 문화적 자원의 공정한 분배라는 문화적 민주주의 정신은 유럽의 영화정책에서 비교적 소홀히 다루어져온 부분이다. 영화관의 설치는 수익성의 기준에 따라 결정되어 인구 밀집 지역에 몰리게 되었고, 인구가 희소한 농촌 지역의 주민들은 영화문화의 혜택으로부터 소외되어왔다. 또한 1960년대 이후 불황으로 농촌 지역의 극장 등, 문화적 혜택이 적은 지역의 극장들이 앞장서서 문을 닫기 시작했지만, 이를 억제하기 위한 조처를 취할 수 있었던 나라도 없다. 문화수단이면서 동시에 산업인 영화의 양면성은, 대중문화 정책의 주요 과제 중의 하나인 문화적 민주주의의 실현을 어렵게 만든다.

영화문화 자원의 공정한 분배는 수용의 차원에서뿐만 아니라 창조의 기회와 수단의 제공 면에서도 이룩되어야 할 과제이다. 이것은 대부분의 유럽 국가에서 영화문화 정책과는 별도로 전반적인 문화 활성화 정책의 분야에서 다루어진다. 청소년 대상 문화정책, 소외계층의 사회적 통합책의 한 방편으로 주어지는 중앙·지방의 청소년 회관, 문화원을 통한 영화, 비디오 등의 시청각 제작 활동 지원 등이 그 대표적인 예이다.

그러나 영화정책적 시각에서 시행되는 창조의 기회와 수단의 공정한 분배를 위한 노력도 전혀 없는 것은 아니다. 정치적·심미적 성향에 관계치 않고, 다양한 종류의 장·단편 실험영화에 제공되는 제작비의 지원이 그것이다. 이것은 본래 영화의 예술적 육성을 목적으로 시작된 것이지만, 그 근본 취지는 문화적 다원주의 정신에 입각해서 모든 경향의 영화가 개발될 수 있는 기회를 주자는 것이다.

(3) 국내 시장의 보호와 민족영화의 육성

대중매체를 통한 국가 간의 불균형한 문화 교류의 문제가 심각하게 대두되고 있는 오늘날에는 외국 영화의 과도한 국내 시장 점유의 위험으로부터 국내 영화시장을 보호하고 국산 영화의 경쟁력을 기르는 것 역시 영화정책의 주요 과제가 되고 있다. 제2차 세계대전 이후 유럽에서 점차 소극적 영화정책에서 벗어나 적극적 영화정책으로 전환해가던 무렵 그 전환의 직접적 동기가 된 것은 세계 영화시장의 지배적 영화인 할리우드 영화의 과도한 침투로부터 자국의 영화를 보호하고, 자국의 영화가 최소한 국내 시장에서라도 할리우드 영화와 겨룰 수 있는 경쟁력을 길러주고자 하는 것이었다. 할리우드 영화와 같은 터전에서 경쟁을 시도한다는 것은 무모한 일이었다. 영화산업의 하부구조가 허약한 유럽에서 물량동원에 의존하는 할리우드형 오락영화 제작을 감당할 수는 없는 일이었다.

따라서 소규모 제작비로, 눈요깃거리에 치중하지 않는 질적으로 우수한 영화 제작을 유도하기 위한 영화예능 육성책을 펴는 동시에 자본이 축적되지 않은 영화산업을 활성화하기 위해 다양한 방법으로 재정적 지원을 시작했다. 엘리트 문화적 전통의 뿌리가 깊은 나라들이기에 대중문화에 대한 정책적 방향의 설정에서 엘리트 문화주의에서 벗어나기 어려운 점도 있었지만 물량동원 경쟁으로는 승산 없는 게임에서 크게 패하지 않는 방법은 오직 영화예술의 육성에 있다고 보았기 때문이다. 제1, 2차 세계대전을 거치면서, 미국 영화산업에 인재와 시장을 두루 빼앗겨 영화산업의 공백이 큰 상태에서, 대량으로 쏟아져 들어온 할리우드풍의 영화에 길들어버린 유럽 관객에게 새로운 취향을 길러주는 것이 빼앗긴 국내 시장을 회복할 수 있는 최선의 방법이라고 본 것이다.

(4) 경쟁매체와의 관계 정립

1960년대 이후 영화의 강력한 라이벌로 등장한 텔레비전으로부터 영화산업의 보호, 또는 텔레비전과 영화의 공존을 위한 관계 정립은 영화정책의 또 다른 과제 중의 하나였다. 1970년대 후반에서 1980년대 사이에 뉴미디어가 등장하면서 이 과제는 더욱 복잡하고 거시적인 통찰력을 필요로 하는 문제가 되어버렸다. 텔레비전에 대한 전략에서 할리우드 영화사들은 특수효과와 와이드스크린 개발 등 TV가 줄 수 없는 눈요깃거리를 제공함으로써 영화관으로 관객을 유도하는 작전을 펼쳤다. 그와 함께 텔레비전을 기존 영화의 배급매체로 이용하거나, 텔레비전용 필름을 제작·공급하는 방법을 통해 텔레비전과 적대적 관계가 아닌, 상호 보완적 관계를 정립시키는 데 성공했다.

유럽의 TV들은 대부분 공영체제이며, 프로그램의 제작·편성·송출까지 독점하고 있는 경우가 많았다. 게다가 미국과는 달리 채널이 한정되어 있어 영화산업 측에서 기대할 수 있는 TV 시장은 좁은 편이다. 이 같은 사정 때문에 미국의 영화사들처럼 TV와의 경쟁을 수월하게 해결할 수 없었다. 결국 정부의 정책적 개입으로, 공영방송의 프로그램 제작 독점을 풀고(프랑스), TV와 영화사 간의 의무적인 합작생산

제도를 만들거나 유도하고(독일, 프랑스), TV가 국산 영화를 일정 비율 이상 방영하도록 의무화하기도 했다. 프랑스는 TV 방송에 외화의 스크린쿼터제를 규정하여 50퍼센트 이상 프랑스 영화 방영을 의무화했고, 영화 구입가가 제작비의 10퍼센트에 이르도록 규정함으로써 TV와 영화 간의 상호 공존과 보완을 정책적으로 뒷받침했다.

뉴미디어가 등장함으로써 영화정책은 더욱 복잡한 과제를 부여받게 되었다. 뉴미디어는 기존의 네트워크 TV에도 위협적 존재로 등장했지만, 영화산업에는 극장 흥행의 존폐가 논의될 정도의 타격을 가해왔다. 그러나 극장 흥행의 운명이 어찌될 것이든 간에 제작업 자체는 더욱 활성화될 것으로 전망하고 있다. 뉴미디어의 소프트웨어 산업은 결국 기존의 영화산업을 중심으로 해서 성립될 것이기 때문이다. 따라서 뉴미디어 시대의 영화정책은 영화·TV·뉴미디어의 관계를 어떻게 정립시켜야 할 것인가를 핵심적 과제로 안고 있다. 영화는 이후 영화정책의 대상으로 고립될 수 없고, TV·뉴미디어를 총괄하는 시청각 문화정책 속에 포함되어 다루어졌다. 1982년, 유럽에서는 최초로 프랑스가 이 문제를 정리하기 위해 '시청각 커뮤니케이션법loi sur la communication audio-visuelle'을 채택·통과시켰다.

영화정책이 당면했던 종류의 문제는 유럽뿐 아니라 미국을 제외한 많은 나라에서 유사성을 보인다. 산업이면서 예술이라는 양면성의 문제, 문화적 민주주의, 외화로부터의 국내 시장 보호, 국산 영화의 경쟁력 배양, TV를 비롯한 경쟁 미디어들과의 관계 정립 문제 등은 영화산업의 발달 단계에 따라 시간적 차이가 있다. 게다가 문제가 제기되는 방식이 다르긴 해도, 어느 나라에서나 공통되게 영화정책의 과제로 등장했던 문제들이다.

3. 한국 영화정책의 변천 과정[8]

자유당 정부의 국산 영화 육성을 위한 영화정책의 내용은 다음과 같다. 1954년 실시된 국산 영화에 대한 입장세 면세 조치, 1958년 공포된 "국산 영화 장려 및 영화오락 순화를 위한 보상 특혜 실시"에 의한 우수 국산 영화의 포상제도 설치, 외국 영화에 대한 쿼터제 실시 등을 통한 국산 영화의 시장 보호와 외화 수입권의 이권화로 요약될 수 있다. 외국 영화가 단순히 서류심사나, 실사심사로 제한 없이 수입되던 것이 한국 최초로 외국 영화에 대한 쿼터제를 실시함으로써 국산 영화시장의 보호를 시도한 것이다. 이와 함께 우수 국산 영화(1회 다섯 편 이내) 보상 특혜 제도를 두어 우수 국산 영화 제작자에게 외화 수입권 특혜를 부여하기로 했다. 이것을 계기로 외화 수입권이 이권화되기 시작한다.

자유당 정부의 국산 영화 육성책에 고무되어 1954년 12개사이던 영화 제작회사는 1959년 71개사로, 제작 편수도 1954년의 18편에서 1959년 111편으로 급격히 증가했다. 국산 영화 제작에 대한 관심이 고조되는 것은 바람직한 현상이었지만, 결과적으로 군소 영화사의 난립을 가져와 영화시장 조정의 문제가 대두되기 시작했다. 이러한 상황에 획기적 변화를 가져온 것은 제3공화국 정부가 1962년에 제정하여 1963년에 개정한 새로운 영화법이었다. 당시의 여러 신생국가의 예를 따라 '발전 이론'에 충실하게 민심 수습과 근대화 정책에 매스컴을 최대한 동원하기로 한 5·16 군사정권은 매스컴 문제를 전담할 공보부를

---

8) 영화진흥공사에서 나온 『한국영화자료편람』(초창기~1976) 및 『한국영화연감』(1977~84)을 참조했다.

신설하고, 영화와 관련해서는 국립영화제작소를 설치하여 뉴스·홍보물 영화를 정규적으로 제작하게 하는 한편, 본격적인 민간 영화산업 육성을 겨냥한 새로운 영화법을 발표했다.

영화법은 1962년에 제정되었다가 1963년 1차 개정, 1966년 2차 개정, 1970년 3차 개정, 1973년 4차 개정, 1984년 5차 개정의 과정을 거쳤다. 1962년의 영화법에서 주목할 것은, 종래까지 신고제였던 영화 제작과 외화 수입업을 등록제로 바꾼 것이다. 1963년의 개정법은 1962년의 법 조항을 보완하여 영화사 설립 및 등록의 기준을 강화했고, 외화 수입업을 폐지하고, 영화 제작사에 외화 수입권 전체를 배정할 것을 규정했다. 1966년에 통과된 개정법의 주요 내용은, 외화의 수입 편수를 당해 연도의 국산 영화 상영 편수의 3분의 1을 초과할 수 없도록 제한하는 한편, 외화 전문 영화관에 대한 스크린쿼터제 적용, 국산 영화 제작권 배정제도 실시 등으로 1966년 제정된 영화사 등록과 인가의 조건을 대폭 완화한 것이었다.

1970년의 개정법은, 1963년의 외화 수입법의 폐지를 다시 백지화하고, 수입업을 부활시켰으며, 영화산업 관련협회를 멤버로 하여 영화진흥조합을 설치하여 외화 수입업자로부터 진흥기금을, 기타 회원들로부터 출자금을 받아 그것을 재원으로 국산 영화 제작비 융자 업무 및 국산 영화 육성 과제를 맡아 시행토록 했다. 이것은 공보부가 말썽 많은 영화 육성 과제를 관의 직접적 개입 없이 영화계 자율적으로 수행해나가도록 했다는 점에서 주목할 만하다. 1973년의 개정법은 영화 제작업을 종래의 등록제에서 허가제로 바꾸고, 1970년 부활시켰던 외화 수입업을 다시 폐지하여 영화진흥조합을 해산하고, 문공부 후견하에 공영기구인 영화진흥공사를 두어 영화진흥 업무를 담당케 하고, 외화 수입권을 국산 영화 제작업자에게 돌려줄 것과, 대신 그들로부터 진흥기금을 납부받아 영화진흥공사 운영을 위한 재원으로 사용할 것을 규정했다. 1984년에 이르러 5차의 개정을 거친 영화법은, 영화 수입업을 다시 부활시켜 영화 제작업과 외화 수입업을 분리시킬 것, 영화 제작업을 허가제에서 등록제로 바꾸고, 1년에 한 편 제작이라는 조건하에서 독립영화 제작을 허용했다.

이상에서 볼 때 1962년부터 1984년에 이르는 한국 영화 육성책의 기본 골격은 ① 외화 수입 쿼터 및 스크린쿼터제 실시로 외화의 수입 편수 및 상영시간을 제한하여 국산 영화시장을 보호하고, ② 수입 외화의 수익금을 영화 육성을 위한 재원으로 해서 영화제작사를 지원하며, ③ 영화제작사를 집중 지원하고 영화사 증가를 억제함으로써 대기업으로 육성해서, 영화의 질적 향상과 아울러 산업으로서의 발달을 도모한다는 것으로 요약해볼 수 있다.

이중에서 외화의 스크린쿼터제 실시를 제외하고는, 그 방침들을 적용시켜나가는 과정에서 실패를 거듭했거나, 온갖 반대와 항의에 부딪혀 시행 방법을 무수히 바꾸어야만 했다.

새로운 영화법의 시행에 앞서 정부는 기존의 71개사에 달했던 영화사를 자진 통폐합 형태로 16개사로 정리했으며, 1963년의 영화법으로 강화된 시설기준과 설립 허가조건을 적용시킨 후 2차 통합을 단행해서 4개사로 줄여버렸다. 1962년의 영화법에서 규정하고 있는 영화 제작업의 등록제는, 난립해 있던 영세 규모의 제작업을 대기업화하여 미국, 일본에서와 같은 메이저 컴퍼니 시스템을 정착시키고자 하는 의도였다. 그러나 당시의 영화 제작 자본이 워낙 영세 규모여서 몇 차례의 통합에도 불구하고, 영화법 시행령에 명시된 시설기준[9]을 갖추

---

9) 등록요건으로 200평 이상의 스튜디오, 녹음기 한 대 이상, 조명기 60kw 이상, 35mm 카메라 세 대 이상, 5년 이상의 감독 경험을 가진 3인 이상의 전속 감독 및 다섯 편 이상 극영화

고, 연간 15편 이상의 영화를 제작할 수 있는 실력을 갖춘 회사는 거의 없었다. 1966년 정부는 한 걸음 후퇴하여 2차로 영화법을 다시 개정하여 영화사의 등록요건을 대폭 완화했다. 제작사별 의무 편수도 15편에서 두 편으로 줄여버렸다. 2차 개정법 이후 현재까지 10~20개 정도의 영화사가 제작 활동을 해옴으로써 실상 메이저 시스템의 꿈은 실현되지 않았지만 등록제는 여전히 고수되었다.

1973년의 개정법은 영화제작사 설립을 더욱 억제하게 되는 제작업의 허가제를 공포했다. 등록요건을 완비했어도 문공부장관의 허가를 얻어야 제작업을 할 수 있으며, 장관은 영화의 수급 조절상 필요하다고 판단될 때는 신규 설립을 허가하지 않을 수 있다는 단서가 붙은 것이었다. 1984년의 개정법은 영화 제작업을 다시 등록제로 바꾸고 연간 한 편에 한해 독립영화 제작을 허용함으로써, 최소한 형식상으로는 제작 자유화가 이루어졌다.

외화 수입권의 배정 문제 역시 난항을 거듭해왔다. 외화 수입업의 폐지 이후, 1966년까지는 영화사별로 국산 영화의 제작 실적의 비율에 따라 혹은 수출 및 해외 영화제 출품 수상의 실적에 따라 수입권을 배정하는 방법을 택했다. 이어서 1967년부터는 제작 실적 보상제도를 우수 영화 제작 실적에 따른 보상으로 대체하고, 수출 실적, 해외 영화제 출품·수상작 외에 대종상 수상작에 대한 외화 수입권 배정을 추가했다. 1970년에는 외화 수입업을 다시 부활시켜 영화진흥자금을 납부케 하고 그것을 재원으로 해서 제작 자금을 융자해주는 방안도 채택되었다. 그러나 성공률이 적은 영화 제작에서 융자금의 회수가 쉽지 않아지면서, 다시 외화 수입업을 폐지하고 우수영화심사제도를 부

출연 경험의 남녀 전속 배우, 5년 이상 경력의 녹음 현상 기술자를 전속으로 고용할 것, 등록된 영화제작사는 연간 15편 이상의 극영화를 제작해야 할 것 등이다.

활시켰다. 우수 영화 선별 목적이 아니라 외화 수입권 배정을 위해 마련된 제도였던 만큼, 모든 이권의 배정 과정이 그렇듯이 추문과 잡음이 끊이지 않았다. 외화 수입권의 합리적이고 공정한 배정을 위해 정책 당국은 온갖 기발한 지혜를 다 짜냈다. 이에 따라 우수 영화 심사의 운영도 심사위원회를 따로 두었다가, 영화검열위원들이 겸하게 했고, 위원의 구성도 영화계 인사를 포함시켰다, 제외시켰고, 선별 방식도 점수제에서 전원일치제로 바꾸는 등 상상 가능한 온갖 방법이 1970년대를 거쳐 1980년대 중반까지 총동원되었다.

1984년의 개정법은 외화 수입업을 부활시키고, 외화 수입업자와 국산 영화 제작자로 하여금 예탁금을 납부케 함으로써, 대체로는 1970년의 방식으로 되돌아갔다. 하지만 1973년 이후 시행되어온 우수영화보상제도와 절충하여, 몇 편의 수입권은 우수 영화에 배정하는 내용을 담고 있다.

결국 10여 년 이상 영화계의 숙원이었던 영화 제작업의 자유화가 이루어지고, 제작업과 수입업의 분리도 실현되었다. 하지만 앞으로 제작업을 어떤 방식으로 어느 정도 지원할 것이냐의 문제는 새 개정법의 시행령에 달리게 되었다. 여하튼 대략 1980년대 중반까지는 1962년에 구상했던 제작업의 대기업화가 실패로 돌아가 포기한 후에도, 대기업화를 전제로 해서 만들어진 제작업의 집중적 지원의 골격은 변함없이 유지되어왔다.

4. 한국 영화 육성책의 문제점

적극적 영화정책의 실시 이래 정부는 산업적 육성을 위해서는 많은 노력을 기울여왔지만 예술적 육성을 위해서는 거의 무관심했다. 따라서 산업적 육성과 예술적 육성이라는 이원적 육성을 소홀히 해온 것이 불합리한 점의 하나로 지적될 수 있다. 물론 대종상, 우수영화심사제도 등 명목상으로는 영화의 질적 향상을 위한 보상제도들이 존재한 것같이 보이지만 이것은 명목과 달리 외화 수입권 배정의 한 방편으로서 동원된 산업적 육성용 정책이었다.

(1) 산업적 육성책의 문제점

① 제작 분야에 대한 집중 지원

20여 년간의 영화 지원은 한결같이 제작업에만 집중되어왔다. 그것은 마치 영화산업이란 제작업에 국한되는 것으로 착각하게 만들 정도였다. 물론 제작업의 중점적 지원도 영화산업 육성의 한 방법이 될 수 있다. 예컨대 미국처럼 국내외로 넓은 시장을 확보하고 있고, 제작된 영화의 배급 방법도 다양한 다국적 기업에, 멀티미디어 체제를 갖추고 있는 경우, 산업 육성을 위한 정공법은 바로 제작에 대한 투자이다. 그러나 시장도 좁고 극장 흥행 이외의 다른 소화 방법이 한정되어 있을 때 제작 못지않게 지원되어야 할 부분은 배급과 흥행이다.[10] 전자의 경우는 상품 부족 해소를 위한 투자가 이루어져야 하고, 후자의 경우는 상품 소화를 위한 투자가 이루어져야 하기 때문이다. 실상 TV 충격 이후, 처음 몇 년간 전 세계적으로 영화산업이 불황의 늪에 빠졌을 때, 영화 인구 감소 원인 중의 하나는 극장의 연쇄적 폐쇄였다고 플리시Patrick Flichy는 지적하고 있다. 즉 수요와 공급의 원칙에 따

---

10) P. Flichy, *Les Industries de l'imaginaire*, Grenoble : PUG, 1980, p. 50.

라 수요가 줄어드니 공급을 줄였고, 공급의 감소는 수요의 감소를 촉진한 결과를 낳았다는 것이다.[11] 이러한 메커니즘을 의식한 유럽 국가들은 극장의 계열화를 추진하고, 극장 시설의 개선 및 멀티플렉스 체제multiplex system의 도입 등으로, 흥행 자본의 육성 및 관객 유치를 위한 전략에 부심해왔었다. 이 같은 정책을 일찍부터 실시해왔던 프랑스, 이탈리아, 영국 등지에서는 매년 내리막길을 치닫던 관객의 감소를 정지시킬 수 있었다고 한다.[12]

그런데 영화시장 조건이 구매자 시장이며 흥행 자본이 영세 규모인 우리나라 상황에서 배급·흥행 분야를 제쳐놓고 제작업 지원에 치중하여, 시장의 수급 조절도 제작 편수 제한이라는 비록 간편하지만 고식책밖에 되지 않는 방법에만 치중해왔다는 것은 크나큰 모순일 수밖에 없다. 물론 영화산업은 투기성이 비교적 큰 것으로 한 편의 영화가 수십 편의 수익 정도와 맞먹거나, 수십 편의 실패작으로 생긴 손해를 보상할 수도 있다. 그로 인해 관객을 끌 수 있는 영화 제작에 모두들 고심하게 되고, 정책 당국이 산업 육성으로 제작비 지원을 하게 하는 것도 건전하면서도 '손님 끌 수 있는' 영화를 제작할 수 있도록 지원함으로써 영화산업을 활성화시킬 수 있으리라는 기대가 있기 때문이다. 하지만 영화사 차원의 정책이라면 몰라도, 정부 차원의 정책이라면, 특정 작품 위주가 아니라 작품과 상관없이도 꾸준히 극장에 관객이 모여들 수 있는 여건을 조성해나가는 것이어야 한다. 미국처럼 영화 제작에 대규모의 예산을 투입해 고도의 마케팅 테크닉과 만족도의 사전 테스트까지 거쳐 내놓는 영화의 성공 확률도 4~5편당 한 편으로 통계가 나와 있듯이, 모험도가 큰 산업이니만큼 정부 차원에서

---

11) 같은 책, p. 46.
12) H. False, "Avant-propos," in *Problèmes audio-visuels*, No. 10, INA, 1982, p. 1.

는 작품관객이 아닌 극장관객을 개발함으로써 그 모험도를 줄여나갈 수 있도록 지원해야 한다. 배급·흥행 분야의 지원은 그러한 성격을 지닌 것으로 구매자 시장인 경우 더욱 중요한 의미를 갖는다.

② 제작 지원의 대상

국산 영화산업 발달을 위한 지원이 영화 제작업에 집중되었고, 제작의 지원도 제작 활동 자체가 아닌 영화사를 대상으로 했다는 것 역시 많은 문제점을 갖고 있다. 제작사의 직접적 지원 방식은 제작업의 대기업화를 목표로 한 지원 방법으로 메이저 컴퍼니 시스템의 정책이 가능한 시장조건과 시대적 여건이었다면 효과를 거둘 수도 있었을 것이다. 그런데 1966년의 법 개정으로 등록요건이 대폭 완화되어 영화사가 20여 개로 늘어나게 되었을 때, 메이저 시스템의 정책은 실패로 끝난 것이 누구에게나 명백했음에도, 메이저 시스템 정착을 위해 만들어졌던 청사진은 부분적인 수정만으로 계속 건재했다. 메이저 시스템이 실제 포기되었는데, 영화 진흥 방식이 수정되지 않았다는 것은 커다란 모순이었다. 중소 영화사 체제에서 지원 대상은 당연히 제작사가 아닌 작품이 되어야 한다. 중소 영화사 체제에서 영화 진흥의 주역은, 자본가가 아닌 영화인 자신들이 될 수밖에 없기 때문이다. 수익성이 좋지 않고 장래의 전망이 불투명한 업종이었으니만큼, 영화의 진흥은 자본의 논리에 따라 그 지원금을 수익성 좋은 분야에 투자하고 싶은 유혹을 막기 힘든 자본가가 아니라 영화를 생업으로 하는 사람들에게 기대할 수밖에 없는 것이다.

지원 대상이 작품이 될 경우, 그 수혜자는 작품의 저작권자로서 감독, 연기자, 기술자, 영화 각본 작가, 음악인, 기획인으로서 제작 당시 그 기여도에 따라 저작권의 분배율을 자율 조정하는 것이 보통 해외의 관례이다.

③ 제작업의 대기업화

앞서 지적한 바와 같이 우리나라처럼 영화시장이 좁고 극장 흥행 외의 다른 배급 방식을 갖추지 못했을 경우 제작업의 대기업으로의 육성은 실효를 거두기가 어렵다. 대기업으로 육성한다면, 제작에 대한 자본 투자 규모도 커지고, 이에 따라 미국 영화산업이 그 모범 사례로 되어 있는, 특수효과 등 물량동원을 통한 대형 오락영화의 발달이 가능하리라는 계산이 작용했던 듯하다. 특히, TV와의 경쟁을 고려해야 했던 1960~70년대는 TV에 침식당한 관객 확보를 위해 TV가 보여줄 수 없는 눈요깃거리를 제공하는 것이 영화가 살아남는 길이라는 미국식 처방이 유일·절대의 것으로 받아들여졌던 시절이기 때문이다.

TV에 대항하기 위해 사용되어온 전략은 대충 두 가지 타입으로 요약될 수 있다. 그 첫째는 할리우드 스타일로, 대규모 자본을 소수의 대형 영화에 집중 투자하는 방식이다. 스타 사용, 특수효과 동원 등 흥행의 성공 요건을 충족시킨 작품을 제작하기 위한 최대한의 노력을 기울이고, 만족도 테스트를 거쳐 수정하고 고도의 마케팅 테크닉을 사용해 대대적인 광고 작업을 벌인다. 그리고 흥행용 복사 프린트를 1,000~2,000여 개[13] 제작해 세계의 주요 도시에 일제히 동시상영함으로써 자본 회수를 빨리하는 배급·상영 방식multiple run 등을 사용하게 된다. 그러나 이 같은 전략은 방대한 규모의 국내외 시장을 지배하고 있는 미국 외의 어느 나라도 시도하기 어려운 방법이다.

또 다른 하나는 미국의 독립 프로덕션들과 유럽의 방식으로 소규

---

13) 우리나라에서는 전국 흥행을 위해 보통 여섯 개를 제작한다.

모 제작비의 영화를 다량 제작하되, 취향별로 영화의 종류를 다양화하여 이에 맞추어 극장의 구조를 변경, 멀티플렉스 체제를 도입해 종래의 대형 관람실들을 분할하여 3~5개의 관람실로 전환시키는 방법이었다. 이것은 축적된 제작 자본의 규모가 작고 시장이 한정되어 있는 경우에 적절한 방법이다. 우리나라 영화산업의 상황에서는 후자의 방식이 타당할 것이다. 그런 경우에는 제작업을 대기업으로 육성시킬 필요도 없으며, 공공자금으로 먹여 살리지 않는 한 육성될 수도 없다. 따라서 소규모 제작사의 난립이 자연스러운 것으로, 프랑스의 경우 대부분의 제작사가 연간 한 편씩 제작하는 정도이며, 극소수가 세 편 이상을 제작할 수 있는 규모일 뿐이다.[14] 영화제작사의 난립이 영화의 질적 수준의 저하를 가져오리라는 것이 당시 정책 당국의 우려였지만, 프랑스·이탈리아의 영화가 그 반대를 증명하고 있다. 영화사가 난립되어 있는 경우, 질적 수준의 저하가 우려되는 이유는 영화 기자재의 결핍 때문이다. 그러한 상황에서는, 기술적 저질화를 막기 위해 정책적으로 저렴한 가격의 기자재 임대제도를 정착시켜야 한다.

영화법이 네 차례나 바뀐 1960년대는, 거의 TV 폭발시대라고 해도 좋을 만큼 TV 세트의 급격한 보급과 함께 우리 사회가 TV 방송국을 셋이나 소유하는 사치를 누리던 시기였다. 이때 몇 차례의 통폐합에도 불구하고 등록기준을 만족시킬 수 없었을 만큼 제작 자본 규모가 영세하고, 넓지 않은 국내 시장이 전부였던 영화 제작업이 더구나 TV 공세하에서 대기업으로 성장할 수 있기를 기대한 것은 중대한 계산착오였다고 생각된다.

---

14) P. Flichy, *Les Industries de l'imaginaire*, p. 50.

④ 제작업에 대한 지원 방식

재정적 지원 방식

제작업에만 집중 지원을 했다는 것, 또 그 지원이 제작업의 대기업화를 겨냥한 것이었다는 것도 문제점이지만, 제작업을 지원하는 방식도 제작업 육성의 실효를 거두기 어려운 것이었다. 그 이유는 외화 수입권을 이권화했고, 외화 수입권을 제작업자에게 배정해서 제작업-수입업을 연계시켰으며, 지원의 대상이 저작권자가 아닌 영화사였다는 점, 그리고 산업 육성을 위한 지원이면서 그에 적절한 자동적 지원 방식이 아닌, 선별적 지원 방식을 썼다는 점 등에서 찾을 수 있다.

1963년 영화법이 시행되기 이전과 1970년 영화법 이후 잠깐을 제외하고는 국산 영화 진흥 재원으로 삼았던 외화 수입권은 우수영화심사제도 등의 선별을 거쳐 제작사에 배정되었다. 외국 영화의 수익성 좋은 현실을 이용해서 그것을 국산 영화 육성의 재원으로 삼는 것은 좋지만 그 분배 방식은 문화 육성의 주무부서로서 취할 수 있는 방법이 아니었던 것 같다. 외화 수입권을 공공연하게 이권화해 국산 영화 제작의 보상 방편으로 삼음으로써 외국 영화와 국산 영화 간의 우열을 공식화하여 외국 영화는 흥행이 잘되는, 따라서 보러 갈 만한 가치가 있는 영화인 반면, 국산 영화는 재미없어 관객이 모이지 않는 영화임을 앞장서서 천명해준 셈이었기 때문이다. 결과적으로 우리 문화 육성의 주무부서가 문화적 사대주의의 조장에 한몫 거들었다는 비난을 면하기 어려운 조처였다. 그 결과는 영화사들로 하여금 의무 편수 맞추기용의 졸속, 날림의 저질 영화나 우수 영화 심사용 장르라 부를 수 있는, 흥행은 고려하지 않고, 저질 영화에 진저리치는 심사원들의 예상 취향에 맞춘 문예물—인정받은 문학작품을 영화화한 것으로, 영화적 가치는 의심스러운 경우가 많으며, 지방의 변두리 영화관

에서 일주일 정도 형식적으로 세상 빛을 본 뒤 사장되어버리기가 일
쑤인—이나 반공물·계몽물 제작에나 안주하도록 조장했다.

이로써 한국 영화 제작업이란 외화 수입 이권을 얻기 위한 하나의
절차로서 명맥을 유지하는 신세가 되었다. 이러한 상황의 책임을 제
작자들의 문화의식 결여의 탓으로 돌리곤 한다. 하지만 문화산업이
란 근본적으로 문화 영역에 자본주의 생산양식의 침투로 비롯된 것이
니만큼, 자본의 논리에 지배당하지 않을 수 없는 자본가들에게 문화
의식을 갖고 이윤을 희생하기를 기대하는 것은 언제 어느 사회에서나
하나의 이상론일 뿐이다. 대중매체 시대의 문화정책이란 바로 이 문
화산업의 문제점을 해결하기 위해서, 즉 문화산업을 이윤 추구의 동
기로서만 활용하지 않도록 조정하기 위한 사명을 지닌 것이다. 이윤
추구의 동기와 문화적 가치 추구의 동기가 서로 교차하는 십자로 선
상에 문화산업을 위치시키고자 하는 것인데, 외화 수입과 국산 영화
제작의 연계 방식은 거꾸로 문화적 가치가 이윤 추구 동기에 완전히
압도당할 수밖에 없는 상황을 조장하는 것이었다. 더욱이 외화 수익
금을 국산 영화 제작비에 전액 투자하도록 통제할 수 있는 효과적 장
치마저 마련하지 못함으로써, 그 상황은 개선될 여지가 없었다. 의무
제작 편수 규정은 실효를 거둘 수 있는 방법이 되지 못한 것이, 제작비
의 규모란 얼마든지 신축성이 있는 것이기 때문이다.

선별적 지원 방식

제작업에 대한 지원은, 제작된 작품이 흥행의 성공을 거둠으로써
제작의 활성화가 이루어질 수 있도록 거들고, 제작 자체가 가져올 수
있는 손실을 극소화해주기 위한 것이다. 이러한 목적의 지원은 일반
적으로 흥행 성적에 따라 자동적으로 혜택이 돌아가도록 하는 자동

적 지원 방식을 택하는 것이 일반 원칙이다. 프랑스, 이탈리아, 독일 등의 세금환부제가 그 예로 영화관 입장권에 부과되는 특별부가세를 100퍼센트 전액 저작권자에게 돌려주는 제도이다. 이 경우, 혜택의 규모는 흥행 성적에 정비례하는 것이므로 국산 영화의 흥행성 제고를 위한 노력에 인센티브를 주게 된다. 그러나 이것은 자칫하면 가뜩이나 돈 못 번 영화를 더욱 차별하며 선의의 피해자들, 예컨대 질적으로 우수한 작품을 만들었으나 흥행에 참패한 영화인들에게 지나친 불이익을 주게 될 염려가 있으므로 영화시장이나 국산 영화의 일반적인 질적 수준에 따라 환부되는 세금의 비율에 차등을 두기도 한다. 예컨대 특정 액수 이상의 수익을 올린 영화의 경우 50퍼센트, 그 이하는 100퍼센트 이상으로 올려주는 방법이다. 그러나 그 어떤 경우에든 모든 영화에 그 혜택이 주어지고 흥행 성적에 따라 지원 액수가 자동적으로 결정되는 것이니만큼 자동적 지원이라고 부른다.[15] 산업적 측면의 지원은 그것이 융자의 형태를 취하든 사후 보상의 형태를 취하든 시장성이 그 기준이 되지 않을 수 없다. 물론 영화에 대한 지원은 질적 향상을 위해서도 기울여져야 한다. 이 경우에는 질적 수준이 담보되어야 하며 그 방식은 당연히 선별적 지원 방식을 택해야 한다.

　1960년대 이래 우리나라의 영화 지원책은 대체적으로 작품의 질적 수준을 선별기준으로 한 선별적 지원의 방식만을 사용해왔다. 즉, 지원의 자금원인 외화 수입권 배정에서 그 특성을 뚜렷이 알 수 있는데, 1970년대 이후 잠깐 동안을 제외하고는 대체로 우수영화심사제도, 대종상 등을 통해 선별적으로 배정해왔다. 일본을 위시해 우수영화심사제도를 시행하고 있는 나라는 더러 있다. 대부분의 경우 대중문화의

---

15) C. Degand, "Si les cinémas européens veulent survivre…," in *Film Action*, No. 2, Paris, 1981.

방향을 유도하기 위한 포상의 성격을 갖는 것이지만, 우리나라의 경우는 산업적 육성이 근본적인 목적이었다는 데 차이가 있다. 물론 영화법 제1조에 "영화산업의 육성 발전과 영화예술의 질적 향상을 동시에 도모하자는 것"이 영화 지원책의 목표로서 명시되어 있지만, 우수영화심사제도의 운영 방식을 들여다보면 제작사의 기업적 육성에 치우쳐왔음을 알게 된다. 결국 예술 육성에 주로 동원되는 선별적 지원제도가 기업 육성의 방법으로 사용된 셈이다. 영화법에 명시된 대로 영화의 질적 고양을 위한 지원의 의도가 그 속에 포함되어 있었다 해도, 선별적 지원제도 한 가지 방법으로 기업 육성과 예술 육성이라는 두 가지 목적을 동시에 달성할 수는 없다. 그 두 가지가 각기 다른 처방을 필요로 하기 때문이다. 영화 육성이 이원적 정책을 필요로 하는 이유가 바로 여기에 있다.

(2) 예술적 육성책의 부재

앞에서 설명했듯이 영화의 예술적 육성을 위한 지원 방식은 산업적 육성의 방식과 근본적으로 다를 수밖에 없다. 그런데 우리의 영화정책에는 영화예술 육성을 위한 지원책이 마련되어 있지 않다. 대종상, 우수영화심사제도 등 선별적 지원제도가 형식상으로는 질적 향상을 의도한 것처럼 보이나, 실제 겨냥하고 있는 것은 기업적 육성이다.

예술적 육성은 근본적으로 인재의 배양과 그 인재의 활용방안에 그 바탕을 두어야 한다. 이것은, 그 실적이 눈에 두드러져 보이지도 않으면서 장기적이고 끈질긴 투자를 요구한다. 씨를 뿌려 거두기까지 최소한 10여 년 이상을 기다려야 하는 인내를 필요로 한다. 스튜디오를 짓고 현상시설을 근대화하는 일도 중요하지만, 그것은 돈으로 단시일 내에 이루어질 수 있는 일이다. 반면 인재 육성은 돈, 시간, 관용, 예술에 대한 안목과 이해를 필요로 한다.

우리나라의 문화정책은 일반적으로 하드웨어 중심이며, 소프트웨어의 개발은 염두에 두고 있지 않아 효과를 거두지 못한다는 비난의 소리를 종종 듣는다. 번쩍거리는 대형 공연장을 곳곳에 짓고, 관광단지를 개발하고, 박물관·대형 기념관들을 짓지만, 그 속을 채울 만한 문화적 내용이 없다는 것이다. 채울 내용이 없어 비어 있는 대형 공연장, 경치나 고적 외에는 구경거리도 활동거리도 없어 심심한 관광단지, 기념품밖에 없는 기념관 등이 문화적 역할을 제대로 해낼 리 없다. 그 속을 채울 내용은 금방 눈에 보이는 건물 짓기가 아니라, 오랜 시간이 걸리는 사람 기르기에 대한 지원을 필요로 한다. 영화정책도 이와 같은 하드웨어 중심의 문화정책과 같은 발상법에 따라 산업적 지원에만 치중해왔다. 그 알맹이를 채울 수 있는 재능의 개발과 활용에는 관심을 두지 않았다. 결과적으로 제대로 훈련된 인력 수급의 길이 막힘으로써 영화의 저질화와 침체가 더욱 조장되었다.

미국처럼 산학협동이 잘 이루어져 있고 영화사 규모가 커서 자체 훈련으로 보완할 수 있는 상황이면 인재 배출 기능을 대학에 맡길 수도 있다. 하지만 그렇지 못한 경우 특수전문학교를 두어 텔레비전과 영화에 요구되는 인력을 전문 분야별로 나누어 철저한 전문교육을 시키는 제도가 흔히 채택되고 있다. 우리나라에는 대학에 영화학과가 있고, 영화진흥위원회 내에 영화 아카데미라는 것도 설치되어 있지만, 실상 시설과 재원의 부족으로 영화 인재 배양의 기능을 제대로 담당하지 못하고 있다. 더욱이 전문교육을 위해 설치된 영화 아카데미는 학위를 인정받는 고등교육기관으로서의 지위를 갖고 있는 것도 아니고, 전문 분야별(연출, 편집, 음향, 촬영 등) 인재 양성 코스도 되지 못한 채, 고등영화교양학원의 수준을 벗어나지 못하고 있는 듯하다.

영화의 예술적 육성은 인재 양성 프로그램만으로 충분하지 않고 배출된 인재를 효과적으로 지원해 직업활동으로 연결될 수 있도록 돕는 제도가 마련되어야 한다. 그중 가장 많이 볼 수 있는 것이 영화 지망생들의 실험영화, 단편영화 혹은 첫 장편영화 제작비 보조와 함께 흥행성이 약한 영화의 제작비를 지원해주는 방법이다. 프랑스의 '전대금제도avance sur recettes,' 독일의 청소년영화기금 등의 선별적 지원제도가 그것이다. 그 외 일본의 우수영화심사제도, 일부 국가의 국내 영화제 등도 예술적 육성을 위한 선별적 지원제도에 속한다.

산업 육성을 위한 자동적 지원과 예술 육성을 위한 선별적 지원의 비율은—각기 상황에 따라 다르지만—질적 수준 문제보다 산업적 측면의 허약함이 심각했던 프랑스, 이탈리아는 자동적 보조의 비율이 선별적 보조보다 크다. 반면, 독일의 경우는 포르노와 저속 코미디물이 독일 영화의 주종을 이루었던 상황을 타개하기 위해 선별적 보조에 치중했던 나머지, 국제영화제에서 수상하고도 독일 국내에서는 상영되지 못하는 영화가 속출하는 이변을 낳음으로써 영화정책의 전환이 요청된다. 우리나라에는 영화 인재 수급을 위한 전문 교육기관도 부재하며, 그 외 실험영화에 대한 제작비 보조 등 실습을 통한 인재 양성 프로그램도 미미하다. 게다가 상업영화의 질적 향상을 위한 선별적 지원제도여야 할 우수영화심사제도는 기업적 육성을 위해 운영되었다. 이로 미루어볼 때 예술적 육성책의 거의 완벽한 부재 속에서 우리나라 영화문화 빈곤의 또 다른 원인을 찾을 수 있을 것이다.

5. 맺는 말

(1) 한국 영화 육성책의 실패 원인

영화법의 제1조가 시사하고 있듯이 1960~80년대의 우리나라 영화 정책의 기본 과제는 "영화산업의 육성 발전 촉진과 영화예술 향상의 도모로 민족예술의 진흥에 기여하는 것"으로, 영화예술과 영화산업 간 타협점의 모색으로 귀착될 수 있다. 그러나 그 타협점이란 구체화 될 수 있는 어떤 지점도 아니며, 설사 그런 것이 있다 해도 정책적 차 원에서 개입할 문제도 아니다. 정책이 해야 할 일은 좀더 양질의 영화 문화적 가치가 더 많은 사람에게 분배될 수 있도록, 예술과 산업이라 는, 서로 모순관계에 있는 영화의 두 측면이 고르게 발전하며 상호 간 에 촉진제로 작용함으로써, 어느 한쪽이 기형적으로 지배하는 영화가 되지 않도록 유도하는 것이다. 그러나 영화예술과 영화산업은, 한쪽 의 발달을 위해 다른 편의 발달이 요구되는 필요조건의 관계에 있지 만, 충분조건의 관계는 되지 못한다. 산업적 발달이 당연히 예술적 질 의 향상을 가져오지는 않으며, 예술적 향상이 자동적으로 산업 발달 로 연결되지도 않는다. 그 둘은 추구하는 가치의 차이만큼이나 다른 처방을 필요로 한다. 따라서 영화예술과 영화산업 간의 타협점은 예 술적 육성, 산업적 육성이라는 이원적 육성을 통해 모색되어야 한다. 물론 상황에 따라서는 어느 부분에 중점을 둘 수도 있고, 잠정적으로 다른 부분을 소홀히 할 수는 있으나 이러한 편중을 오랫동안 방치해 서는 안 된다.

1960년대부터 1980년대에 이르기까지 한국 영화 육성책은 영화예술 육성을 위해서는 거의 아무것도 하지 않고 오로지 산업적 육성에만 전력투구를 해온 셈이다. 당시 한국 영화가 저질문화의 상징처럼 되어버린 것도 우연은 아니다. 그렇다고 볼만한 구경거리로 수익성 있는 돈벌이 수단도 되지 못했다. 그것은, 한국 영화의 저질화가 영화의 산업성에만 관심을 가진 나머지, 홍행의 성공을 통한 상업적 이윤 추구에만 급급했던 데서 비롯된 것도 아니다. 흔히 한국 영화가 예술성을 무시하고 홍행성만 추구해왔기 때문이라는 간단한 평가를 내리기도 하지만, 한국 영화가 홍행성만을 절대명제로 삼아 본격적으로 추구했더라면, 한국 영화는 훨씬 더 볼만한 것이 되었을지도 모른다.

불행히도 우리는 영화예술가나 그 애호가들이 진저리치는 제작자들의 홍행사 근성마저도 겪어볼 기회가 없었다. 물론 홍행 잘되는 소재에 속한다는 성·폭력·눈물과 스타를 두루 섞어 만든 영화들이 대부분이었지만, 실상 홍행성이 절대 목표로서 추구된 것은 아니었다. 홍행의 성공으로 이윤을 올리겠다는 것은 부차적인 목표였다. 그 영화들의 근본적인 존재 이유는 외화 수입권이라는 이권을 배정받기 위한 요식행위인 경우가 대부분이어서, 홍행에 성공하면 좋지만 실패해도 큰 문제는 없었기 때문이다. 한국 영화 제작업의 지원을 통해 영화 진흥을 도모하겠다는 산업 육성책은 결과적으로 제작사의 자산 규모를 키워주었다. 하지만 제작업에 대해서는 홍행성을 신탁처럼 여기는 홍행사 근성을 약화시킴으로써 기업으로서의 제작업이 제 기능을 발휘할 수 없도록 만든 셈이다.

1960~80년대의 산업 육성책은 한국 영화의 홍행성을 길러주어 재미있는 영화를 만드는 데도 실패했지만, 영화 관람 나들이 자체가 즐겁고 재미있는 것으로 만드는 데도 실패했다. 영화 관람은 여가행위로서 불요불급한 것이 아닌 만큼 여가 장소다운 쾌적한 환경과 조건

을 만드는 것이 중요한데, 이 점에 관심을 두지 않았던 것이다. 더구나 영화가 유일한 오락수단이던 시절의 전통대로 대극장제가 구태의연하게 유지되어, 취향대로 영화를 선택해서 영화작품의 성격에 따라 알맞은 규모의 관람실에서 작품 감상답게 영화를 관람할 수 있는 흥행조건도 마련되지 않았다. 소극장들이 생기기 시작했지만, 그것과는 기능이 다른 멀티플렉스 체제가 도입되어야만 개선될 수 있는 문제였다. 그러한 흥행조건하에서는 제작조건도 달라져 대형 영화에서 소규모 제작비의 영화까지 다양한 규모의 영화가 공존할 수 있게 된다.

또한 등록제, 허가제, 다시 등록제 등을 전전하며, 언론 자유의 관점에서도 예술 창작 자유의 관점에서도 용납될 수 없는 제작 활동을 제한하는 방법에 의존하지 않고도 영화의 수급 조절은 훨씬 더 수월할 수 있다. 이와 같은 문제는 흥행업자의 단독적인 시설 투자로써 성취될 수 있는 게 아니다. 배급과 흥행체계를 바꿔야만 가능하며, 법과 규제로 묶여 있는 우리나라 영화산업 조건하에서는, 정책적인 개입이 있지 않고는 어려운 일이다. 그러나 배급·흥행의 분야는 우리나라 영화정책의 사각지대로서 영화산업의 진흥을 이 측면에서 풀어가고자 하는 노력이 없었다.

그러나 흥행성 없는 저질 영화와 극장 출입이 즐겁거나 유쾌하지 않은 흥행조건이 한국 영화산업의 상징적 이미지로 자리 잡게 된 근본적 원인은 제작업과 외화 수입업의 연계제도나 전근대적 배급·흥행체계 등으로만은 충분히 설명되지 않는다. 그 제도들은 영화 육성책 청사진의 일부분들에 지나지 않기 때문이다.

우리나라 영화 진흥책의 실패는, 5·16 직후 군사정부가 만들었던 '제작업의 대기업화에 의한 영화 육성'의 청사진이 영화산업 자체의 특성이나 우리나라 영화시장의 조건은 무시된 채 만들어진 것이었다는 사실에 기인한다. 모든 산업 분야를 막론하고 대기업이라는, 즉 근대화라는 무분별한 공식에 휘말려, 행정력으로 그것을 실현해보고자 시도한 데서 비롯되었다고 볼 수 있다. 대기업화의 계획이 실패로 끝난 뒤에도 영화 진흥책은 제작업의 대기업화를 전제로 해서 만들어진 애초의 골격을 유지한 채 말썽이 생길 때마다 부분적인 수정을 가하며 그대로 시행되었다. 정책 당국은, 시행착오를 거듭하고 있다는 세찬 비난의 소리를 들으면서 제작업의 제한 방식, 외화 수입 쿼터의 배정 방식, 우수영화심사제도 운영 방식 등을 이렇게 저렇게 거듭 바꾸어보며 온갖 지혜를 짜냈지만 상황을 개선시키지는 못했다. 문제는 우수영화심사가 전원일치제가 아닌 점수제였다거나, 심사위원의 구성이 불합리했다거나, 작품의 질이 선별기준이 되어야 할 외화 수입 쿼터의 배정이 제작 작품 수에 비례했다거나 하는 등의 시행 방법에 있었던 것이 아니기 때문이다. 문제의 핵심은 그 모든 제도가 제작 활동의 지원이 아닌, 제작회사 지원용이었다는 데 있다고 보아야 할 것이다.

좀더 상세히 얘기하면, ① 예술과 산업의 이원적 육성이 고려되지 않은 채 산업적 육성에 집중되었으며, ② 그것도 제작과 함께 영화산업의 통합적 부분인 배급이나 흥행 분야는 제외된 채 제작 분야에 집중되었으며, ③ 제작 분야의 지원도 제작 활동 자체가 아니라 제작회사에 주어졌다는 점이다. 제작회사의 집중적 지원은 영화 제작의 대기업화를 위해서나 동원될 수 있는 것임에도 불구하고, 대기업화를 포기한 후에도 제작회사 중심 정책에서 벗어나지 못했던 데 진흥책 실패의 근본적인 원인이 있었던 것이다.

제작회사 중심 육성책은, 영화시장이 좁고 산업 자체의 전망이 밝은 입지조건에서 영화 제작 자본이 축적되지 않았을 때나 효과를 거둘 수 있는 방법이다. 예컨대 1910년대 후반에서 1920년대 초반의 할리우드처럼 TV라는 경쟁자도 없고, 제1차 세계대전의 타격으로 유럽의 영화산업이 부재한 상태여서 해외 시장도 독점할 수 있었으며, 국내 시장의 수요도 엄청나게 증가 추세에 있었던 상황에서 소수 제작회사의 집중 투자 방식이 단시일 내에 효과적으로 영화산업을 일으키는 길일 수 있었고, 월스트리트는 그 방법을 택했다.

그러나 우리나라처럼 영화시장이 좁고 TV와의 치열한 경쟁을 감수해야 해서 산업으로서의 발전 전망도 불투명했던 입지조건에서는 제작 분야만이 아니라 배급·흥행의 분야로 접근해 문제 해결을 시도해야 했다. 우리나라에서와 같이 영화시장의 조건이 구매자 시장buyer's market일 경우에는 배급·흥행 조건의 개선을 통해 특정 영화작품보다도 영화 관람행위 자체를 즐기는 극장관객을 개발하는 것이 더욱 필요했기 때문이다. 판매자 시장seller's market 조건하에서나 적합할 영화산업 육성책이 반대의 조건을 가진 우리 영화산업에 20여 년간 적용되어왔다는 것이 예술적 육성책의 부재와 함께 영화 침체현상의 근본적 원인 중의 하나라 할 수 있다.

앞에서 언급했듯이 예술적 육성을 위한 지원 방식은 산업적 육성 방식과 근본적으로 다를 수밖에 없다. 그런데 우리의 영화정책에서는 영화예술 육성을 위한 지원책이 마련되어 있지 않았다. 대종상, 우수영화심사제도 등의 선별적 지원제도는 형식상으로는 질적 향상을 의도한 것처럼 보이나, 실제 목표는 기업적 육성을 겨냥한 것이었다. 예술적 육성은, 근본적으로는 인재 배양을 통해 인력 수급이 잘되도록 하는 데 그 바탕을 두어야 한다. 그러나 우리 영화정책은 전문 교육기관을 통한 인재 배양에도, 실험영화·단편영화 제작비 지원을 통한 인재 배양에도 관심을 두지 않았다. 이처럼 예술적 육성책의 부재는 산업적 육성의 실패와 겹쳐 영화 침체현상을 더욱 가중시켰다. 결과적으로 우리의 영화정책은 좀더 양질의 영화문화를 더 많은 사람에게 보급하도록 촉진하기보다는 저질의 영화로, 극장에서 관객을 내모는 작업을 거들어온 셈이다.

(2) 뉴미디어의 출현과 영화산업

1984년의 영화법은 제작 자유화, 제작업과 외화 수입업의 분리 등을 규정하고 있다. 이는 기본적으로 독립 프로덕션을 허용한다는 것 이외엔 1973년 이전의 영화법 상태의 복귀로서, 지난 20여 년간 되풀이해왔던 부분 수정과 번복의 순환운동에서 벗어나지 못했다. 영화인들이 그동안 주장해왔던 주요 요청사항은 반영되었지만, 영화산업 전반을 꿰뚫는 일관성 있는 새로운 청사진 속에서 그 요청사항들이 고려된 것은 아니었기 때문이다. 이제까지 살펴온 바와 같이, 우리의 영화 상황은 더 근본적인 변화를 필요로 했다.

1984년 개정법 역시 극장 흥행용 영화에 한정된 법안으로, 이제까지와는 다른 형태의 새로운 관계 정립이 시급한 TV의 관계, 이미 주무당국의 골칫거리로 등장한 비디오카세트 등의 뉴미디어와의 관계 등을 조정해주는 역할을 하지 못했던 것으로 보인다.

TV의 출현으로 위기를 맞았던 영화산업은 다양한 뉴미디어의 등장으로 그 어느 때보다도 장래가 불투명한 상태라고 이야기되곤 했지만, 여기에 해당되는 것은 극장 흥행형의 영화산업일 뿐이다. 비디오디스크, 비디오카세트, 유선 텔레비전, 통신위성 등 뉴미디어의 본격적인 보급은 거대한 규모의 소프트웨어 산업의 발달을 필요로 하고, 이 산업의 모체가 될 것은 기존의 영화산업이므로 제작업은 더욱 활성화될 전망이다. 구미 지역에서는 비디오 기자재의 개선 덕분에 얼마 전까지 문제가 되었던 영화와 비디오 사이의 심미적 차이라는 것도 극소화되어, 영화에서 축적된 기술적·심미적 유산들을 바탕으로 한 뉴미디어의 소프트웨어 산업이 빠른 속도로 자리 잡아가고 있다. 할리우드의 메이저 영화사들은, 오래전부터 네트워크용 TV 프로그램 제작과 비디오 쪽으로 진출했지만, 뉴미디어 분야로 더욱 그 영역을 확장하여 거대한 멀티미디어 복합기업으로 발돋움하고 있다. 유럽에서는 다국적 기업 규모의 광고 기업이나 출판 기업을 중심으로 영화산업계의 제작물들을 뉴미디어용으로 배급하는 멀티미디어 기업이 성장하고 있다.

극장 흥행의 장래는 뉴미디어의 보급 상황과 관련되는데, 집단 관람의 경험은 다른 것으로 대체될 수 없는 묘미를 제공하며, 극장 흥행이 최소한 뉴미디어용 프로그램의 진열장 역할을 해줄 수 있으므로, 극장 흥행 자체가 유지될 수 있다고 보는 견해가 지배적이다. 또한 멀티미디어 기업들의 시장조사 결과는 극장-비디오-TV의 연계가, 수용자들을 미디어별로 분산시키기보다 수용자의 중복현상을 촉진시키는 효과가 더욱 큰 것으로 나와 있다. 이것이 영화산업을 모체로 한 멀티미디어 기업을 촉진시키는 이유 중의 하나이기도 하다.

이 거대한 멀티미디어 복합기업들이 오래지 않아 감행해올 공략 앞에 무방비 상태가 되어 일방적인 시장 노릇을 하지 않기 위해서는 우리에게도 영화, TV, 뉴미디어를 총괄하는 시청각 문화정책이 시급히 마련되어야 할 것이다. 이미 영화산업, TV산업, 뉴미디어 산업을 각기 별개의 것으로 독립시켜 다룰 수는 없는 상황에 와 있다. 제작업 자체가 영화용, TV용, 미디어용으로 다원화될 전망이 아니라 동일 작품이 여러 매체용으로 중복 배급될 전망이므로 더욱 그렇다.

그 첫 단계로 시도해봄 직한 일은, TV 방송사들의 프로그램 제작 독점을 풀고 부분적으로도 제작 개방을 시도해, 영화산업과의 연계를 이루는 것이라 생각된다. 그것은 TV를 위해서도 필요한 일이다. 관료체제에서 제작되는 프로그램에 흔히 있는 경직화를 막고 전문성을 기할 수 있으며, 무엇보다 공영방송이 실현해야 할 문화적 다원주의의 측면에서도 바람직한 일이라 생각된다. 동시에 그것은 침체한 영화산업에도 커다란 활기를 불어넣는 일이 될 것이며, 시청각 멀티미디어 산업시대에 대응하기 위한 첫걸음이 될 것이다.

한국 영화와 리얼리즘

　역사적 경험에 비추어볼 때 선진적인 사회운동이나 변혁이 전개되던 시기에는 리얼리즘 예술의 발전이 이루어졌다. 우리의 경우도 예외는 아니어서 1980년대 들어서면서부터 영화 분야에서도 리얼리즘에 대한 인식의 변화와 함께 그에 대한 논의가 서서히 생겨났음을 알 수 있다.

　그러나 아직 논의는 산만한 상태로서 체계적으로 전개되지 못하고 있고, 현 단계에서 우리에게 필요한 영화적 리얼리즘의 개념 정립조차 풀어가야 할 과제로 남아 있다. 이 장에서는 이 작업을 위해 우선적으로 필요하다고 생각되는 몇 가지 검토 작업—리얼리즘의 일반적 개념과 영화적 리얼리즘의 특수성, 아울러 한국 영화에서의 리얼리즘의 상황 등에 대한—을 살펴보기로 한다.

1. 다담론적 리얼리즘

영화 이외의 문예 분야에서도 리얼리즘의 개념 정의는 쉽지 않다. 리얼리즘의 철학은 르네상스로 거슬러 올라가야 하는 오랜 역사를 가지고 있으며, 문예 사조로서의 리얼리즘 역시 18세기에 등장해서 분야에 따라, 시대와 장소에 따라 다양한 모습으로 부침했기 때문이다.

영화에서의 리얼리즘 역시 이처럼 오랜 역사를 갖는 다양한 리얼리즘과 직간접적으로 관계를 맺으며 등장한 것으로, 등장한 시대·나라 문화권에 따라 각기 그 모습을 달리한다. 예컨대 정통 할리우드 영화 연출가가 리얼리스트를 자처하는가 하면, 세계관이나 표현양식에서 할리우드와 대립되는 위치에 서고자 하는 영화인들이 할리우드 영화 극복의 대안으로 내거는 것 역시 리얼리즘이다. 즉 똑같이 리얼리즘을 거론하지만 그 모습과 알맹이에서 서로 상반되는 것이다. 리얼리즘이란 이처럼 '다담론적multi-discursive' 개념이다.

리얼리즘이란 일련의 표현장치를 통해 가공의 세계든, 일정한 관점에서 조명한 실제 세계의 모습이든 간에 그것이 '사실적'으로 인식될 수 있게끔 해주는 관습적인 표상체계라고 할 수 있기 때문에, 그처럼 서로 다른 입장, 서로 다른 세계관의 사람들이 모두 리얼리스트로 자처할 수 있다. 즉, 표상해 보여주는 세계가 객관적으로 현존한다는 믿음을 바탕으로 하는 것이기 때문에 무엇을 믿느냐에 따라 얼마든지 다른 리얼리즘이 등장하게 된다.

예컨대 19세기 실증주의와 생물학의 영향을 받고 나타났던 문학·예술의 리얼리즘은 자연주의와 거의 혼동되어 사용되면서, 우리의 세계에 대한 감각적·지각적 경험과 얼마나 유사하거나 일치하는가의 여부를 표현의 진실성을 가늠하는 기준으로 삼는다. 반면에 마르크스적 역사관에 기초한 루카치Görgy Lukács류의 리얼리즘(흔히 진보적 리얼리즘이라 부르는)에서는 계급사회의 사회적 총체성이 표현될 수 있었느냐의 여부가 중요한 것이지, 자연주의적 세부 묘사라든가 감각적 경험과의 일치 여부는 중요하지 않게 된다. 따라서 자연주의적인 '그럴듯함verisimilitude'의 요구를 따르지 않았어도 리얼리스틱하게 볼 수 있는 반면, 지극히 실감나는 표현에 의존하고 있어도 전혀 리얼리스틱하지 않다고 평가할 수도 있다.

2. 영화의 리얼리즘

영화의 리얼리즘을 논할 때 구분해야 할 것은 '형식적 리얼리즘'의 측면과 '목적적·규범적 리얼리즘'의 측면이다. '형식적 리얼리즘'은 영화문화의 정착 이래 영화적 서술 방식의 보편적 관행으로 자리 잡은 서술 형식상의 리얼리즘을 말한다. '목적적·규범적 리얼리즘'은 특정 시대, 특정 사회문화적 공간에서 발생하는 것으로 영화의 기능, 존재 방식 등에 대한 당위론적 입장에서 영화의 주제, 표현양식 등에 대해 묵시적 혹은 명시적 규범을 갖고 있는 리얼리즘의 경우이다. 예컨대 특정 영화의 특정 문제를 다루는 방식에 리얼리티가 결여되었다는 지적을 할 때 이것은 '형식적 리얼리즘'을 거론하고 있는 것이며, 네오리얼리즘 등 특정 리얼리즘에 대한 논의는 목적적·규범적 리얼리즘의 범주에 속한다.

(1) 형식적 리얼리즘

피스크와 하틀리John Hartley는 저서 『텔레비전의 이해Understanding Television』에서 텔레비전의 리얼리즘을 분석한다. 그 과정에서 텔레비전과 영화의 지배적 서술체 양식을 리얼리즘에 기반을 둔 것으로 보면서, 그 기원을 18세기에 등장했던 문학 장르인 소설에서 시작된 리얼리즘의 서술체에서 찾는다. 와트는 소설 이전의 문학 형태인 로맨스, 로망과는 판이하게 다른 이 새로운 서술체의 관습을 구성하는 요소로 특수화된 개인으로서의 인물 설정, 시간과 장소의 구체화, 상징적·수식적 기능이 약화되고 구체적이며 지시적 기능이 강조되는 언어 사용법 등을 들고 있다. 그는 이 같은 리얼리즘 서술체의 등장을, 진리의 발견이 신의 섭리나 집단적 전통에 의해서가 아니라, 당대를 살아가는 개인들의 특수한 경험에 의한 것으로 대체되어가는 서구 문화의 전반적인 변화를 나타내주는 것으로 본다.

따라서 이러한 서술 방식은 확립된 관념에 의해 현실을 표현하기보다 특정한 역사적 제약 밑에서 경험된 특수한 모습의 묘사에 치중하게 되어 그 묘사가 주는 현실감·실재감의 정도가 서술된 것이 얼마나 진실에 도달하고 있느냐의 척도가 된다. 즉, 현실감이 클수록 이야기되는 내용의 진실성을 믿게 된다는 것이다. 이러한 리얼리즘의 기법을 와트는 "형식적 리얼리즘"으로 명명했다. 왜 형식적이냐 하면, 리얼리즘이란 용어는 여기서 어떤 특수한 문학적 규범이나 목적을 지칭하는 개념이 아니고, 소설에서 공통적으로 발견되고 다른 장르에서는 흔하지 않기 때문에 소설 형식 자체에 전형적인 것으로 간주될 수 있는 일종의 관습이라고 보기 때문이다. 피스크와 하틀리는 20세기에 들어와 소설의 '형식적 리얼리즘'이 영화에 수용되고, 영화에서 텔레비전으로 전수되어 오늘날 영화와 텔레비전의 지배적 서술체 양식을 이루고 있다고 주장한다.

이러한 주장은 비교적 설득력을 갖는 것으로 보인다. 반드시 그렇게 되어야 할 기술적 불가피성이 있었던 것도 아니면서, 영화는 극문화 형태로 자리를 잡게 되었다. 그 과정에서 영화는 문학에, 그중에서도 소설에 많이 의존해왔으며, 또한 영화의 사진술에 의한 영상은 항상 특수하고 구체적일 수밖에 없는(예컨대 사람은 추상적 의미의 사람이 아닌, 항상 특정 개인으로 나타날 수밖에 없다) 속성을 갖고 있어 소설의 '형식적 리얼리즘'이 영화에 쉽게 옮겨질 수 있었으리라 생각되기 때문이다.

영화의 '형식적 리얼리즘'은 전·후기구조주의 영화이론가들의 중요한 탐구 대상이 되었다. 고전 영화(그 전형을 할리우드 영화에서 찾을 수 있는)의 이념작용 연구 과정에서 '형식적 리얼리즘'의 기법, 전략들의 이념적 기능에 대해 주목하게 되었기 때문이다. 그들은 우선 영화매체 자체가 다른 표현매체에 비해 우월하게 갖고 있는 리얼리즘의 가능성을 지적한다. 이것은 영화사 초기에 팽배해 있었던, 영화의 현실복사 기능이나, 객관적 재현력에 대한 미신에 가까운 믿음 때문만은 아니다. 여러 가지 이유를 들고 있으나 가장 중요한 것으로는 영화의 움직임 재생 능력과 르네상스 이후의 서구의 회화로부터 물려받은 원근법적 화면구성이 가져다주는 현실감의 강화 능력이라 할 수 있다. 움직임의 재생은 움직임의 주체에 부피감을 주어 2차원의 공간인 화면을 3차원적 공간으로 느끼게 해주며, 원근법적 구성은 대상을 본 송신자의 시점(카메라의 시점)과 관객의 시점 간에 동일시가 이루어지게 해주어 현실효과를 강화한다.

'형식적 리얼리즘'은 이 같은 매체 자체가 생산하는 현실감에 덧붙여 그 효과를 증폭시킬 수 있는 다양한 범주의 기법들로 구성되어 있다. 대표적인 것 두 가지만 꼽아보면 그 첫번째는 행위의 연결, 시점의 통일, 카메라 앵글 변화의 규칙 등 영화의 흐름에 투명성transparence을 주기 위한 기법과 사건의 인과적 통합의 구조 등 이야기의 흐름을 자연스럽게 해주는 기법들이다. 이 기법들은 의미작용 과정을 은폐시키게 되므로 송신자 부재효과를 주어 화면에서 벌어지는 사건들이 특정 관점에서 행해진 의도적 언술행위의 소산이 아니라, 객관적인 기록처럼 혹은 실제 우리 앞에서 전개되고 있는 것처럼 느끼게 해준다는 점이다.

둘째는 '그럴듯함'의 구축 방법이다. 이것은 당대의 통설이나 관습에 의존하여 서술하는 이야기를 타당한 것으로 느끼게 하거나, 자료체 효과corpus effect(과거 경험했던 영화 텍스트들과의 유사성), 장르 효과genre effect(서부극, 뮤지컬 등 특정 장르에 속하는 영화들이 대개 따르게 되는 일반적 관습)에 의존해서 이야기를 그럴듯하게 느끼도록 해주는 방법이다.

고전적 영화에서 구사된 이 같은 리얼리즘의 전략들은 영화 속에서 이야기되는 내용, 즉 특정한 관점에서 서술된 세계의 모습을 객관적 현실로서, 보편성의 것으로서 자연스럽게 만들어주는 효과를 생산하게 되어 이것이 지배이념과 결합하면, 세계에 대한 지배계급의 관점을 당연한 것으로 만들어주는 이념적 기능을 하게 된다는 것이다.

(2) 목적적·규범적 리얼리즘

목적적·규범적 리얼리즘은 영화의 경우 대체로 사회적 변혁기에 등장한 것으로 기존의 영화에 대해 대안제시적 입장에 있고, 정치적으로는 비교적 진보적인 색채를 갖고 있다. 그러나 규범적 리얼리즘의 범주에 속하면서도 진보적 색채를 갖지 않은 예외적 경우가 몇 가지 있다. 그것은 영화작품 활동을 통해서가 아니라 영화이론의 테두리에서 제시되었던 경우로 크라카우어와 바쟁의 리얼리즘론을 들 수 있다. 크라카우어의 리얼리즘론은 어느 면에서 진보적인 부분을 발견할 수도 있으나, 그 자신 스스로 범한 논리적 모순 때문에 주목을 끌지 못했다. 예컨대 그는 영화가 집단적 제작이며 익명적 다수 관객을 대상으로 만들어지기 때문에 불가피하게 사회를 반영할 수밖에 없다는 반영론을 펴다가, 다른 곳에서는 영화란 매체의 성질상 사회적 현실을 중개해주는 매체로 존재해야 한다는 당위성을 주장하면서 표현주의 영화가 지나치게 형식적 측면에 집착해서 현실의 중개 역할을 소홀히 했고, 이것이 나치즘의 등장을 가져온 하나의 요인이 되었다는 암시를 하며 일관성이 결여된 주장을 폈던 것이다.

바쟁은 기독교적 세계관의 소유자로서 자연세계의 거역할 수 없는 신비와 거기 담긴 의미를 드러내주는 것이 예술의 사명이라고 믿었다. 예술마다 이 사명을 구현하는 방법이 같을 수 없을진대, 영화예술가의 작업은 자연세계의 통일성을 재현해주는 방법으로 그 잠재적 의미를 외현화해주는 것이어야 한다고 보면서 자연적 세계의 해체와 인위적 조작을 유발하는 모든 표현 방식, 기법에 반기를 들었다. 따라서 바쟁은 그 대상이 무엇이든 간에 그것이 속한 공간적·시간적 연속성 속에서 드러내줄 수 있는 리얼리즘의 표현적 장치에 관심을 가졌다. 동시에 영화적 표현의 인위적 조작의 작업들(배우의 전문적 연기, 스튜디오의 인공적 장치, 분장, 코스튬, 다듬어진 대사 등)을 상당 부분 거부했던 네오리얼리즘이 리얼리즘의 이상을 실현하는 것으로 보았다. 그러나 바쟁으로서는 네오리얼리스트들의 리얼리즘에서 핵심적 요소라고 할 수 있는 소외계층의 삶이라는 사회적 문제를 들추어낸다는 비판적 시도가 중요한 것이 아니었고, 그것을 구현하기 위한 형식적 측면이 관심의 대상이었다. 따라서 네오리얼리즘과는 상당히 이질적인 일련의 영화들, 오슨 웰스, 장 르누아르, 윌리엄 와일러william Wyler 등의 작품도 네오리얼리즘과 함께 우수한 리얼리즘의 영화로 찬양했는데, 그 작품들에서 구사된 딥 포커스, 숏 시퀀스 같은 공간적·시간적 연속성을 구현할 수 있는 기법들 때문이었다. 결국 바쟁의 리얼리즘론은 '형식적 리얼리즘'을 특정한 방식으로 세련화한 것에 지나지 않는다고 볼 수 있다.

이러한 이론적 리얼리즘과는 달리 대부분의 목적적·규범적 리얼리즘은 작품활동을 통해 등장했다. 이 범주에 들어가는 영화의 경향은 상당수 있으나 리얼리즘의 이름으로 등장한 것 혹은 일부 평론에서 명명된 것만을 예로 들면 1930년대 프랑스에서 나타난 인민전선시대의 영화로 불리는 시적 리얼리즘réalisme poétique, 1940년대 후반 전후 이탈리아의 네오리얼리즘, 1930~40년대 소련의 사회주의적 리얼리즘, 1960~70년대 제3세계의 민족주의 영화들을 들 수 있다. 이 중 작품의 접촉이 어려워 논의가 힘든 사회주의적 리얼리즘을 제외하고는 거의 대부분이 진보적 성격과 함께 '형식적 리얼리즘'과 유사한 관계를 맺고 있다는 공통점을 갖고 있다. 즉, '형식적 리얼리즘의 기법들 중 두번째 카테고리에 속하는 기법들—당대의 통설이나 관습, 자료체 효과, 장르 효과에 의존해서 이야기의 '그럴듯함'을 구축하는—에 대한 배척과 첫번째 카테고리의 기법들을 비교적 거부감 없이, 때로는 적극적으로 사용하고 있다는 점이다.

예컨대 시적 리얼리즘의 경우 통렬한 사회비판적·사회고발적 메시지는 없으나 이전의 영화들에서 천박하고 무식하고 더럽게, 경멸적으로 그려졌던 소외계층이나 서민들을 심각하고 무게 있고 멋있는 이야깃거리의 주인공으로 다룸으로써 자료체 효과를 오히려 깨고자 하는 작업을 시도한다. 네오리얼리즘의 경우는 통설이나 관습에 대한 의존이 아닌, 그것에 대한 도전으로 특징지어진다. 또한 리얼리즘의 이름을 갖지는 않았으나 진보적 리얼리즘에 뿌리를 내리고 있는 제3세계의 민족주의적 영화의 경우, 할리우드산 영화에서 제3세계와 그 민중에 대해 축적해온 이미지의 자료체 효과와 허무맹랑한 영웅담을 담은 액션·모험 장르들의 장르 효과에 대한 정면도전을 통해 오히려 생동감 있고, 단순히 그럴듯한 인상이 아닌, 문제의 핵심을 바로 보게 해주는 리얼리즘의 효과를 만들어내고 있다. 그러나 반면에 첫번째 카테고리에 속하는, 사건의 인과적 통합의 구조며, '투명성'을 위해 사용하는 행위의 연결, 시점의 통일, 앵글 변화의 규칙들은 상당히 존중되고 있으며, 서술되는 이야기의 설득력을 강화하기 위한 시도로 적극 활용되기도 한다. 이렇게 볼 때 일부 구조주의 영화이론가들이 그 이념적 기능을 들어 부정적으로 파악하고 있는 '형식적 리얼리즘'은 목적적·규범적 리얼리즘과 상호 배타적인 관계를 맺고 있는 것은 아니라는 점을 알 수 있다.

3. 한국 영화의 리얼리즘

우리나라 영화에서 리얼리즘에 대한 관심은 1960년대 들어 시작된 소집단 영화운동 그룹들을 중심으로 시작되었다고 할 수 있다. 그러나 물론 그 이전에도 기성 영화인이나 영화평론가들에 의해 리얼리즘의 영화, 리얼리티의 결여 등의 용어는 빈번하게 사용되었다.

리얼리티의 결여란 영화에서 다루는 주제나 대상의 종류에 상관없이 그것을 다루는 방식이 불러일으키는 현실감의 결여에 관한 지적으로, 실감나도록 하는 표현 장치의 결함을 의미하며, 영화의 완성도를 가늠하는 기준들 중의 하나가 되기도 했다. 이것은 바로 '형식적 리얼리즘'의 측면으로 한국 영화에서는 빈번히 지적되는 문제였으며, 소위 영화 선진국의 흥행용 영화에서는 거의 제기되지 않았다. 이런 문제는 한국 영화산업이 안고 있는 기술적 낙후성, 자본의 영세성, 장인적 기질의 결여 등에서 비롯되었을 것이라 생각된다. '형식적 리얼리즘'은 영화적 서술의 보편적 관행이며, 영화가 우리나라에 도입된 지 80년이 넘는 시점에 있다는 점, 또한 우리나라 영화가 모델로 삼아왔고, 외화로서 가장 많이 접할 기회가 있었던 할리우드산 영화가 '형식적 리얼리즘'의 모범 사례란 사실 등을 감안하면, '형식적 리얼리즘'의 차원에서 여전히 해결되어야 할 많은 문제를 갖고 있다는 것은 우리 영화문화의 후진성을 말해주는 하나의 지표였다고 할 수 있다.

리얼리즘이란 말은 그 자체가 다담론적 용어이기는 하지만, 리얼리즘의 전통이 상당히 빈약한 우리나라에서도 같은 의미로 쓰이지 않는다. 1930년대 들어 일어나기 시작한 리얼리즘에서의 관심은 1970년대 이후 시작된 민족문학론·민중문학론의 논의 과정에서 등장한 루카치 등의 진보적 리얼리즘의 연장선상에 있는 것이라고 할 수 있다. 그러나 그 이전에 사용된, 그리고 기성 영화인들에 의해 여전히 사용되고 있는 리얼리즘의 개념은, 네오리얼리즘적 의미에 가까운 것으로 보인다. 그러나 이러한 용법에서 리얼리즘 영화로 분류되는 유현목의「오발탄」같은 영화는 소외계층 빈민들의 고달픈 삶을 주제로 한 것이며, 할리우드식 해피엔딩의 결말을 갖고 있지 않다는 점 등에서 네오리얼리즘과 유사한 점은 있으나, 네오리얼리즘적 기법상의 요구사항들이 지켜지고 있지는 않다. 여하튼 이제까지 리얼리즘 영화란 비극적으로 끝나는, 혹은 문제 해결의 여지없이 결말로 이어지는 소외계층의 삶을 주제로 한 영화를 가리키는 말이었으며, 리얼리즘에 대한 이러한 인식에는 네오리얼리즘의 영향이 컸던 것으로 보인다.

1950년대에는 강대진의 「박서방」, 조긍하의 「곰」, 김기영의 「초설」 등 가난한 도시 서민이나 농촌의 고달픈 삶을 다루고 있는 작품들이 많이 등장했지만, 이 영화들의 '리얼리티'를 높이 사기는 하면서도 리얼리즘으로 분류하지는 않는다. 그것은 이 영화들이 대부분 해피엔딩이나 교훈적 멜로드라마의 틀 내에서 서민들의 삶을 다루었던 소위 '건전 멜로드라마'들인데, 갈등적 상황의 문제들이 개인적 삶의 주변에서 발생하여 개인적 노력이나 운, 혹은 인간적 선의 등에 의해 해결되거나 해결의 가능성이 제시되는 방식으로 결말이 맺어지므로 사회적 문제로 결정화되어 제시되는 단계에까지 이르지 못했기 때문이라 생각된다. 이것은 '사회의 피해자 입장에서 현실의 문제들을 조명·분석하는 수단'으로 영화를 인식한 네오리얼리스트들의 관점과는 사뭇 다르다. 우리나라 영화인이나 평론가들이 네오리얼리즘을 염두에 두고 리얼리즘의 범주에 넣을 수 있는 영화가 극히 드물다는 점도 주목할 만한 사실이다. 「오발탄」이 겪었던 상영 금지 등의 우여곡절로 보아 이것은 철통같았던 이중검열의 영화심의제도와 아울러 그런 영화 제작에 엄두를 낼 수 없게 만들었던 억압적인 정치 상황이 주요 원인이었다고 말할 수 있을 것이다.

소외계층의 신산스런 삶을 다룬 영화로서 1950년대식 건전 멜로드라마에도 네오리얼리즘적 범주에도 쉽사리 포함시키기 어려운 영화들로는 1980년대에 만들어진 이장호의 「어둠의 자식들」과 배창호의

「꼬방동네 사람들」을 들 수 있다. 이 영화들은 어둡고 고난스런 삶의 모습들을 해학적 터치로 다루어 종래의 유사한 주제의 영화들과 차이를 보인다. 1980년대 초반의 상황에서 사회비판적 메시지를 영화에 담아낼 수는 없는 일이었겠고, 극도의 빈곤주의가 한국 영화의 금기로 되어 있었던 만큼 도시 빈민들의 삶을 영화한다는 것 자체가 모험이었을 것이다. 따라서 이 영화들의 해학적 터치는 원작에 깔려 있는 냉소적 분위기를 나름대로 변형시켜 구사해본 것일 수도 있겠고, 당국에서 경계하는 빈곤주의를 당국에 거슬리지 않게 처리할 수 있는 방법이었는지도 모른다. 이 같은 처리는 자칫 신파조 멜로로 흐를 염려가 있는 빈곤의 비극을 등장인물과 그들의 삶을 비하시키지 않고 객관화시켜 볼 수 있는 여지를 만들어주었고, 부분적으로는 그 같은 처리가 우리나라 영화에서 보기 드물었던 브레히트적 소격효과를 발생시키기도 했다. 전체적으로는 호흡이 고르지 못하고, 특히 「어둠의 자식들」의 경우 후반부는 1950년대와 흡사한 교훈과 감동의 결말로 어리둥절한 느낌이 들게도 했으나 리얼리즘의 측면에서 볼 때 독특한 경험을 가능케 해주었다.

1980년대 이후 영화에서 리얼리즘에 대한 인식이 네오리얼리즘적인 것에서 루카치의 진보적 리얼리즘적으로 전환되는 것을 보게 된다. 월평이나 시평의 한 귀퉁이 혹은 무크지로 엮어낸 글 속에서 흔히 발견되는 것 중의 하나가 '총체적 관점'에 대한 요구이다. 예컨대 물화된 사고를 극복할 수 있고, 사회가 기초하고 있는 근원적 구조와 논리에 이를 수 있는 총체적 관점의 제시, 전형적 모순의 선택과 그것을 통해 사회에서 작용하고 있는 근본적인 사회·정치적 힘을 폭로해내는 작업 등 진보적 리얼리즘의 주요 과제에 대한 요구들이 산발적으로 눈에 띈다. 그리고 1980년대 들어 소집단들을 중심으로 제기되기 시작한 새로운 영화, 진보적 영화에 대한 논의들의 결실이 서서히 모습을 드러내기 시작한 것 같다. 아마도 그 첫번째 결실이 장선우의 「성공시대」라 생각된다. 이 영화는 얼핏 보기에 서구 영화에서는 가끔 볼 수 있는, 자본주의 경제의 우스꽝스런 판매 경쟁과 광고, 신제품 개발을 주제로 한 풍자 코미디 같은 인상도 준다. 그러나 그 어느 부분보다도 이 영화의 실패 부분이랄 수 있는 후반부가 역설적이게도 그런 위험으로부터 이 영화를 구해준다.

새 세대 영화인에 대한 기대, 새 세대 젊은이들이 벌이는 소집단 영화운동의 진보적 작업의 연상작용 등이 어느 정도 호의적인 편견을 갖게 했을지도 모르지만, 이 영화는 1980년대 일부 젊은 영화인들의 새로운 과제로 등장한 진보적 리얼리즘의 가능성을 낙관적으로 보게 만든다. 물론 이 영화는 많은 결함과 한계를 갖고 있는 것이 사실이다. 예컨대 필요충족을 위한 생산보다 소비와 판매 촉진이 지상 과제로 등장한 후기자본주의 사회의 모순, 사회적 요구에 부응해서가 아니라 소비를 촉진시키고 경쟁에서 살아남기 위한 신제품 개발, 이에 얽힌 광고의 신화 등이 전형적인 모습으로 들추어져 있다. 그러나 이미 다른 기회에 언급한 바이지만, 이 모순들은 너무나 매력적으로 그려져 있어 극복해야 할 모순이 아니라 은밀한 동경의 대상이 되어버릴 위험성이 엿보인다.

또한 후반부는 인간을 도구처럼 사용하고 버리는 자본주의적 생리의 비정함과 부도덕성에 관한 휴머니즘적 시선과 수단 방법을 가리지 않는 필사의 경쟁에서 패배한 자의 필연적 죽음의 결말 등으로 전반부를 코미디의 위기에서 구하는 대신 전반부의 모순 들추기 작업을 무위의 것으로 만들어버리는 듯한 인상을 준다. 이 같은 후반부 처리가 결과적으로는 자본주의 사회를 떠받치고 있는 이데올로기의 하나인 경쟁주의 이데올로기—즉, 실력이건 술수건 운에 의해서건 경쟁에서 승리한 자가 힘과 돈을 갖는 강자와 지배자로서 군림하고, 패배자는 종속적 위치에 놓일 수밖에 없다는, 나아가서 계급관계도 경쟁에서의 승패의 결과로 보는—를 당연한 것으로 만들어주는 결과를 낳는다. 구조적 모순의 들추기 작업이 그 모순을 떠받쳐주는 이데올로기를 강화시켜주는 방식으로 끝맺게 되는 셈이다. 이것은 또한 이 영화가 장선우가 주장하던 기존 영화에 대한 대안인 '열린 영화'가 되는 것을 방해한다. 관객으로 강요하지 않고 관객의 참여로 의미가 형성되도록 하는 '열린 영화'가 아니라 여전히 '의미의 폐쇄'가 엄연히 말뚝 박혀 있는 영화로 만들기 때문이다.

그러나 그 같은 결함에도 불구하고 「성공시대」는 진보적 리얼리즘이 요구하는 '총체성' '전형성' 등의 과제를 어떻게 상업영화의 기준—예컨대 작은 운동 서클을 대상으로 하는 8mm 영화가 아니고, 일반관객을 염두에 두고 만들어지는 90~120분의 35mm 포맷의 극영화로서 알려진 배우를 쓰고, 최소한 제작·배급·상영에 따르는 경비는 건질 수 있는 흥행성을 가진 영화—을 만족시키면서 풀어갈 수 있을까 하는 의문에 완벽하지는 않으나 가능성을 시사하는 하나의 모델을 제공해준 셈이다. 또한 이 영화는 우리의 경험적 진실과 유사한, 혹은 일치될 수 있는 표현기법을 통해 '그럴듯함'을 만들어주지 않고도 리얼리스틱한 효과를 생산하는 특수한 체험을 할 수 있게 해준다. 구두를 냉장고에 간직하고 서울의 모든 쓰레기가 모이는 난지도의 쓰레기 더미 속에서 귀띔으로만 들은 손가락만 한 물건을 찾아내는 등, 형식적 리얼리즘에서 요구되는 '그럴듯함'의 추구를 의도적으로 기피하고 있으면서도 문제의 핵심에 가까이 갈 수 있도록 한다. 이것은 '형식적 리얼리즘'을 생산적으로 극복할 수 있는 방안의 추구에 하나의 시사가 될 수 있을 것이다.

1980년대 초를 기점으로 우리 영화에서 리얼리즘에 대한 관심은 네오리얼리즘적 인식에서 좀더 적극적인 현실 탐구의 관점을 제공해줄 수 있는 진보적인 리얼리즘 쪽으로 바뀌어갔다. 그러나 이것은 시작 단계에 지나지 않고 풀어야 할 더 많은 과제를 노정했다. 우선은 그 시대가 필요로 했던 영화의 리얼리즘 철학을 세우는 일이었다. 그것은 이 시대에 대한 바른 파악, 지향해야 할 방향, 또 거기서 영화가 수행해야 하는 것을 정리하는 작업으로부터 시작되어야 할 것이었다. 그와 동시에 이루어져야 할 것은 우리에게 상당히 결핍되어 있는 '형식적 리얼리즘'의 역량을 키워나가면서 또한 그것을 생산적으로 뛰어넘을 수 있는 새로운 리얼리즘의 개발이라는 이중적 작업에 착수하는 일이었다.

6장
영화산업의 욕망 관리 체제
: 스타 제도

영화는 그 어느 대중매체보다 무의식적 호소력이 강하고, 따라서 욕망 조작력이 강한 매체로 인식되어왔다. 1970~80년대를 풍미한 라캉의 정신분석학 이론이 어느 분야에서보다도 영화에서 강한 설득력을 지닌 해석들로 활용되고 또 활발하고 지속적으로 연구되었던 이유도 바로 여기에 있으리라 생각된다. 얼핏 생각하기에 똑같이 영상과 음향을 사용하는 시청각 매체이기 때문에 유사할 것으로 생각되는 TV가 정신분석학적 설명의 틀을 적용하면 영화와는 상당히 다른 심리적 수용, 영향, 기능의 면모를 드러내는 것에서도 볼 수 있듯이, 무의식적 호소력은 시청각 매체 모두에 공통된 현상이라기보다는 영화 특유의 것으로 간주해야 할 것이다.

영화가 산업적 골격을 갖춤과 동시에 그 문화적 형태(90~120분짜리 장편 극영화 형식)가 정착되기 시작하던 1910년대 후반 혹은 1920년대 초부터 이미 영화산업의 주체들은 관객들을 끌어들이기 위해 일종의 욕망 관리 체제를 세워 활용하기 시작했다. 스타라는 특수한 형태의 인물 이미지를 만들어 그것을 욕망의 매개자로 사용하는 체계적 활동인 스타 제도가 바로 그것이다. 이처럼 오늘날 스타라는 용어는 여러 분야에서 폭넓게 쓰이고 있으나 그 기원은 영화이며, 영화에서의 스타 개념과 타 분야에서의 스타 개념은 그 성격이 매우 다르다. 일부 학자는 영화에서와 같은 스타 현상은 록음악 산업에서나 볼 수 있을 뿐, 영화의 인접 매체인 텔레비전이나 여타 분야에서는 찾아볼 수 없는 특수한 현상이라고 주장한다.[1] 즉 스타는 영화 고유의 것으로 스타 제도라는 제도화된 방식으로 관객들에게 욕망의 매개자로서 작용하며 관객들을 환상의 세계로 유인하는 유인체로 활용되어왔다는 것이다.

스타 제도가 설사 영화 특유의 현상이라 하더라도, 최초로 대규모의 산업적 구조를 지니게 되었던 영화산업의 스타 제도를 통해 우리는 문화산업이 그 나름의 특수한 마케팅 전략을 통해 어떻게 인간의 욕망을 구조화하고 조작하는가 하는 한 예를 발견할 수 있을 것이다. 이 장에서는 스타 제도의 운용 방식, 영화 수용의 심리적 특성과 수용 과정에서 스타의 역할, 스타 및 스타 제도의 사회적 기능과 정치적 의미 등을 살펴보고자 한다. 특히 문화산업의 구조적 변화와 함께 바뀌어가고 있는 스타, 스타 제도의 면모와 아울러 그 변화의 함의를 함께 생각해보고자 한다.

---

1) J. Ellis, *Visible Fictions*, London: Routledge & Kegan Paul, 1985, p. 91.

1. 스타, 스타 제도

스타는 우상숭배와 유사한 방식으로 숭배의 대상이 되는 특정 개인의 가공적인 인물상personality image과 그 인물상을 구현하는 것으로 간주되는 인물을 가리키는 용어이며, 스타 제도는 스타를 만들어내는 체계적이고 조직적인 작업을 의미한다. 스타는 그 인물상이 영화 이외의 인접 미디어, 예컨대 신문·잡지·방송 등을 통해 취급, 전파되면서 가감·첨삭의 과정을 거쳐 수정되고 복잡하게 변형되는데, 그렇게 형성된 이미지가 이후의 영화에 피드백되기도 하는 순환 과정을 겪는 것이 특징이다.

다른 영역에서 일상적으로 사용되는 스타라는 용어는 보통 특정 전문 분야의 전문가로서 대중매체에 많이 알려져 대중적 인기를 누리는 저명인사를 일컫는다. 예를 들어 텔레비전의 경우, 일기예보 안내자를 포함해서 누구든지 스크린에 자주 나타나는 사람이면 스타라고 부른다. 그러나 이 경우 조직적인 제조의 과정을 거쳐 만들어지는 것도 아니고, 설사 그런 부분이 개입된다 하더라도 영화 스타처럼 관객들의 욕망을 조작하고 관리하는 방식을 통해 이루어지는 것이 아니라는 점이 다르다. 이 점은 흔히 탤런트라고 불리는 텔레비전 연기자들의 경우도 마찬가지이며 이 문제는 후에 다시 다루게 될 것이다.

에드가 모랭Edgar Morin은 스타를 영화 속의 극중 인물과 그 인물을 연기하는 배우의 인물이 서로 교환되고 혼합되어 이루어지는 산물로서, 배우 자신의 외양이 풍기는 개성과 그가 연기하는 인물들 사이의 상호 교류 과정에서 탄생하는 것이라고 본다. 스타 이미지는 유사한 성격의 인물을 연기할 수 있는 영화에 지속적으로 출연하게 되는 과

정에서 형성되기 때문에 비교적 일관성 있는 타입을 지니게 된다는 것이다.[2]

반면에 존 엘리스John Ellis는 스타 이미지란 고정되어 있는 것이 아니며, 많은 경우 일관성이 없이 상호 모순되는 요소로 구성되어 있다고 주장한다. 그래서 그는 스타 이미지를 어떤 완결된 것이라기보다는 일종의 단서나 실마리들(예컨대 청순함, 요염함, 뻔뻔스러움, 다정함, 특정한 감흥을 일으키는 미소 등)과 같은 역할을 하는 것으로 보고 있다.[3] 두 사람의 견해는 다소 충돌되는 것처럼 보이기도 하지만, 모랭의 연구가 1920년대부터 시작해서 1960년대 메릴린 먼로Marilyn Monroe 시대까지를 다루고 있는 반면, 엘리스는 시대를 적시하고 있지는 않으나 1960년대 이후의 현상에 대한 경험과 관찰에 더 많이 의존하고 있기 때문이 아닌가 하는 생각이 든다. 1960년대 이후는 영화사들이 주도하던 스타 제도가 무너지고 스타 이미지의 창출과 관리가 스타 개인의 작업이 되면서 덜 조직적, 덜 체계적이 된 것은 사실이다. 출연하는 작품의 선택에서도 언제나 특정 이미지에 부합되는 작품만을 고를 수 있는 상황이 아니기 때문에 어떤 고정적인 의미를 지닌 타입의 이미지가 형성되기 어렵다.

2. 스타 제조 과정

스타 제조는 할리우드의 대형 영화사들이 스타를 제조, 관리, 전파하는 작업을 좀더 체계적으로 수행하는 과정에서 확립되었다. 스타의

---

2) E. Morin, *Les Stars*, Paris: Seuil, 1972, p. 54.
3) J. Ellis, *Visible Fictions*, p. 93.

제조 방식을 모랭은 다음과 같은 결합의 결과로 설명하고 있다.[4] 배우의 외형적 타입＋극중 인물의 성격＋배우의 제조된 사생활＋그 배우에 관한 인접 매스미디어의 지속적인 취급. 이외에 팬클럽의 유지가 필요 항목으로 들어가기도 한다.

우선 배우의 외형적 타입이란 비록 연기력이 없다 해도 동시대인들의 공통된 꿈, 이상, 취향, 욕구 등이 투영될 수 있는 외양의 소유자를 말한다. 길을 가다가, 혹은 음식점이나 찻집에서 차를 나르다가 우연히 감독이나 제작자의 눈에 띄어 일약 대형 영화의 주인공으로 발탁되어 스타의 길로 접어들게 되었다는 유의 신화가 흔한 것도 이 때문이다.

이렇게 선택된 배우의 용모는 제조하고자 하는 이미지에 반드시 이상적으로 꼭 들어맞는 것은 아니기 때문에 불가피하게 결함을 수정하고 보완하여 대중의 욕구가 투영될 수 있는 이상적인 모습으로 바뀌는 합리화 과정을 필요로 한다. 이에 따라 우선 성형수술, 헤어스타일, 특별한 유형의 화장술 등이 동원되어 꾸미는 작업이 진행된다. 일단 이렇게 다듬어지고 합리화된 용모의 배우는 스타로 키워지기 위해 A급 대형 영화에 애초 지향했던 이미지와 통하는 역할을 맡아 출연해야 한다. 이때 맡을 역할은 필히 주연급이어야 한다. 뒤이어 출연하는 영화 역시 유사한 이미지의 인물이며 주연급이어야 함은 물론이다.

스타는 영화의 세계와 실제의 세계 간에 괴리가 있으면 안 된다. 스타는 현실에서도 그 스타 이미지와 일치하는 삶을 살아야 한다. 즉 그 이미지와 괴리가 없는 '연출된' 사생활을 살아야 한다. 예컨대 자신은 웃지 않고 남을 웃기는 코믹 연기를 하는 키튼Buster Keaton 같은 배우

---

4) E. Morin, *Les Stars*, pp. 36~64.

의 경우, 실제 생활에서도 공중 앞에서는 절대 웃어서는 안 된다는 조항이 영화사와의 계약에 명시되기도 한다. 순결무구한 처녀 이미지의 여자 스타는 항상 어디를 가든 어머니와 동반하고 있는 모습을 보여주어야 한다. 반면에 요부형의 스타는 영화사가 주선한 대로 사교계의 일류급 저명인사와 호사스런 장소에서 데이트하는 모습을 주기적으로 보여주어야 한다.

이처럼 연출된 사생활은 팬들과 공중들에게 널리 알려져야 한다. 연출된 사생활은 '보여주기 위한' 것이기 때문이다. 그리하여 연예잡지, 기타 신문·방송 등의 매스컴이 이에 동원된다. 영화사는 스타들의 사생활뿐 아니라 그와 관련된 정보, 인터뷰 등을 인접 미디어들을 통해 널리 조직적으로 적극 홍보한다. 뉴스거리가 없으면 로맨스 같은 것을 만들어내면 그뿐이다. 공중들의 눈에 계속 띄고 화젯거리가 될 수 있도록 적절한 홍보 전략을 끊임없이 구사해야 하는 것이다. 영화 출연, 사생활 연출, 미디어 등장 등의 세 가지 작업이 어우러지면서 스타의 이미지는 형성되고 자리를 잡게 된다.

이처럼 스타란 인위적으로 만들어지며 조직적으로 광고되고 선전된다. 제조되는 과정이나 미디어를 통한 홍보 과정을 보면 스타는 영락없이 하나의 상품처럼 만들어져 상품처럼 광고된다. 결국 스타란 궁극적으로 영화를 팔기 위한 마케팅 전략의 일환으로 만들어지는 일종의 "행동하는 상품behavioural commodity"이라고 할 수 있다.[5]

---

5) B. King, "Articulating Stardom," *Screen*, vol. 26, 1985.

3. 영화 독점 자본의 형성과 스타 제도의 성립

스타 제도를 유지할 수 있는 것은 거대 규모의 영화사뿐이다. 스타는 영화사 전속으로 묶여 있으면서 영화사가 조직하는 온갖 이미지 제조와 전파의 과정을 거치게 되는데, 이것을 유지하려면 상당한 재력과 조직이 요구되기 때문이다. 스타 제도가 본격적으로 궤도에 오른 것은 1920년대 할리우드 영화산업이 산업적 규모를 갖춤과 동시에 메이저 형태의 독과점 체제를 형성하면서 본격적인 성장을 시작하던 때였다. 결국 스타 제도는 영화 독점 자본의 산물이라 할 수 있다.

영화의 탄생 이후, 5분 혹은 10~15분, 때로는 30분 등 각양각색의 픽션, 다큐멘터리 성격의 영화들이 제작되고 극장 상영도 연속극식의 상영 혹은 짧막한 영화 여러 편을 엮어서 상영해주던 산만한 시기를 20여 년 겪고 난 후인 1910년대 중반에 이르러서야 영화는 비로소 90~120분 길이의 장편 극영화의 형태로 그 문학적 형식이 다듬어져 오늘에 이르게 된다. 요즈음도 가끔 예외는 있으나 대개 극장용 스탠더드 영화란 항상 두 시간 전후의 극영화이다. 이러한 영화 형식 정착의 계기가 되어준 것이 바로 그리피스David W. Griffith의 세 시간짜리 영화 「국가의 탄생」의 대대적인 성공이다. 이 영화는 장편 극영화 한 편으로도 충분히 독립된 오락물로서 흥행이 가능하고 그것도 아주 수익성이 높은 문화산업으로 발전할 수 있음을 보여준 최초의 영화였다.

이것은 활동사진에 대한 호기심의 물결이 사라지면 영화도 사그라져버리지나 않을까 하는 의구심 때문에 소극적 투자에 그치면서 관망의 자세를 취해오던 월스트리트를 움직여 거대한 영화산업의 중심지인 할리우드를 건설하는 계기가 된다. 산업·금융 자본의 집중적인 투자를 받으면서 할리우드는 급성장을 하게 되고, 1920년대 중반에 이르러서는 대여섯 개의 대형 영화사가 영화산업을 주도하는 메이저 시스템을 이루게 된다. 이른바 할리우드 황금기의 개화라고 할 수 있다. 할리우드의 독과점 체제는 영화산업의 3단계인 제작, 배급, 상영이 한 회사 내에 종적으로 집결되어 있는 트러스트 체제를 확립함으로써 더욱 안정적이고 효율적으로 시장을 지배할 수 있었다. 즉 이 시기에 각각의 메이저는 자체 소유의 스튜디오에서 제작한 영화를 자체 배급망을 통해 자신들이 운영하는 영화관 체인에서 상영하는 일관 체제를 갖추고 있었다. 뿐만 아니라 직접 소유하지 않은 극장을 대상으로도 그 극장의 분기별 프로그램을 일괄 공급하는 일괄 판매 방식block booking의 배급을 통해서 효과적인 통제를 꾀할 수 있었다. 이러한 배급·상영 체제하에서는 다른 공산품 생산과 마찬가지로 계획생산이 가능하며, 그것도 영화별로 상영되는 극장과 상영 시기, 상영 기간조차도 사전에 확정해서 공급할 수 있을 정도로 치밀한 것이었다.

따라서 이 시기에는 단일 극장의 분기별 전체 수익이 중요했고, 사전에 계획된 대로 차질 없이 운영되는 것이 수익을 극대화하는 일이었기 때문에 예상 밖의 히트로 연장 상영하는 영화가 많은 것도 그리 반갑지 않은 상황이었다. 또한 이 시기에는 메이저들이 각기 수십 편에서 수백 편의 영화를 제작, 배급해야 했기 때문에 제작 공정의 합리화와 아울러 체계적인 생산체제가 절실히 요구되었다. 여기서 등장한 것이 장르별 구분 방식이었다. 제작하는 영화를 각각의 장르로 구분(전쟁, 서부, 범죄 등)하여 장르별로 표준화된 일정한 규격에 맞추어 제작에 착수하는 것이 소유하고 있는 극장에 다양한 영화를 골고루 배급해주면서 동시에 제작 과정을 합리화할 수 있는 방법이었던 것이다.

장르와 더불어, 같은 시기에 탄생한 스타 제도 또한 영화작품을 차별화하여 관객들로 하여금 영화의 성격과 내용을 대충 짐작, 식별할 수 있게 해주는 단서가 되기도 했다. 즉 스타는 특정 오락 타입의 상징으로서(예컨대 존 웨인은 정의와 액션의 전쟁물 혹은 서부극) 영화를 시장화하는 데 사용되는 일종의 기호 역할을 했다.

그러나 1948년, 영화산업에 반트러스트법이 적용되면서 영화사들은 영화관의 소유를 포기해야 했고, 이 결과 영화 배급에서 일괄 판매 방식이 점차 무너지고 1950년대 후반에서 1960년대에 이르러서는 단매제free booking로의 전환이 불가피해진다. 이후 영화의 흥행은 무조건 보장되는 것이 아니라 작품별 시장성에 따라 배급이 영향을 받는 치열한 경쟁 국면에 들어가게 된다. 예전과 같은 계획생산이 어려워지면서 배우의 전속제나 스타 제도의 유지도 어려워진다. 이에 따라 이제 스타의 제조는 영화사를 떠나 배우 자신의 손에 맡겨지고, 시간이 지나면서 이는 홍보 전담 대행업체에 의뢰된다. 스타는 이제 영화에 정체성을 마련해주는 기호로서의 기능과 함께 영화의 흥행을 좌우하고 경쟁력을 결정하는 사명까지 부여받는다. 스타를 통한 관객의 욕망 관리가 더욱 절실한 과제가 된 것이다.

영화배우의 입장에서 보더라도 자신의 이미지 관리와 스타로의 부상 노력은 절실한 것이 되고 있었다. 영화산업 내에서 배우라는 인적자원은 언제나 공급과잉의 상태이다. 이는 할리우드도 예외가 아니어서, 1979년의 통계를 보면 할리우드 연기자협회 회원 중 90퍼센트, 영국의 경우에는 70퍼센트가 생계비에도 못 미치는 수입에 허덕이고 있다. 제작자들의 입장에서 배우의 선택은 쉬운 일이 아니다. 쏟아져나오는 수많은 배우 지원자가 대개 일정 수준의 연기학습 과정을 수료하고 있기 때문에 연기력을 기준으로 삼는다는 것도 무의미하다. 따라서 배우들은 치열한 경쟁 속에서 살아남기 위해 스스로를 '팔리는' 상품으로 만들어야 할 필요가 생겨나고, 그것을 위해 자신을 효과적으로 차별화하는 방법이 바로 스타 이미지를 만들어 그것에 의존하는 것이었다.

이처럼 특정 영화의 시장 조성을 위해 사용될 수 있었던 스타는 상당히 중요한 경제적 기능을 담당해왔다. 지출 경비의 측면에서 볼 때 스타는 영화 예산에서 상당히 큰 비중을 차지하는 값비싼 상품이었다. 그러나 다른 한편 스타는 전속제도에 의해 특정 영화사에 배타적으로 묶여 있음으로써 그 영화사 소유의 자산의 성격을 띠기도 했다. 이에 따라 다른 영화사의 영화에 마음대로 출연할 수 없었던 것은 물론, 간혹 다른 영화사에서 출연을 원하는 경우에도 소속 영화사가 출연료를 받고 '임대'해주는 도구적 성격을 지니고 있었다. 투자가치적 측면에서 보면, 스타는 영화의 실패를 방지하고 이윤을 보장해주는 역할을 했기 때문에 영화사들이 은행으로부터 제작을 위한 융자를 얻고자 할 때 스타가 중요한 담보로 제시되곤 했다. 스타가 이처럼 중요한 경제적 기능을 담당했기 때문에 할리우드에는 특정 스타가 위기에 처한 영화사를 살려낸 많은 신화가 있다. 가장 널리 알려진 예로는 아마도 1950년대 트러스트 체제의 붕괴와 함께 텔레비전의 위협으로부터 영화산업을 구원했던 메릴린 먼로의 경우를 들 수 있을 것이다.

4. 보조 미디어의 역할과 욕망의 부추김

스타 제도는 영화를 통해서만 형성되는 것은 아니다. 스타 제도가 제대로 기능하기 위해서는 그것을 떠받쳐주는 보조 미디어들의 도움이 필요하다. 신문, 잡지, 연예지, 방송 등과 같은 대중매체에 의해 다루어지고 전달되는 스타에 대한 신상 뉴스, 가십, 인터뷰 등 정보의 파편들이 모여서 구성해내는 이미지 역시 커다란 역할을 하게 된다.

많은 보조 미디어는 스타들에 대해 끊임없이 여러 종류의 이야깃거리와 사진 등 스타의 이미지 단편들을 생산해낸다. 그런데 스타에 관련된 이야기들은 정보의 파편들로서 완성되지 않은 것이며, 안정된 정체성을 지니고 있는 것도 아니다. 즉 그것들은 항상 파편화되어 있어서 부분적으로 결핍되어 있고, 심지어는 서로 간에 모순되기조차 한다.

따라서 보조 미디어 여기저기에서 관객들이 발견하게 되는 것은 스타의 분산된 자아의 모습이다. 보통 사람들에게서는 볼 수 없는 비범한 자질이 칭송되고 감탄되는가 하면, 다른 곳에서는 보통 사람과 다름없이 허드레옷을 입은 채 장을 보고 아이들 문제로 고민하는 모습이 실린다. 어느 곳에서는 우수에 잠긴 모습의 얼굴 사진이, 다른 곳에서는 활기차게 웃는 모습의 반신상이 등장한다. 이 파편들은 겉으로 보기에는 서로 간에 모순되지만, 이같이 분산된, 완성되지 않은 자아의 모습이 관객들로 하여금 스타의 완전한 모습, 통합된 자아의 모습을 갈망하게끔 한다는 점에서 상호 보완적으로 작용하기도 한다. 즉 이것들은 스타의 전체가 드러나고, 신체의 전부를 볼 수 있으며, 갖가지 의상을 입고, 여러 종류의 상황에서 다양한 감정적 반응을 보이면서 자신을 드러내는 모습, 걷는 움직임, 미소, 찡그림 등등 스타를 총체적으로 접할 수 있는 영화에 대한 욕망을 부추긴다. 이처럼 다양한 보조 미디어들은 스타의 이야기가 있기 때문에 그 자체가 잘 팔리기도 하지만, 거꾸로 스타의 단편적인 이미지들의 유포를 통해 영화에 대한 욕망을 부추기는 수단이 되기도 한다. 스타는 영화 밖에서는 불완전한 이미지에 머물 수밖에 없으므로 관객들은 스타가 영화에 등장함으로써 보조 미디어들이 형성해놓은 파편화된 이미지들이 결합되어 완성되는 순간을 기대하게 되는 것이다.

이런 점에서 텔레비전 스타와 영화 스타는 커다란 차이를 보인다. 영화 스타가 연간 3~4편 정도의 영화에 출연하는 데 비해 텔레비전 연기자는 연속물에 반복적으로 등장한다. 몇 달을 계속해서 매일 저녁 혹은 매주 주말, 시청자들은 특정 연기자를 연속적으로 접할 수 있다. 텔레비전 연기자들은 영화 스타들처럼 귀하지 않다. 반면에 영화의 경우에는 텔레비전에서와 같은 지속적인 접촉면이 보장되지 않는다. 그래서 연간 3~4회에 지나지 않는 영화에서의 접촉 사이사이를 메워주는 것이 바로 보조 미디어들의 기사이고, 프로그램 사진들이다. 영화 스타와 관련된 환상적이고 신화화된 이야기들이 이런 매체들을 타고 떠돌면서 스타 이미지를 형성, 수정, 반복하게 되는 것이다.

그러나 텔레비전 연기자가 보조 미디어에 등장하는 것은 대부분 프로그램이 방영되는 시점에 홍보용으로서이다. 텔레비전 화면에서의 연기와 보조 미디어에 등장하는 것 사이에는 시간적 간격이 거의 없다. 따라서 스타 이미지가 생겨날 여지가 거의 없고, 연기자의 이미지는 극중 인물과 거의 유사하게 된다. 이는 시리즈물에 반복적으로 등장함으로써 오게 되는 어쩔 수 없는 현상이다. 희귀한 등장이 아니라 반복적 등장을 통해 텔레비전 연기자는 친근하고 널리 알려진 인물이 되지만, 신비스럽고도 서로 모순되는 측면을 동시에 가지고 있으면서 관객의 지속적인 욕망의 대상이 되는 가공적인 스타 이미지의 소유자가 되지는 못한다.

5. 욕망의 매개자로서의 스타

그런데 앞에서도 언급한 바와 같이 스타가 중요한 경제적 역할을 수행할 수 있는 가장 핵심적인 요인은 스타가 관객을 유인하는 효과적인 기호로 작용한다는 데 있다. 즉 스타는 픽션영화에 대해 예비지식을 주고 영화 속으로 관객을 끌어들이는 역할을 한다. 그렇다면 스타의 무엇이 관객을 영화로 이끄는 것인가? 일단 정신분석학적 설명을 적용하면 스타는 관객이 근원적으로 가지고 있는 욕망을 매개하는 매개자로서 역할하기 때문이라고 할 수 있다. 그리고 이러한 역할이 성공적으로 이루어질 수 있는 것은, 영화매체의 특성이 유발하는 독특한 수용 상황이 다른 매체에서는 발견하기 어려운 특수한 심리적 상태를 만들어준다는 데 있다. 즉 영화의 관람은 일반적으로 어떠한 환상도 쉽게 먹혀들 수 있는 분위기하에서 진행된다.

무엇보다도 상업적인 스탠더드 영화는 사진의 질에서 가히 완벽한 이미지를 제공한다. 게다가 화면이 크기 때문에 관객보다 훨씬 큰 이미지가 관객을 압도한다. 관객은 정해진 자리에 부동의 자세로 소리 내지 않고 앉아서 화면만을 주목하도록 강요된다. 극장 안은 어둡고 화면만이 환하게 밝혀져 있다. 이러한 관람조건과 상태에서 관객의 정신적 활동은 수용의 상태에 극도로 집중된다. 관객의 활동은 오로지 보고 듣는 데만 매몰된다. 결국, 에고_{ego}의 정상적인 판단 기능은 거의 잠들기 직전과 유사한 상태로 중단되게 마련이다. 다시 말해, 이런 상황에서는 영화에서 보여주는 것이 그럴싸한가, 그렇지 못한가에 대한 판단은 일상생활에서 체득한 경험의 기준에 따르지 않는다. 따라서 영화에서는 사람이 날아다닐 수 있고 로봇과 사람이 사랑을 나눌 수 있다고 믿는 것이 완전히 가능하다.

6. 동일시

영화의 관람 환경이 유발하는 특별한 심리 상태는 다음과 같은 몇 가지 결과를 가져온다. 첫째는 일련의 동일시 현상이다. 이것은 소설 등의 이야기체 문화물에서 흔히 나타나는 동일시보다 복잡한 양상을 드러낸다. 메츠는 영화에서의 동일시가 논리적으로 두 단계의 과정(실제에서는 거의 동일한 순간에 일어나지만)을 거치는 것으로 설명한다.[6] 즉 우선적으로 영화기구와의 동일시, 다음으로는 화면에 등장하는 인간, 혹은 로봇이나 동물과의 사이에 일어나는 나르시스적 동일시가 그것이다. 이런 맥락에서 영화는 1차적 동일시를 거쳐야만 가능한 2차적 동일시가 이중적으로 작용하는 담론이라고 말할 수 있다.

1차적 동일시인 영화장치와의 동일시에서, 영화장치란 특히 상영 시의 영사기와 촬영 순간의 카메라를 가리킨다. 즉 관객 뒤에서 방사형의 빛살로 화면을 비추는 영사기와 관객의 시선과의 동일시(관객은 심리적으로 마치 자신의 눈에서 나온 빛살로 화면을 밝히고 있는 듯한 느낌을 갖게 된다는 것이다)가 이루어지며, 영사기를 매개로 해서 그 영화를 촬영한 카메라 시점과의 동일시에 이르게 되는 것이다. 그런데 여기에서 주목할 만한 것은 카메라가 르네상스 시대 화가들이 원근법적 화면구성을 위해 실험장치로 사용했던 암실camera obscura의 원리를 따라 만들어진 기계라는 점이다. 원근법적 원리를 따라 구축된 회

---

6) Ch. Metz, *Le Signifiant imaginaire*, Paris: 10/18, 1977, pp. 45~62.

화에서 '수신자'인 감상자의 시점은 화폭을 중심으로 소실점과 대칭되는 지점에 위치하게 되는 '송신자'인 화가의 관찰점과 일치하게 된다. 이처럼 감상자는 화가가 대상을 바라본 시점과 동일 지점에 위치하게 됨으로써 송신자인 화가의 개입을 느끼지 못하고, 화폭을 화가가 보여준, 해석된 광경으로서가 아니라 마치 감상자 자신이 그 대상을 바라보는 주체인 것처럼 느끼게 된다. 바꾸어 말하면 남이 해석해주는 세계의 모습을 마치 자기 스스로 발견한 세계의 모습처럼 느끼게 되는 것이다. 이는 라캉의 용어를 빌리면 영화 나름의 고유한 '주체구성'의 방식으로, 영화에서 이데올로기가 작용하는 방식을 설명하는 단서가 되기도 한다.

2차적 동일시는 화면 속 인물 등의 행위 주체, 혹은 사건, 상황 등 내용적 요소와의 동일시를 말한다. 이 단계의 동일시는 프로이트가 나르시스적 동일시로 명명한 현상에 해당된다. 프로이트는 개체가 자신의 육체로부터 분리된 이미지, 자신의 밖에 존재하는 타자의 이미지와 이루게 되는 동일시를 나르시스적인 동일시로 부른다. 프로이트는 자신의 모습이 반사된 반사 이미지와 사랑에 빠진 나르시스 신화에 빗대어 이 같은 과정을 설명했는데, 이 설명은 두 가지 강조점을 가지고 있다. 첫째는 자신의 이미지가 마치 타자의 이미지처럼 지각된다는 것이고, 둘째는 그 이미지가 스스로 자신에 대해 느끼는 자신의 모습보다 훨씬 이상적이고 완성된 모습으로 비치기 때문에 강력한 욕망의 대상이 된다는 사실이다. 라캉은 이런 성격의 경험이 최초로 이루어지는 시기를 거울상 단계mirror phase라고 명명하고 생후 8개월~2세의 시기에 발생하는 것으로 본다. 이 시기는 어린아이에게는 자신에 대한 감각이 구축되는 기초적 순간이며, 어린아이가 자신 밖의 바깥세계를 인지하고 동시에 바깥세계 속에서 자신에 대한 비전을 가질 수 있게 되었음을 의미한다. 상상계를 벗어나 언어 습득이 이루어진 다음에 있게 되는 상징계로의 진입 이후에도 인간이 겪게 되는 '타자'와의 동일시 현상은 이러한 경험이 기초가 된다.

2차적 동일시는 여러 방향으로 이루어지지만 그중 가장 강렬하게 일어나는 것이 타자로 인식된 인간 형태의 이미지와의 사이에서 일어나는 나르시스적 동일시의 경험이다. 이 경우 대개는 이상화된 주인공과 스스로를 동일시하며, 이것은 완성된 개체의 이미지와의 동일시로서 그 대상에 대한 강한 욕망을 경험하게 된다.

영화의 스타가 욕망의 매개체로서 작동하게 되는 것은 바로 이 지점에서이다. 스타는 관객들의 집단적 갈망, 좌절된 꿈을 구현해 보여주는 꿈과 욕망의 먹이이다. 관객들의 막연한 욕망에 형태를 부여하고 구체화시켜줌으로써 강한 흡인력을 가지게 되는 것이다. 그래서 관객들은 극중 인물을 연기하는 스타와 함께 공감하고 울고 웃을 수 있게 된다. 따라서 스타의 행동이나 감정 상태에 대한 공감은 동일시의 원인이 아니라 결과라고 할 수 있다. 즉 스타는 관객의 욕망의 대상이 됨으로써 동일시를 유발하고, 그 결과 관객은 그의 감정, 느낌 등에 공감할 수 있게 되는 것이다.

7. 관음적 응시와 물신적 응시

영화 관람이 요구하는 '시선'의 특성은 스타가 관객의 욕망에 작용하는 방식을 알게 해주는 또 다른 요소이다. 영화적인 '시선'은 관음적 응시voyeuristic gaze(훔쳐보기)와 물신적 응시fetishistic gaze(시선 고착)의 두 가지로 특징지을 수 있다.

메츠는 영화 관람을 다른 인접 공연물인 연극이나 스트립쇼에 비해서 관음적 성격이 훨씬 더 강한 경험으로 간주한다. 시각 자체 내에 자리 잡고 있는 성적 본능의 한 요소인 절시증scoptophilia에 의해 유발되는 관음적 응시는 어떤 대상의 행동을 엿봄으로써 성적으로 보상받게 되는 행위이다. 그런데 여기에는 두 가지 조건이 필요하다. 첫째는 관찰자와 관찰 대상 사이가 일정한 거리에 의해 격리되어야 한다. 둘째는 자신의 관찰행위가 타인, 특히 자신이 바라보는 대상에게 노출되어 있지 않다는 확신이 있어야 한다. 그런데 연극이나 스트립쇼의 경우는 첫째 조건은 충족되지만, 두번째는 불가능하다. 출연자들은 실제의 인물들인 데다, 관찰당하는 것에 대한 그들의 '동의'를 바탕으로 한 관음적 상황이기 때문에 보는 즐거움이 반감된다. 반면에 영화의 경우는 관찰 대상 자체가 연극이나 스트립쇼에서처럼 실제의 인물이 아닌 이미지에 지나지 않는다. 고전적 할리우드 영화에서 배우는 절대로 관객과 시선이 마주치지 않도록 카메라 렌즈를 바라보지 않는 것이 불문율로 되어 있다. 이는 관객의 관음적 즐거움을 반감시키지 않고 동시에 영화의 실제감을 높이고자 하는 의도를 그 밑에 깔고 있는 것이다.

따라서 영화 관람은 관객들로 하여금 관찰당하지 않는 훔쳐보기를 실컷 즐길 수 있는 상황을 허락해준다. 게다가 그레타 가르보Greta Garbo의 미소, 캐리 그랜트Cary Grant의 시선 등 미디어에 등장하는 스타들의 순간적 모습들은 마치 무심코 우연히 포착된 것 같은 느낌을 준다. 이런 모습들은 관객들에게 마치 스타가 연기하는 인물 속에 깊숙이 매몰되어 인물의 감정을 그대로 체험하고 있는 듯한 느낌을 주며, 따라서 연기하는 것이 아니라 그 인물로서 존재하는 듯한 느낌을 준다. 결국 이런 영화에서의 연기는 관객들에게 순수한 관음적 순간을

304

허용할뿐더러, 그러한 순간을 더욱 강화시켜준다. 즉 그것은 보일 목적으로 되어 있지 않은 것을 우연히 보게 되는 것과 같은 심리적 순간이다. 이런 맥락에서 영화는 사회적으로 인정된 훔쳐보기의 일종이라고 할 수 있다.

훔쳐보기의 쾌락을 극대화할 수 있는 곳이 바로 원초적으로 훔쳐보기의 가장 전형이 된 에로틱한 장면들에서이다. 고전 영화는 이것을 십분 활용했고, 이것을 비교적 점잖게 활용하는 방법이 여성의 육체였다. 즉 할리우드의 고전 영화들은 역대 여성 할리우드 스타들의 육체를 가장 매력적으로 전시함으로써 관객의 훔쳐보기의 쾌락을 자극했다. 뿐만 아니라 대개의 경우 여성 스타들의 육체는 극중 남자 주인공의 강렬한 욕망의 대상이 됨으로써, 단순히 전시된 육체를 보고 관객들이 자연스럽게 욕망을 자극받는 정도를 훨씬 넘어서게 된다. 즉 그 여성 스타가 완벽한 이상형의 남성으로부터 욕망의 대상이 되는 상황을 보여줌으로써 그 여성 스타에 대한 욕망을 더욱 자극하는 방식으로 구조화되는 것이다.

그런데 관음적 응시는 독자적으로 작동하지 않는다. 그것은 대부분의 경우 물신적 응시와 연계된다. 관음적 응시의 특징은, 무엇이 일어나고 전개되는가를 알고자 원하며, 능동적이고, 호기심이 강하며, 이것저것 캐기 좋아한다는 점에 있다. 반면에 물신적 응시는 바라보는 대상에 사로잡히게 된다. 그리고 더 이상 알려고 캐려 하거나, 더 이상 보려 하거나, 찾아내고자 하지 않는다. 시선이 그 대상에 고착되어버리기 때문이다. 물신은 우리의 시선을 욕망의 대상에 고정시킴으로써 욕망을 자극하고 욕망의 충족에 대한 환상을 주는 물체이다. 물신은 '부재 자체를 부정'하게 해준다. 그 욕망의 이미지들이 가짜이며 환상에 지나지 않는 것임을 알면서도 그것의 실재에 대한 믿음을 갖게 만드는 것이다. 고전 영화는 많은 물신을 개발해 화면에 보여준다. 우리가 흔히 '볼거리'라고 부르는 것은 대부분 우리의 시선을 사로잡는 물신들이다. 근사한 풍경, 웅장하고 휘황찬란한 건물의 외부와 내부, 호화로운 세트, 세련된 테크놀로지의 전시, 눈부신 의상, 그리고 최근에 와서는 우리의 눈을 현혹시키는 온갖 시각적인 특수효과, 현란한 카메라 움직임, 컴퓨터 그래픽 효과 등이 여기에 속한다. 그러나 고전 영화에서 무엇보다 강력한 물신은 스타이다. 그중에서도 특히 여성 스타, 그들의 얼굴과 육체가 중요한 물신의 구실을 해왔다.

영화가 개발한 여성 육체 중 가장 효과적으로 사용했던 물신적 부분은 스타들의 얼굴이었다. 얼굴의 사로잡기 효과를 최대한 발휘하기 위해 온갖 세련된 화장술이 동원되었고, 신비한 분위기를 연출하기 위해 특정 여배우의 얼굴을 찍을 때는 반드시 투명 베일을 카메라 앞에 장치하는 경우도 있었다. 또한 극중에서 자다 일어난 여자 스타의 얼굴이 완벽히 화장되어 있고, 머리도 한 올 흐트러짐 없이 정돈되어 있는 모습 등이 리얼리티의 결여로 지적되기도 하지만, 실은 리얼리티 감각이 없어서가 아니라 리얼리티를 희생시키고서라도 물신적 효과를 극대화시키기 위해 치밀하게 의도된 것이었다. 디트리히Marlene Dietrich, 가르보, 먼로의 얼굴은 할리우드가 개발한 대표적 물신들이다.

프로이트식의 설명을 따르면 거세 공포로부터 비롯된 물신주의는 우리 믿음의 형성에 작용하는 것으로 되어 있다. 즉 모든 사람은 페니스를 가지고 있다는 근본적 믿음과, 그런데 어떤 사람은 페니스가 없다는 경험적 확인에 의한 믿음의 서로 상충되는 두 가지 믿음 사이의 모순을 해결하는 방식으로 사용되는 것이 물신이다. 물신은 바로 경험적 사실의 확인을 거부하게 함으로써 그 충돌을 극복하게 한다. 즉 물신의 기능은 부재를 부정하게 하는 것이다. 이때 부재의 부정이란 실재하는 것으로 믿게 한다는 것과는 뉘앙스가 다르다. 단지 부재 현상을 은폐시켜줌으로써 부재를 믿지 않게 해줄 뿐이다. 그러면 영화에서 물신은 어떤 기능을 하고 있는가? 그것은 자본주의 사회 내에서 자본, 화폐, 상품 같은 물신들이 담당하고 있는 기능과 유사하다. 즉 이 자본주의적 물신들은 자신에게 부재하는 속성을 주목하지 못하게 하는 숭배효과를 통해 자본주의의 모순을 은폐하는 기능을 한다. 이와 마찬가지로 영화적 물신들 또한 관객들로 하여금 화면에 벌어지는 이야기들이 허구적인 이야기임을 의식하면서도 그 허구성을 주목하지 못하도록 관객들의 시선을 자신들의 포로로 잡아둠으로써 현실의 온갖 모순을 볼 수 없게 만든다.

그런데 이러한 점은 시대에 따라 스타의 이미지 유형이 바뀌고, 의지가 강하고 현실에 대한 날카로운 비판과 참여의식을 나타냈던 스타들의 경우에도 크게 다르지 않은 것으로 보인다. 이 같은 현상은 모든 가치를 개인적인 인성의 타입personality type이나 라이프스타일로 바꾸어 보여줄 수밖에 없는 스타 제도 자체의 한계 때문이기도 하다. 예컨대 1970년대의 반전운동과 자유주의의 물결 속에서 제인 폰다Jane Fonda 같은 스타가 탄생했지만, 이 스타의 정치적 기능이 그레타 가르보나 디트리히 같은 배우가 담당했던 그것과 크게 다르다고 보기는 어렵다. 물론 제인 폰다 자신은 확고하고도 진솔한 정치적 신념을 가지고 있었고, 또 영화 안팎에서 그 신념을 구현하려 노력했을지 모른다. 그러나 스타 제도의 작동 방식 자체의 속성상 그러한 신념마저도 스타들의 개인적인 퍼스낼리티의 한 양상으로서만 보이게 되기 때문에, 결과적으로 스타는 비록 그 스스로가 의도한 바는 아니라 할지라도 관객들을 제반 사회적·정치적 맥락으로부터 단절시키고 수동적으로 만드는 역할을 수행하게 된다.[7]

지금까지 살펴본 것처럼 물신적 응시와 관음적 응시는 영화에서의 시선 조직에서 두 가지 상반되는 충동이지만 상호 보완적으로 작동하면서 영화 관람을 유도한다. 여성의 육체는 훔쳐보기의 대상이자 동시에 물신적 매혹의 대상이기도 하다. 이 두 가지 방식의 영화적 바라보기는 영화를 호기심과 흥미를 가지고 추적하게 만들면서, 관객들로 하여금 보는 내용에 사로잡히고 그럼으로써 허구적 이야기의 허구성을 부정하게 만드는 효과를 생산한다. 즉 관음적 시선을 통해 이야기를 추적하여 이해하도록 만드는 한편, 물신적 응시를 통해 허구적 이야기의 모순을 깨닫지 못하게 만드는 것이다. 즉 영화에서 이념작용은 이 두 가지 시선의 공조를 통해 이루어지는 셈이다. 다시 말해 그것은 이념적 내용을 이해하고 그것에 사로잡혀 전혀 그것과 비판적 거리를 유지하지 못하고 다만 수동적으로 수용하게 만드는 효과라고 할 수 있다. 그리고 이것은, 앞에서도 언급했듯이 지배적 가치를 주입시키는 방식으로가 아니라 문제나 알려진 모순을 감추는 방식으로 이루어지는 이념작용의 방식이다.

8. 스타의 경제적 기능: 소비의 우상과 슈퍼시스템 속의 스타

스타는 영화산업에서뿐만 아니라 경제 전반에서 주목할 만한 역할을 한다. 이미 스타 제도의 초기 형태에서부터 보조 미디어들은 스타란 항상 보통 사람들의 상상을 초월하는 호화로운 생활을 하는 것으로 널리 선전해왔다. 그들은 절대왕조 시대 귀족의 성곽과 같은 대저

---

7) R. Dyer, *Stars*, London: BFI, 1982, p. 45.

택에서 개인 철도를 가지고 호화판의 파티로 지새며 생활하는 존재들로 부각된다. 이런 생활 방식은 스타 제도의 초기에 스타를 신격화된 숭배의 대상으로 만들기 위한 전략의 결과였다. 스타들은 영화 속의 이미지를 현실에서 살아야 했기 때문이다. 그러나 그것은 스타를 모방의 대상으로 만들기 위한 것도 아니었기에 스타는 경제대공황 시절에도 어김없이 호화판의 생활을 했으며 그것을 신비화하고 일부 과장하기도 하는 보조 미디어들의 기삿거리로 널리 전파되고는 했다. 그래도 그것은 어느 누구의 원한도 사지 않았다. 스타들의 생활은 바로 그 영화 속의 환상을 그럴듯하게 뒷받침하고 있는 일종의 이미지에 지나지 않는 것이었기 때문이다. 그래서 당시의 좌파 신문들조차 그러한 스타들을 비난하지 않았다. 그들은 스타를 영화사에 의해 조작되고 조종되는 자본주의의 피해자들로 보았지 수혜자들로 보지는 않았던 것이다.

그러나 모랭의 지적처럼 스타의 이미지는 1930년대 이후 루돌프 발렌티노Rudolph Valentino나 더글러스 페어뱅크스Douglas Fairbanks, 릴리언 기시Lillian Gish 등 거의 신격화된 예외적인 인물상에서 현실감이 나는 복합적 심리를 지닌 인물들로 바뀌면서 평범함과 예외성이 함께 섞인 복합적인 인물로 바뀌기 시작했다. 그의 주장에 따르면, 스타는 숭배의 대상에서 모방의 대상으로 바뀌기 시작했는데, 이런 현상은 요즈음으로 올수록 더욱 심화되어왔다. 그와 함께 스타들의 소비생활도 보통 사람들이 모방 가능한 형태로 대중매체에서 기사화해나갔다. 물론 기본적으로는 여전히 생활 방식이 남다르게 화려한 소비생활 행태를 보인 것이 사실이지만 부분적으로는 모방 가능한 방식으로 제시되었다. 예컨대 보조 미디어의 기사들은 실베스터 스탤론Sylvester Stallone이 어떤 집과 어떤 자가용 비행기를 구입했고, 휴가 여행을 몇 톤짜리 개인용 요트로 했는가 등에서부터 어떤 의상을 몇 벌씩 가지고 있으며, 어떤 구두를 몇 켤레 가지고 있는가, 그의 리무진 속에는 어떤 특별장치가 되어 있으며, 그는 어떤 스포츠를 즐기고, 어떤 옷을 즐겨 입으며(그것은 세계 일류급 디자이너의 옷에서 값싼 시장 옷에 이르기까지 다양하다), 어떤 취미를 가지고 있고, 식사는 어떤 식당에서 즐겨 하는지 등등의 세세한 묘사를 통해 스타를 소비의 우상으로 만들어준다.

결국 스타는 쓸데없는 것, 불필요한 것까지 사게 만드는 소비 촉진제로서의 역할을 단단히 해내는 것이다. 그들은 자기 의지와는 상관없이 패션을 주도하고 소비를 촉진시킨다. 1980년대 초반 「토요일 밤의 열기」라는 영화가 국내에 들어왔을 때 존 트라볼타John Travolta의 의상을 파는 상점이 도시의 변두리에도 즐비했던 것이나 강남의 보세점 문 앞에 "마이클 잭슨 의상 팝니다" 같은 안내 문구를 서울에서도 볼 수 있었던 것은 모두 이런 현상의 단면이다.

스타가 담당해온 소비생활 촉진 기능은 1970년대 이후 더 조직화되고 폭넓은 스케일로 더욱 강화되고 있는 느낌이다. 1970년대 이전에는 스타를 통해 욕망 조직이 주로 행동 방식의 모방에 초점이 맞추어졌고, 따라서 소비생활 촉진 기능이란 산업체 측의 의도된 계산의 소산이라기보다는 자연적인 결과였다고 할 수 있다. 그러나 슈퍼시스템의 형성과 더불어 스타들의 소비생활 촉진 기능은 치밀한 계획과 철저한 계산에 의해 유발되고 있다.

1960년대 후반부터 영화산업은 복합기업들에 흡수되어 영화사들이 석유회사, 부동산, 항공회사 등의 자회사가 되어 경제 전반과 밀접한 연관관계를 갖기 시작한다. 인접 오락과 미디어 산업 간에도 종합 오락산업의 형태로 상조synergy체제가 이루어지기 시작했다. 결과적으로 1970년대 이후 오락산업 전반이 슈퍼시스템화되고 있는데, 여기서 중심적인 위치에 서 있는 것이 영화이고, 그 영화의 정체성이자 슈퍼시스템 사이의 연결고리가 되는 것이 스타이다(이것은 어린이 영화의 경우에는 동물 같은 캐릭터들이다). 예컨대 영화는 음반산업, 포켓북, 패션 의상, 헤어스타일, 화장품, 비디오, 컴퓨터게임, 장신구 등등의 산업과 연계되어 상호 촉진 형태로 상품 판매에 기여한다. 이렇게 영화가 계기가 되어 개발된 상품을 '타이-인즈tie-ins'라고 부른다. 이러한 상품에서 차용되는 중심 테마는 물론 스타와 관련된 것이다. 스타가 입었던 옷, 헤어스타일, 스타의 얼굴을 사용하는 사진 등이다.

그러나 영화의 상품 판매 기능은 여기서 그치는 것이 아니라 영화로부터 비롯되어 생산된 상품뿐 아니라 기존에 존재하는 상품 중에서 영화 속에 등장했거나 등장인물들이 사용한 것을 계기로 소비를 촉진하는 상품들이 있다. 소위 '타이-업스tie-ups'라고 불리는 상품들은 카메라에서 자동차, 비행기에 이르기까지 그 무엇이라도 될 수 있다. 1980~90년대에 들어와 두드러진 현상은 거의 모든 할리우드 영화가 타이-업스의 개발에 적극적이라는 사실이다. 이것은 그 상품들을 생산하는 회사의 이해관계와도 잘 맞는 것이어서 영화와 제조회사를 연결시켜주는 전문 중개소까지 성업을 이룬다. 이들은 영화 속에 비교적 눈에 잘 띄는 형태로 상품을 등장시켜주고는 수만 달러에서 수십만 달러에 달하는 돈을 제조회사로부터 받는다. 물론 이 경우 길거리에 세워진 코카콜라 광고판을 담아주는 것에서부터 등장인물의 거실에 특정 가구를 전시한다거나 스타가 특정 상표의 물건을 사용하게 하는 방법 등 가지가지이다. 그런데 그 가운데서도 극중에서 스타가 사용하는 물건의 제조회사로부터 가장 많은 돈을 받게 되는 것임은 물론이다. 은폐된 광고나 다름없는 이 같은 관행이 지속되는 것은 회사로서는 아주 효과적인 광고 기회일 수 있으며, 영화사로서는 아주 좋은 가외 수입원이 되기 때문이다.

이와 같은 영화산업은 인접 미디어, 오락산업과 혹은 일반 제조업 분야와 일종의 상호 판매 촉진의 관계를 맺는다. 여기서 스타가 가장 핵심적인 역할을 하고 있기 때문에 스타 제도는 일반적으로 후기 산업사회의 과잉생산 해소를 위한 새로운 소비 창출 욕구에 부응한다고 지적되고 있다. 즉 영화의 안과 밖에서 스타의 지극히 화려하고 소비적인 생활 패턴을 통해 스타들과 관련된 소비를 자극하며 스타들을 영화 관련 상품의 생산과 판매를 위한 재료로 사용하고 오락과 소비 영역을 확장시켜, 마침내는 이윤을 창출하는 것이다. 이와 같이 스타 제도는 시대적 요청에 따라 방식을 달리하면서 서구 자본주의 사회의 경제적 절대명제를 지원하는 이념적 형태로 활발해 작동해온 것이다.

9. 맺는 말: 스타 제도와 '모사적인' 삶

스타 제도는 영화산업체 측의 상업적 동기로 성립되어 비록 변형된 형태이기는 하지만 오늘날도 건재하고 있다. 그러나 영화에서 스타의 중요성은 예전에 비해 비교적 감소하고 있는 것 같다. 포스트모던 영화의 등장과 함께 영화의 물신적 요소들이 스타 같은 인적인 것으로부터 특수효과, 기계, 컴퓨터 그래픽 효과 등 물적인 것으로 많이 이동해왔기 때문이다. 그러나 영화를 중심으로 한 인접 오락, 미디어 산업, 기타 제조산업들 사이에 이루어지는 슈퍼시스템의 확대와 더불어 그 영향력의 정도는 더욱 커지고 있을 뿐만 아니라 질적인 변화마저 일고 있는 것 같다.

스타 제도는 인간 욕망의 조작을 위해서 마련된 가장 세련되고 체계적인 제도 중의 하나가 아닐까 생각한다. 앞서 보았듯이 그것은 초기에서부터 영화산업 내부에서만 작동된 시스템이 아니었다. 1년에 서너 편 정도의 영화에 출연하는 스타들에 대한 관객의 관심을 지속시키고, 계속 갈망의 대상으로 유지시키기 위해 수많은 미디어와 홍보전문가, 홍보의 메커니즘이 동원되었던 것이다. 1970년대 이후에는 스타가 출연한 영화와 관련된 다양한 상품인 타이-인즈 개발을 통해 경제적 과실은 물론이거니와 스타가 그러한 상품들을 통해 우리의 욕망을 자극하면서 우리 주변에 계속 머물게 만드는 결과를 만들어주었다. 영화화된 상품인 타이-업스의 개발은 스타와 상관없이 그 자체의 용도와 기능을 가지고 있었던 물건에까지 스타의 유령을 씌워주는 효과를 창출하고 있다.

이러한 영화산업에 대한 경험이 우리에게 다시 확인시켜주는 것은 포괄적으로 문화산업에서 욕망의 조작이란 결과적으로 현실로부터 떠나 환상 속에 살며 다각적인 소비를 통해 그 환상을 유지시키도록 이끌어가는 작업이라는 점이다. 초기 스타 제도의 역할이 소위 담론을 통한 '현실도피적' 유도의 기능에 머물러 있었다면, 고도로 세련되어가는 최근의 욕망 조작 방식들은 그러한 방식의 불완전함—지속성의 결핍, 환상을 실제로 살고 싶은 욕구로부터 오는 좌절감 등—을 다양한 소비의 형태로 보완하도록 유도하고 있다는 데 차이가 있다. 그러나 이러한 차이에도 불구하고, 문제는 여전히 이렇게 조작당한 관객은 현실 속에서 비현실의 삶을 살게 된다는 사실이다. 즉 지극히 현실적인 먹고 마시고 입고 즐기는 소비의 순간이 사실은 환상 속을 떠도는 순간이 되고 있는 것이다. 이것은 단순히 현실로부터의 도피가 아니라 보드리야르의 표현을 빌리자면 지극히 포스트모던한 '모사적simulation' 삶을 사는 결과가 된다. 포스트모던 시대의 새로운 통제 방식이 된 모사적 환경과 모사적인 삶의 근본적인 특징은 사람들로 하여금 그 모델을 전혀 강요된 것으로서가 아니라, 마치 자발적으로 그렇게 프로그램화된 삶을 사는 것처럼 느끼게 한다는 데 있다.

스타는 바로 모사의 모델로서 작용하는 '모사물simulacre'의 하나이다. 그리고 스타를 모사물로서 기능할 수 있도록 해주는 것은 스타에 대한 관객의 해소되지 않는 욕망이다. 스타에 대한 욕망은 부재하는 대상(왜냐하면 이미지이므로)을 향한 욕망이므로 시선의 만족 외에 어떤 실체적인 만족도 성취될 수 없다. 이러한 결함을 환상적으로 보완해주는 것이 바로 무한한 소비 촉진이다. 그러나 구체적 필요를 충족시키기 위한 것이 아닌 소비는 오히려 더 큰 갈증을 계속 유발할 뿐이다. 그래서 소비는 더욱더 촉진된다. 이는 마치 스타에 대한 충족되지 않는 욕망이 새로운 영화에 대한 갈망을 촉진하고 스타에 대한 새로운 사진과 기사를 추구하게 만드는 것과 같다. 문화산업은 인간의 욕망을 억압적이고 폭력적인 수단을 동원하여 강제하는 것이 어려워진 사회에서 중요한 사회통제의 수단으로 기능함과 동시에 자본주의의 지속적인 이윤 창출을 보장할 소비 촉진의 효과적인 수단으로도 활용되고 있다. 그리고 이 점은 각기 다른 방식으로이기는 하지만, 단지 영화에서뿐만 아니라 다른 문화산업에서도 마찬가지이다.

영화, 이념, 정치

1. [한국논단] 재벌의 미디어 참여

『한국일보』 | 1994-05-12 | 05면 | 정치·해설 칼럼, 논단

　　최근 이탈리아 총리가 된 베를루스코니Silvio Berlusconi는 이탈리아의 거대한 미디어 재벌이다. 올해 57세인 그는 호감 가는 용모와 멋진 옷차림 때문에 정계의 '루돌프 발렌티노'라는 별칭까지 얻었다. 그는 세 개의 상업 텔레비전 채널을 소유하고 있으며, 16개의 일간지, 34개의 잡지, 매년 2천여 권의 책을 출판하는 거대 신문 출판 그룹인 몬다도리Mondadori 그룹을 인수하여 운영하고 있다. 그뿐 아니라 광고회사, 영화·텔레비전 프로그램의 제작·배급회사를 소유하고 매년 수십 편의 영화와 수백 시간의 텔레비전 프로그램을 제작·배급하고 있다. 이쯤 되면 신문, 잡지, 도서, 텔레비전, 영화, 광고 등 이탈리아 미디어의 모든 부문에 막강한 영향력을 행사하고 있는 셈이다. 그 밖에도 슈퍼마켓 체인, 대규모 건설회사, 또한 유명한 프로축구팀인 AC밀라노팀의 소유주이기도 하다.

　　그의 피닌베스트Fininvest 그룹은 8년 전부터 프랑스·독일·스페인 등 다른 유럽 국가의 민영 TV산업에 진출하기 시작했다. 그러나 미국의 상업방송을 아주 부정적으로 모방한 '타락한' 상업방송 문화를 유럽에 전파한 장본인으로 공영방송의 오랜 전통을 쌓아온 유럽에서 따가운 시선을 받아왔다. 그의 편성시간은 최소한의 뉴스 프로그램에 게임·스포츠, 미국 등지로부터 수입한 오락물, 드라마 시리즈, 영화 등으로 메워나가는 철저한 오락 장사의 전형으로 간주되어왔기 때문이다.

　　스페인에 민영TV가 허용되면서 베를루스코니는 재빨리 스페인에서 막강한 파트너를 찾아냈는데, 그것은 바로 스페인 시각장애인협회였다. 텔레비전을 볼 수 없는 시각장애인들의 조직이 텔레비전 방송사의 주인이라는 것은

아이러니컬한 일이 아닐 수 없다. 이쯤 되면 그의 수완이 어느 수준인지 가늠할 수 있다. 스페인 시각장애인협회는 단순한 이익단체가 아니라 스페인에서 다섯번째 가는 규모의 기업군을 거느린 재벌 그룹이다. 1938년 스페인 내전 때 전쟁 부상으로 시각장애인이 된 군인들을 지원하기 위해 결성된 것으로 프랑코 치하에서 복권사업, 거리의 티켓 판매소 독점권 같은 특혜를 누리면서 성장하여 오늘에 이른 것이다. 시각장애인협회를 대표하는 사장은 시각장애인으로 태어나 텔레비전은 어떻게 생겼는지 본 적이 없는 30대 중반의 젊은이이다. 그는 물론 시각장애가 문제가 되지 않는 경영의 일부를 책임지지만, 방송 프로그램의 편성 운영은 베를루스코니 측이 맡아야 한다.

지난 3월에 있었던 이탈리아 총선 석 달 전에 베를루스코니는 정당을 급조하여 느닷없이 선거에 뛰어들었다. '공산세력의 저지'라는 것 외에 아무런 정강정책도 없었던 그의 당은 총투표의 44퍼센트를 휩쓴 후 최다수당이 되었다. 일약 이탈리아의 총리가 된 그는 신파시스트 정당과 제휴하여 현재 구성 중인 내각의 다섯 자리를 파시스트들에게 할당하기로 함으로써 이탈리아 사회를 들끓게 하고 있다. 움베르토 에코를 위시한 일부 진보적 지식인들이 이탈리아를 떠나 국외로 망명할 것이라는 풍문과 아울러 베를루스코니 정권에 대해 호의적 보도를 하지 않는 외국 기자단들과의 갈등도 심각한 것 같다.

오랫동안 사회당과 중도우파인 기독민주당의 제휴 형태로 유지되어왔던 이탈리아의 정치풍토를 급격히 우선회하게 만든 베를루스코니의 정치적 부상이 어떻게 가능했던가의 설명은 전문가들의 몫이다. 다만 평범한 외부의 관찰자가 볼 때 주목되는 점은 그의 선거운동 과정에서 그의 미디어 왕국, 그중에서도 텔레비전 왕국과 그의 축구단이 해낸 역할이다. 그의 정당 입후보자들은 상당 부분 그의 친구들이거나 그의 미디어, 스포츠 왕국의 관련자들이다. 그의 선거운동 특징은 텔레비전을 최대한 사용하되 토론은 절대로 피했으며, 그것도 TV쇼와 다름없는 방식으로 진행했다는 것이다. '루돌프 발렌티노'의 용모에 그의 TV와 축구단을 통해 대중에 알려진 인물들을 거느리고 등장한 텔레비전 화면에서 그가 거두었을 대중적 인기는 쉽게 짐작이 간다. 텔레비전뿐 아니라 신문을 비롯한 그의 막강한 미디어 왕국이 그의 선거를 위해 총체적으로 움직였을 것이라는 점도 짐작하기 어렵지 않다. 실로 미디어 복합기업의 시대에나 볼 수 있는 민주주의의 위기라고 하지 않을 수 없다.

권언유착을 넘어 권언일체나 다름없는 상황에서 통치되어갈 이탈리아의 장래를 밝게 보기란 어려울 것 같다. 이것은 몇몇 나라에서 신문·방송들의 미디어 교차 소유가 무분별하게 진행되어가면서 곳곳에서 자라고 있는 미디어 왕국들의 성장 결과가 어느 지경에까지 이를 수 있는가를 보여주는 좋은 예이다. 이는 결코 강 건너 불만은 아니다. 신문·출판을 소유하고 이미 프로그램 공급, 제작업에까지 진출했으면서도 방송사 운영에까지 참여하기 위해 틈날 때마다 여론을 부추기며 그럴듯한 논리를 펴나가고 있는 우리나라의 여러 재벌기업을 견제해야만 하는 이유를 극명하게 보여주는 좋은 예이다.

2. [시평] 「나비부인」과 코리아

「한겨레」 | 1997-01-23 | 04면 | 칼럼, 논단

런던에서 「미스 사이공」이라는 뮤지컬을 보았을 때의 씁쓸함을 잊을 수 없다. 영국은 물론 미국 브로드웨이에서도 엄청난 성공을 거둬 몇 년째 연속 공연 중이라는 「미스 사이공」이 다름 아닌 현대판 「나비부인」이었다니 서글픔이 앞섰다. 푸치니의 오페라 이후 많은 세월이 흘렀고 강산과 사람도 많이 변했는데, 서양 사람들의 뇌리에 아시아는 여전히 「나비부인」의 환상으로 각인되어 있다는 사실을 확인하는 것 같았기 때문이다. 1989년에 제작된 「미스 사이공」에 이어 1993년 「M. 버터플라이」라는 영화가 나왔고, 1995년에는 프랑스에서 푸치니의 오페라가 영화로 제작되었다. 느닷없는 「나비부인」들의 행렬을 보게 된 것이다.

「나비부인」의 원전은 금세기 초 활동했던 프랑스의 작가 피에르 로티의 「국화부인」이다. 이것이 미국에서 연극으로 각색되어 공연되었고, 이 연극대본을 바탕으로 푸치니는 오페라를 작곡했다. 그뿐 아니라 「사요나라」로 대표되는, 할리우드가 즐겨 제작했던 게이샤 영화들이 실은 「국화부인」 「나비부

인」의 아류들인 것이다. 미국 군인과 일본 게이샤의 비극적 사랑을 그린 이 이야기에서 서양의 보통 관객들의 흥미를 끄는 것은 동양 여자의 헌신과 순종, 희생의 자세 같은 것들이다. 그것은 서양 사람들에게 아시아 문화의 대표적인 한 단면으로 아시아를 이해하는 틀이 되기도 했다.

▌역효과 부른 순종·헌신 이미지

지난해 10월 이후 대우전자가 프랑스의 '톰슨 멀티미디어'를 인수하도록 프랑스 정부가 내렸던 결정이 현지의 여론 악화로 번복되는 과정에서 눈을 끄는 신문기사가 하나 있었다. 대우그룹의 회장이 저자로 되어 있는『세계는 넓고 할 일은 많다』라는 책과 관련된 내용이었다. 대우그룹은 이 책을 여러 나라 말로 번역해서 자사의 해외 직원들에게뿐 아니라 관계 요로에도 배포했다고 한다. 그런데 이 책이 프랑스에서는 대우의 기업문화에 대해 몹시 부정적인 이미지를 심어주었던 것 같다. 이 책에서 드러나는 대우의 경영 방식은 직원 개인은 물론 그 가족까지 모두 회사 일에 헌신·순종하도록 절대적으로 요구하고 있을 뿐 아니라 소속된 회사의 성공을 위해 직원들에게 희생과 고통만을 모범적인 덕목으로 강조하고 있는 것으로 프랑스인들에게 비쳐진 모양이다. 그래서 대우의 톰슨 인수가 이루어진다면 톰슨 노동자들의 노동조건이 얼마나 나빠질지 명약관화하다는 것이 기사의 요지였다.

희생·고통·순종·헌신 등이 대우를 비롯한 한국적인 기업문화의 특성을 드러내는 용어로 등장한 것이다. 역설적이게도 대우그룹의 홍보를 위해 배포했던 그룹 회장의 저서가 그룹의 부정적인 이미지의 형성과 확산에 무시하지 못할 역할을 했던 셈이다.

▌노동법 파문 긍정 효과 기대

실상 그런 해석은 편파적이고 과장된 것일 수도 있다. 전체적으로 보면 기업의 성공을 통한 종업원들의 자기실현이라는, 어찌 보면 서양에서도 흔히 강조되는 경영철학이 이 경우 유독 개인의 희생을 바탕으로 한 무자비한 착취의 경영철학으로 해석되고 있기 때문이다.

318

그런 해석의 배경은 물론 여러 가지 측면에서 찾을 수 있겠지만, 서양 사람들의 아시아 문화에 대한 선입견도 큰 몫을 차지하고 있는 것 같다. 경제적 성공에 박수를 보내는 것 같으면서도 잠재적으로는 아시아를 헌신·복종·희생이라는 「나비부인」의 이미지로 파악하고 있는 프랑스인들의 고정관념 속에서 한국 등의 아시아 국가들이 달성한 부나 성공은 일방적인 고통과 희생의 감내가 체질화된 노동자들에 대한 착취의 산물로 보이고, 대우는 이제 그것을 감히 프랑스인들에게까지 강요하려는 점으로 비쳐진 것이다.

기업들의 해외 진출에서 그 출신 지역이나 국가의 문화적 이미지가 얼마나 중요한 것인지 새삼 주목되는 대목이다. 아무리 21세기에는 민족국가가 약화되고 세계는 4만여 개의 초국가 기업망들이 소위 세계경영을 하게 될 것이라는 전망이지만 '무국적기업'들도 상당 기간은 국가 이미지나 지역문화의 영향으로부터 크게 벗어나지는 못할 것이라는 점을 짐작케 한다.

최근의 노동법을 둘러싼 갈등은 그런 의미에서 시사하는 점이 많다. 세계의 여론을 들썩인 이번의 갈등이 어찌 보면 한국의 해외 홍보를 위해 긍정적인 이미지를 심는 데 역할을 할 수도 있을 것이다. 더 이상 노동자들의 순종과 희생과 헌신에 의존해서 착취하며 부를 축적해가고 있는 나라가 아니라는 사실을 은연중에 전파시키는 효과도 있기 때문이다.

이번의 갈등이 좀더 개선된 국가와 기업 이미지를 구축하는 데 기여할 수 있기를 기대한다.

3. [정동칼럼] 문화 뒤에 숨겨진 일의 위력

『경향신문』 | 1994-02-05 | 05면 | 칼럼, 논단

일본의 영화·음반 같은 대중문화 수입을 허용해야 하느냐, 또 적절한 시기는 언제냐 하는 논의가 분분하다. 단도직입적으로 말하면 국민 정서가 일본 문화의 공식 수입을 흔쾌히 받아들일 수 있게 될 적절한 시기란 오기 어려울 것으로 생각된다. 우리가 일본에 대해 가진 복잡한 이중성의 갈등은 극복하

기 쉬운 것으로 보이지 않기 때문이다. 일본에 대해 극도의 찬탄과 극도의 증오 사이를 오르락내리락하고, 일본이 강대국임을 이론적으로는 확인하면서도 심정적으로는 인정할 수 없어 손해를 보면서도 갈등하는 것이 우리의 현실이다. 일본 역시 대국의 경험이 일천해서 덩치에 걸맞은 수준의 도덕성을 갖추려면 아직 까마득해 보인다.

그런데 이런 복잡한 국민 정서와 상관없이 국가 대 국가 간의 현실 논리 때문에 개방문제를 생각하지 않을 수 없다면 문제의 핵심은 무엇인가?

개방에 대해 걱정하는 사람들의 가장 큰 근심거리는 한국 문화와 유사한 일본 문화가 들어와 우리의 문화적 정체성을 위협하고 우리의 문화를 왜색으로 물들이지나 않을까 하는 것이다. 그런 걱정이 근거 없는 것은 아니지만 정작 큰 문젯거리는 다른 데 있는 것 같다.

오늘날의 대중문화는 한 나라 안에서도 일국적 정체성이 분명치 않은 소위 지구문화적 대중문화와 지역성이 강한 대중문화의 영역으로 분화되어가는 현상을 보인다. 해외에서 대중적 성공을 거두고 있는 일본 대중문화란 지구문화적 성격의 일본적 색채가 덜한 것이라고 봐야 한다. 특히 우리의 염려가 집중되어 있는 젊은이들 대상의 문화는 더욱 그렇다.

예컨대 우리나라에서 어린이 청소년들에게 대대적인 성공을 거두고 있는 일본산 인쇄물 만화와 만화영화의 예만 봐도 그렇다. 모 텔레비전에서 얼마 전 대대적인 성공을 거두었던 「피구왕 통키」라는 만화영화의 경우 등장인물의 이름이나 세팅을 한국식으로 바꾸어 방영했는데, 이 만화영화는 이탈리아에 가면 이탈리아식으로, 프랑스에 가면 프랑스식으로 무리 없이 둔갑한다. 인물들의 이목구비도 딱히 서양 사람인지 동양 사람인지 구분이 애매모호하게 그려져 있다. 아니 그런 관심조차 생기지 않게 '국제적'으로 그려졌다. 소위 국제문화, 지구문화의 전형이다.

한참 성가를 올리고 있는 농구를 소재로 한 「슬램덩크」라는 일본 만화를 봐도 그렇다. 거기서도 우리가 특별히 경계해온 왜색을 찾기는 쉽지 않다. 부분적으로 일본의 흔적이 분명히 있기는 할 것이다. 그런데 이런 만화에서 우리 청소년들에게 어필하는 것은 특별히 일본적인 요소들은 아닌 것 같다. 그보다는 신세대들의 생활감각에 맞는 소재와 표현법, 현대 영상문화의 강점을 적절히 활용하고 있는 점들이다.

우리 청소년들이 「슬램덩크」나 「피구왕 통키」를 즐기는 것은 일본적인 것을 유난히 선호해서라고는 할 수 없다. 그들은 이미 홍콩·미국·일본 등 여러 나라의 것을 즐기고 다양하게 접촉해왔다. 일본 패션의 흉내도 내지만 주윤발에게도 열광하고 뉴키즈 온 더 블록에도 비명을 지른다. 그들은 지구화된 국제 문화 상품을, 그 연령의 취향에 잘 맞도록 만들어진 상품을 즐기고 있는 것이다.

이러한 현상이 바람직하냐 아니냐를 떠나 최소한 일본의 대중문화는 그것의 일본 문화적 내용 때문에 염려할 일은 아닌 것 같다. 오히려 우리가 앞으로 생산해야 할 한국적 국제 문화의 생산을 위해 국제적 성공의 비결을 배우는 중요한 계기로 삼을 수도 있다.

오히려 관심과 걱정은 그 일본의 대중문화 상품이 침투해 들어오는 방식과 그에 대한 대응 방식에 기울여야 한다. 문화 상품에 편승해 대중문화 자본이 우리의 대중문화 산업 속에 파고들어 그 구조를 왜곡시키게 될 상황을 염려해야 하리라 본다. 할리우드까지도 살 수 있었던 막강한 자본력으로 제작기구와 배급망과 극장 체인을 장악하고 음반산업에 침투하여 대중문화 산업구조의 기반을 잠식하는 방식으로 진행된다면 시장 개방은 겁나는 것이 된다. 수단을 빼앗기고 할 수 있는 일이란 별로 없기 때문이다.

4. [한국논단] 할리우드와 일본 기업

『한국일보』 | 1994-12-22 | 05면 | 정치·해설 칼럼, 논단

내년의 종합유선방송 출발을 앞두고 요즘 유선방송 프로그램 공급회사나 방송사들의 개국행사가 한창이다. 미래 한국 영상산업의 성패가 달린 분야라서 사회적 관심과 기대도 크지만 대부분이 문화산업의 경험이 별로 없는 기업들이 참여하고 있는 것이어서 걱정도 적지 않은 것 같다. 5년 전 할리우드

의 유수 영화사인 컬럼비아 사와 트라이스타 사를 사들였던 소니 사가 엄청
난 적자를 기록하고 회생의 가망이 없어 철수할 것이라는 전망이 유력하다.
소니에 이어 유니버설 스튜디오가 소속된 MCA그룹을 사들였던 마쓰시타 그
룹의 경우도 우여곡절은 다르지만 철수의 위기에 봉착해 있다는 소식이다.
마쓰시타는 소니와는 달리 그간 유니버설과 계약관계에 있는 스필버그 작품
의 연이은 히트로 상당한 이윤을 얻은 것이 사실이다. 그러나 MCA의 참모본
부를 장악하고 있는 바세르만Wasserman 같은 할리우드 본토박이 경영진들의
강한 저항에 부딪히고 있는 것이다. 흥행의 귀재인 이들 없이는 할리우드 기
업의 운영은 불가능한데 이들은 MCA의 자율적인 운영을 요구하며 그 방안으
로 유니버설 주식의 51퍼센트를 그들에게 되팔 것을 요구하면서 그렇지 않으
면 MCA를 떠나겠다며 버티고 있는 것이다. 이유는 일본의 보수적인 문화와
그것에 기반을 둔 경영 방식이 분기별 배당액에 연연하기보다 때로는 엄청난
손실과 모험을 감수하는 대담성과 기민한 유동성이 필요한 오락문화 사업에
서 커다란 장애가 된다는 것이다. 마쓰시타 역시 쉽게 굴복할 것 같지는 않지
만 어쨌든 부분적으로나 전체적으로 손 떼는 것을 검토하기 위해 MCA의 자
산평가를 은밀히 의뢰했다는 소문이다.

  소니나 마쓰시타같이 자본의 힘만으로 할리우드에 입성한 일본 기업들이
할리우드의 정글에서 살아남을지 혹은 상처투성이로 손들고 나올지 좀더 두
고 볼 일이지만 몇 가지 교훈은 발견할 수 있을 것 같다. 우선은 하드웨어의
생산업체들이 하드웨어의 판매 촉진이 지속적인 소프트웨어의 공급에 있다
하여 소프트웨어 산업에 진출, 소위 시너지 효과를 기대한 경영 전략에 이상
기류가 생기기 시작한 점이다. 소니의 VCR인 베타맥스의 실패 이후 소프트의
확보가 하드산업의 사활을 결정짓는다 하여 영화, 음반에 이어 특히 새로운
기술의 각축장이 되고 있는 게임산업 분야 같은 곳에서 시너지 전략이 치열
하지만 그것이 과연 타당한 일인지에 대한 의문이 제기되는 것이다. 일본 기
업들의 고전은 단순히 미국 문화에 적응하지 못하는 일본 기업의 문제라기보
다도 전통적인 산업들, 특히 하드웨어 산업의 경영 방식에 익숙한 기업들이
전혀 다른 논리와 법칙과 노하우를 요구하는 문화산업 앞에서 갈팡질팡하고

322

있는 모습으로 보이기 때문이다. 자본력과 합리적인 운영 방식만으로 가능했던 다국적 기업의 경영 전략이 문화의 흐름, 관객의 취향 변화를 읽어낼 줄 아는 감각과 최고의 창조 역량을 가진 인재들을 발굴·등용할 줄 아는 능력, 투기를 두려워하지 않는 모험심 같은 것을 요구하는 오락산업에는 별로 통하지 않는 것임이 드러나고 있는 것이다.

하드 소프트의 시너지 전략은 금세기 초 영화산업의 발아기에 에디슨에 의해 이미 실험되었던 것이기도 하다. 기자재 발명가이며, 특허권자였던 에디슨은 기자재 제조산업을 운영하면서 기자재의 판매 촉진을 돕기 위해 스스로 영화제작사를 두고 영화를 제작했으며, 경쟁사들을 견제하기 위해 특허권을 지불하는 회사들로 카르텔을 만들었고, 카르텔 멤버가 아닌 업자들을 테러리즘의 방법까지 동원해가며 막으려고 했다. 그러나 결과는 에디슨의 실패와, 돈과 하드웨어 기술은 없으나 관객을 알고 오락산업이 무엇인지를 아는 보따리 흥행사들의 승리로 끝났으며, 에디슨의 테러를 맞던 보따리 흥행사들이 이룩한 것이 오늘의 할리우드인 것이다.

정보문화산업, 오락산업이 21세기 산업의 총아로 부상되면서 우리나라에도 문화산업의 경험이 전혀 없거나 일천한 기업들이 방송, 유선방송, 게임 등 소프트웨어 공급·제작산업에 몰리고 있다. 일부 전자산업을 주력업체 중의 하나로 갖고 있는 기업들의 경우에는 하드웨어 판매 촉진의 전략으로, 또 다른 기업들은 소프트웨어 산업의 중요성 때문이다. 그러나 예측 불가능하고, 변덕스럽고, 변화무쌍한 관객의 취향(그 어느 세련된 사회 조사 방법으로도 확실한 예측은 불가능하다는)을 감지해내고, 사무직원이나 공원들과는 다른 생리를 가진 예술가들을 어떻게 다루면서 합리적인 운영 방식과 마케팅 방식을 조화시켜 성공으로 이끌 수 있을 것인가? 할리우드 흥행의 귀재들조차도 겨우 네 편에 한 편꼴의 성공률을 기록하는 투기성 강한 이 분야에서 종래의 경영 방식으로 견딜 수 있을 것인가? 우리 기업들은 할리우드에서 피 흘리고 있는 일본 기업들에서 많은 교훈을 얻어야 할 필요가 있을 것 같다.

5. [정동칼럼] 「서편제」와 서태지의 메시지

『경향신문』 | 1993-12-25 | 05면 | 칼럼, 논단

방송위성과 함께 하늘이 열리고 수년 전부터 직배 형태로 사실상 영화시장이 개방된 이후 어떻게 하면 우리는 단순히 외국의 문화 소비시장이 되지 않고 우리의 문화 역량을 키울 수 있을 것인가, 어떻게 우리의 문화적 정체성을 유지할 수 있을 것인가 하는 문제들이 초미의 관심사가 되고 있다. 그런데 그 정의도 분명치 않은 채 막연히 우리 민족만의 고유한 어떤 것이라는 생각이 깔린 이 신기루 같은 민족문화적 정체성 개념이 지나치게 강조되다 보면 지구문화 시대에 더욱 절실해져가는 문화적 생산의 역동성을 억제하는 족쇄가 되어버릴 위험성도 있다. 오늘날 우리의 민족문화적 정서, 민족문화적 정체성이란 무엇인가? 예컨대 「서편제」 영화 같은 것이 그것을 잘 구현해주고 있는 것인가?

특정 정서라는 것이 특수한 생활 경험으로부터 비롯되는 것일진대 대중교육이 보편화된 이후로 초등교육부터 우리가 받아온 음악교육은 서양음악이었기에 국악이 오늘날 대중의 보편적인 음악의 정서라고 하기는 어렵다. 일부에서는 「서편제」가 서양음악적 정서를 가진 젊은 세대의 공감을 얻을 수 있었던 음악적 요인은 서양음악의 기본음계인 7음계가 점차 파괴되어가고 있는 오늘의 상황에서 5음계의 국악이 그리 낯설고 생소하지 않기 때문이라고 설명하기도 한다.

요컨대 「서편제」가 우리의 공통된 민족문화적 정서를 충족시켜주어 성공한 것은 아니라는 이야기다. 실제 「서편제」는 우리의 판소리를 상당히 신비스럽게 만들어주고 세련되게 드러내줌으로써 우리 것이 긍지를 가져도 괜찮은 그리 촌스러운 것은 아니라는 데 대한 발견의 기쁨 같은 것을 준 것이 사실이다. 그러나 그것은 낯익은 우리 것에 대한 공감이라기보다 우리 것이라는 이름의 낯설고도 신비한 존재에 대한 호기심 같은 것이 아니었을까 생각된다. 그것은 분명 정서적 공감의 기쁨과는 다른 것이라고 생각된다.

「서편제」를 환호했던 많은 사람은 서태지에게도 동시에 열광했다. 어떻

게 이것이 가능한 일일까? 「서편제」에 비하면 서태지는 미국식 랩의 원숭이 흉내에 지나지 않아 보일 수도 있다. 민족문화적 정체성이라는 관점에서 볼 때 이 두 문화는 양극단에 있는 듯 보이지만 따지고 보면 꼭 그런 것도 아니다. 「서편제」는 분명 한국적 소재이지만 지극히 서양식 정서로 조리한 것이었다. 영상구성이나 이야기 엮음 방식의 감각이 그러하다. 반면에 서태지는 미국 랩을 흉내 낸 것이지만 그것을 조리한 방식에서 어쩔 수 없는 한국적 정서의 편린들을 드러내 보인다. 태평소 가락이 등장한다고 해서가 아니다. 상스럽고 험악한 내용 대신 우리 대중가요의 영원한 소재인 로맨틱한 사랑 타령에 그에 어울리는 멜로디가 심금을 울리고, 오늘날 우리 아이들의 뛰노는 모습에서 볼 수 있는 친근한 몸동작을 느낄 수 있는 유아적 율동 같은 데서 우리 문화적 요소가 엿보이기도 한다.

　민족문화적 정체성이란 저장된 지식과 기억 같은 과거의 것만으로 이루어지지는 않는다. 예전부터 전해 내려온 것과 새로 획득된 것이 함께 이루어내는 지적·정신적·행태적 신진대사 같은 것이다. 실상 우리가 고유의 문화라고 생각하는 것도 따지고 보면 무수한 근원의 새로 획득된 것들이 신진대사의 과정을 거쳐 변형된 것이다. 그것은 순수하지도, 고정적이지도 않다.

　문화적 창의력은 모든 고정관념으로부터 해방되어야 한다. 외국 것을 흉내 내는 것도 민족을 배반하는 것 같은 죄의식 없이, 순수한 우리 것을 고집하는 것도 과찬되지 않고 수용되는 문화적 풍토를 지향할 필요가 있다. 「서편제」가 완벽한 우리 것이라고 할 수 없듯이 서태지를 우리 것이 아니라고 할 수도 없다. 모방하면서 우리 것에 도달하고 우리 것을 찾으면서 보편성에 도달할 수 있는 것이기 때문이다. 극단적으로 말하면 법에 저촉되지 않는 한 모든 문화적 이니셔티브가 수용되는 사회적 분위기가 필요하다. 그것이 진정한 문화적 자유이며 또한 지구문화시대에 살아남을 수 있는 전략이기도 하다. 오늘 우리는 문화생산에서 올 코트 프레싱All court pressing으로 뛰어야 하며, 그래야만 지구문화의 생산에 가까스로 참여할 수 있을 것이다.

6. [한국논단] 영상산업 육성하려면……

『한국일보』| 1994-03-17 | 05면 | 정치·해설 칼럼, 논단

요즈음 우리나라 영상산업계에 무엇인가 이루어지리라는 기대를 갖게 하는 고무적인 소식들이 들린다. 지난달에는 공보처장관이 방송산업의 국제경쟁력 강화를 위해 방송 프로그램 산업을 본격적으로 지원 육성하겠다는 정부의 계획을 밝혔다. 그 계획은 '방송 프로그램 제작단지'의 조성을 비롯해서 프로그램 산업에 각종 세제·금융·행정상의 혜택을 주기 위한 방안, 독립제작사의 적극적인 육성과 아울러 프로그램의 수출을 위한 대외 판촉 활동의 지원까지 포함하고 있다. 단순한 의지의 표명이 아니라 계획을 구체화하기 위한 연구위원회까지 구성했다.

최근에는 문화체육부가 상공자원부와 공조해서 일반영화와 만화영화, 게임을 포함하는 영상산업을 해외에 진출할 수 있는 21세기의 전략산업으로 육성하겠다고 발표했다. 동시에 제조업 수준의 금융·세제 지원을 할 수 있도록 영상진흥법을 만들고, 발전 전략을 강구하기 위한 민간협의회를 출범시켰다.

영화나 방송을 문화예술로서만 볼 것이 아니라 산업으로 파악하고 그 발전을 위해 상공부와 공조해서 산업적 접근을 해야 한다는 논의가 시작된 것은 10여 년 가까이 되나 정부는 그간 무반응으로 세월만 흘려보냈다. 우루과이 라운드를 계기로 외국 영상 프로그램 산업들이 시장개방을 요구해오는 상황에서야 움직이기 시작했으니 늦기는 했으나 그나마도 다행이다.

그러나 현재 논의되고 있는 영상 프로그램 산업의 육성·진흥 전략에서 큰 맹점이라고 생각되는 것은 매체 간의 연계성이나 계획의 효율성이 고려되지 않은 채 매체별로 따로따로 논의되고 있다는 사실이다.

이런 관점에서 보면 일개 방송사의 발전방안이기는 해도 최근 MBC 내부에서 이루어지고 있는 논의가 훨씬 더 진취적으로 보인다. 방송 프로그램, 극장영화, 케이블TV, 비디오 등 영상매체 전반을 치밀하게 유기적으로 연계시켜 본격적으로 프로그램 산업에 진출하자는 것이 이 안의 골자이다.

물론 방송과 영화는 서로 다른 매체여서 각기 다른 처방을 필요로 하는 부

분도 있다. 그러나 기본적으로는 유사한 기반시설을 필요로 하며, 기술과 인적 자원에서 공유하는 부분이 많다. 시장도 엄격히 영화시장, 방송시장을 구분하기 힘들다. 두 매체 간의 심미적인 차이라는 것도 기술발전의 결과로 차차 그 벽이 허물어져가는 실정이다. 시장화를 앞두고 있는 HDTV에 이르면 두 매체 간의 기술적인 통합도 이루어질 전망이다. 제작단계에서도 극장용 극영화와 방송용 프로그램이 비록 그 유형은 서로 다르지만 동일한 산업구조 속에서 훨씬 더 효율적인 발전을 도모할 수 있다.

경쟁력 있는 선진적인 제작환경을 갖춘 나라일수록 통합되어 있거나 통합의 방향으로 가고 있다.

세계의 영상 프로그램 산업을 지배하고 있는 미국이 그 대표적인 예라고 할 수 있는데, 할리우드 기업들은 영화산업의 위기를 텔레비전 프로그램 제작을 겸하면서 극복했고, 오늘날은 영화·텔레비전·비디오·케이블TV를 망라하는 미디어 복합기업의 형태로 군림하면서 세계시장을 석권하고 있다.

이에 도전장을 내고 유럽 국가 간의 공동발전을 도모하고 있는 통합 유럽에서도 마찬가지이다. 이미 1987년에 마련되어 집행 중인 MEDIA 계획이나 1989년에 결성된 시청각 유레카EUREKA 등 서유럽 국가의 공동정책기구 역시 영상 프로그램 산업의 전 영역을 포괄하고 있다. 서로 공유할 부분이 많은 데다 이 분야의 경쟁력 강화를 위해 필요한 기술·자금·인력·교육기구·행정 등의 문제에서 규모의 경제를 이룰 수 있기 때문에 훨씬 효율적이라고 판단한 결과이다.

기반시설의 마련이나 미래형 기술 개발 면에서 소요되는 자본의 규모가 엄청나고 이것은 한 매체의 가용자금으로는 이루기 어렵다. 물적·인적 자원도 한정되어 있는 우리나라에서 국제시장을 겨냥한 야심적인 발전계획을 세우면서 당연히 종합적으로 고려되어야 할 매체들을 분리시켜 법과 제도적 개혁을 시도한다는 것은 그 효과가 의문시되는 일이다.

모든 영상매체 산업의 획기적인 진흥을 위해서는 매체 간의 상호 발전을 도모할 수 있는 상조체제를 엮어내는 방안에서부터 기반시설, 급변하는 기술, 전문화된 고급인력, 세계시장에 진출하기 위한 마케팅에 이르기까지 전체를 조망하는 마스터플랜이 먼저 마련된 연후에 부문별 전략이 짜여야 한다. 그러기 위해서는 공보·문화·상공자원부 3부처 간의 긴밀한 공조체제가 요구됨은 물론이다. 그렇지 않으면 모처럼의 야심찬 계획들이 돈과 노력은 쓸 대로 쓰면서도 매체별로 구멍가게식의 번영을 이루는 데 그치고 21세기의 국제경쟁력을 운위하기는 어렵게 될지도 모른다.

7. [한국논단] 영상물의 국적 시비

『한국일보』| 1995-03-09 | 05면 | 정치·해설 칼럼, 논단

최근 「가정교사」와 「쇼군 마에다」라는 미국 국적의 일본 영화 수입문제로 적지 않은 물의가 일고 있다. 공연윤리(이하 공륜)위원장이 자리에서 물러났고, 일부 영화인들은 위장 일본 영화 수입 저지 투쟁을 벌이기도 했다. 두 영화의 수입을 놓고 강한 비판을 제기하는 사람들의 논리는 이렇다. 일본이 배경이 되었으며, 감독과 출연배우들이 일본인이며 실질적인 자본주도 일본인 영화들인데, 제작사가 미국이라고 해서 미국 영화 취급을 해줄 수 있느냐는 것이다.

아닌 게 아니라 이 영화들이 위장된 일본 영화라는 주장은 꽤 설득력이 있다. 그렇다고 해서 그 영화들을 미국 영화로 판정한 공륜의 일처리가 잘못된 것이라고 비난하기도 어렵다. 공륜의 담당자들은 제작사와 배급사의 국적을 기준으로 영화의 국적을 가르는 정부 당국의 기준에 따라 심의를 했을 것이기 때문이다. 명백한 일본풍을 모른 체했다는 비난도 있을 수는 있지만 그렇다고 엄연한 법적 기준을 무시하고 느낌에 의해 일본 영화로 판정을 했다고 해도 그것은 월권이라고 공격을 받았을 것이다.

국가 간 자본의 이동과 물적·인적 이동이 빈번한 소위 세계화의 시대에는 영상물의 국적을 판가름하는 일이 결코 쉽지 않다. 5~10여 개 국가가 참여하는 합작도 빈번하여 자본은 미국, 제작사는 유럽, 배우나 감독은 일본 소속인 영상물 같은 것이 앞으로 얼마든지 있을 수 있다. 그러므로 영상물의 국적 시

비는 빈번히 일어날 수 있으니 차제에 영상물의 국적기준에 대한 새로운 검토가 필요하다. 이것은 일본 영화의 '위장 침투'에 대한 대책의 일환으로서만 요구되는 것은 아니다.

국적 관련 논란은 극장영화나 비디오 쪽보다는 외국 프로그램의 쿼터제가 적용되고 있는 방송 쪽에 조만간 더욱 심각한 문제가 될 수도 있다. 현재 지상파 방송에는 20퍼센트, 유선방송의 경우는 프로그램 종류에 따라 30~50퍼센트를 넘지 못하게 쿼터가 책정되어 있는데, 최근 이 문제를 둘러싸고 미국과 통상마찰이 일고 있는 실정이다. 이것이 어떤 결말을 보게 되는지는 알 수 없으나 영상산업 기반이 우리보다 상대적으로 앞서 있는 유럽 국가들도 버티고 있는 처지에 우리가 쉽게 물러설 수는 없을 것이다. 그런데 쿼터가 존속하는 한은 외국의 영상제작·배급사들이 그것을 우회하기 위해 여러 가지 전략을 쓸 수 있기 때문에 우리는 이에 대한 대비책을 가지고 있어야 한다.

영상물같이 창조 작업이 요구되는 문화 상품의 국적은 일반 공산품과 똑같이 생산지의 국적, 즉 제작사의 국적만을 따를 수는 없다. 물론 자본의 이동과 물적·인적 이동이 별로 없었던 시대에는 대체로 합당한 것이었다. 제작사와 창조 작업에 참여한 사람들의 국적이 거의 일치했기 때문이다. 그러나 합작이 일반화한 오늘날에는 일치하지 않는 경우가 많기에 문제가 되는 것이다.

따라서 새로운 기준을 만들기 위해서는 유사한 문제를 몇십 년 앞서서 겪었던 유럽 국가들의 경우를 참고할 만하다. 1960년대에 유럽 국가들은 미국 영화의 스크린쿼터 제도를 운영하고 있었으며, 동시에 자국의 영화산업을 지원하기 위한 여러 가지 지원책을 시행하고 있었다. 그러자 시장 확대에 어려움을 느낀 할리우드 영화사들은 유럽 각국에 현지법인을 만들어놓고 유럽 국적의 미국산 영화를 만들기 시작했다. 제작사만 유럽일 뿐 시나리오, 감독, 배우, 스태프, 자금 등이 대부분 미국 것인 영화들이다. 이렇게 하면 쿼터의 장벽을 뚫을 수 있을뿐더러 세제 혜택, 재정 지원 등 유럽 국가들이 자국의 영화에 대해 베풀고 있었던 지원 혜택도 받을 수 있는 등 꿩 먹고 알 먹는 효과가 있었기 때문이다. 당할 수만은 없었던 일부 유럽 국가들은 이른바 위장 미국 영화의 침투를 막기 위해 영화의 국적을 판정하는 기준을 바꾸어버렸다. 영화의 국적을 제작사의 국적에 따라 분류하는 것이 아니라 영화의 창조 작업에 참여한 사람의 국적을 기준으로 판정하는 방법이다. 시나리오 작가·감독·주연·조연배우·오리지널 음악작곡가·카메라맨·편집자 등 영화 창조 작업에 중요한 부분을 담당하는 사람들의 일정 비율 이상이 동일 국적일 때 그것을 그 영화의 국적으로 판정한다는 것이다.

그러나 무릇 모든 기준이 그렇듯이 이런 기준 역시 부작용이 있을 수 있다. 국내 제작사들과 외국사 간에 다양한 형태의 합작이 확대될 전망인데, 초기에는 노하우의 문제 때문에 국내 제작사들의 창조 작업 참여율이란 극히 낮을 수도 있다. 이때 이런 영상물을 외국산으로 분류하면 단기적으로는 선의의 국내 제작사들의 합작 의지를 위축시킬 수도 있다. 그러나 합작의 근본 취지도 궁극적으로는 우리 영상산업의 해외 진출이지 단순한 자본의 증식이 아니기 때문에 그런 부작용은 감수할 수밖에 없다. 어떤 기준의 국적 판정을 할 것인지 결국 여러 가지 상황을 고려한 선택의 문제이다.

8. [횡설수설] 영화산업과 대입제도

『동아일보』 | 2005-02-14 | 30면 | 칼럼, 논단

인터넷에 돌아다니는 난센스 퀴즈 중에 교수와 거지, 아줌마와 조폭처럼 별로 상관없어 보이는 것들 사이의 공통점 찾기가 있다. 답을 보면 재치가 넘치고 나름의 철학이 느껴지는 것이 많다. 어차피 세상 사물의 구분이 자의적인 분류체계에 따른 것이니 발상을 달리한 새 분류체계에서는 교수와 거지, 아줌마와 조폭이 같은 범주에 속할 수도 있겠다.

▶정부는 1960년대 초반, 대학별 본고사제도를 일종의 국가고시제도로 바꾸면서 대학입시에 개입하기 시작했다. 그 후 40여 년간 제도를 이리저리 바꾸면서 해볼 만한 것은 다 시행해보았다. 그러나 여전히 대입제도는 초·중등 교육을 황폐화시키고, 대학의 질을 저하시키는 원인 중 하나로 비난받는다.

이제 교육부는 대입에서 손을 떼고 완전히 대학 자율에 맡기라는 주장도 분분하다.

▶미국이 자기네 통상법 슈퍼301조를 동원해 우리 영화시장의 빗장을 연 것은 1980년대 중반이다. 우루과이라운드가 본격화하기 10년 전이니 겹겹의 규제와 보호막으로 싸여 있던 우리 산업들 중 거의 첫 개방 사례가 아니었나 싶다. 5·16군사정변 후 그때까지 20년 남짓한 기간에 영화법은 모두 일곱 차례, 시행령은 20여 차례나 개정되었다. 영화산업을 일으키기 위해 해볼 만한 제도는 다 시행해봤음을 짐작할 수 있다. 그래도 한국 영화는 황폐해져만 갔다. 그런 상황에서 정부의 보호막 하나 없이 맨몸으로 개방된 시장에 던져졌으니 한국 영화는 확실하게 죽게 되었다고 모두가 절망했다. 그런데 1990년대 초반 민간에서 새로운 동력이 꿈틀거렸다. 신씨네의 「결혼 이야기」가 한국 영화의 새 탄생을 알린 신호탄이었다.

▶영화산업과 대입제도의 공통점은 뭘까? 정부의 탯줄을 떼면 살아난다. 한번 완전하게 죽으면 건강하게 부활한다. 획일화된 이념을 떨쳐버리면 각양각색의 꽃이 핀다. 한마디로 그냥 내버려두면 훨씬 잘될 수 있을 것 같다는 점이다. 참을성만 좀 발휘한다면 말이다.

9. [한국논단]「모래시계」와 공영방송

『한국일보』| 1995-02-02 | 05면 | 정치·해설 칼럼, 논단

텔레비전 드라마 「모래시계」가 곳곳에서 화제가 되고 있다. 놀라운 시청률이 장안의 전기료를 올리고, 술집을 텅텅 비게 하고 있으며, 지방에서도 이 드라마를 보기 위해 온갖 수단이 동원되고 있다는 등의 화제가 연일 끊이지 않고 있다.

우선 화젯거리가 될 수 있을 만큼 이 드라마는 재미있다. 오락상품으로서나 예술작품으로서나 어느 면에서도 세계 영상시장에서는 열세를 면치 못해 왔던 우리 제작물들도 경쟁력을 가질 수 있겠다는 희망적인 전망을 갖게 한

다. 이 드라마는 대중문화 성공의 요건들, 예컨대 현실감과 신비감, 낯익은 것과 낯선 것 간의 배합을 적절하게 잘 이루어내고 있다. 적나라한 드러내기를 통해 현실감을 주는 한편, 은근히 미화시키고 가려주는 신비화를 통해서 지나친 현실 노출이 줄 수 있는 지겨움과 지나친 신비화가 가져올 수 있는 인위적이고 속임수 같은 느낌을 동시에 배제하고 있다. 또한 상류사회의 여대생과 밑바닥 깡패 간의 사랑, 사나이 세계의 일편단심, 우정과 의리라는 1950년대 영화에서 만날 수 있었던 익히 낯익은 주제가 1970~80년대의 사회 상황이라는 낯선 것들과 잘 섞여 있다. 1970~80년대의 많은 사건이 우리의 삶을 뒤흔들 만큼 격렬한 것이었으면서도 그 실상이 풍문으로만 떠돌아 우리에게는 미지의 것으로 남아 있는 낯선 것들이 태반이기 때문이다.

그러나 잔걱정 많은 사람으로서는 재미를 느끼면서도 그것에만 탐닉할 수 없는 아슬아슬하게 느껴지는 문젯거리들도 꽤나 있다. 작은 것부터 보자면, 여주인공의 보디가드(현대판 벙어리 삼룡이 같은 잘생긴)에 열광하는 소녀 시청자들이 남녀관계에 대해 어처구니없는 환상을 가질까 걱정스럽다. 그다음으로는 이 드라마가 정성들여 가꾸어나가고 있는 '폭력의 미학'이다. 골이 터지고 눈이 찌그러지고 피통이 터지는 폭력을 노골적으로 다루면서도 그것이 잔인하고 끔찍스럽다는 느낌이 아니라 근사하다 못해 신비스럽게까지 보여 청소년들을 검도장으로, 무술수련장으로 몰리게 만들고 있는 점들이 그것이다.

약간 더 심각하게 느껴지는 것은 조직폭력에 대한 예찬이다. 직접적인 예찬은 없지만 남자답고 감동적인 의리의 사나이들은 모두 그 세계에만 모여 있으니 그런 느낌이 생기지 않을 수 없다. 그러나 가장 염려스러운 것은 광주의 주역이 하필이면 조직폭력배이고, 학생운동의 주역이 하필이면 폭력과 국가권력에 교묘히 기대어 축재한 대부호 카지노 대부의 딸인가 하는 점이다. 물론 작가의 선택 문제이기는 하지만 우리에게 아직도 의문투성이로 남아 있는 시대와 현장을 정면으로 다룬 최초의 드라마라는 사실 때문에 실제의 주역들이 배제된 채 예외적 인물들이 우선적으로 스포트라이트를 받는 것이 못내 꺼림칙하다.

　아울러 이 드라마의 대단한 성공은 KBS와 MBC의 의욕적인 두 드라마 「까레이스키」와 「인간의 땅」이 「모래시계」에 밀려 참패를 당하고 있는 원인에 대해 생각해보게 한다. 광복 50년 되는 해에 해외동포를 망라한, 한민족 공동체 의식을 고취하고자 했던 이 시도들이 실패로 끝나고 있는 이유는 무엇일까? 기술적인 문제들이 지적되기도 한다. 그러나 러시아에서, 하와이에서 우리의 옛 조상들이 겪었던 애환들이 별다른 관심의 대상이 되지 못한다는 점에 더 주목해야 할 것이다. 이번 드라마의 성공은 시청자들이 동시대의 다분히 극적이고 역사적 중요성을 가졌던 의문투성이의 많은 사건에 대해 얼마나 알고자 하는 갈증을 느끼고 있는가를 여실히 드러내고 있는 것이라 생각된다. 이런 상황에서는 아무리 광복 50년의 기획으로서 의의가 있다 해도 먼 옛날 먼 외국에서의 사건들이란 도피적인 소재가 아닐 수 없다.

　국내적으로는 여러 민영방송이 공존하고, 국제적으로는 국경 없는 방송이 번창하는 시대에 KBS 같은 공영기간 방송의 존재이유로서 요구되는 중추적 기능이 있다. 그것은 국어와 민족문화의 보호 발전과 아울러 다원화되어가는 사회의 계층 간, 지역 간 끈을 이어주는 사회통합 기능이다. 세계화 시대에 느슨해져가는 민족국가의 결속을 위해 더욱 절실히 요구되는 것이기도 하다. 그것을 민영방송에 기대할 수는 없다.

　「모래시계」의 놀라운 성공이 상당 부분 우리 시대 문제를 알고자 하는 갈증에 원인이 있다면 우리의 공영방송은 사회통합적 기능을 제대로 해내지 못했다는 얘기가 될 수 있다. 이 드라마가 가지고 있는 많은 문제점에도 불구하고 단지 광주를 애틋한 시각에서 바라봤다는 점만으로도 광주 시민들을 감격시켰고, 삼청교육대와 카지노 비리를 "아 그랬구나" 하고 무릎 치게 만들었다는 사실은 광복 50주년의 해에 공영방송이 우선적으로 해야 할 일이 무엇인지 잘 암시해주는 듯하다. 오해와 편견을 없애고 우리 사회의 결속을 다지기 위해서라도 외면했던 문제들을 차분히 다루어야 할 필요가 있다. 아직도 KBS에 금단의 주제와 성역이 있는 것은 아니라고 믿고 싶다.

10. [금요칼럼] 불리하면 원칙 바꾸는 지식인들

『동아일보』 | 2005-03-04 | 30면 | 오피니언·인물

　요즈음 우리를 혼란스럽게 만드는 것 중 하나는 원칙이 공공연히 무시되는 경우가 적지 않다는 점이다. 같은 문제에서도 정치적 입장에 따라 원칙의 차이가 있을 수 있다. 하지만 서로 다른 원칙들이 동의까지는 아니더라도 서로 묵시적인 인정이라도 받으려면 일관성 있게 주장되고 적용되어야 한다. 정치인들에게서 나타나는 원칙의 흔들림에는 어느 정도 면역이 되어 있지만 지식인들에게서 그런 행태를 볼 때는 충격이 크다. 꾸준히 제기되어온 방송의 공정성을 둘러싼 논란의 경우에도 그랬지만 최근 있었던「그때 그 사람들」이라는 영화를 둘러싼 논쟁 역시 정치적 전략을 위해 원칙을 무시해버린 일부 지식인 사회의 단면을 볼 수 있는 좋은 예였다.

　주요 쟁점 중 하나는 이 영화가 10·26사태에 대한 역사적 이해에 영향을 끼칠 수 있는지의 여부였다. 이 영화에 반론을 제기하는 사람들은 그 시절을 알지 못하는 젊은 세대에게 10·26사태에 대해 왜곡된 역사인식을 심어줄 수 있다는 위험성을 제기했다. 그러자 진보 진영임을 자처하는 일부 지식인들은 이 영화는 픽션일 뿐이며, 어린 학생들도 현실과 픽션의 구분쯤은 할 수 있다는 반론을 폈다. 그 말은 맞을 수도 있지만 픽션이라고 해서 현실인식이나 역사관 형성에 영향이 없는 것일까?

▌픽션은 역사인식과 무관?

　문화 연구에 구성주의적 접근 방법이라는 것이 있다. 문화와 관련된 담론을 생산하는 직종에 있는 사람치고 이 비판이론을 모르는 사람은 없다. 또한 진보적인 지식인치고 이런 방법론적 시각에서 문화현상을 해석하지 않는 경우도 드물다. 이 접근 방법에 따르면 우리의 사물인식은 현실 그 자체에서 오는 것이 아니라 언어, 혹은 담론에 의해 구성되는 것으로 문화물은 그것이 픽션이건 뉴스나 다큐멘터리이건 우리의 세상인식을 유도하고 구축해낸다는 것이다. 진보 입장의 문화연구가들은 이 이론과 방법론을 적용해 할리우드

영화의 패권적 시각은 물론, 우리나라 방송 사극의 엘리트 중심적 역사관 등에 대해 많은 비판적 작업을 했다.

구성주의적 시각에서 보면 「그때 그 사람들」 같은 영화는 강한 현실구성의 힘을 갖게 된다. 정치적 메시지를 정면에 내세우지 않은 블랙코미디 같은 오락물 스타일이기에 더욱 효과적일 수도 있다. 그렇다면 오히려 청소년들에게 균형 잡힌 역사교육을 위해 그런 영화도 필요하다는 주장을 펴는 것이 진보주의적 입장에서 좀더 일관성 있고 정직한 주장이 아니었을까?

또 다른 쟁점이었던 검열 시비의 경우도 마찬가지이다. 사법부가 박정희 전 대통령 유족이 제기한 부친의 명예훼손에 대한 주장을 일리 있는 것으로 받아들이고 '다큐멘터리 부분 삭제 후 상영'이나 '벌금을 감수한 전작 상영' 중에서 택일하라고 판결하자 국가권력에 의한 부당한 검열이라는 비판이 쏟아졌다.

정부는 몇 년 전 영화심의제도를 바꾸어 가위질을 불가능하게 만드는 등급심의로 전환했다. 이는 청소년 보호와 명예훼손 문제가 사전 심의를 하지 않더라도 관련 실정법에 의해 다스려질 수 있다는 진보학자들의 주장을 받아들인 결과였다. 그러므로 그 영화가 명예훼손에 해당하느냐 아니냐, 명예훼손의 혐의를 인정한다면 적절한 판결은 무엇이냐 등에 관한 논란은 있을 수 있어도 그것이 부당한 검열이라는 주장은 할 수가 없는 것이다.

▌명예훼손 판결이 검열?

원칙을 내세우면서 전략적으로 유리하다고 생각되는 경우에는 적용하고, 불리하면 눈감아버리거나 논리를 왜곡시킨다면 그것은 원칙이 아닌 자의恣意가 된다. 이런 자의를 자행해온 것이 주로 독재권력이었다. 민주세력을 자처하는 사람들이 그런 자의적 방식에 의존하게 되면 어떤 명분을 내세운다 해도 독재권력을 비판하고 개혁을 주장할 수 있는 도덕적 기반을 잃게 될 것이다. 더구나 정치적 전략을 위해 원칙과 논리를 타락시키다 보면 지식인 자신의 기반도 허물어져내리지 않을까 염려된다.

11. [횡설수설] '피해자 일본'

『동아일보』| 2005-05-30 | 34면 | 오피니언·인물

유럽 유학 시절 그곳 사람들과 대화하면서 이해하기 힘든 부분이 있었다. 1970년대라 지식인 사회가 거의 진보 좌파 일색이었고, 반제국주의 운동이 절정이었던 때라 한일관계에서 유럽 지식인들은 당연히 식민주 피해자인 우리 편일 것으로 생각했지만 의외로 반응은 늘 미지근했기 때문이다. 유럽 인들에게 일본은 제2차 세계대전의 전범戰犯이기보다 '패권세력 미국'이 자행한 원폭실험의 피해자로 더 강하게 인식되었던 탓이라는 것은 훨씬 후에 깨달았다.

▶당시에 보았던 알랭 레네의 「히로시마 내 사랑」이라는 영화도 그랬다. 이야기의 기둥은 독일군 점령하에서 독일 병사와 사랑을 한 죄로 집단 린치를 당한 프랑스 여인이 몇십 년 후 히로시마에서 일본 남자와 만나 서로의 거울이 되어 상처를 확인하는 내용이다. 부역에 대한 집단 린치나 히로시마 원폭 투하가 서구사회의 집단 무의식 속에 죄의식으로 깊이 박혀 있음을 암시하고 있었지만 나는 이해하지 못했다. 내게는 일본이 가해자로 단단히 내면화되어 있었기에 다른 가능성을 상상하기 힘들었던 것이다.

▶일본은 히로시마와 나가사키 시가 주체가 되어 지난 20여 년간 미국을 비롯한 전 세계를 상대로 '원폭과 전쟁' 반대운동을 적극적으로 벌여왔고, 2020년까지 모든 원폭을 제거하자는 평화운동을 벌이면서 지지세력을 폭넓게 규합하고 있다. 인류 역사상 최초의 원폭 피해자가 앞세우고 있는 그 같은 평화의 메시지를 누가 거부할 수 있겠는가?

▶이런 운동을 통해 일본은 스스로를 식민 가해자가 아닌, 끔찍한 전쟁 피해자로 이미지를 굳히는 데 성공했다고 보는 것 같다. 그러기에 종전終戰 60주년을 맞아 일왕 자신이 사이판에서 일본 전몰장병을 추모하는 행사를 전 세계의 주목을 끌며 당당히 벌이겠다는 것이 아니겠는가? 한국과 중국은 자기중심으로만 문제를 보고 접근한 탓으로 일본과의 역사전쟁에서도 밀리고 있는 것은 아닌지 염려된다.

3부

탈현대와
디지털 영상문화

1장

포스트모더니즘이란 무엇인가

: 후기 영상문화의 현상

1. 머리말

1970년대 이후 우리가 보아온 할리우드산 대형 영화들, 예컨대「타워링」「747 위기 시리즈」「지진」「조스」등 재난영화들을 위시해서 심령영화(「엑소시스트」「오멘」등), 우주괴기영화(「에일리언」) 들과 공상과학이라기보다는 우주동화라 이름 붙이는 것이 적절할 만한「클로즈 인카운터」「E·T」「스타워즈」등과 그 뒤를 이어 나온 모험영화(「레이더스」「인디애나 존스」)들에서 스필버그의 영화인「태양의 제국」같은 작품에 이르기까지, 이 영화들은 1960년대까지의 고전 할리우드 영화와는 상당히 다른 면모를 보인다. 돈 많이 들이고, 엑스트라와 물량의 동원이 많이 된 대형 영화가 1960년대까지 없었던 것은 아니지만 1970년대 이후 만들어진 것과는 커다란 차이를 보인다.

앞에 열거한 영화들은 이전 시대의 것들에 비해 우선 담고 있는 이야기들이 아주 단순하고 빈약하다는 특징을 갖고 있다. 그 빈약성이나 단순성은, 1960년대까지의 영화 역사가 이루어놓은, 세련된 이야기 서술의 수준을 생각할 때, 또 그러한 특징이 지속적으로 나타나고 있는 점들을 고려할 때 간단히 넘겨버릴 문제는 아닌 것 같다. 이러한 현상은 일단 현대의 영화에서(여기서는 대중영화에 국한한다) 이야기의 중요성이 점차 줄어들고 있다는 것을 의미할 수도 있기 때문이다. 바꾸어 말하면 관객들은, 특히 그러한 영화의 제일 큰 고객인 청소년 관객들은 예전처럼 영화의 이야기 내용에 이끌려 영화관을 찾는 것이 아니라는 암시일 수도 있다. 이야기가 재미의 핵심이 아니라면 그런 영화들을 보는 재미는 어디서 비롯되는 것인가? 또 영화에서 이야기의 중요성이 감소되고 있다면 영화에 대한 이제까지의 텍스트 중심 연구와 그것을 바탕으로 한 영화의 이데올로기적 기능에 관한 논의에 집중되었던 구조주의-문화론적 연구는 방향 전환을 필요로 하는 것이 아닌가 하는 문제들이 제기될 수 있다.

포스트모더니즘에 관한 논의들은 이러한 문제들을 생각해보고, 앞에 열거한 유형의 영화들을 이해하는 데 유용한 분석적 시각을 제공하고 있는 것으로 생각된다. 따라서 이 장에서는 이러한 영화들의 등장 배경, 특징 등을 알아보고 그것들이 지니고 있는 포스트모던적 요소들을 찾아보는 동시에 그러한 요소들이 사회 전반의 경제사회적 변화들과 어떻게 연관되어 작용하며, 이러한 영화들의 사회적 기능—사회의 유지, 변화에서 담당하게 되는 기능—의 문제를 어떤 각도에서 보아야 할 것인가 하는 문제들을 생각해보기로 한다.

단, 앞에 열거한 영화들이 서로 간에 공통점을 갖고는 있으나 각기 다른 장르에 속하기 때문에 한꺼번에 다루는 데는 어려움이 따르고 또한 분석의 재구성을 기하기도 쉽지 않으므로 그중 키덜트kidult 영화라고 불리는 카테고리의 영화들을 중심으로 살펴보기로 한다. 키덜트 란 kid와 adult의 합성어로서 어린이와 어른을 동시에 목표관객으로 삼아 만든 영화를 말하는데, 키덜트 영화의 전형으로는 「슈퍼맨」 「킹 콩」, 또한 스필버그나 루카스 같은 감독들이 즐겨 만드는 「스타워즈」 「E·T」 「레이더스」 「인디애나 존스」 같은 유의 작품들을 들 수 있다.

2. 1970년대 이후 초대형 영화의 등장 배경과 특징

1960년대 후반부터 할리우드의 경제구조는 대변혁을 겪게 되었다. 영화 독점 자본은 파산하고 스튜디오들은 빚잔치를 하던 그 시기, 할 리우드 영화사들은 돌연 복합기업들에 흡수되기 시작했다. 이제 영화 사들은 석유, 담배, 항공, 부동산, 커뮤니케이션 회사들의 자회사가 되면서 새로운 변신을 꾀하게 되었다. 이는 할리우드의 영화 제작과 배급 방식에 획기적인 변화를 가져왔다. 복합기업들도 극도의 경영 합리화의 묘를 터득한 기업들로 현대적인 경영 방식을 영화산업에 적 용하기 시작했다. 철저한 마케팅 연구를 통해 시장조사, PR, 광고 판 촉 등에 엄청난 경비를 투입하는 새로운 경영 방식이 영화에 등장했 으며, 또한 대규모 자본 투자와 신속한 회수를 원칙으로 한 새로운 제 작·배급·상영 방식이 생겨났다.

이것은 소수 영화에 집중 투자하여, 집중 광고를 해가며 세계 주요 도시에 대량 동시배급하는 방식으로 이루어졌다. 결과적으로 제작 영 화 수는 줄어들고 제작비 규모는 수백만 달러대에서 수천만 달러대로 늘어나면서 소위 블록버스터라는 초대형급 영화들이 탄생했다. 대형 폭탄이라는 의미의 블록버스터 영화들은 상당수의 경우 광고비용이 작품 제작비와 맞먹거나 그 이상으로, 때로는 곱절에 달하기도 한다. 배급은 전국, 혹은 전 세계 주요 도시 주요 개봉관 동시상영(「킹콩」은 2천여 개 극장 동시상영의 기록을 갖기도 했다)이라는 멀티플 런multiple run의 배급 방식으로 정착되었다. 아울러 영화 관련 상품들을 개발하여 티셔츠, 장난감, 학용품, 디스크, 문고판 책 등 영화의 판촉을 돕고, 새로운 상품시장도 개척하는 상술이 수반되었다.

이러한 초대형 영화들은 최대다수의 관객을 단시일 내에 확보해 신속한 자본 회수를 원칙으로 하기 때문에 자연히 목표관객의 연령층을 폭넓게 겨냥해야 했다. 따라서 미성년자 관람불가의 영화는 없다. 그중에서도 특히 어린이와 어른을 동시에 겨냥한 것이 키덜트 영화들이다.

이러한 영화들이 의존하는 재미는 이야기 내용에 있지 않다. 이야기들은 플롯이 비교적 단순하고 스토리 라인도 평이하다. 그 이전의 영화들이 이야기 서술과 메시지 전달에 역점을 두었던 것과는 사뭇 다르다. 메시지가 없는 것은 아니지만 흑백의 빈약한 단순논리적 도식에 의존하곤 한다. 예컨대 전형적인 미국식 영웅이 외계의 악인에 대항해서 싸워 이겨 곤경에 빠진 여주인공을 구한다든지(「스타워즈」), 미국식 영웅이 이국땅에서 끊임없이 부딪치게 되는 현지 악인들과 싸워서 이기는 이야기(「레이더스」 「인디애나 존스」 등)들이 대부분이다. 이야기의 단순성이 가져오기 쉬운 단조로움은 시청각적으로 최대한 감각적 자극을 발휘할 수 있는 자극적인 특수효과들의 동원으로 보완된다. 그러므로 이야기 서술 자체의 완성도는 매우 빈약하여 덜 다듬어진 것 같은 인상을 주기도 한다. 전통적인 서술체의 서술상 원리인 인과적 연결이 치밀하지 못하고 느슨하거나 가끔은 보이지 않기도 한다. 예컨대 주인공이 중동의 한 시장 거리를 걷던 중 앞뒤 연결을 위한 필연성이 전혀 없이 무시무시하게 생긴 칼 든 장사와 코믹한 대결을 한판 벌이고, 다른 국면의 이야기에 들어가게 되는 등 각각의 시퀀스가 독자적인 한판 액션들의 나열인 것처럼 엮여 있기도 하다(「레이더스」). 외계 악인들과의 끊임없는 전투 장면들(「스타워즈」)도 원인과 결과의 인과론적 이야기 서술의 망으로 연결되어 있기보다 심리적 긴장과 이완의 리듬 조절 메커니즘에 따라 안배되어 있는 것이다. 심령영화나 괴기영화에서 어느 순간 갑자기 손이 튀어나와 잡아당긴다든지, 무엇이 떨어져내려 주인공과 함께 관객을 소스라치게 놀라도록 만드는 장면들이 군데군데 삽입되어 있는 것도 마찬가지 원리에서이다.

관객들은 이 영화들의 단순한 이야기 내용이나 메시지에 감동을 받고 극장을 나올 수도 있겠으나—1940~50년대의 영화에서는 그것이 중심이었다면—여기서는 그것이 부차적인 것이 되기 쉽고 엄격히 계산되어 배치된 시청각적 자극에 연타당하고 얼얼해진 상태로 극장을 나오게 되는 것이 보통이다. 비교적 이야기 서술에 많은 비중을 두었다는 영화인 스티븐 스필버그의 「태양의 제국」도 예외는 아니다. 우리나라에 개봉하면서 시간 단축을 위해 혹은 기타 이런저런 이유로 여기저기 잘라내버린 탓도 있겠지만 이야기 흐름이 인과적으로 매끈하게 전개되지 않고 이야기 서술보다는 시각적 흥미와 충격의 창출에 비중을 두고 있음을 알 수 있다. 효율적인 이야기 서술을 위해 시각적 충격을 만들어낼 필요도 있겠지만 영상적 요소들이 이야기에 종속되어 있다기보다 이야기와 관계없이 독자적인 효과 창출에 상당 부분 동원되고 있다.

짐승 떼처럼 몽둥이에 맞아가며 이리저리 밀리는 엄청난 규모의 중국인 무리의 광경, 피난민 떼의 아수라장, 수용된 서양 포로들의 무리, 투박하고 움직이는 목석같은 일본 군대의 무리 등등 이 영화에서는 광고 그대로 5백여 명의 스태프에 1만 5천 명의 엑스트라를 동원해서 연출해낸 온갖 방식의 흥미롭고 충격적인 군중 장면들이 빠른 액션의 리듬과 함께 관객들의 몰입을 유지시키는 요소이지, 이야기 자체(지극히 극적인 이야기임에도 불구하고)의 극적 전개 방식이 아니다. 결국 이런 유형의 영화에서는 재미의 중심이 이야기에서 벗어나 엄청난 물량동원으로 빚어지는 시청각적 자극 쪽으로 옮겨가고 있는 것이다.

이 영화들의 또 하나 두드러진 특징은 상당 부분 회고적 혹은 복고적이거나, 이전에 만들어진 영화나 다른 문화적 경험들을 '인용'의 형식으로 뜯어 맞추고 있다는 점이다. '어디서 본 듯한' 느낌을 많이 받게 되는 이유가 여기에 있다. 「킹콩」이나 「슈퍼맨」 등은 1930년대 영화의 순수한 회고적 개조판이며, 「레이더스」나 「인디애나 존스」는 1940~50년대에 성행했던 모험영화들—남미 등 기타 제3세계로 보물이나 횡재를 찾아 떠나는 미국인 모험가들의 영웅담—을 그대로 흉내 낸 작품들이다. 「스타워즈」는 1930년대의 극장에서 연속극 형식으로 상영하던 벅 로저스Buck Rogers 타입의 영화를 흉내 낸 것이면서 1950~70년대에 만들어진 어린이 영화, 혹은 공상과학영화에 등장했던 동물들의 모습을 한 등장물들이 여기저기 끼어 있어 옛 기억을 되살려주기도 한다.

「태양의 제국」 역시 제2차 세계대전을 전후해서 청소년기를 겪었던 세대들의 세대적 경험을 그리고 있다는 점에서 마찬가지라 할 수 있다. 특정한 역사적 시기를 그리고 있으나 전혀 역사영화라고는 할 수 없다. 그 시기의 실제 세계가 대상으로 다루어지고 있다기보다는 그 시기와 중국이라는 공간은 배경에 지나지 않고, 그 전쟁 와중에 한 어린이가 겪은 토막 경험들을 이미 형성되어 있는 문화적 스테레오타입에 의존해 재현하고 있는 복고조의 영화일 뿐이다.

결국 키덜트 영화들은 어린이들에게는 새로운 모험의 이야기로서 즐기게 하고, 성인관객들에게는 그들이 청소년 시절에 경험했던 영화적 혹은 다른 문화적 경험들을 회상하게 해 지나간 혹은 잃어버린 시기에 대한 향수와 그 시기로 되돌아가고 싶은 은밀하고 깊숙한 회귀 욕구를 자극시켜 관객을 끌고자 하는 전략을 갖고 있는 것이다.

3. 키덜트 영화와 포스트모던 문화

키덜트 영화에서 나타나는 두 가지 두드러진 특징인 전통적인 서술체 원리의 약화와 인용이든 복고조의 형태로건 흔하게 보이는 모방현상은 포스트모던 문화의 전반적인 특징으로 지적되는 점들이라는 것이 흥미롭다.

포스트모더니즘의 용어는 1940년대를 전후해 문학에서 처음 사용되었다는 설(제1차 세계대전 이후에 개화한 모더니즘에 대립되는 하나의 사조로서)과 건축이론에서의 모던 운동modern movement(1910~45)에 대립되는 일련의 건축적 시도로부터 등장한 것이라는 주장, 1970년대 들어 처음 사용된 용어라는 등 의견이 분분하다. 그러나 어느 특정 문화예술 영역의 사조라기보다 1970년대 이후의 정신문화 전반에 걸쳐 나타나고 있는 새로운 경향으로 논의의 대상이 되기 시작하면서 새로운 주목을 받게 되었다.

많은 연구자가 포스트모더니즘에 대해 다양한 정의를 내리고 있고 평가도 가지각색이지만, 대체로 포스트모더니즘을 세계에 대한 '해체'되고deconstructed, '분산'되고fragmented '찰나'적인fleeting 표상의 양식으로 보고 있다는 점에서 공통되는 듯 보인다.

키덜트 영화에서 지적된 전통적인 서술체 원리의 약화는 바로 이러한 포스트모던 문화 텍스트의 전반에 걸쳐 나타나는 분산화의 한 징후로 볼 수 있다. 즉, 이 영화들은 자극적이고 흥미로운 숏이나 시퀀스들로 가득 차 있지만, 그 단위들은 일관성 있는 연속성의 이야기로 치밀히 연결되어 있지 않고, 분산되고 어느 정도 독자적인 단위로서 병렬되어 있는 것이다.

그러나 물론 그 '분산된' 정도에서는, 포스트모던 영상문화의 극치로 간주되는 뮤직비디오 타입의 영상(4분여에 지나지 않는 짧은 토막들로 구성되어 있으면서 각 토막 내의 숏들의 연결에서 시공간적 연속성이나 인과적 연속성이 결여되어 있는)에 비하면 비교적 덜한 편이라고 할 수 있지만 이전까지 흔히 사용되어 온 서술 방식에 따라 만들어진 영화에 비하면 분산된 정도가 퍽 높은 편이다.

이러한 영화는 결과적으로 '주체구성'의 기능이 상당히 약화되게 마련이다. '주체'란 의식적 자아를 가리키는 것으로 자기 스스로를 인식과 판단, 사고 및 행위의 능동적 주체로서 느끼는 개체를 말하며, '주체구성'이란 라캉이 사용한 후기구조주의적 용어로 주체로서 느끼게 하는 메커니즘을 말한다. 주체로서 느끼게 하는 메커니즘은 언어를 매개로 해서 이데올로기에 의해 이루어지는 것으로 간주된다. 다양한 문화 산물은 바로 이와 같은 주체구성을 활발하게 수행하는 이데올로기적 역할을 적극적으로 해내고 있는데, 여기서의 주체구성 방식은, 그 문화물이 서술하고 있는 이야기를 이해하는 특정한 위치를 일관성 있게 제공하고, 그 위치와 해독자의 시점을 일치시키기 위한 일련의 장치를 통해 이루어진다. 영화 같은 서술문화물에서 '이야기를 이해하는 일관성 있는 위치의 제공'은 바로 이야기를 구성하는 부분들 간에 치밀한 인과적 연결이 이루어지고 분산되지 않고 유기적으로 긴밀하게 맺어진 연관성이 성립될 때 가장 효율적인 것이 될 수 있다. '주체구성'이 두드러지게 거부되고 있는 뮤직비디오 같은 본격적인 포스트모던 문화와는 달리 키덜트 영화들은 비교적 스토리가 있고, 그 나름의 메시지도 있으나, 다양한 시청각적 자극요소들을 풍요하게 담고 있는 시퀀스들이 우리의 감각을 연속적으로 강타해대기 때문에 이야기 서술 자체가 가질 수 있는 '주체구성' 기능은 상대적으로 약화될 수밖에 없는 것이다.

특정한 표상양식으로서의 포스트모더니즘에 대한 논의들은 대개 일치하고 있는 듯 보이나 그러한 표상의 정치적 성격이나 평가에서는 포스트모던 문화의 생산자에게서나 비평자에게서나 일치하지 않고 있다.

제임슨, 보드리야르, 료타르, 포스터 등은 자유경쟁적 자본주의가 성장하던 17~18세기의 계몽주의에서 배태된 근대성을 바탕으로 한 정신문화에서 유래한 문화적 양식이 쇠퇴함에 따라, 제2차 세계대전 무렵 부상하기 시작한 새로운 종류의 사회—후기산업사회, 다국적 자본주의 사회, 소비사회, 미디어 사회 등으로 불리는—의 등장과 밀접히 연결되어 문화 영역에서 나타난 새로운 심미적 양식이 포스트모던 문화로서, 포스트모던 문화는 그 같은 특수한 사회적 체계의 더 깊은 논리를 여러 가지 방식으로 표현하고 있다고 주장한다. 그러나 이렇게 포스트모던 문화의 등장 배경에 대해서는 의견이 일치하면서도 그에 대한 평가는 일치하지 않는다. 예컨대 제임슨은 포스트모더니즘이 소비자본주의 사회의 논리를 반복, 재생산, 재강화하는 통제적 힘으로 작용한다고 보는 반면, 료타르는 비교적 긍정적 측면을 인정하여 포스트모던적 지식은 단지 권력의 도구만은 아니고, 차이에 대한 우리의 감수성을 세련화하고 광대무변의 세상사를 견디어낼 수 있는 능력을 강화시켜준다고 본다.

이와 같은 찬반의 입장에서 벗어나서 포스터는 더 포괄적인 입장을 견지한다. 그는 포스트모던 문화를 저항의 포스트모던 문화와 반동의 포스트모던 문화의 두 갈래로 갈라서 구분하고 있다. 이 둘은 모두 모더니즘으로부터의 단절 내지 극복을 지향한다. 하지만 저항의 문화가 지향하는 것이 해체주의자들이 지향했던 바와 유사하게 기존의 모더니스트 담론들이 이루어놓은 의미의 폐쇄 작업과 그것이 사회에서 담당하고 있는 현상유지 기능을 파괴하고자 하는 데 있는 반면, 반동의 포스트모더니즘은 새로운 '긍정적 문화affirmative culture'를 제시하고 있다. 이들은 모더니즘의 문화가 뿌리박고 있는 정치적·경제적 맥락은 긍정한 채로 형식과 스타일에서의 새로운 코드를 개발하고자 시도할 뿐이라는 지적이다. 한 가지 주목할 점은 두 가지 경향 모두, 과거 혹은 전통에 관심을 갖고 있지만, 저항의 문화가 모더니즘이 극복하고자 했던 전통을 비판적으로 해체하고자 시도하면서 그것을 낳은 근원, 즉 사회정치적 맥락에 비판을 겨누고 있는 반면, 반동적 문화는 잃어버린 전통의 부활과 그것으로의 회귀를 지향하고자 하는 신보수주의적 성향을 갖고 있다는 점이다.

현대의 대중영화 전반에서 나타나는 것이지만 특히 키덜트 영화에서 두드러져 보이는 복고조의 경향이나 다른 작품의 인용 방식은—제임슨이 포스트모던 문화를 비판하면서 그것의 두드러진 부정적 특징의 하나로서 제시하고 있는—모방물pastiche적 성격을 그대로 나타내 보이고 있다. 같은 흉내 내기지만 풍자적 의도를 가지고 있는 개작물parody과 달라서 모방물은 스타일 면에서 독특한 모방이라 해도 대상에 대한 유일하고 주체적인 통찰과 비전을 바탕으로 한 새로운 스타일의 창출이 아니라는 점에서 전통과 과거의 비판적 해체가 아닌 순응적 회귀에 지나지 않는 것이다. 그런 점에서 이러한 영화들은 사회에 변화의 힘이 아닌 통제의 힘으로서 작용할 수밖에 없는 것이다.

이러한 현상은 바로 제임슨 등이 반동적 포스트모던 영화의 일반적 현상으로 보고 '주체의 죽음death of the subject'이라고 명명한 부르주아적 개인 주체, 혹은 개인주의의 쇠퇴를 의미한다.

부르주아지가 패권적 사회계급으로 부상하던 자유경쟁적 자본주의 시대는 자율적 주체를 요구했고, 서양문화는 개인주의와 개인 주체의 개념 속에 뿌리를 박고 주체를 가능케 하는 이성이나 의식을 어떠한 문화적 상황에서도 손상되지 않는 초월적 인간 본질로 간주하는 인간관을 구축해왔다.

후기구조주의자들은 이러한 서구적 인간관 자체가 철학적·문학적 신비화의 결과로서 인간 개체로 하여금 유일하고 독특한 정체성을 소유했다고 설득한 결과에 지나지 않는다고 보았다. 즉, 앞서 언급한 문화물에 의한 '주체구성'이라는 이데올로기적 기능의 결과라고 주장하는 것이다. 그러나 그 어느 쪽 견해를 따르건 간에 그 시기는 '자율적 주체'의 인간관을 필요로 했고, 문화는 적극적으로 그것을 찬양하거나(혹은 후기구조주의적 관점대로) 적극적으로 주체구성을 통해 그렇게 설득해왔던 것이라 할 수 있다.

그러나 제임슨은 오늘날 같은 기업자본주의 시대, '조직 인간'의 시대, 관료주의의 시대, 인구 폭발의 시대는 더 이상 낡은 부르주아적 자율적 주체, 개인 주체를 요구하지 않는다고 말한다. 그러한 관점에서 보면 이 시대의 대중적 영상문화가 현시대, 우리 자신들의 현상적인 경험에 대한 새로운 심미적 표상을 해낼 능력을 갖지 못하고, 결과적으로 역사를 다룰 능력을 상실하게 되어 과거로의 유폐, 과거의 흥내 내기에만 능하고, 새로움과 독특함이란 고작 이미 개발된 것들의 색다른 배합을 통해서밖에는 해낼 수 없게 된 것이 자연스러울 수도 있다. 산업적 영화문화는 항상 사회통제적 힘으로 작용해왔고, 따라서 다국적 복합기업의 산물인 초대형 영화들이 저항적 포스트모던 문화의 면모를 갖기는 어렵기 때문이다.

4. 맺는 말

키덜트 영화를 중심으로 살펴본 할리우드산 초대형 영화들의 두 가지 두드러진 특징인 '분산화'와 '모방화'는 두 가지 모두 주체의 문제로 수렴된다. 주체구성적 기능의 약화와 현실세계에 대한 주체적인 파악과 표상 능력의 약화가 그것이다. 이와 같은 '주체성'의 상실시대에서 과연 이 같은 영화들은 우리에게 어떻게 작용하는 것일까? 주체구성적 기능의 약화는 어찌 보면 이념의 주입을 통한 설득과 헤게모니 구축이라는 이데올로기 작용을 약화시키는 것이므로 긍정적으로 볼 위험도 있으나 주의해야 할 대목이다.

이 새로운 영화문화에 의한 사회통제는 이념작용이 아닌 다른 방식으로 행사되는 것이기 때문이다. 또한 현실감각과 역사감각의 둔화는 내일을 설계, 계획, 고뇌해야 하는 미래에 대한 고통을 면제해주는 대신 주어지는 대로 받아들이게 되는 순응형의 인간을 만들 수도 있다.

결론적으로 현대 영화의 연구 방향은 달라져야 한다. 영화의 성격이 달라지고 있고, 달라진 영화에서 30대 이상은 여전히 빈약하고 단순한 이야기 내용에서 감동을 추구할지 모르지만, 젊은 세대들은 감각적 자극에 더 탐닉할 것으로 추측되기 때문이다. 우리 청소년들의 폭발적 인기에 힘입어 수입 상영되던 홍콩산 코믹 액션물들—그 주연배우들은 우리 텔레비전의 상품광고에 등장할 정도였지 않았던가?—의 성공은 그러한 추측을 뒷받침해준다. 홍콩 영화들의 소재는 중국적인 것이어도 그 양식에서는 항상 할리우드 영화의 창백한 모방에 지나지 않았다. 대부분의 홍콩 액션영화는 엉성하기 짝이 없는 구성에 가끔은 앞뒤 이야기 연결도 제대로 되지 않는 작품들로 완성도 면에서는 할리우드산 영화에 어림없지만 본질적으로는 차이가 없다. 그 영화들은 이야기 서술 자체는 허술하게 두면서 시청각적 자극에는 그 나름대로 온갖 노력을 다 쏟아붓는다. 홍콩 영화야말로 조악한 포스트모던 문화의 좋은 예가 될 수 있다. 새로운 연구의 방향은, 궁극적으로 달라지고 있는 영화의 이해를 바탕으로 해서—제임슨의 지적처럼—이 같은 문화물이 재생산하고 재강화하고 있는 소비자본주의의 논리에 저항할 수 있는 방법의 모색으로 이어져야 할 것이다.

2장

즐거움, 저항, 이데올로기

어떤 학자의 지적처럼 1980년대 서구의 대중문화 텍스트 연구에서는 "이데올로기가 결정하는 데 실패하고, 주체subject를 호명하는 데 실패하고, 해독reading이 선호되는 데 실패하는" 방식에 관심이 집중되고 있는 것을 볼 수 있다.[1] 바꾸어 말하면 구조주의·문화론적 연구 전통의 주요 관심사였던, 지배 이데올로기의 생산 및 재생산의 문제, 주체 구성에 의한 지배 이데올로기의 이념작용, 미디어 문화 텍스트의 선호된 해독preferred reading의 이론 같은 미디어 문화를 지배 이데올로기의 강력한 헤게모니 구축의 수단으로 보고 그 메커니즘을 설명하고자 했던 이론들이 갖고 있었던 설명력이 약화되어가고 있음을 의미한다. 그러한 이유는 항시 하나의 이론이나 방법론이 일정 기간 풍미한 뒤에는 반드시 드러나게 되는 그 이론의 약점, 문제점들에 대한 주목 때

---

[1] G. Turner, *British Cultural Studies*, London: Hyman, 1990, p. 216.

문이기도 하지만, 새로이 속속 등장하고 있는 대중문화들이 (포스트모던 문화라고 분류되는 문화를 포함해서) 그러한 기존의 틀만으로는 설명이 쉽지 않는다는 데서 더 큰 이유를 찾을 수 있을 것 같다.

물론 그러한 기존 연구의 틀이 포스트모던 문화를 포함해서 새로운 문화의 연구에 활용되지 않는다는 의미는 아니다. 예컨대 포스트모던 문화의 분석만 하더라도 현재까지 사용되고 있는 분석 틀은 기존의 대중문화와 대립되는 속성을 찾아내고 있는 것이어서 기존의 분석 틀을 역으로 적용하고 있는 것이다. 따라서 그것을 제대로 알고 이해하지 못한 상태에서 포스트모던 문화 등의 새로운 유형의 문화에 분석을 시도한다는 것은 자칫 황당한 일이 되기 쉽다. 그러나 대중문화에서의 새로운 경향, 혹은 새로이 등장한 유형의 문화는 기존의 텍스트 분석 방법이 지니고 있는 약점을 드러나게 해주었고, 그것이 보완되어야 할 필요성을 느끼게 해주었다.

여기서 새로 등장한 관심이 이제까지 지엽적으로만 다루어졌던 대중문화 텍스트가 촉발하는 '즐거움'과 또한 그 속에서 발견되는 지배 이데올로기에 대한 저항적 요소들에 대한 분석의 필요이다. '즐거움'에 대한 관심은, 대중문화 연구에서 비교적 소외되어온 대중을 잡아끄는 힘, 혹은 '인기'의 이유를 설명할 수 있는 '즐거움'을 유발하는 요인들이 무엇인가 하는 문제와 그것의 수행 기능 측면에 관한 것으로, 그에 대한 다각적인 관심과 접근이 이루어졌다.

저항이란 용어는 사회체제를 넘어뜨리기 위해 시도되는 명백히 정치적이고 혁명적인 의미를 지니고 있지는 않다. 그보다는 지배이념에 의해 제시되는 사회적 정체성이나 그와 함께 물려 있는 사회적 통제를 받아들이기 거부하는 일련의 행위를 의미한다. 이념의 거부, 그것의 의미나 통제에 대한 거부는 그 자체로써는 지배적인 사회체제에 정면 도전하는 것으로 볼 수 없지만 그것에 의한 통합에 저항하고 어떠한 직접적인 사회적 도전에도 필수적인 사회적 차이의 감각을 유지하고 강화시키는 역할을 한다.

'저항'에 대한 관심은 이미 문화론적 연구에서 텍스트의 다의성에 대한 주목과 함께 해독 면에서 소위 지배적 해독뿐만 아니라 대립적 해독을 포함해서 다양한 변용 해독aberrant decoding이 이루어지고 있음이 밝혀졌고, 해독의 다양한 양상과 아울러 그것이 발생하는 사회적 기반과의 관계에 대한 연구도 진행되었기 때문에 이미 그 터전은 마련되었던 것으로 볼 수 있다. 다만 여기서는 한발 더 나아가 이제까지 지배이념의 용기로만 보아왔던 대중문화 텍스트 내에서의 저항력 요소와 그것이 유발하는 '저항적 즐거움'에 대해 관심을 기울이고 있다는 점이 주목할 만하다. 더욱이 즐거움에 관한 연구는 즐거움을 지배이념과의 공모적 관계로서만 보던 예전의 관점에서 벗어나 그 기능의 다원성에 주목하고 있으므로 대중문화에서의 즐거움에 관한 연구와 저항성에 관한 연구는 많은 경우 서로 불가분의 관계에 놓인다.

말하자면 이데올로기 연구로부터의 후퇴와 함께 즐거움과 저항에 대한 연구가 새로이 부각되고 있는 셈인데, 물론 이것은 이데올로기 연구의 무용론을 의미하지는 않는다. 이는 바로 대중문화 텍스트에 대한 연구가 오랫동안 이념 연구에만 집중되어온 데 대한 반작용과 아울러 이념 연구가 지향했던, 대중문화의 정치적 기능에 대한 관심의 연장선상에서 종래의 이념 연구를 수정·보완하는 작업이라 할 수 있다.

이 장에서는 즐거움, 저항에 관한 연구의 이론적 배경, 현재의 연구 상황, 전망 등에 대해 살펴보고자 한다.

1. 즐거움, 저항에 대한 관심의 대두와 그 이론적 배경

(1) 기존 연구의 문제점: 이데올로기 연구의 한계

히스Stephen Heath는 영화 「조스」의 분석에서 대중문화의 분석이 즐거움·의미·상품의 복합물로서 포착되어야 한다는 필요성을 강조하고 있다. 이전의 연구들은, 잡지의 판매 부수, 방송 프로그램의 시청률 혹은 박스오피스의 히트 정도 같은 상품으로서, 또는 그것이 가치혹은 이념적 내용을 지니고 있는 의미의 체계로서만 다루어져왔는데, '즐거움'을 주는 오락으로서도 다루어져야 한다는 것이 그의 주장이다. 즉 히스는 영화가 상품화되고 구매되는 대상이지만, 그것은 무엇인가를 '의미'하는 것이고, 특히 오락으로서 '의미'를 갖는다. 관객은의미만을 경험하는 것이 아니라 즐겁고 감동적인 경험으로서 의미를경험하기 때문에 '즐거움을 단순한 개념이 아닌, 이데올로기 또는 상품으로서의 성격과 함께 하나의 분리된 영역으로서 다룰 것을 주장하고 있다.[2]

즐거움에 대한 관심의 부상 배경에는 기존의 마르크시스트 등 여타사회학자들의 대중문화에 대한 연구에서 이데올로기에 대한 관심의이상 과잉과 지나친 미래지향적 입장에 대한 비판이 깔려 있다. 즉, 그들은 문화에서 현실의 표상문제에만 지나치게 집착해왔는데, 이것은 인간의 사회적 행위가 이데올로기 같은 인지적 지식만으로 설명될수 있다는 것을 암암리에 전제하는 것으로 실상 즐거움을 위시해서

---

2) S. Heath, *Popular TV & Film*, London: BFI, 1981, p. 200.

욕망, 의지 같은 비非인지적 차원의 힘을 전혀 고려하지 않은 것이었다는 점이다.[3] 이것은 좌파의 전략상 커다란 약점을 노정시키는 한 징표로 지적되기도 한다. 스튜어트 홀은 좌파의 프로젝트는 사회주의의 실현이라는 미래의 문제에만 관심이 집중되어 '지금-여기'라는 삶의 문제는 소홀히 다루어왔고, 결과적으로 즐거움의 문제 같은 것을 이론화시키는 데는 완전히 무력하다는 사실을 지적한 바 있다.[4] 미래에 대해 이엔 앙Ien Ang은 즐거움이란 현재를 살아갈 수 있는 힘과 활기를 주어 계획도 가능케 한다는 견지에서 이것을 좌파의 큰 약점 중의 하나로 파악하고 있다.

즐거움에 관한 연구는 1940년대의 정신분석학적 접근에서 연속극 같은 대중문화가 제공하는 대리만족의 기능이나 1960년대의 '이용과 충족의 이론'에서 좌절감 해소의 기능이라는 측면에서 연구되기도 했다. 이러한 연구에서는 인간이 근본적으로 지니고 있는 필요가 충족되었을 때 느끼는 만족의 경험을 즐거움이라고 보았다. 그렇기 때문에 문화가 그것을 어떻게 충족시켜주는가 하는 문제에 관심이 주어졌을 뿐 문화의 가공물로서 생산되는 측면에 대한 설명을 제공한 것은 아니었다.

앞서 지적했듯이 마르크시즘의 전통 속에서 즐거움에 관한 관심은 거의 부재하거나 상당히 미약했다. 예외적인 경우로 아도르노, 호르크하이머 등의 프랑크푸르트학파를 들 수 있는데, 이들은 대중문화에서 경험하는 즐거움을 고급문화의 그것과 비교할 때 진솔한 것이 못되는 허위적인 것으로 대중을 착취와 억압의 영원한 현상status quo 속

3) G. McLennan, *Marxism, Pluralism and Beyond*, Cambridge : Polity Press, 1989, p. 148.
4) I. Ang, "Interview with Stuart Hall," *Skrien*, No. 116, March 1982, p. 14; *Watching Dallas*, London : Methuen, 1985, p. 18.

에 감금하기 위해서 효과적으로 대중을 조작하는 속임수의 부분으로 파악하고 있다.

후기구조주의의 정신분석학적 접근 방법을 통한 즐거움에 관한 연구도 유사한 관점에서 이루어졌다. 좌파 계열의 연구에서 별로 관심의 대상이 되지 않았던 '즐거움'의 문제가 여기서 중요 이슈로 떠오르게 된 것은 피지배계층의 지배이념에 대한 자발적 동의라는 지극히 비합리적인 현상에 대한 관심과 그것의 설명에 대한 필요였다고 할 수 있다. 정신분석학적 연구는 페미니스트의 관심을 많이 끌었던 연구였는데 이들은 가부장적 사회에서 종속적 위치에 있는 여성들이, 분명히 여성을 관음적 대상화하고 있는 남성 중심적 영화를 남성과 같은 입장에서 즐길 수 있는 이유를 해명해내는 데 몰두했다.

이러한 맥락에서 알튀세르, 라캉적 계열의 정신분석학적 연구들은 '즐거움'의 문제로 관심을 옮겼으나 여기서는 즐거움을 인간의 본원적 욕망과 연결 지어 설명하고자 한다. 물론 여기서의 즐거움에 대한 관심은 권력의 문제와 관련되어 있는데, 즐거움을 지배이념에 대한 적응의 산물로서 보아 지배이념에 의해 순응적이 된 관객에게 주어지는 일종의 보상으로 간주한다. 예컨대 일정한 방향으로 텍스트의 해독을 이끄는 해독의 위치와의 동일시를 자연스럽게 유도함으로써 이데올로기는 작용을 하는데, 이때 이데올로기는 모든 인간이 어렸을 적에 공통된 심리적 과정을 통해 형성되는 상상적 통합imaginary unity을 자극하는 방식으로 이루어진다는 것이다. 이념은 바로 이 무의식적 요구를 자극할 수 있는 매력적인 상징들을 통합의 대상으로 제공하거나 혹은 동일시를 유도하는 여러 가지 서술적 전략과 장치를 통해 작용하게 된다는 것이다. 그러므로 '즐거움'은 여기서 이데올로기의 작용을 돕는 촉매제로 간주되는 셈이다.

이러한 방법론적 관심에서 즐거움 발생의 메커니즘을 비교적 세밀히 분석한 최초의 본격적 연구로는 페미니스트적 시각에서 한 연구로서 고전적 할리우드 영화에서의 즐거움이 작용하는 방식을 밝혀낸 멀비의 연구를 들 수 있다.[5] (그녀의 연구는 프로이트의) 관음주의voyeurism 이론—보는 것의 즐거움과 힘에 관한—에 바탕을 두고 있다. 주로 할리우드 영화의 관객은 '엿보기 톰Peeping Tom'처럼 위치 지어져 있다. 스크린은 불 켜진 방의 창문처럼 되어 있어 엿보는 이가 보이지 않고 발각되지 않으면서 남의 비밀을 훔쳐보고 있는 상황과 유사하다. 남의 사생활이나 비밀을 엿볼 수 있는 능력은 보는 이로 하여금, 보는 대상을 지배할 수 있는 힘을 부여한다.

그런데 문제의 영화에서 이 관음적 즐거움은 여성 육체에 대한 남성의 시선에 의해 생산된다. 할리우드적 서사체의 전형적인 진행 방식은 남성의 액션과 남성 주인공에 의해서 여성의 육체가 응시되고, 소유되는 부분들이 교차하는 방식으로 진행된다. 여기서 남성 주인공은 남성관객의 구현이며 영화 속에서 벌어지는 사건에 대한 카메라의 남성적 시선의 구현이라 할 수 있다. 영화의 서사적 단락 속에서 여성을 응시하고, 소유하는 즐거움은 성공적인 남성 액션에 대한 보상으로 나타나게 된다. 그러므로 이 같은 영화는 남성적 해독 주체를 생산하게 된다. 비록 영화관객은 남성과 여성으로 구성되어 있어도 가부장제하에서 여성들은 남성적 주체로서 구성될 수 있고, 결과적으로 남성적 즐거움을 경험할 수 있다. 여성관객들은 그들 스스로 여성의 육체를 성적 대상화하여 남성적 응시의 위치에서 바라보고 즐길 수 있게 된다. 멀비에게서는 결과적으로 관음적 욕망의 충족으로 생산되는

---

5) L. Mulvey, "Visual Pleasure and Narrative Cinema," *Screen*, 16(3), 1975.

즐거움은 가부장적 요구와 완벽하게 제휴하는 것으로 본다. 멀비는 여성들에게 그 같은 지배적 영화에서 얻게 되는 즐거움이란 지배이념에 적응한 결과 얻게 되는 종류의 것이 아니라 가부장적 영화에 순응적이 된 여성관객에게 주어지는 보상이라는 것이다. 그러므로 이러한 부류의 대중문화에서 얻게 되는 즐거움이란 반동적인 것으로 가부장적 현상을 당연한 것으로 만드는 데 작용한다고 보았다. 그러므로 멀비는 현재 여성관객들이 경험하는 종류의 즐거움을 파괴할 것을 호소하며 그것을 새로운 즐거움, 즉 당연한 것으로 되어 있는 것을 낯설게 하기의 급진적 즐거움으로, 그리고 새롭게 보는 방법을 생산함으로써 그것을 파괴할 것을 제안한다.

결국 프랑크푸르트학파, 정신분석학적 접근 같은 좌파의 연구에서는 대중문화의 즐거움을 지배이념의 사탕발림 부분으로 인식했고, 그 결과 대중영화, TV, 대중음악의 감각적 즐거움에 자신을 내맡기는 것을, 부르디외Pierre Bourdieu의 용어를 빌리면, "즐거운 것의 노예화 폭력"에 항복하는 것이 된다고 보았다.[6]

로벨Terry Lovell은 이것을 '좌파 비관주의'로 비난하면서 대중문학에서의 즐거움을 관점을 달리해서 볼 것을 제안한다. 자본주의적 상품 생산에 관한 마르크시즘의 이론은 풍요하지만, 상품소비에 관한 이론은 거의 찾아볼 수 없는데, 즐거움에 대한 관심 부재도 이 같은 맥락에서 이해할 수 있다고 본다. 그저 문화 상품은 생산된 방식으로 소비되는 것으로 막연히 가정하고 있는 데서 이 같은 '좌파 비관주의'가 비롯되었다고 보는 것이다. 로벨은 문화가 이윤 창출 수단이 되고 있는 것은 사실이지만, 문화 상품도 사용 가치를 갖는 한에서 교환 가치를 갖

---

6) P. Bourdieu, *La Distinction*, Édition de Minuit, 1979, p. 569.

는다는 점을 간과하고 있음을 지적한다. 문화 상품의 구매자들에게 사용 가치는 각기 다를 수 있겠지만 자신을 부르주아 이데올로기에 노출시키기 위해, 즉 이념적 효과를 위해 구매한다고 상상하기는 어렵다. 또한 다양한 문화의 사용 가치(아마도 가장 중요한 것 중의 하나가 '즐거움'이라고 할 수 있는데)가 구매자에게 그 문화 상품이 부르주아 이데올로기로서 자본주의에 대한 유용성과 반드시 조화를 이룰 것이라는 보장은 없고, 결과적으로 그 사용 가치가 이념적 효과를 뒷받침해주리라고 단언할 수 없다는 것이다.[7]

정신분석학적 설명 역시 즐거움에 대한 많은 의문점을 밝혀준 것은 사실이지만, 즐거움을 너무나 성적 욕망의 문제로 환원시켜버렸다는 비판을 받았다. 그 같은 설명이 헤게모니의 형성 같은, 합리적인 것으로 전제된 인간에게 발생하는 비합리적 현상의 설명에는 상당한 설득력을 가진 것으로 인정된다. 그러나 그 이후의 연구들이 바흐친의 언어이론을 활용해서 텍스트가 다의적이라는 사실, 또한 텍스트의 해독이 선호된 해독의 양상으로만 이루어지는 것이 아니라 다양한 유형의 변용 해독이 일어나고 있음을 밝히게 되고, 이것이 해독자의 사회적 경험과 유관하다는 입장이 대두되면서 새로운 관점에서 이 문제를 규명해야 할 필요가 생겨났다.

로벨은 문화 산물이 개인적 즐거움은 물론 집단적으로 공유된 경험으로부터 유래하는 감수성의 정서구조가 접합된 것이라고 본다. 그러므로 텍스트의 즐거움은 적어도 부분적으로는 집단적 유토피아, 사회적 소망 충족, 사회적 갈망으로부터 유래하며, 이는 단순히 더 근본적인 성적 욕망의 승화된 표현만은 아니라는 주장을 폈다.

---

7) T. Lovell, *Picture of Reality, Aestetics, Politics and Pleasure*, London : BFI, 1983, p. 60.

이엔 앙은 이와 같은 기존의 즐거움 연구에 대한 비판적 주장들을 바탕으로 「댈러스」에 관한 연구[8]를 통해 '대중적 즐거움'에 대한 새로운 시각을 제시했다. 이엔 앙은 대중적 여성 장르의 가장 대표적인 것으로 볼 수 있는 연속극이 주는 즐거움에 대한 시청자 연구를 통해 그것의 주요 원천이 '감정적 리얼리즘emotional realism'인 것으로 판단했다. 전개되는 사건은 경험적 사실과 다르고 과장이 심하고 황당무계해 보일지라도 그것이 '감정적 진솔함'을 느끼게 할 수 있을 때 즐거움이 발생한다는 점이다. 연속극에서 '감정적 진솔함'을 느끼는 즐거움이란 여성 시청자들이 실생활에서 체험하는 '정서구조'를 연속극 속에서 확인하는 즐거움을 말한다.

윌리엄스Raymond Williams는 체계적이고 정형적인 신념의 체계를 세계관, 이데올로기로 부를 수 있다면, 실제의 삶 속에서 활발히 체험되고 느끼게 되는 의미와 가치의 체계를 정서구조라고 명명하고 있다.[9] 그는 정서구조가 얼핏 보기에는 사적이고 개인 특유의 것처럼 보이나 실제는 가치관이나 이데올로기와 마찬가지로 사회 구성원들에게 공유되는 사회적 체험이라는 점을 강조한다. 이엔 앙은 「댈러스」에서의 정서구조를 '비극적 정서구조'로 보고, 여성 수용자들은 자기 실제 생활의 비극적 정서구조(즉, 삶은 행과 불행 사이의 끊임없는 교차로서 행복은 지속될 수 없고 불안정하며 그것의 성취는 영원히 유예되고 있다는)를 「댈러스」에서 확인하게 되는 데서 무한한 즐거움을 느끼게 된다는 것이다. 이엔 앙은 이러한 즐거움이 정치적으로 좋은 것인가 나쁜 것인가를 가리는 일은 불가능하지만 최소한 그러한 즐거움이 급진적 정치행위와 의식을 배제시키는 것은 아니며, 그와 같은 즐거움과 멜로

---

8) I. Ang, *Watching Dallas*.
9) R. Williams, *Marxism and Literature*, London: Methuen, 1979, pp. 128~35.

적 환상은 최소한 삶을 유쾌하고 살 만한 것으로 만들어주는 데 기여한다고 본다.[10]

이와 같은 즐거움에 대한 기존의 입장들이 지닌 문제점들이 지적되고 비판되면서 그것을 보완·수정할 수 있는 이론적 근거가 추구되었고, 여기에 새로운 지평을 열어준 것은 롤랑 바르트, 바흐친, 드 세르토Michel de Certeau 등의 이론이었다. 이들의 이론은 이제까지 주로 정신분석학적 관점에서 설명되어온 즐거움의 문제를 '사회적' '육체적' 관점 등 다양한 방식으로 설명될 수 있는 여지를 제공해주었다.

(2) 롤랑 바르트: 텍스트의 즐거움

바르트는 텍스트의 해독에서 생산되는 두 가지 다른 타입의 즐거움을 'plaisir(pleasure)'와 'jouissance(bliss)'로 구분해주고 있다.[11] 이 두 가지 개념의 구분은 그리 쉽지 않다. 'plaisir'는 근원적으로 문화적인 즐거움을 의미하고, 'jouissance'는 육체적 즐거움으로 성적 오르가슴처럼 육체의 감각 속에 위치 지어져 있는 근원적으로 자연적인 즐거움을 말한다. 이 두 개념의 차이는 경험의 강도 차이를 의미할 수도 있다. 예컨대 'plaisir'는 안락한 느낌의 행복감으로 해독자를 채워주며 만족시켜주는 것이라면, 'jouissance'는 거의 황홀한 자기상실의 경지에 몰아넣는 강도의 것으로 독자의 문화, 심리적 기반을 뒤흔들어 놓을 만큼 강렬하여 자기 취향, 가치, 기억의 일관성에 혼란을 가져올 수도 있다.

특히 'jouissance'는 육체의 저항할 수 없는 불가항력적 표현으로서

---

10) I. Ang, *Watching Dallas*, pp. 72~78.

11) R. Barthes, *Le Plaisir du texte*, Paris: Seuil, 1973.

이데올로기를 넘어서 있다는 점이 강조된다. 이는 성적 즐거움 외에, 제트 열차 같은 것을 탈 때나 영화 스크린의 자동차 추격전 같은 것을 관람할 때 뱃속 깊은 곳에서 느낄 수 있는 종류의 것으로 텍스트의 경험에서는 텍스트의 물리적 기호(예컨대 어떤 노래하는 목소리가 갖고 있는 결 같은, 혹은 TV 연속극에서 감격적인 표정의 얼굴에 대한 클로즈업 같은 것으로 드러나는 떨리는 입술 속에서 느끼는 감동의 강렬한 물질성, 물기 어린 음성 등)에 의해 촉발될 수 있다. 이러한 요소들은 서사체로부터 독립되어 서사체가 주체성에 작용하는 방식과는 다른 성격의 감동을 생산할 수 있다는 것이다. 따라서 이것은 의미와 관련되지 않는 즐거움으로 문화와 이념을 넘어서는 것이다.

바르트는 여기서 이데올로기와 상관없이 육체가 생산하는 즐거움이 있다는 점을 가정하고 있는 것이다. 이것은 육체가 문화적 결정으로부터 분리될 수 있고, 문화적 결정에 대한 최후 저항의 장소가 될 수 있다는 것을 암시한다. 만일 육체가 즐거움의 장소로서 문화와 의미의 통제를 벗어나 언어와 이념을 통해 구축된 주체로부터 분리되는 것으로 보인다면, 이데올로기 이론은 한계에 도달한 것이 된다.

그러나 'jouissance' 같은 강렬한 강도의 즐거움이 텍스트의 경험으로부터 쉽게 발생할 수 있는 것은 아니다. 그보다 텍스트적 즐거움의 대부분은 'plaisir'에 해당되는 것이 많다. 그러나 바르트는 'plaisir'가 문화적인 것이기는 하지만 이전의 정신분석학적 연구에서와 같은 한정된 기능을 하는 것이 아니라 좀더 다원적 기능을 갖고 있다고 본다.

온통 시시한 신화가 우리로 하여금 plaisir(특히 텍스트의 즐거움)는 우파적 개념으로 믿도록 유도한다. 우파에서는 같은 방식으로 모든 추상적이고 지루하고 정치적인 것은 좌파의 것으로 밀어버리고, 즐거움은 자기의 것으로 간직한다: 환영합니다, 마침내 문학의 즐거움으로 오는 당신네들을! 그리고 좌파에서는 훈계조로, (마르크스와 브레히트의 시가를 잊어버린 채) 모든 헤도니즘의 잔재를 의심하고 업신여긴다. 우파에서는 즐거움을 지성적인 것과 성직적인 것에 대립되는 것으로 주장해왔다. 이는 머리에 대한 가슴의, 이성에 대한 감각의, (차가운) 추상화에 대한 (뜨거운) 생명을 대립시키는 낡은 반동적 신화이다. 드뷔시의 음산한 계율에 의하면 예술가는 겸허히 '즐겁게' 만들도록 노력해야 하는 것이 아닌가? 좌파에서는 앎, 방법, 참여, 투쟁을 단순한 쾌락 délectation에 대립시킨다. (그러나 만일 앎이 그 자체로서 감미로운 것이라면?). 양측 모두에서 즐거움이 단순한 것이라는 이상한 생각, 그 때문에 사람들이 그것을 요구하거나 경멸하곤 한다. 그러나 plaisir는 텍스트의 요소도 아니고 순수한 잔여물도 아니다. 그것은 합의entente의 논리나 감각의 논리에 의존하고 있는 것도 아니다. 이는 표류물로서 동시에 혁명적이며 반사회적일 수도 있으며, 특정 집단이나 특정 멘탈리티나 어떤 특수한 개인에 의해 장악될 수도 없다.[12]

위의 글에서 보듯이 바르트는 즐거움을 반드시 우파적 문화의 속성으로 보는 것을 거부하고 있다. 그것은 반사회적일 수도 있는가 하면, 혁명적인 기능을 할 수도 있는 것으로 특정 집단이나 특정 사상, 사고의 전유물이 될 수 없음을 명백히 하고 있다. 따라서 이것은 종래 마르크시스트, 정신분석학적 연구에서 당연히 지배이념의 용기 내지는 부속물로 간주되었던 즐거움에 대한 관점을 부정하고 즐거움 자체의 기능이 다원적일 수 있음을 지적하고 있는 것이다. 이렇게 주장할 수 있

---

12) R. Barthes, *Le Plaisir du texte*, pp. 38~39.

는 근거는 즐거움(jouissance, plaisir 모두 포함해서)은 텍스트가 촉발시키는 어떤 것이기는 하지만 그 자체로서 텍스트 속에 담겨 있는 것이 아니라 해독의 순간에 해독자와의 얽힘 속에서 발생하는 것이기 때문에 해독자에 따라 달라질 수 있으며, 같은 해독자에게도 해독 순간의 상황에 따라서도 달라질 수 있다고 보기 때문이다.

바르트가 지적하고 있는 텍스트의 해독으로부터 오는 즐거움 중의 하나로 텍스트와의 '유희'를 들 수 있다. 그는 텍스트의 해독이 하나의 텍스트를 창조해내는 즐거움일 수 있다고 본다. 예컨대 음악가가 악보를 연주하듯이 해독자는 텍스트를 '연주'함으로써 그것을 해석하고 활동성의 것으로 만들고, 그것에 살아 있는 현존성을 준다는 것이다. 이것은 텍스트의 의미를 만들고 그럼으로써 그것을 통제하는 행위가 된다. 예컨대 연속극을 시청하는 관객들이 연속극 세계와 현실 세계 사이의 관계를 가지고 유희함으로써 자기 나름의 의미를 창출해내고 그럼으로써 연속극의 표상에 제공하는 환상을 통제하게 되는 것이다. 또한 극중의 어떤 인물과 동일시할까, 혹은 말까 하는 선택은 모두 유희를 통해 통제를 행사하는 예로 들 수 있다. 그런데 이 같은 유희는 해독자에게 무한한 즐거움을 주게 되는데, 유희란 그 자체로서는 전복적이라고 할 수 없으나 그것이 수반하는 힘의 부여나 통제가 종속된 자에게는 자존심을 생산하고, 적어도 저항, 전복을 가능케 한다는 것이다.

이것은 정신분석학과 이데올로기의 혼합으로부터 유래하는 보편적·중심적 '즐거움'의 개념으로부터 구별되는 해독자에 대한 주목으로의 이동을 의미한다. 바르트에게 즐거움은 탈중심화된 것으로 한 작품으로부터 텍스트를 생산하는 해독의 부분이다. 따라서 여기서 중심적인 것은 해독자가 의미생산에 대해 갖는 통제의 의미이다.

이처럼 바르트가 제시하고 있는 텍스트가 주는 즐거움이란 그 기능이 고정된 정치적 색채를 가지고 있다기보다 다원적이며, 해독자에 따라, 또 동일한 해독자에서도 상황에 따라 달라질 수 있는 지극히 가변적인 것이다. 현대적 문화 형태란 복합적이고, 다원주의적이고, 다성성multivocality을 지니고 있는데, 기존의 비판적인 문화 연구와 그 실천운동은 억압, 지배, 저항의 통일된 목소리univocality를 가정하고 세워진 틀 안에서만 작업하는 경향이 있었음을 비판하고 있는 것이다. 그러나 여기서의 다원성은 무한정한 다원주의나 이질성을 인정하자는 주장은 아니다. 그 목소리들이 특정한 방식으로 결속되어 있는 것으로 보고 그 결속의 메커니즘에 주목해야 할 필요성을 강조하고 있다.

(3) 드 세르토와 일상적인 저항의 실천이론[13]

미셸 드 세르토는 저서 『일상생활의 실천L'Invention du quotidien』에서 피지배집단의 구성원들이 자기들보다 크고 강한 지배자, 궁극적으로는 그들을 구속하는 체계로부터 '작은 승리'를 얻어내기 위해 사용하는 일상적 수준의 전략들에 대해 언급하고 있다. 예컨대 식민통치를 받는 원주민들이 정복자에게 정면으로 저항하고 거부할 수 있는 힘은 없지만, 정복자들이 자신들에게 부과하는 규칙, 법규 등을 교묘히 회피하고 그것을 그 자신의 목적을 위해 다른 방식으로 사용함으로써 정복자의 힘을 약화시키고 그들의 지배를 비효율적인 것으로 만들어버리는 다양한 저항적 전략을 거의 자연발생적으로 수행한 예를 들고 있다. 여기서 더 나아가 드 세르토는 이와 같은 강자에 대한 약자의 전

---

13) M. de Certeau, *L'Invention du quotidien*, 1, L'Art de Faire, Paris: Gallimard, 1990.

복적 실천이 이루어지는 다양한 예를 책, 미디어의 해독, 쇼핑, 요리, 주택 임대, 노동 현장의 상황을 통해 제시하고 있다.

대중문화에서는 이제까지의 연구가 TV 등의 매체를 통해 전파된 이미지의 분석(재현representation의 분석, 즉 텍스트 연구를 지칭함)이나 매체 앞에서 보낸 시간이나 시청 행태에 대한 분석으로 한정되었는데, 이것이 다른 종류의 시청자 연구에 따라 보완되어야 할 필요를 강조하고 있다. 이를테면 문화 소비자들이 TV 시청 동안 그 시간과 그 이미지를 가지고 제조해내는 것—즉 만들어내는 것이 무엇인가 하는 점이다. 미디어 텍스트를 시청하거나, 여타의 문화 상품을 소비·사용하는 과정에서 일어나는 2차적 생산production secondaire과 그러한 생산적 실천의 논리에 주목할 것을 역설하고 있는 것이다.[14)]

예컨대 대중문화의 향유자들은 대중문화를 생산의 수준에서 통제할 수 있는 힘은 갖고 있지 않지만 그것의 소비, 즉 향유하는 방식을 통해서 통제할 수 있다고 본다. 그는 대중문화의 수용이 상당히 창조적 방식으로 이루어지며, 그 향유자들이 겉보기에는 지배집단의 이해관계에 동조하는 것 같지만 실제는 지속적으로 그들 자신의 이해에 봉사하는 수용 방식을 찾아내고 있음을 강조한다. 대중문화의 영역에서는 일반적으로 통제체제의 강요는 거의 불가피하게 그것의 전복을 위한 시도를 자극하게 된다는 것이다.

예컨대 교복이 의무적일 때 교복이란 제도를 나타내는 기호이며, 교복의 착용은 그 제도 속에 학생이 삽입되는 것을 의미한다. 학생들은 교복을 정면으로 거부하지는 못하지만 교복의 세부를 창조적으로 변형시키는 방법—스커트 길이, 바지의 재단법, 헤어스타일, 금지된

---

14) 같은 책, p. XXXVII.

장식 등——을 통해 교복을 학교의 권위를 시험해보거나 그에 도전하
는 시도를 해보는 일종의 선택된 전쟁터로 만든다는 것이다. 이처럼
종속된 집단의 성원들은 통제를 위해 전략적으로 주어지는 문화 형태
나 생산품을 변경이나 대용의 방법을 통해 전복적이고 저항적 효과를
생산할 수 있는 잠재력을 갖고 있다는 것이다.

　물론 일부에서는 이 같은 소극적 저항의 시도가 근본적인 변혁을 가
능케 하는 의지의 집결에 어떻게 관련될 수 있을지에 대해 상당히 회
의적인 시선을 던지고 있기도 하다. 그러나 피스크가 지적했듯이 비
판적 연구들은 너무나 오랫동안 사회적 결정social determination과 권력
을 동일시했고, 그 결과 그 속에서 실제로 작동되고 있는 전복적 힘의
존재에 대해 무관심했으며, 그 탐구를 소홀히 해왔다는 점을 인정하
지 않을 수 없다.[15] 이러한 자각이 대중문화의 연구자들로 하여금 지
배권력의 힘과 그 효율성의 문제를 피지배계층이 그 권력을 다루는
방식, 그것에 대응해서 사용하는 제반 조치들을 통해 재조명해야 할
필요를 느끼게 한 것이다. 이런 점에서 드 세르토의 저서는 유용한 관
점을 제시해주고 있다.

　드 세르토가 제시하고 있는 피지배집단에서의 일상적인 저항의 실
천이론은 대중문화 수용 과정에서 발생하는 대중적 즐거움의 항과 결
합하여 대중문화가 주는 '저항적 즐거움'의 가능성을 상정할 수 있게
해주었고, 바르트의 즐거움에 대한 다원주의 관점과 상호 보완되면서
대중문화에서 즐거움의 기능에 관한 연구의 지평을 넓혀주었다.

---

15) J. Fiske, "Meaningful Moments," in *Critical Studies in Mass Communication Studie*s,
　　 Sept. 1988, p. 249.

(4) 바흐친과 카니발 이론

즐거움에 대한 연구에 뒷받침이 된 또 다른 이론으로는 바흐친의 카니발 이론을 들 수 있다. 바흐친은 『라블레와 그의 세계』[16]라는 책에서 라블레의 대중성을 카니발 이론의 전개를 통해 설명하려 했다. 그의 주장은 라블레 세계에서 볼 수 있는 신체적 극단성과 기존 질서에 대한 공격성은 중세의 카니발적 요소를 반향하고 있다는 것이다. 그 근거로서 그는 카니발과 라블레의 세계 모두가 도덕성, 규율과 사회적 통제에 대항하는 신체적 즐거움과 관련되어 있다는 사실을 지적하고 있다.

카니발은 중세 이후 피지배계층에게 단 하루 동안 마음대로 마시고 먹고, 그 사회의 지배적인 규칙들, 예컨대 성적 혹은 정치사회적 규칙을 위반하는 것이 잠정적으로 허용되던 일종의 서민 잔치로서 19세기까지 그 명맥을 유지했고, 20세기에 와서는 도시 축제의 형태로 그 흔적이 남아 있다. 바흐친이 카니발의 특징으로 보고 있는 것은 웃음과 극단성(특히 육체와 육체적 기능들의), 천한 취향, 공격성, 타락, 퇴화성들이다. 라블레의 세계는 두 가지의 언어, 즉 고상하며 고전적 학습을 통해 그 가치가 인정된 언어(이념적이며 공식적인 것)와, 저급하며 서민들에게 고유한 혹은 방언적인 언어들 사이의 충돌이 이루어지는 곳으로 보고 있다. 카니발적인 것은 이 같은 충돌의 결과로 생겨난 것이며, 문화 속에 자리 잡을 권리를 주장하는 '저급한 것'의 힘에 대한 일종의 증언이라는 것이다. 카니발은 공식적 사회의 밖에 사회적 계급도 위계도 없는 제2의 세계, 제2의 삶을 구축하는 일종의 의식으로

---

16) M. M. Bahktin, *Rabelais and His World*, Cambridge, Mass.: The MIT Press, 1968.

서 모든 위계, 등급, 특권, 규범, 금지 등의 잠정적 중단을 통해 관습이나 확립된 진리, 상투성 등 모든 보편적으로 수용된 세계관으로부터의 해방과 자유를 잠정적으로나마 가져오는 것이었다는 주장이다. 카니발은 일종의 '무질서와 위반의 의식rituals of disorder and of subversion'으로서 지배자의 통제를 손상시킬 뿐 아니라 전복시킬 수 있는 잠재력을 가지고 있다고 보기 때문이다.

바흐친의 카니발 이론을 대중문화의 연구에 원용한 학자들은 일부의 대중문화에 카니발적 요소가 있다고 보고 그것이 저항적 즐거움을 생산한다는 관점에서 분석을 시도했다. 대중문화의 카니발적 요소란 코미디 혹은 다른 프로그램을 통해서 이미 보편화되어 있는 오락의 양식이나 관습과 기본 가정에 조직적으로 도전하는 오락의 양식을 생산하는 방법들을 말한다. (일부 드라마에서 볼 수 있는 '관행위반적,' 풍자적 요소들을 예로 들 수 있다). 예컨대 하틀리에 따르면 TV에서 기술적 고장이나 실수로 인한 혼란이 생겨 형태적인 틀이 깨질 때 예기치 않았던 즐거움을 유발하는 경우가 많은데, 이런 범주의 상황들을 정규 프로그램에서 순화된 형태로 형상화해서 오락적 요소로 사용하는 현상 같은 것이 대표적 경우이다.[17) 우리나라에서도 방영된 「블루문특급」 같은 드라마에서 극중 인물이 극의 전개 도중 느닷없이 자기가 연기 중인 극의 저자를 원망하는 장면을 삽입시킴으로써 극의 틀을 깨고 극과 현실 간의 혼돈을 고의적으로 야기함으로써 코믹한 효과를 노리는 현상 같은 것, 우리나라 코미디에서 고전 주제를 원래의 시대적 배경과 현대의 시기를 넘나들면서 풍자하는 것(라디오의 「흥부전」 같은), 만화에서 내용 전개의 흐름을 차단하고 일종의 풍자적 해설사

---

17) G. Turner, *British Cultural Studies*, p. 219.

를 등장시킴으로써 재미를 불러일으키는 등 많은 예들을 들 수 있다. 이것은 장르별 경계, 혹은 장르 내에서의 경계(예컨대 극과 현실의 경계 같은)들의 고의적 위반을 스펙터클화해서 즐거움을 유발하는 것인데, 그 위반적 시도들을 카니발적인 요소와 유사한 것으로 간주하고 있다.

그런데 바르트나 드 세르토의 이론을 원용하고 있는 경우와 달리, 카니발 이론에 의한 대중문화의 설명 시도는 많은 저항에 부딪혀왔다. 우선 앞에서 간략히 소개한 대중문화적 현상을 카니발적인 것의 전유로 보는 점 자체를 바흐친이 라블레의 연구에서 전개했던 애초의 아이디어에 대한 오해로 보는 견해가 많다. 예컨대 베넷Tony Bennett의 경우, 바흐친의 연구는 카니발 전통을 그 자체로서 찬양하고 있는 것이 아니라 카니발의 위반적 측면이 르네상스의 중세적 이념에 대한 비판에 연결되고, 르네상스 휴머니즘의 진보적 흐름에 접목되어 그것의 문화적 이념의 의미를 굴절시킨 방식에 있다고 보았다.[18] 카니발리즘이 르네상스의 인본주의 전통과 융합되어 그 결과로서 카니발적인 것에 붙게 된 새로운 의미를 바흐친은 가치 있는 것으로 보았다는 점이다.

카니발은 원래 과도하게 먹고 마시기와 성적 금기의 중단, 정신적 행동 규칙의 위반과 전복 같은 지배적인 이념적 가치들이 잠정적으로나마 상징적으로 전도되는 축제였고, 이것에 대한 바흐친 당시의 이론가들은 상당히 부정적인 견해만을 갖고 있었다. 카니발은 단순한 위반적 의식ritual에 지나지 않고, 통음난무를 통한 위반이란 변혁의 의

---

18) T. Bennett, "Hegemony, Ideology, Pleasure," in *Popular Culture and Social Relation*, T. Bennett, C. Mercer & J. Wollacott(eds.), Milton Keynes: Open University Press, 1986, pp. 147~49.

지로 연결될 수 있는 것이 아니라 피지배계급의 불만과 억눌린 욕망을 한정된 시공간 속에서 발산시키게 함으로써 그들을 '본래의 제자리'에 정화시켜 넣어주는 기능을 한다고 보았기 때문이다.

그러나 바흐친은 예외적으로 카니발리즘의 긍정적 측면을 조명하고자 했다. 그는 카니발에서의 먹고 마시기나 성적 행동과 결합된 과잉의 가치는 민중의 무한하고 정지시키기 불가능한 물질적인 힘, 광대한 자기재생력, 자기 앞길에 놓인 모든 장애물을 뛰어넘을 수 있는 능력의 소유자로서 민중 이미지의 일부를 형성하는 것이라고 보았다. 그가 라블레에서 높이 사고 있는 점도 바로 인간에게서 물질적·육체적 과정을 중시하고 있는 측면이다. 인간을 육체적·정신적 기능이 조화를 이룬 존재로 보는 휴머니스트적 인간관의 입장에서, 정신적 측면에만 강조점을 두어왔던 중세적 사고에서 탈피하고자 하는 것을 높이 사고 있을 뿐, 라블레의 세계에서도 중세적 카니발 자체의 방종과 상스러움은 배격되고 있다는 것이다.

바흐친의 카니발리즘에 대한 위와 같은 관점에서 베넷은 바흐친에 기대어 카니발적인 것에 대해 무비판적인 찬양을 보내는 것이나, 대중문화를 그 내재적 속성상 저항의 근원으로 간주하는 것은 경계되어야 할 태도로 비판한다.

2. 즐거움, 저항에 관한 대중문화 연구 경향

대중문화에서의 즐거움에 대한 연구 경향을 분류해보면 대략 세 가지 종류로 나뉜다. 그 첫째는 '공모적 즐거움complicit pleasure'에 관한 것으로 전통적인 즐거움 연구의 맥락에 있지만 이전 연구의 단순성을 탈피하고자 하는 시도를 보이고 있다. 두번째는 대중문화의 '저항적 즐거움resistant pleasure'에 관한 연구로서 바르트, 드 세르토, 바흐친 등의 즐거움, 저항에 관한 이론으로부터 도움을 받고 있다. 세번째는 육체와 관련된 즐거움이다. 앞의 두 연구와는 관심의 방향이 좀 색다르고 그 연구의 축적도 아직 많이 이루어지지는 않았으나 관심을 끄는 것으로 '상황적 즐거움contextual pleasure'에 관한 연구들이 있다. 이것은 동일한 대중문화가 서로 다른 하위문화 집단의 맥락에서 생산해낼 수 있는 서로 다른 성격의 즐거움에 관한 연구이다.

(1) 공모적 즐거움

이 분야의 연구들은 즐거움과 이념 혹은 즐거움과 권력이 어떻게 상호 집합되어 지배권력에 대한 정치적 '동의'를 구축해내는가 하는 메커니즘의 연구에 주력하고 있다. 이 같은 연구에서 상당히 체계적이고 본격적인 것으로 머서Colin Mercer 연구를 들 수 있다.[19] 그는 그람시를 인용해서 이탈리아 파시즘 같은 과거의 독재정권들이 정치적 동의를 구축하기 위해 즐거움 생산의 영역을 얼마나 전략적으로 중요시했는가를 환기시키면서 그 생산 메커니즘 연구의 중요성을 강조한다. 그는 즐거움과 이념의 관계가 종래에 주장되어온 것처럼 일정하게 주어진 상호 지지적인 관계를 맺고 있는 것으로 보지는 않는다. 머서는 주어진 문화적 형태 속에서 즐거움과 권력의 관계는 직접적인 접촉의 지점, 멀리 떨어진 분리점, 다양한 접근성을 가진 이중의 나선형과 유사하다고 본다. 공간적인 은유법을 써서 말하자면 설득의 지점, 저항

---

19) C. Mercer, "Complicit pleasure," in *Popular Culture and Social Relation*, pp. 50~68.

의 지점, 타협의 지점을 갖고 있다는 것이다. 이것은 또한 권력과 즐거움 간의 강력한 관계가 동의와 수용 속에 생성, 포착되는 능동적 과정의 문제를 말하는 것이다.

그는 이 과정을 영국의 가장 '팔리는' 대표적 대중지인 『선 Sun』지를 예로 들어 설명하고 있다. 이 신문은 아주 보수적이며, 성차별적이고, 인종차별적인 신문으로 알려져 있다. 이 신문의 경우, 심각한 사설이나 심층적인 르포르타주 같은 내용으로 설득을 시도하고 동의를 구축하고자 하는 고급신문의 전략은 가지고 있지 않다. 연예계의 간통사건, 업계의 사기사건, 교통사고, 범죄세계의 뉴스 등을 리드 기사로 싣고 있으며, 섹스어필한 여인의 전면사진, 연예계·정계·경제계·사회문화계 등 여러 분야 '스타'들의 사적인 이야기들, 별자리점 등으로 엮여 있고, 기사의 타이틀은 지극히 선정적인 언어들로 구성되어 있다. 머서는 여기서 이 모든 요소가 서로 얽혀가며 정치적·사회적 영역의 복잡성을 가려주고 그 영역들을 성적인 것으로 만들며, 관음적 즐거움을 대상화하고 개인화하고, 타이틀에서 사용하는 선정적 언어의 유희로 즐거움을 보강해주고, 동일시를 유발하여 동의를 구축해내는 과정을 분석하고 있다. 그는 예전의 연구에서 볼 수 있었던 것처럼 하나의 독립된 텍스트가 이념과 즐거움의 상호 지지적인 관계 속에서 동의를 구축해내는 방식에 관심을 보이는 것이 아니라 여러 가지 다양한 텍스트가 섞여 있는 특정한 문화 형태 속에서 텍스트들 간의 상호작용을 통해 설득, 저항, 타협의 메커니즘을 거치면서 동의를 이루어내는 방식에 주목하고 있는 것이다.

(2) 육체와 즐거움

피스크는 바흐친의 카니발 이론에 기대어, '육체'를 즐거움 생산의 원자재로 삼고 있는 대중문화 현상에 많은 분석적 관심을 기울이고 있다. 그는 웃음과 극단성(특히 육체와 육체적 기능들의), 천한 취향, 공격성 타락, 퇴화성 등으로 특징되는 카니발의 세계와 현대의 TV 세계가 서로 유사하다고 생각한다.[20] 피스크는 TV가 흔히 같은 죄악(혹은 덕목)으로 공격(찬양되기보다는)되어왔음을 상기시키며, 담론적 수준에서의 TV 세계와 카니발 세계 간의 유사성에 주목한다. 피스크는 바흐친이 지적한 라블레의 세계에서 볼 수 있는 고상하고 공식적인 언어와 저급하고 서민적인 언어 사이의 충돌과 유사한 기호적 긴장이 TV세계에도 존재함을 환기시킨다. 특히 그는 '카니발적 육체의 언어'가 TV에서 중요한 위치를 차지하며 이것이 TV적 즐거움의 상당 부분을 생산하고 있다고 본다.

피스크는 카니발적 육체가 개인들의 육체를 의미하기보다 '육체 원리,' 즉 개인성, 정신성, 사회 등에 선행하고 그것의 기초가 되는 삶의 물질성과 관련되어 있는 것임을 강조한다. TV에 흔히 등장하는 일종의 슬랩스틱 코미디들은 카니발적 육체의 원리에 기반을 둔 대표적인 경우이다. 완강하게 열리지 않는 문, 작동하지 않는 무대 소도구들은 코미디언 개인을 물체와 맞붙어 씨름하는 육체의 수준으로 축소시켜준다. 그렇게 함으로써 보통 시청자에 대한 스타의 힘을 부여해주는 특권이나 등급이 정지되고, 모든 것이 평등한 물질성의 수준을 표상하게 되는 것이다.

---

20) J. Fiske, *Television Culture*, London: Methuen, 1987, p. 241.

이런 관점에서 피스크에게는 규칙위반, 괴기스러움, 퇴화성과 온갖 스펙터클로 짜여 있는 TV의 레슬링쇼가 지극히 카니발적인 것이다. 예컨대 바르트가 자신의 저서(『신화지』)에서 레슬링을 묘사하고 있는 방법은 바흐친이 카니발을 묘사할 때 사용한 것과 상당히 유사하다. 둘 다 육체의 중심성을 지적하고 있으며, 과잉, 과장, 그리고 괴기스러움 등에 주목된다. 레슬링이나 카니발 모두 스펙터클로서의 중요성을 지니고 있으며, 예술과 비예술(삶)의 경계선에 놓여 있는 것으로 묘사된 점도 유사하다. 이런 종류의 스펙터클한 쇼는 보는 즐거움의 과장이다. 이것은 보이는 것을 과장하고, 외형적 표면을 찬양하고 전면에 부각시키며, 의미나 깊이를 거부한다. 만일 그것이 순수한 스펙터클일 때는 그것은 오로지 관객의 육체에 물리적 감각으로서만 작용할 뿐 주체성 구축의 방향으로 작용하지 않는다. 스펙터클은 주체성으로부터의 해방을 가져온다. 이는 또한 스포츠에 대한 일종의 풍자적 개작parody으로서 스포츠의 일정 요소를 과장함으로써 그것에 문제를 던지고 그것이 지니고 있는 것으로 간주되고 있는 가치에 의문을 제기한다. 심판의 무능함, 불공평등 역시 레슬링에서 중요한 즐거움의 부분이다. 레슬러와 코치의 끊임없는 규칙위반은 그들에게 요구된 사회적 역할 수행의 거부를 의미하며, 공적으로 당당하게 행사되는 이 거부의 태도가 또한 중요한 즐거움을 만들어내며, 이것은 기존의 가치를 거부하는 카니발적 즐거움과 유사한 것이다. 피스크는 이 밖에도 코믹한 구성, 가장, 모독, 풍성한 악담과 욕설 등 레슬링이 가지고 있는 특성을 카니발적 요소로 보고 두 문화 사이의 접근을 시도했다.

피스크는 레슬링에서 야생적, '자연적'인 남성성과 그것을 길들이고자 하는 사회적 통제 사이의 갈등을, 또는 그보다 일반적으로 우리 사회의 규칙과 역할의 자의성을 드러내고, 그것을 파괴하거나 지나쳐 버리는 것의 자연스러움을 해독해낼 수 있다고 본다. 규칙이란 지배자들이 피지배자들의 제멋대로의 상태를 통제하기 위해서 종속자들의 동의를 획득하고자 노력하는 헤게모니적 힘의 하나로 본다. 따라서 규칙 파괴의 즐거움 혹은 그 규칙의 자의성을 드러내 보여주는 즐거움은 바로 피지배자들의 저항적 즐거움이라는 것이다.

그러나 머서는 모든 '육체적'인 것에 대해 반反부르주아적인 것이며 (부르디외), 카니발적 저항(바흐친)의 것으로 보고자 하는 관점에 망설임을 보인다.[21] 그는 현대세계에서 육체가 권력관계의 중요한 전략적 장소이며, 부르주아 헤게모니의 수립과 성장에 육체에 관한 담론이 중요한 역할을 하고 있다는 푸코의 견해에 동의한다. 그는 육체적 즐거움인 'jouissance'가 '주체'와 반드시 일치하지 않고, 저항과 탈구 dislocation의 장소가 될 수 있다는 바르트의 견해에도 동조한다. 그러나 '육체적 참여의 즐거움을 유발하는 문화 형태(예컨대 고함 소리, 손뼉 치기, 휘파람 발장단 등의 반응을 수반하는)는 반反부르주아 문화라는 부르디외의 견해나 그것을 저항적인 것으로 보는 데는 반대한다. 문화에 대한 본질주의적 견해에 동의하지 않을뿐더러, 바흐친의 카니발 이론에 대한 오해로부터 비롯되었다고 보기 때문이다.

그렇기 때문에 모든 육체적인 것은 대중적이며, 부르주아 문화 지배에 대한 저항적 면모를 지니고 있는 것으로 보고자 하는 피스크식의 해석을 거부한다. 그는 오히려 '육체'가 현대문학에서 권력투쟁의 전략적 장소로서, 지배이념에 의해서도 적극적으로 활용되고 있음을 간과해서는 안 된다는 입장이다. 즉 정신과 육체, 머리와 신체를 묶

---

21) C. Mercer, "Complicit pleasure," pp. 58~60.

는, 말하자면 믿음과 감각적 느낌, 상식 간의 공모를 통해 동의를 구
축해내는 방법을 밝혀내야 할 필요성을 강조하고 있는 것이다.

(3) 저항적 즐거움

피스크는 대중적 즐거움은 필연적으로 저항과 전복의 요소를 지니
고 있다고 주장한다. 전복적·저항적 활동이 사회적인 것이나 군사적
인 것이 아니고, 기호학적인 것이고 문화적인 것이라 해도 그 효율성
을 제거하지는 않는다. 사회정치적 체계는 궁극적으로는 문화적 체계
에 의존하고 있어서 민중들이 자신들의 사회적 관계를 가지고 빚어내
는 의미와 그들이 추구하는 즐거움은 궁극적으로는 사회체계를 안정
시키거나 불안정하게 만드는 데 기여한다. 의미와 즐거움은 비록 그
것이 직접적이고 과시 가능한 사회적 효과를 가지고 있지는 않더라도
전반적이고 분산된 사회적 효율성을 가지고 있다.[22]

바르트, 드 세르토, 바흐친 등을 폭넓게 원용하고 있는 피스크는 TV
문화 자체를 잠재적으로 저항적 요소를 많이 내포하고 있는 것으로
본다. 이미 1970년대에 발표한 『텔레비전의 이해』(여기서 그는 TV 문
화가 담당하는 지배이념의 생산 및 재생산의 양상을 탐구하고 있다)에서
도 그는 TV가 본질적으로 노동계급의 문화적 속성이랄 수 있는 구어
문화로서 지난 수백여 년간 인류문화를 지배해왔으며, 부르주아 문화
인 문자적 문화에 대해 진보적 가능성을 많이 가지고 있는 것으로 지
적해왔었다. 구어적 문화는 문자적 문화와 달리 의미가 완결되어 제
시될 수 없고, 다양한 시청각적 기호를 조합해서 의미를 완성시키는

---

22) J. Fiske, *Television Culture*, p. 241.

작업이 시청자의 임무로 부여되기 때문에 변용 해독의 여지가 많고, 이것이 대립적 해독을 용이케 하는 TV적 강점을 만들어주는 것으로 상정했었다. 그러므로 그 책의 말미에서 피스크는 TV를 사회적 변혁을 위해 사용하고자 하는 시도가 텍스트의 생산이 아닌, 해독의 수준에서 용이하게 이루어질 수 있는 것임을 암시하고 있었다.

10여 년이 지난 후 그 같은 견해는 더 발전해서 그는 TV의 저항적 가능성을 더욱 적극적으로 탐구하려 시도하고 있다. TV를 중심으로 한 대중문화에서의 저항적 즐거움의 탐구는 바로 이러한 맥락에서 이루어진 것이다. 앞에서 서술한 TV에서의 카니발적 '육체 원리'에 의한 프로그램의 저항성, 저항적 즐거움에 대한 것과 함께, 바르트를 원용해서 주어진 텍스트로부터 의미를 해독해내는 작업을 일종의 새로운 텍스트를 창조해내는 즐거움으로 간주하며, 이것을 마치 악보를 연주하듯 텍스트를 '연주'해내는 행위 혹은 게임[23])에 비교한다. 이는 해독자가 마치 텍스트와 게임을 하는 것과도 유사하다는 말이다. 게임과 텍스트 해독은 게임자와 해독자가 물론 일정한 룰을 따르면서이지만 자유와 통제라는 즐거움을 경험할 수 있는 정돈된 세계를 구축할 수 있게 해준다. 텍스트를 연주(혹은 유희, play)한다는 것은 의미를 만들고 통제하는 자유를 포함하는 것으로 일종의 재창조로서 즐거움과 권력의 근원이다. 피스크는 TV세계에서 시청자에 의한 이 같은 이념적 통제가 두드러진다면서 TV를, 많은 논란을 불러일으킨 용어인 '기호학적 민주주의semiotic democracy'의 세계로 지칭하기도 했다.[24])

그는 이러한 현상이 이엔 앙과 홉슨Dorothy Hobson의 연구에서 지적되고 있는 연속극을 시청하는 여성 시청자들의 '유희'와 유사하다고

---

23) 같은 책, pp. 230~31.
24) 같은 책, p. 236.

본다.[25] 두 연구자에게는 시청자들이 연속극의 표상과 현실 간의 관계에 대해 '유희'하는 즐거움은 표상적 환영을 통제하는 프로그램의 힘에 대해 문제를 제기하는 동시에 그들 자신의 시청행위에 대해 통제를 행사하는 방법의 하나이다. 극중 어떤 인물과 동일시할까의 선택 혹은 극에 대한 심정적 연루가 전반적으로 고르지 않고 특정 부분에는 관여implication로, 다른 부분에는 이탈extrication의 형태로 반응하는 것, 역시 모두 '유희'를 통해 통제를 행사하는 방법이라는 것이다. 피스크는 '유희' 자체는 저항적이거나 전복적인 것이 아니지만 바로 저항의 가능성을 제공한다는 점에서 의미 있는 것으로 지적하고 있다. 유사한 관점에서의 연구가 페미니스트 미디어 연구자들의 연구에서 많이 엿보인다.

포이어Jane Feuer는 이제까지 가부장적 지배이념 전파도구로 인식되어왔던 TV 연속극들이 실상은 그 형식과 플롯의 다양성으로 인해 반대 감정의 병존과 모순을 야기하기도 해서 분명한 이데올로기적 위치나 구성을 허용하지 않고, 시청자들이 접근하는 위치에 따라 다른 해독이 일어날 수 있는 '잠재적 진보성의 형식potentially progressive form'을 드러낸다고 본다. 그는 이 같은 이념적 불확실성이 시청자들로 하여금 그들 자신의 의미를 창조할 수 있는 자유를 부여하며 결과적으로 연속극의 이념적 위치를 궁극적으로 결정하는 것은 텍스트에 대한 시청자의 해독이라고까지 주장한다.[26]

연속극에서 저항적 즐거움이 가장 많이 발견되는 경우는 시청자의 해독 과정에서 '관여'의 감정적 참여가 강하게 일어날 때라고 몇몇 연

---

25) I. Ang, *Watching Dallas*, London: Methuen, 1985; D. Hobson, *Crossroads*, London: Methuen, 1982.
26) J. Feuer, "Melodrama serialform and television today," in *Screen*, vol. 25, p. 120.

구가 밝히고 있다.[27] 예컨대 많은 여성 드라마가 가부장적 이념들을 가지고 있지만 드라마 전개 자체는 여주인공이 여러 가지 수단(가끔은 사회에서 정당하지 못한 것으로 지탄받는 것을 포함해서)으로 남성에게 힘을 행사하거나, 때로는 정복을 시도하며 가부장적 가치와 권력에 도전하다가 종국에는 실패하고 죽음, 파멸 속의 형태로 처벌받게 되는 전개 방식을 즐겨 사용하는데, 이런 드라마에서 여성 수용자들의 감정적 참여가 부분적으로 다르다는 것이다. 남성의 권력에 도전하고 순간적으로나마 그것을 획득할 때 비록 그것이 정당하지 못한 방법(예컨대 육체적 유혹 같은 것 포함)에 의한 것일지라도 '관여'를 통해 느끼는 즐거움이 아주 강하고, 그로 인해 처벌을 받게 되는 순간에는 '이탈'의 해독 위치를 갖게 되어 좌절감은 최소화된다는 것이다. 따라서 전반적인 틀은 가부장적인 것이라 해도 선호된 해독과는 다른 대안적 해독이 일어날 수 있고, 그때의 즐거움은 '공모적' 즐거움과는 다른 것이다. 이러한 즐거움은 기존의 가치, 도덕, 위계질서 등에 대한 위반으로부터 야기되는 저항적 즐거움으로 간주된다.

연속극 이외에 많은 여성 수용자를 갖고 있는 퀴즈, 게임쇼와 청소년 문화에서 점차 비중이 커지고 있는 뮤직비디오들이 소녀들에게 유발하는 저항적 즐거움에 대한 연구도 활발하다.

여성, 특히 주부들이 주요 목표관객인 퀴즈, 게임쇼의 경우는 전문적인 지식이나 특수한 자질을 필요로 하지 않는 물건값 알아맞히기, 생활상식, 통계적 상식, 순발력, 재치 등을 필요로 하는 문제들을 가지고 평범한 주부들이 가족단위로, 혹은 개인으로 많이 참여할 수 있도록 장려하고 있는 프로그램들이다. 우리나라에도 방영되었던 「100

---

27) J. Fiske, *Television Culture*, pp. 174~76, 189~90.

세 퀴즈쇼」「가족오락관」 등이 여기에 해당한다. 이것은 여성 시청자들이 단순히 시청을 즐기는 대상으로서만이 아니라 직접 참여할 수 있는 프로그램으로서 인기가 높았다. TV 프로그램의 대부분은 수동적 시청의 대상이거나, 참여한다고 해도 대담, 토론 프로그램 같은 데 방청객으로 앉아 있거나 경우에 따라서는 출연자에게 간단한 질문을 던지거나 의견을 피력하는 소극적 참여가 고작이다. 그런데 여기서는 주부들이 중심 출연자로서 적극적인 참여를 할 수 있었을 뿐 아니라 특별한 능력을 요구하는 것도 아니었다. 오히려 가정주부들이기 때문에 더욱 정통할 수 있는 생활 주변의 상식이면 족한 데다, 상당한 액수의 선물과 상품을 출연의 대가로 받아갈 수 있었다.

피스크는 물건값 알아맞히기, 생활상식 맞추기 같은 게임쇼는 그것이 은연중에 여성의 지위를 소비자로서 혹은 가사의 영역 내에 한정시켜버리는 담론을 갖고 있지만, 저항적 즐거움을 유발시키는 요소도 포함되어 있으며, 이것이 그런 유형의 프로그램이 대중적 인기를 끈 이유 중의 하나라고 보고 있다. 예컨대 가사의 영역에 속하는, 별로 공적인 가치로 인정받지 못했던 물건값에 대한 지식, 생활상식 같은 것이 TV쇼라는 형식 내에서이긴 하지만 가치 있는 지식으로 인정받고, 소비의 주체로만 인식되던 여성이 가사 영역의 지식 활용으로 돈을 '벌게'되는 상황을 만들어냄으로써 가부장제가 평가절하해버린 '여성적'인 것의 가치가 쇼의 형태로나마 복원되어지는 데서 오는 저항적 즐거움이 이런 쇼의 인기를 설명한다는 것이다. 피스크는 퀴즈게임쇼가 지배적 목소리를 담고 있는 것은 확실하지만 그뿐만이 아니라 그 목소리에 저항하고 그것을 회피하고 그것과 타협할 수 있는 가능성을 동시에 담지하고 있으며, 그렇지 않았다면 별다른 인기를 끌지 못했을 것이라고 본다.[28]

뮤직비디오 중 상당한 인기를 끌었던 부류의 하나가 마돈나, 신디 로퍼 같은 여가수들이 등장한 작품들이다. 이 뮤직비디오들은 소녀 층에서도 큰 인기를 누렸는데 많은 연구자는 그 이유를 '저항적 즐거움' 때문인 것으로 설명한다. 이들의 비디오는 여성의 성적 체험을 상징적으로 기술한 것이 많다. 루이스L. A. Lewis의 텍스트 분석 결과에 따르면, 이런 종류의 비디오들은 접근기호access signs의 체계와 발견기호 discovery signs의 두 가지 기호체계에 의존하고 있다.[29]

접근기호란, 남성들의 특권화된 체험의 영역으로 간주되는 장소가 여성들에 의해 전유되는 상황을 나타내주어 가부장적 가치에 반발하는 즐거움을 소녀 팬들에게 불러일으켜주는 유형의 것이다. 예컨대 서양 문화에서도 여성이 갈 수 있는 곳과 갈 수 없는 곳을 구분하는 일종의 '성적 지리학'이 존재하는데, 여기서 거리는 반항적 행동의 장소이며 남성적 연대의 공간으로 여자들에게는 위험스럽고 두려운 장소로서 상징화되어 있다. 그런데 '성적 지리학'의 규범을 위반하는 그 같은 반항적 행동과 남성적 공간이 여성에 의해 장악되고 향유되는 상황 같은 것을 설정함으로 해서 남성과 여성에 대해 서로 다른 사회적 기준을 적용하던 기존의 상징체계를 혼란스럽게 만들고 있는 것이다. 발견기호란 이제까지 남성 중심 문화에 의해 유치한 것으로 평가절하되어왔던 여성문화, 예컨대 인형 가지고 놀기, 여성 특유의 패션 같은 것을 드러내놓고 찬양하며 여성문화의 평가절상을 시도하는 유형을 말한다. 또 여성의 육체를 성적 대상화해왔던 남성 중심 문화에 저항해서 그 문화의 규범을 전도시키거나 과장함으로써(예컨대 코르

28) J. Fiske, "Women and Quiz Shows," in M. Brown(ed.), *Television and Women's Culture: The Politics of the Popular*, London: Sage, pp. 134~143.

29) L. A. Lewis, "Consumer Girl Culture: How Music Video Appeals to Girls," in *Television and Women's Culture*, pp. 89~101.

셋을 겉옷 위에 입고 소위 섹시한 포즈를 과장되게 연출함으로써 남성들의 여성 육체에 대한 관음주의적 즐거움의 은밀함에 찬물을 끼얹는 것과 같은 시도) 저항적 즐거움을 자극하는 것도 이 범주에 속한다. 이런 종류의 뮤직비디오들은 앞서 다룬 가부장적 연속극과는 달리 그 나름대로 가부장적 가치와 지배에 대한 저항을 의도적으로 나타내주고 있는 문화물이다. 여기서는 가부장적 성의 담론으로부터 이미지와 기호를 차용해서 거꾸로 그러한 담론으로부터의 해방을 시도함으로써 성적 열등감을 극복하고 여성적인 것에 대한 자신감을 갖도록 부추긴다. 루이스는 이러한 뮤직비디오들은 마돈나가 그녀 자신의 이미지 혹은 의미구축에 행사하는 통제력이 즐거움의 주요 근원이며, 대부분 소녀들이었던 팬들은 이 통제력이 자신들에게 이양되는 것 같은 즐거움을 느끼게 된다고 설명한다.

이러한 뮤직비디오들이 남성 수용자들에게도 유사한 작용을 하는 것 같지는 않다. 체계적인 수용자 조사결과를 접하지 못해 단언할 수는 없지만 대체적으로 청년 수용자들(멀비에 따르면 소녀 수용자들에게서도 예외는 아니겠지만)에게는 마돈나 등의 성적 매력이 주로 즐거움(이 경우는 공모적 즐거움이라 할 수 있을 것이다)을 생산하고 있는 것 같고, 실제 폭넓은 팬 확보를 위한 상업적 이유로 작용의 생산 과정에서 이런 종류의 즐거움을 촉발하기 위한 배려가 기울여지고 있는 것도 사실이다. 이 뮤직비디오들 역시 앞서 소개한 다른 여성 장르들과 마찬가지로 지배적인 가부장적 목소리와 그에 대해 저항적인 목소리를 동시에 갖고 있고, 소녀들의 즐거움의 주요 근원은 바로 이 같은 저항적 목소리로부터 온다고 할 수 있다.

(4) 상황적 즐거움

이것은 동일한 대중문화가 서로 다른 하위문화 집단의 맥락에서 생
산해낼 수 있는 서로 다른 성격의 즐거움에 관한 연구이다. 대중문화
가 생산하는 즐거움 중에는 텍스트 그 자체로부터 오기보다는 그것
을 동일한 하위문화 집단의 성원과 공유하는 데서 오는 즐거움 역시
탐구의 대상이 되어야 할 것으로 지적되고 있다. 이러한 즐거움의 근
원은 주어진 문제에 대해서 '정통적legitimate' 지식이 있고, '비정통적
illegitimate'인 지식이 있는 데서 비롯된다. 정통적 지식이란, 일반화될
수 있는 '지배적'인 지식을 말하고, 비정통적 지식이라는 것은 일반화
하기 어려운 소수적 견해를 말한다. 비정통적 지식은 일반적인 상황
이 아닌 특정 상황, 예컨대 그 견해를 지지하는 하위집단들 사이에서
화제가 될 때 '정통화'될 수 있으며, 그것이 즐거움을 생산한다는 것
이다.[30]

예컨대 특정 미디엄이 표상하고 있는 것으로 보이는 가치들을 비판
하기 위해서 그 미디엄을 풍자적 개작의 방식이나 냉소적 태도로 사
용하는 것은 팬들에게 특정한 타입의 즐거움을 줄 수 있다. 그로스버
그Lawrence Grossberg는 특히 남성적인 것으로 부호화된 특정 타입의 로
큰롤이 여성적인 것으로 전유될 때 배가되는 즐거움에 대해 언급하고
있다.[31] 로큰롤은 성과 성차에 대한 헤게모닉한 개념의 재생산을 한다
고 비난되어왔다. 그로스버그는 로카빌리Rockabilly라는 남성적인 것으
로 시장화되고, 남성에 의해 생산되고 소비되는 음악의 예를 들고 있

---

30) M. E. Brown, "Consumption and Resistance: The Problem of Pleasure," in *Television and Women's Culture*, pp. 206~10.

31) L. Grossberg, "Rock and Roll: Power and Pleasure," *Enclitic*, 8, 1984, pp. 1~33(M. E. Brown, "Consumption and Resistance"에서 재인용).

는데, 여성들도 그것의 중요한 구매자일뿐더러 그 스타일의 변화에 참여해왔다고 한다. 그는 여성 가수가 그런 종류의 노래를 부른 예를 들어 여성의 목소리가 로카빌리의 기구apparatus 속에 삽입됨으로 해서 그 노래에 새로운 의미가 부여되고 정서적 투여가 달라졌음을 지적했다. 그와 같은 삽입은 기대된 헤게모닉한 음성과의 차이 때문에, 또한 그런 종류의 반전이 암시하는 아이러니컬한 해석 때문에 즐거움을 불러일으킬 수 있다. 이러한 권한 부여는 사물을 다른 방식으로 볼 수 있는 능력을 수반한다. 여자 가수의 노래는 로카빌리의 감수성에 대한 비꼬는 듯한 조크나 혹은 그 같은 감수성의 결핍이 되어버리기 때문이다. 이것은 소위 남성 장르에 대한 여성의 전유라고 할 수 있다. 이는 남성 장르를 여성이 전유하는 데서 오는 즐거움과 동시에 그 장르가 표상하는 가치를 비판함으로써 팬(특히 여성 팬)들에게 즐거움을 줄 수 있는 것이다.

같은 카테고리 속에 포함시킬 수 있는 즐거움으로는 종속적 위치에 있는 사람들이 주로 향유하는 것으로서, 지배적 담론에 의해 별로 가치를 인정받지 못한 대중문화 장르들이 친구 사이에 팬들 같은 '감정적 연대관계affective alliance'에 있는 사람들 사이에서 불러일으키는 즐거움을 들 수 있다. 지배적 담론의 입장을 가지고 있는 사람들(예컨대 연속극의 경우 남편 등의 남성) 틈에서는 죄의식 없이 즐길 수 없는 대중문화 장르들이 이런 경우는 죄의식 없는 충일된 즐거움으로 연결될 수 있다는 것이다. 이러한 즐거움은 틀림없이 자신들의 취향을 충족시킬 수 있고, 정체성을 확인하는 기회가 될 뿐 아니라 그러한 그룹에 참여하면서 힘을 획득한 것과 같은 느낌을 가짐으로써 지배적 담론에 대한 일종의 저항의 계기가 되는, 저항적 즐거움이라 할 수 있다. 이 같은 저항적 즐거움의 근원은 텍스트적인 것이 아니고, 상황적

contextual인 것으로 볼 수 있다. 이는 또한 팬클럽 같은 집단이 형성되는 이유에 대한 한 가지 설명을 제공해주기도 한다.

3. 맺는 말: 연구의 성과와 전망

즐거움에 관한 연구의 특징은 대중적 즐거움의 정체를 규명해보고자 하는 관심이 그 중심이 되고 있다. 기본적으로 '대중성'을 새로운 각도에서 보고, 그 성격을 규명하고자 하는 시도의 일환이다. 이것은 상업적으로 생산되었다는 이유로 또는 사회 구성체 내에서 매스미디어의 위치 때문에 이제까지 뚜렷한 증거 없이 전체적으로 무조건 반동적이고 지배이념에 의해 조작된, 지배이념의 전파도구로 보아왔던 대중적인 것을 재평가하고, 그 속에서 변혁의 전망을 위한 가능성을 찾고자 하는 노력에서 비롯된 것이라 할 수 있다. 어떻게 보면 이 같은 노력은 좌파의 변혁을 위한 전략이 사회주의적인 전망을 갖기 어려워 보임에 따라 새로운 변혁 전략의 모색 과정에서 비롯된 것으로 볼 수 있는 측면도 있다. 이것은 사회적 결정과 권력을 동일시해왔던 데 대한 반성과 아울러 일상적 수준에서 자연발생적으로 일어나는 종속적 위치에 있는 사람들의 저항적 실천에 관한 드 세르토의 이론에 관한 관심에서도 엿보인다.

대중적 즐거움에 대한 연구 성과는 그것을 이념과 독립된 범주로서 연구해야 할 필요성을 밝혀 보임으로써, 대중문화를 상품·의미의 복합체계로 보고 교환가치·이데올로기 축에서만 보아왔던 대중문화 연구를 상품·의미·오락이라는 더 복잡한 복합체계로 파악하여 교환가치·이데올로기·즐거움의 축에서 고려할 수 있게 되었다는 데 큰 의미가 있다.

이렇게 새롭게 보게 된 즐거움에 대한 규명은 특정 대중문화의 대중적 성공과 실패의 이유를 설명해줄 수 있는 가능성을 제공하고 있다. 대중문화의 경우에 그 성공의 이유는 흔히 즐거움의 외적인 것도 있지만 대개는 오락적 즐거움이 커다란 자리를 차지한다. 그런데 이 같은 연구들은 무엇이 즐거움을 주는 요소인가를 밝혀낼 수 있는 가능성을 제공해주고 있는 것이다.

그러나 가장 중요한 의의는 아마도 즐거움이 가지고 있는 기능의 다원성—종래 주장되었던 공모적 기능 외에 저항적 기능도 가지고 있다는—을 상정하고 있는 데서 찾아볼 수 있을 것이다. 대중문화는 그 취향에서 저속하고, 그 의미의 수준에서 보면 지배이념에 의해 조작된 것이라는 견해가 마르크시스트를 포함한 좌파 일반의 공통된 입장이었기 때문에 대중문화를 '즐긴다'는 것은 소위 의식 있는 사람들에게는 죄의식 없이 이루어질 수 없었다. 대중문화의 이념적 기능을 잘 파악하고 있으면서도 그것의 대표적인 산물들, 할리우드 영화, 가요 등을 즐기게 되고, 거기에 매료당해온 경험은 좌파 문화운동에 종사해온 사람들 자신이 공통적으로 의문을 제기하고 고민해온 문제였다. 많은 좌파 연구자가 이와 같은 의문과 고민을 제기하면서 그러한 즐거움의 발생이 이데올로기가 갖는 '주체구성'의 메커니즘 때문이라는 정신분석학적 입장에서 설명하고, 다양하고 '즐거운' 주체구성의 전략을 밝혀주었다. 그러나 이 역시 어떻게는 설명되지만 왜 의식적으로 설득되지 않고 적극적으로 거부하고 있는 내용을 담은 텍스트들을 '즐길 수' 있는가에 대한 설명은 여전히 제공해주지 못했다.

즐거움에 대한 새로운 연구는 이러한 문제 해명에 대한 새로운 가능성을 제공해주는 것이었다고 할 수 있다. 텍스트를 모순 없는 의미의 구조물로 보았고, 전체적인 프레임 혹은 구조적 의미를 절대적인 것으로 간주했으며, 텍스트의 경험을 구조적 의미의 수용 경험과 동일시했던 것이 과거의 관점이었고, 여기에 머무는 한 설명의 실마리는 발견되지 않았던 것이다. 결국은 텍스트의 경험은 조화된 전체로서만이 아니라 동시에 서로 간에 모순될 수도 있는 파편화된 의미들로서 이루어지기도 하는 이중적인 성격을 갖고 있다는 점을 파악했다는 점에서 새로운 열쇠를 제공해주었다.

그럼으로써 즐거움은 단지 지배이념과만 결합되어 있는 이념 전달의 촉매제뿐만 아니라 그에 대한 저항적 요소와 결합될 수도 있는 다원성의 것이며, 민중에게 저항적 즐거움은 대중문화의 경험에서 중요한 즐거움의 근원이 될 수 있다는 것이었다. 여기서 더 나아가, 어떤 종류의 즐거움은 이념 혹은 의미의 간섭 없이 독립적으로 발생할 수 있다는 바르트 등의 주장은 대중문화와 관련된 즐거움에 대한 새로운 지평을 열어주는 것이었다. 결과적으로 이것은 이제까지 거의 모든 마르크시스트 연구에서 움직일 수 없는 명제—시장경제 속에서 생산된 문화는 지배이념적이고 예속적일 수밖에 없다는—를 부정하는 것이기도 하다. 즉 시장경제 질서 속에 존재하는 대중문화라 할지라도 저항성을 키울 수 있다는 새로운 관점의 대두이다. 물론 이 같은 관점에 대해 지나치게 낙관적이고 나이브하다는 비판도 있다. 어떻게 보면 이것은 문화산업의 보편화와 함께 산업적으로 생산되지 않는 문화를 상정하기 어렵고 혁명적 사회변혁을 전망할 수 없게 된 상황에서, 시장경제의 테두리 내에서 문화의 비판적·저항적 위상을 재정립해보고자 하는 노력에서 비롯된 것처럼 보이기도 한다. 혹은 시장경제의 모순—즉 그것이 시장경제를 떠받치고 있는 체제에 위협적인 것이라 해도 팔기 위해서는 그러한 취향에도 영합하지 않을 수 없는—에 대한 새로운 통찰력에서 비롯된 것처럼 보이기도 한다. 이와 같은 연구는 예전의 '즐거움'에 대한 이론으로 설명되지 않던 포스트모던 문화—소위 주체구성을 거부하는 문화, 반反이데올로기적 문화로 일컬어지는—에서의 즐거움에 대한 연구의 길을 열어주고 있다. 특히 많은 논란을 일으키고 있는 포스트모던 문화에서 '저항성'에 관한 부분은 드 세르토의 이론에 대한 천착과 아울러 그 '저항성'이 흔히 유발하는 것으로 보는 '즐거움'에 대한 이론, 연구 등에 의해 검토되어야 할 것으로 생각된다.

'즐거움'에 관한 연구는 텍스트에 대한 접근 태도에서의 변화를 요구하고 있다. 일관성 있게 조직된 하나의 전체로서나 전체를 감싸는 틀에 절대성을 부여하기보다 그것에 부딪히고 저항하는 각 부분, 대항적 해독을 가능케 하는 요소들에 대한 관심과 그것을 밝혀내는 작업을 필요로 한다. 이러한 텍스트 분석 작업을 위해 요구되는 것이 수용자에 대한 새로운 탐구이다. 이 같은 관심사에서 수용자 연구는 종래의 설문조사형의 실증주의적 연구보다는 수용자의 사회문화적 환경, 또 그 속에서의 일상적 생활 행태 등에 대한 폭넓고 심층적인 탐구를 가능케 하는 현상학적 전통의 민속학적 접근을 요구한다. 텍스트와 수용자 연구에서 요구되는 새로운 접근 방식은 이전 연구 방법에서 나타난 결함이나 문제점 때문이라기보다는 텍스트와 수용자 자체의 변화 때문에 야기되고 있다고 할 수 있다. 수용자들의 의식 변화 등이 시장의 원리에 충실한 대중문화 텍스트의 변화를 불가피하게 만들었고, 비록 그것이 떠받들고 있는 체제에 저항적인 것이라도 폭넓게 팔릴 수만 있다면 만들어 팔 수밖에 없는 시장체제 그 내부에 있는 자체 모순이 이러한 현상을 가능하게 만들었다고 볼 수 있기 때문이다.

3장

청소년과 새로운 미디어 문화

: 포스트모던 문화의 관점

청소년들이 미디어 문화 상품의 중요한 소비자가 되어가고 있다. 전 세계적으로 문화 자본은 청소년층에서 이제까지 비교적 개발되지 않은 채로 남아 있었던 풍요한 시장을 발견한 듯하다. 새로운 테크놀로지를 이용한 새로운 타입의 미디어 문화들뿐 아니라 영화, 책, 레코드 등 기존의 미디어 문화를 이용한 영역에서도 상품의 종류가 다양해지고 그 시장 규모도 상당히 확대되어가고 있다. 근래에 들어 새로운 대중문화가 출현했다 하면 그것이 뉴미디어 영역에서든지 올드 미디어 영역에서든지 그 대부분은 청소년을 주 고객으로 하고 있는 것이다. 예컨대 기성세대에게는 낯설기 그지없는 비디오 전자게임과 뮤직비디오 같은 새로운 미디어 문화나 괴기쇼를 연상시키는 비디오 레슬링, 새로운 테크놀로지와 희한한 특수효과들을 동원한 영화 같은 새로운 형식들이 바로 좋은 예이다.

새로운 미디어 문화 상품들의 시장 전략은 지극히 공격적이고, 인성 형성의 과정에 있는 청소년이 보호 대상이라는 점이 전혀 고려되지 않은 상당히 걱정스러운 것이다. 이제까지 성인들을 대상으로 써왔던 멀티미디어 전략이 미국·일본 등지에서는 어린이와 청소년을 대상으로 하는 문화 상품의 시장 개척에 어김없이 사용되고 있는데 이는 우리나라에서도 예외는 아니다. 예컨대 TV 시리즈물을, 영화를 보러 가고 책을 사고 레코드나 전자게임을 사는 데 강력한 유인으로 사용한다든지, 혹은 거꾸로 책을 통해 영화나 TV 시청, 레코드 구매를 유도한다든지 하는 것처럼 같은 작품과 관련된 서로 다른 미디어 상품들 간 상호 촉진의 판매 전략이 그것이다.

이처럼 강력한 시장 전략의 뒷받침 아래 확산되고 있는 새로운 청소년 미디어 문화는 30대 이상의 기성세대가 향유해왔던 문화와는 기본적으로 다른 점이 많다. 세대 간에 각기 누려온 문화란 항시 엄청난 차이를 보이는 법이다. 하지만 이제까지는 본질적으로 크게 다르지 않은 문화이면서 스타일이나 양식상의 차이를 드러냈다면 현재의 기성세대와 어린이·청소년 문화의 차이란 본질적인 차이를 드러내고 있는 듯하다. 따라서 기성 문화의 기준으로 그것을 평가하기에는 무리가 따르고 제대로 이해가 되지도 않는다.

그런데 그 이해의 노력은 단지 좋은 부모로서 자녀를 바르게 키우고 계도하기 위해 요구되는 것 이상의 의미를 갖고 있다. 새로운 청소년 미디어 문화는 오늘날 그 세대 고유의 문화로서만 상품화되고 있지 않다. 그들이 주요 소구 대상이기는 하지만 그것들은 청소년 상품으로서만이 아니라 폭넓은 연령층을 상대로 하는 '일반 상품'화되어가고 있다. 짐작하건대 이것은 어린 시절에 잠시 즐기다 마는 유형의 문화가 아닐 것이라는 점이다. 즉, 이 문화는 미래의 문화, 미래의 사회를 예측케 하는 하나의 지표가 될 수도 있으리라는 것이다. 이 장에서는 그와 같은 관심사를 바탕으로 새로운 청소년 문화가 기존의 문화와 어떻게 다른지 그 문화적 특성을 밝혀보고자 한다.

새로운 청소년 미디어 문화를 이해하기 위해서는 포스트모더니즘의 분석 틀이 상당히 유용하리라 생각한다. 포스트모더니즘을 현대생활의 조건으로 보고 후기자본주의 시대의 문화적 논리로 간주하느냐 혹은 새로운 텍스트적·심미적 관행을 규정하는 하나의 문예 사조로 간주할 것이냐 하는 문제에서 시작하는 것이 포스트모더니즘의 논의의 출발점이 되어야 하겠지만, 여기서는 이 과정을 생략하고자 한다. 그 논의 자체가 그리 간단하지 않은 데다 이 장의 목표는 우선적으로 새로운 청소년 미디어 문화의 성격을 이해하는 데 있지 포스트모더니즘 그 자체에 있지 않기 때문이다. 설사 그러한 논의를 생략한다고 해도 포스트모더니즘을 이 새로운 대중문화를 이해하기 위한 분석 틀로써 사용하는 데 별 무리는 없으리라 생각된다. 그것을 현대생활의 조건으로 보든, 문예 사조로 보든 간에 새로운 문화와 이전 문화의 차이를 드러내주는 분석 기준에서는 대강 일치하고 있기 때문이다. 학자에 따라 기준은 다소 세분화되고 약간씩 차이는 있으나 커다란 기둥에서는 큰 차이가 없는 듯하다.[1]

① 포스트모던 문화의 가장 대표적인 특성 중의 하나로 꼽을 수 있는 것은 소설, 영화 같은 문화에서 고전적 서사체의 해체현상을 들 수 있다. 간단히 말하면, 예전처럼 이야기를 구성하는 각 단위가 인과적 관계로 치밀히 연결되어 시공간적으로 연속성을 가진 일관성 있는 이야기를 구성하기보다 각기 파편화되어 구조화되지 않은 채 느슨하게

---

1) 이 기준은 M. Featherstone, *Consumer Culture & Postmodernism*(Sage, 1991)에서 정리한 것을 중심으로 제임슨, 료타르, 보드리야르 등의 관점을 주로 참조한 것이다.

병렬되어 있는 현상을 말한다. 연속성으로 특징지어지는 고전적 서사체가 시간에 대한 기존의 인식—즉, 인과적 연속성, 불가역적 진행성의 것이라는—에 기초한 것이라면, 파편화 현상은 현대생활의 시공간적 경험의 파편화 현상과 관계된다.

② 예술의 자율성이나 독창성이 인정되지 않는다. 모든 것은 이미 씌어졌고, 보여주었고, 오늘날의 예술가는 그것을 반복할 뿐이라는 것이다. 그러므로 여기서는 고급문화와 대중문화 간의 위계나 구분도 존재하지 않는다. 결과적으로 거의 의식적으로 활용되는 모방pastiche과, 풍자적 개작parody이 성행한다.

③ 포스트모던 문화는 감각의 미학, 바꿔 말해 '즉각성immediacy'과 '비사고성unreflexiveness'으로 특징지어지는 육체의 미학을 발달시킨다. 이것은 정신분석학적 설명을 따르면 '1차적 과정'의 특징으로, '2차적 과정'에 근거를 두고 있는 반추성과 '사고성'의 미학과 구분된다.

④ 포스트모던 문화는 현실과 픽션, 혹은 현실과 현실의 이미지 간의 구분이 혼돈되어 있는 문화이다. 예전의 문화에서는 현실과 픽션의 경계가 엄격했고, 픽션세계는 현실을 해석해주는 하나의 담론이었다(관점에 따라서는 현실을 반영하는 거울로 간주되기도 했다). 그러므로 현실과 픽션은 서로 다른 차원의 현상으로 간주되었지만 여기서는 하나의 연장선상에 있으면서 서로를 간섭한다. 픽션이 현실 속에 끼어들어오기도 하고, 현실이 픽션 속에 끼어들어 간섭하기도 한다. 예컨대 영화 화면 속의 인물이 화면 밖으로 튀어나와 관객의 실생활 속에 끼어들기도 하고, 그 인물에 의해 포섭된 관객이 그를 따라 영화의 화면 속으로 들어가 화면 속의 세계에 평지풍파를 일으키는 이야기를 설정한 영화나, 현실과 픽션의 대결 상황이라고 할 수 있는 비디오게임의 문화가 그 좋은 예이다. 이 같은 현실과 현실의 이미지 간의 혼돈

은 보드리야르에 따르면 '모의적' 모델에 의해 사회생활과 개인의 일상생활이 통제되는 후기산업사회의 자연스러운 문화현상이라는 것이다.[2]

앞의 네 가지가 포스트모던 문화의 특징을 모두 설명하고 있다고는 볼 수 없고 또 각 문화 영역에 따라 조금씩 차이는 있겠지만, 포스트모던 문화의 대체적인 특성들로 정리할 수 있을 것이다.

이 같은 기준에 의거해 여기서는 새로운 청소년 미디어 문화 중에서 1970년대 이래 전 세계적으로 대중영화의 주류를 이루고 있는 할리우드의 대형 영화인 키덜트 영화를 비롯해 전자게임, 뮤직비디오 등을 중심으로 살펴보고자 한다.

1. 현대의 대중영화와 이야기 문화의 해체

청소년을 주요 고객으로 하는 요즈음의 대중영화에서는 이야기가 사라져가고, 그들이 즐기는 대중가요에서는 멜로디가 사라져간다. 그렇다고 이야기도 없는 영화, 멜로디도 없는 노래라는 것은 아니지만, 이야기 중심의 영화가 아닌 볼거리 중심의 영화, 멜로디 중심이 아닌 리듬 중심의 노래가 청소년 대중문화로 자리 잡아가고 있는 듯하다.

대략 30대(실증적인 자료가 없으므로 이 구분은 추측에 지나지 않는다) 이상의 세대에게서 소설이나 영화 같은 픽션물의 감상은 대개 이야기 중심으로 이루어진다. 이야기 내용에 이끌려서 소설을 찾고 영화관을

---

2) J. Baudrillard, *Simulations*, New York: Semiotext(e), 1983, pp. 100~52.

찾으며, 전개되는 이야기 내용에서 감동을 찾고, 이야기를 통해 전달되는 메시지에 감화되고 혹은 반발하고 그 가치를 전해 받는다. 물론 사람에 따라 몇 가지 디테일이 더욱 머리에 남고 주목하게 되는 등 개인 차이가 없는 것은 아니지만 그렇다 해도 그러한 디테일은 이야기 속에 위치 지어지고 이야기와 관련해서 기억되는 등 한마디로 기성세대의 문화는 이야기 문화였다고 할 수 있다.

그러나 새로운 세대의 문화는 이야기 문화가 아니라 이야기의 해체 작업이 이루어지고 있는 문화라 할 수 있다. 물론 요즈음의 초등학생이나 중학생들이 즐겨 읽는 책들 중 많은 부분은 아직 이야기 문화의 전통 선상에 있는 것이다. 동화, 소설의 상당수는 오랜 고전들을 재출판하고 있기 때문이다. 그러나 새록새록 쏟아져나오는 새로운 책들의 상당수는 이야기 위주의 책들이 아니다. 수수께끼 책이나 재치문답식의 코믹한 책이 인기를 끌고, 픽션의 경우도 TV 만화영화 시리즈의 로봇물을 소설화한 것이다. 게다가 창작물의 경우도 우스꽝스럽거나 말재간 위주의 것이 많아서, 이야기가 없는 것은 아니지만 줄거리는 그러한 말재간을 늘어놓기 위한 틀에 지나지 않는다. 만화의 경우도 마찬가지다. 만화시장의 규모가 엄청나게 커가고 성인들도 일부 만화의 고객이 되어가고 있지만 아직도 대부분의 고객은 어린이와 청소년이라 할 수 있다. 옛날의 만화가 스토리 위주였다면 요즈음의 만화는 장면장면의 우스꽝스러움, 자극적 재미 위주의 언어에 상당 부분 의존하고 있다. 물론 여기도 이야기는 있지만 지극히 단순하거나 애매하고 뒤죽박죽이어서 이야기 줄거리를 제대로 주목하기 힘들다. 따라서 줄거리를 따라가지 않게 되므로 인상적이었던 사건이나 장면들과 언어들이 기억될 뿐 전체적인 이야기 내용이 선명하게 기억되지 않는 것 같다.

영화의 경우에도 이런 현상은 두드러진다. 1970년대 이후 우리가 보아온 할리우드산 대형 영화들, 예컨대 「타워링」에서 「조스」에 이르기까지의 온갖 재난영화를 위시해 「엑소시스트」「오멘」 등의 심령영화, 동화적 혹은 괴기물적 공상과학영화들인 「클로즈 인카운터」「E.T.」「스타워즈」「백 투 더 퓨처」「에일리언」, 그 밖에 「터미네이터」「로보캅」 등의 기계인간에 관한 영화와 「레이더스」「인디애나 존스」 등의 모험영화들에서는 1970년대 이후 전 세계적으로 대중영화의 흐름을 엿볼 수 있다. 제작비 규모가 엄청나고 물량이 많이 동원된 이 영화들은 목표관객의 폭이 넓어 청소년과 성인을 동시에 겨냥하는 이른바 키덜트 영화의 범주에 들어간다.

여기 열거한 영화들은 이전의 영화에 비해 담고 있는 이야기들이 아주 단순하고 빈약하다. 그러한 특징이 지속적으로 나타나고 있는 것을 볼 때, 이는 잠정적·예외적 현상이라기보다는 변화해가고 있는 현대문화의 한 징후로 보아야 할 것 같다.

이러한 영화들이 의존하는 재미는 우선 주제와 그것을 풀어나가는 방식보다 기발한 이야기 소재에 있다. 이야기들은 플롯이 비교적 단순하고 스토리 라인도 평이하다. 다양한 플롯을 복잡하게 얽어가며 스토리텔링과 메시지 전달에 역점을 두었던 그 이전의 영화들과는 사뭇 다르다. 메시지가 없는 것은 아니지만 흑백의 빈약한 단순논리적 도식에 의존하고 있다. 예컨대 전형적인 미국식 영웅이 이국땅에서 끊임없이 부딪치게 되는 현지 악인들과 싸워서 이겨 전설상의 신비스런 보물을 찾아내는 이야기(「인디애나 존스」「레이더스」), 혹은 미국식 영웅이 우주전쟁에 끼어들어 외계의 악인에 대항해서 싸워 이겨 곤경에 빠진 우주 어느 구석 나라의 공주인 여주인공을 구해내는 이야기(「스타워즈」), 이집트의 무덤에서 빠져나온 악령을 극복해내는 목사의 이야기(「엑소시스트」), 우주탐험대가 근원도 정체도 알 수 없는 외계의 괴물과 싸워 이겨 궁극적으로는 지구를 위험에서 구하는 이야기(「에일리언」), 묵시록의 세계 같은 대도시 야간 범죄를 백전 불굴의 기계인간을 만들어 소탕하는 이야기(「로보캅」), 지구의 멸망을 획책하는 사이보그에 대항해서 지구를 구하기 위해 필사적으로 싸워 승리를 거두는 이야기(「터미네이터 I, II」) 등이다.

이처럼 이야기는 단순하나 이야기의 소재는 경탄할 만큼 희한하고 기발하다. 이런 영화의 소재들은 예전 영화에서처럼 보통 사람들이 살아가는 현실의 이야기가 아니다. 설정된 시간과 공간도 애매하다. 설사 선명하다 해도(「백 투 더 퓨처」의 경우에는 일, 시까지 명시되어 있다) 그것은 전혀 역사성의 시간이 아니다. 그저 환상적이고 기발한 액션을 펼치기 위한 환상적 시공간일 뿐이다.

또 다른 재미는 그 기발한 소재들을 뒷받침하는 특수효과, 특수장비의 동원에 있다. 특수한 괴물이나 별난 기계, 시청각을 자극하는 특수효과들이 영화마다 풍성하다. 해마다 할리우드는 영화 제작에 관련된 흥밋거리를 만들어 전 세계에 뿌린다. 「조스」의 상어 크기가 얼마나 되며, 그것을 만드는 데 생고무 몇 톤이 들었으며, 이를 원격조정하기 위해 몇 명의 엔지니어 팀이 얼마 동안 연구를 했으며 하는 등이 그것이다. 극장가를 시끄럽게 했던 「터미네이터 II」의 경우에도 이미 오래전부터 거기 동원된 특수효과의 세련된 첨단기술과 거기에 투입된 엄청난 비용에 대한 이야기들이 영화가 들어오기 오래전부터 화젯거리가 되어 영화에 대한 기대를 한껏 부풀려놓았다.

이처럼 대대적인 물량공세와 함께 새로운 테크놀로지를 이용한 온갖 미니어처 장비들, 지극히 이국적인 풍물, 최첨단 장비를 활용한 특수효과, 특수촬영, 불타고 무너지고 폭발하고 폭격하고 당하는 등의 자극적 눈요깃감을 바탕으로 해서 스피디한 전투, 액션 장면들이 적절하게 안배된다. 이렇게 일단 시작품을 만들면 목표관객의 표본이 될 수 있는 관객에게 감상시키면서 관중의 심리적 긴장 이완 상태를 포착할 수 있는 장비를 동원하여 심리적 반응 테스트를 거친다. 이완 상태가 오래 지속되는 부분은 좀더 자극적인 요소를 가미하기 위해 긴장을 유발하는 새로운 상황을 설정하거나 액션을 끼워 넣어 뜯어고친다.[3]

제작 방식이 이러하므로 복잡한 플롯을 지닌 이야기는 채택될 수가 없으며, 단순한 구조의 이야기라도 이야기 서술 자체의 완성도는 매우 빈약하다. 예컨대 주어진 시퀀스 내에서 시간적 연속선상에 있는 일련의 행동들이 점프 컷jump cut 기법에 의해서 상당 부분 생략되고 흥미로운 부분만이 채택, 연결된다. 각각의 시퀀스도 원인과 결과의 인과론적 이야기 서술의 망으로 연결되어 있기보다는 각기 독자적인 한판 액션들의 나열인 것처럼 엮여 있으며, 이야기란 이들을 연결하기 위해 동원된 핑계에 지나지 않는 것처럼 보이기도 한다. 예컨대 외계 악인들과의 끊임없는 전투 장면들(「스타워즈」)이나 터미네이터의 쫓고 쫓김, 작고 큰 충돌과 대결 들이 자아내는 긴장감이나 관객들의 몰입을 유지시키는 것은, 전통적 영화에서처럼 이야기가 극적으로 얽히고설키는 전개 방식이 아니라 시청각적 특수효과 같은 물리적 자극과 충격을 통한 심리적 긴장과 이완의 리듬 조절 메커니즘에 많이 의존하고 있다.

관객들은 영화들의 단순한 이야기 내용이나 메시지에 감동을 받고 극장을 나올 수도 있다. 하지만 이런 유형의 영화에서는 그것이 부차

3) G. Jowett & J. Linton, *Movies as Mass Communication*, London: Sage, 1960, p. 28.

적인 것이 되기 쉽다. 물론 이야기 문화 세대인 30대 후반 이상의 세대들은 여전히 거의 반사적으로, 단순화된 것일지라도 영화들의 휴머니즘적 이야기, 권선징악적 메시지에 주목하고 그 가치들을 곱씹는 경우가 많을 것이다. 그러나 이야기 문화에 특별히 길들여 있지 않은 젊은 세대들에게는 그런 내용은 스쳐 지나가고 시각적 볼거리와 충격에 주목하게 될 것이다. 영화의 구성 자체가 실제 그 같은 반응을 유도하고 있기 때문이다.

키덜트 영화에서 나타나는 전통적 서사구조의 약화는 포스트모던 문화 텍스트의 전반에 걸쳐서 나타나는 해체나 파편화의 현상과 그 맥을 같이하는 것으로 보인다. 즉, 이 영화들은 자극적이고 흥미로운 숏이나 시퀀스들로 가득 차 있지만 그 단위들은 일관성 있는 연속성의 이야기로 치밀히 연결되어 있지 않고 파편화되어 어느 정도 독자적인 단위로 병렬되어 있는 것이다. 물론 그 해체되고 파편화된 정도가 포스트모던 문화의 전형으로 간주되는 뮤직비디오 같은 것에 비하면 확실히 덜하지만 전통적 서사구조를 가진 영화에 비하면 상당히 높은 편이다.

이러한 서사구조상의 변화는 포스트모던 시대로 지칭되는 후기산업사회에서 시공간적 경험에서의 변화에 기인하는 것으로 설명된다. 예컨대 연속성으로 특징지어지는 고전적 서사체가 시간에 대한 기존의 인식—즉, 인과적 연속성, 불가역적 진행성—에 바탕을 둔 것이라면, 파편화 현상은 현대생활의 시공간적 경험의 파편화 현상에 관계된다는 것이다.[4] 인과적 연속성의 것으로 인식되는 시간에서는 순간과 순간들의 관계, 그것들을 연속성의 것으로 이어주는 관계에 주

---

4) J.-F. Lyotard, *The Differend; Phrases in Dispute*, Minneapolis : University of Minnesota Press, 1988, p. 79.

목하게 되지만, 파편화된 시간의 경험은 각 순간, 각 사건의 특수성이 극도로 확대되어 나타나기 때문에 서사구조상의 변화는 불가피해진다. 이처럼 시간에 대한 인식, 경험의 차이가 바로 전체적인 스토리 중심의 이야기 문화와 파편화된 사건들의 병렬현상으로 특징지어지는 이야기 문화의 차이를 설명해준다.

이러한 영화는 결과적으로 후기구조주의자들이 말하는 '주체구성'의 기능이 상당히 약화되게 마련이다. 서구 계몽주의의 사상적 전통을 부정하는 후기구조주의자들은 인간은 합리적·이성적 판단 능력을 선천적으로 가지고 태어나는 것이 아니며, 주체성이란 언어를 매개로 해서 텍스트에 의해 구성되는 것으로 본다. 즉, 각기 텍스트는 그 나름대로 사고나 가치체계를 가지고 있을 뿐 아니라 동시에 그 텍스트를 해독하는 사람들로 하여금 그 같은 사고나 사상의 체계에 동일시하도록 만들어 해독자 자신이 자율적 판단에 의거해서 그 사상을 믿는 것처럼 느끼게 만드는 일련의 장치를 갖고 있다는 것이다. 이것이 바로 주체구성의 장치이다. 따라서 모든 텍스트는 그것이 담고 있는 내용 때문에 이념적 성격을 갖게 되지만 동시에 그 내용을 자연스럽고 당연한 것으로 받아들이게 만드는 작용을 통해 구체적으로 이념작용을 하게 된다는 것이다.

따라서 문화물들은 이와 같은 주체구성을 활발하게 수행하는 이념작용을 적극적으로 해내고 있다. 전통적 영화 같은 리얼리즘 형식을 바탕으로 한 서사체의 이념작용 방식은 여러 가지를 들 수 있겠지만 가장 중요한 것이 '위치 지음positionning'이다. 위치 지음이란 서술하고 있는 이야기를 이해하는 특정한 위치를 일관성 있게 제공하고 그 위치와 해독자의 시점을 일치시키는 작용이다. 위치 지음은 바로 이야기를 구성하는 부분들 간에 치밀한 인과적 연결이 이루어져 각 부분

이 파편화되지 않고 유기적으로 긴밀하게 맺어진 연관성이 성립될 때 가장 효율적인 것이 될 수 있다.[5]

이런 관점에서 볼 때 키덜트 영화는 그 선명한 흑백논리적 스토리에도 불구하고 주체구성의 기능이 상대적으로 약화되어 이념의 주입을 통한 설득과 헤게모니 구축이라는 이념작용이 약화된 문화로 볼 수 있다. 그렇다면 이제까지 영화가 담당해왔던 사회통제의 기능은 상당히 약화되는 것이므로 긍정적으로 볼 수 있을 것인가? 아니면 이 새로운 타입의 영화문화는 새로운 다른 방식으로 사회통제를 행사하고 있는 것인가? 이런 영화들은 청소년 관객들에게 어떻게 작용하는가? 바로 이러한 일련의 문제에 우리는 앞으로 관심을 가져야 할 것이다.

2. 비디오 전자게임: 모방과 모의의 문화

우리나라 전자게임 시장은 전자오락실, 퍼스널 컴퓨터용 소프트웨어, 개인용 게임 전용기용 게임팩의 판매, 임대, 무단 복제 등 다양하고 복잡한 양상으로 이루어져 있기 때문에 그 전모를 파악하기는 어렵다. 『조선일보』 1991년 3월 6일자에 실린 청소년연구원의 조사 결과를 보면, 이미 1990년대 초부터 중고생에게 가장 보편적인 실내놀이이자 취미가 전자게임으로 22.3퍼센트가 자주 하며, 가끔이 39.5퍼센트로 전자오락을 즐기는 청소년층이 61.3퍼센트에 달했다. 초등학생들에게는 이보다 더욱 보편화되어 있지 않을까 생각된다. 여하튼 신문에 가끔 소개되는 바와 같이 수험생들의 스트레스 해소용의 오락

---

5) 박명진, 「비판적 커뮤니케이션의 성과와 그 쟁점」, 『언론학 논선』 4, 서강대 언론문화연구소, 1989, pp. 69~76 참조.

이 주로 만화와 전자게임인 것은 주지의 사실이다.

우리나라에서 전자게임의 유익성과 해로움에 대해서는 본격적인 논의는 없었다. 다만 오락실의 불건전성, 자제력 약한 어린이들의 지나친 몰입으로 인한 부모들의 근심만이 이야깃거리가 되었던 것 같다. 그러나 그 정체가 불분명한 데서 오는 막연한 불안감에도 불구하고, 비디오게임은 어린이들이 컴퓨터와 처음으로 나누는 경험이고, 인공지능과 인간 사이의 상호작용의 시작이라는 의미에서 시대의 흐름을 거역할 수 없는 어쩔 수 없는 사실로 받아들이는 분위기인 것 같다.

전자게임이 유익하다는 견해의 첫번째 이유는, 이전의 놀이나 학습에서 사용하던 그림 같은 정지그림이 아니라 활동그림에 의존하고 있어서 아이들의 '시각적 기술visual skill'을 증가시킬 수 있으리라는 것이다.[6] 두번째 이유는, '공간적 기술spatial skill'이 지적 발달에 도움이 되는 인지적 능력을 키워준다는 것이다. 즉, 하나 이상의 다양한 관점으로부터 오는 시각적 정보들을 조정할 수 있는 능력, 3차원 공간을 2차원 공간으로 나타내는 여러 관습을 해독해내는 능력 같은 것이 그렇다. 세번째 이유는, 화면의 '시각적 행동visual action'이 컴퓨터에 의해 일방적으로 결정되는 것이 아니고, 놀이자의 능동적 개입이 가능한 상호작용의 가능성을 제공하고 있어 여가 수단으로는 TV 시청보다 덜 피동적이라는 점이다.

반면에 전자게임이 해롭다고 보는 이유는 다음과 같다. 우선 전자게임은 눈과 손의 조정 작업을 통한 감각운동 게임에 지나지 않는 것이어서 전혀 사고력을 요하지 않는다는 점이다. 게임이 순발력을 키

---

6) P. M. Greenfield, *Mind and Media*, London: Fontana, 1989, pp. 86~92.

운다고는 하나 감각적 순발력에 지나지 않는다는 것이다. 게임에 따라서는 사고력과 귀납적 작업을 요하는 프로그램도 있지만 감각적 순발력을 포함해서 그러한 능력이 게임 외의 세계, 즉 생활의 영역에 어떻게 쓸모 있는 능력으로 이전될 수 있는지 의문이라는 것이다.[7] 이러한 감각적 순발력이 '요긴'하게 쓰인 예로는 걸프전쟁을 들 수 있다. 영국의 한 신문 보도를 보면, 미사일 조종이나 전투기의 폭탄 투하 요원의 경우 젊고 순발력 좋은 청년들을 가려 차출해 썼다는데, 이동 중에 비디오 스크린에 나타나는 목표물에 재빨리 폭탄 투하의 버튼을 눌러 목표에 적중시키는 감각적 순발력이 요구되었기 때문이라고 한다. 여하튼 이 같은 음산한 예 말고는 생산적이라고 생각되는 활용법이 별로 알려져 있지 않은 것 같다.

아마도 가장 강하게 유해성이 지적된 부분은 폭력성과 관련된 것이라고 생각된다. 대부분의 비디오게임, 특히 우리나라에 들어와 있는 게임 프로그램들은 아주 극소수를 제외하고는 게임 과정 자체가 폭력적이다. 가령 형체는 다양하지만 살아 있는 생명체로 등장하는 온갖 장애물을 찌르고, 밟고, 쏘고, 불 지르고, 때리고, 폭격하는 방법으로 장애물을 제거하고 목표를 향해 전진하는 과정으로 되어 있다. 이것은 영화, TV의 해묵은 논쟁점이 되어온 폭력적 내용과 폭력적 행동 간의 관계에 대한 논의를 다시 불붙게 했고, 그 결과는 여전히 카타르시스적 효과와 모방효과의 대립 양상을 보이고 있다.

다만 일부의 연구는 이 같은 구태의연한 대립의 입장에서 벗어나 새로운 실험을 통해 새로운 사실을 밝혀주고 있다. 폭력의 정도가 유사한 프로그램을 골라 둘이서 하는 경우와 홀로 하는 경우를 나누어 실

---

7) 같은 책, p. 96.

험해보았다. 그 결과, 둘이서 하는 프로그램의 경우에는 그것이 협조적 관계를 요구하는 것이든, 경쟁적 관계를 요구하는 것이든 카타르시스적 해방효과를 준 반면, 홀로 하는 게임의 경우에는 공격성을 증가시키는 결과를 관찰할 수 있었다는 것이다. 결국 폭력적 내용의 비디오게임은 폭력적 내용 자체보다도 그것이 사회적 상호작용을 전혀 유도하지 않는 형식의 프로그램에 담겨 있을 경우에 심각한 문제를 초래한다는 것이다.

그다음으로 지적되는 부분은 습관성의 문제이다. 비디오게임은 한번 붙들면 놓지 못하고 한번 맛들이면 헤어나기 어려운 습관성의 위험을 노출하고 있다. 이것은 특히 자기통제력이 제대로 형성되어 있지 않은 초등학교 이하의 어린이들에게서 두드러진다. 그 이유에 대해 일부 연구자들은 프로그램마다 난이도에 따른 단계를 가지고 있어 사용자는 계속 더 높은 단계로 올라가고자 하는 욕구를 자극받기 때문에 게임을 되풀이하면서 습관성이 유발된다는 것이다.

실상 비디오게임의 대체적인 내용은 많은 경우 놀이자가 조종할 수 있는 '우리 편'이 이국적인 산중 혹은 땅속, 바닷속 등지에서 온갖 위험물과 살아 있는 장애물을 제거하면서 죽지 않고 종횡무진 계속 주파해나가는 것이다. 이 같은 전자게임 속에는 이야기가 있는 듯하나 실은 모양뿐이고, 생각은 금물이며 거의 반사적으로 재빨리 반응하는 감각적 순발력만이 요구된다.

지난날의 놀이에는 땅따먹기나 구슬치기에도 신중함과 작전 같은 것이 필요했지만 여기서는 그것이 오히려 장애가 된다. 밟고 때리고, 찌르고 쏘고, 폭격하거나 밀어 던지거나 하는 등의 방법으로 순발력 있게 재빨리 제거하는 것이 살아남는 길이다. 그 주파의 목표는 때로는 공주 구하기처럼 결말을 가진 것도 있지만, 끝없이 계속 다음 단계, 다음 단계로 한없이 계속되는 것이 태반이다. 그러나 도달점이 있는 경우에도, 죽이는 대신 장애물에 의해 죽임을 당하면 다시 처음으로 되돌아가 반복을 해야 하므로 도달점에 이르기도 쉽지 않다.

전자게임을 긍정적으로 보는 입장이나 부정적으로 보는 입장은 거의 모두가 비디오게임 그 자체보다는 프로그램의 성격에 따른 지적을 하고 있는 점이 공통적이다. 예컨대 부정적 영향을 염려하고 있는 입장은 모두 현재까지 제작되어 시장화된 프로그램 중 '잘 팔리는,' 소위 주류를 이루는 프로그램에 기초하고 있다. 반면 긍정적으로 보는 입장은 대체적으로 현재의 대다수 프로그램이 그와 같은 문제점을 갖고 있다는 것은 인정한다. 하지만 그것과는 다른 유형의 몇 가지 소수 프로그램에 기초해서 그 유해성은 비디오게임의 내재적 결함이 아니고 생산적으로 발전시킬 수 있는 가능성이 충분하다는 입장이다.

그러나 우리가 주목해야 할 것은 바람직한 게임 프로그램이 아닌, 현재 잘 '팔리고 있는' 주류를 이루고 있는 프로그램이라 생각된다. 물론 프로그램은 개선되고 앞으로도 계속 발달하리라고 보지만 그 개선이나 발달의 방향은 우선적으로 '잘 팔리는 것'을 위한 고안이라 생각되기 때문이다. 전자게임은 학습을 위한 보조수단으로 훌륭한 가능성을 제공할 수도 있고, 바람직하고 이상적인 방향으로 개발될 가능성도 있다. 하지만 어린이와 청소년 들이 여가수단으로 삼고 있는 게임의 경우에는 일단 시장성이 무엇보다 고려되리라는 점을 간과할 수 없기 때문이다.

따라서 현재 우리나라에서 주된 흐름을 형성하고 있는 게임 프로그램을 중심으로 논의를 전개하고자 한다. 새로운 문화 형태로서 전자게임의 특징은, 첫째 근본적으로 '모방pastiche'의 문화이며, 둘째로는 '모의'의 문화라는 점을 들 수 있다.

① 모방의 문화

　전자게임은 기존에 있었던 동화나 액션영화 들의 이야기 소재를 빌려다 게임의 틀로 삼고 있다. 영화 「스타워즈」의 우주전쟁 전투 장면, 비밀의 장소에 갇힌 공주 구하기 같은 동화의 이야기, 성의 지하에서 고문당하는 사람 구하기처럼 괴기소설의 모티프, 변신 로봇의 활약 같은 공상과학 만화영화 내용, 액션 폭력영화의 싸움 장면, 사무라이 이야기나 쿵푸영화, 유령영화의 이야기를 흉내 낸 것 등 이미 존재하는 기존의 이야기에서 따온 것이 압도적으로 많다. 그렇지 않으면 자동차 경주, 오토바이 경주, 서커스, 테니스, 축구게임 같은 일상생활에서 볼거리에 속하는 것들로서 이미 매스미디어를 통해 텍스트화된 것들이 게임 프로그램의 틀이 된다. 이처럼 기존의 동화, 소설, 영화, 특별 이벤트의 문화적 경험을 '인용'의 형식으로 뜯어 맞추어낸, 다른 문화적 텍스트를 모방한 모방물적 성격을 지니고 있는 것이 비디오게임이다.

② 모의의 문화

　따라서 비디오게임의 세계는 마치 픽션의 세계와 같다. 그 속에는 지극히 단순화되어 있지만 이야기도 있다. 그러나 그것은 현실과 단절되어 있는 픽션의 세계가 아니라 현실과 상호작용이 이루어지는 세계이다. 픽션은 컴퓨터에 프로그램화되어 있는 세계이지만 놀이자의 개입에 따라 그 진행 양상은 다양하게 바뀔 수 있다. 물론 이 변화의 가능성 역시 컴퓨터에 프로그램화되어 있는 한정적인 것이지만, 최소한 놀이자로서는 그 자신이 그 세계를 통제해나가고 있는 듯한 착각을 갖게 하기에 충분하다.

우리나라 초등학생들에게 널리 알려져 있는 게임인「슈퍼마리오」를 예로 들어보자. 게임 속의 주인공 인물이라 할 수 있는 슈퍼마리오를 놀이자가 5~6가지의 동작을 가능케 하는 조종 키를 사용해 능란하고 순발력 있게 조종하는 게임이다. 날아오거나, 굴러오거나, 솟아오르거나, 공중으로부터 떨어지는 온갖 방해물을 재빨리 죽이고 밟고 제거해가면서 온갖 험한 지상, 지하, 물속, 절벽의 단계로 이어지는 길들과 미로들을 주파하면 공주를 찾아낼 수도 있다. 그러나 어쩌다 길을 잘못 들면 천신만고 끝에 겨우 공주의 시녀를 구해내고 다시 끝 모를 피곤한 행로를 다시 시작해야 하고, 자칫 순발력이 부족하면 가는 길에 우글우글한 장애물을 맞아 목숨을 잃고 다음 기회의 행운을 기대해야 한다. 따라서 화면에 어떤 상황이 전개되느냐는 표면적으로는 전적으로 놀이자의 선택과 능력에 달린 것같이 보인다. 그러나 알고 보면 놀이자의 통제에 의한 변화는 무한정한 것은 아니고, 수십 가지 정도로 컴퓨터에 프로그램화된 것 내에서만 가능할 뿐이다.

　비디오게임이야말로 보드리야르가 말하는 모의물이 지배하는 모의사회의 특징을 명백히 드러내주는 문화적 경험이라 생각된다. 비디오게임 자체가 컴퓨터를 이용한 모의기술을 활용해서 만든 놀이로 항공기, 선박 등의 건조 과정에서 실제 있을 수 있는 가상의 상황과 그 상황에서의 조건과 동일한 조건을 만들어주고 성능을 테스트해보기 위해서나, 항공기 조종사 훈련용으로 사용되는 모의기술과 유사한 원리를 갖고 있다.

　한때 가정용 오락기(홈비디오게임기) 부문 전 세계 시장의 90퍼센트를 점유했던 일본 닌텐도 사의 오락기는 모의의 가상적 현실효과를 최대한 살린 것으로, 사용자가 실제로 우주전쟁에 참여해 싸우는 비행선 조종사라고 느낄 만큼 현실감 효과를 최대한 살린 모의기술을

더욱 세련화한 것이라 한다.[8]

보드리야르는 후기산업사회, 포스트모더니즘의 시대로 명명할 수 있는 이 시대의 특징을 자신이 전개하고 있는 모의이론으로 설명한다.[9] 시뮬레이션이란 시뮬라크라(물건이나 사건의 재생물)가 사회생활을 지배하고 있는 현실을 말한다. 그는 현대사회의 모의적 사회로서의 성격이 중세적 봉건사회의 종말과 함께 시작되어, 산업혁명을 거쳐 현대의 컴퓨터 기술의 시대에 이르러 완성되어가고 있다고 설명한다. 중세의 신분사회를 바탕으로 한 고정된 사회질서의 시대가 끝나고, 비로소 첫 단계의 모의의 시대가 열린다고 본다. 이 시기는 이른바 '자연법의 가치'가 지배한 시기로 신의 질서에 대한 절대적 믿음에서 자연권에 대한 믿음으로 옮겨갔고, 이에 따라 자연히 '흉내 내기 simulation'가 표상의 양식이 되기 시작한 시기이다. 예술은 자연과 생활을 흉내 내려 시도했고, 이때부터 싹트기 시작한 정치에서의 대의적 민주주의는 '자연권'의 이념을 구현하고자 하는 시도였다고 본다. 두번째 단계의 모의적 사회는 산업혁명 중에 등장한 것으로 시리즈의 형태로 무한한 재생산의 가능성이 시작되었을 때이다. 생산은 기계화되었고, 어셈블리 라인과 자동화의 과정을 거쳐 정확히 같은 물건들이 무한정 만들어질 수 있게 되었다. 첫번째 단계가 원형을 흉내 내는데 머문 모의적 사회였다면, 두번째 단계는 흉내 낸 것을 대량으로 복제해낼 수 있게 된 모의적 사회였다고 할 수 있다.

오늘날 우리는 세번째 단계의 모의적 질서를 맞고 있다. 이는 진정한 의미의 모의 단계로서 중세 이후 계속된 모의의 긴 역사적 과정의 결과라고 할 수 있다. 이것은 현실에서 현실의 이미지가 만들어지는

---

8) 이진광, 「멀티미디어 시대가 다가온다」, 『월간 조선』, 1991. 8. p. 33.
9) J. Baudrillard, *Simulations*, pp. 83~117.

것이 아니라 가상적 현실 모델에서 현실이 생성되는 단계에 이른 것으로, 현실과 현실의 이미지 간의 관계가 전도되었음을 의미한다. 이러한 질서 속에서 현실과 허구 사이의 경계란 애매모호해진다. 허구가 현실에 종속되는 것이 아니라 현실이 허구에 종속되는 상황이 전개되기 때문이다. 예컨대 도시, 건축, 교통의 시뮬레이션 모델들은 일정한 한계 내에서 도시와 주택과 교통체계가 조직되고 사용되는 방법을 구조화한 하나의 허구적 모형이지만 이것은 우리의 실제적 환경을 구조화하고, 결과적으로는 통제하는 틀이 된다. 따라서 시뮬레이션의 세계와 현실 간의 관계는 정의하기가 쉽지 않다. 시뮬레이션의 세계는 우리의 현실에 선행해서 현실을 주조해내는 틀로서 현실의 조건이자 규범이다. 즉, 현실 그 자체라고 할 수도 있고, 허구에 속하는 표상의 세계라고도 할 수 있는 모의의 세계가 오히려 현실의 지시 대상 referent이 되는 셈이므로 기존의 허구/현실 간의 구분 자체가 애매해지기 때문이다.

보드리야르는 이러한 시뮬레이션의 사회가 전과는 다른 사회통제 방식을 갖고 있음을 지적한다. 이는 특정 목적을 위해 대중을 개인이나 집단이 억압하거나 조작하는 방식이 아니라 개인의 선택과 행동에서 대응과 선택의 범위를 통제하는 방식으로 이루어진다. 즉, 모든 분야에서의 코드화와 프로그래밍이 사회조직의 원리가 되고, 개인들이 경제·정치·문화·일상생활의 영역에서 사전에 부호화된 메시지와 모델에 반응할 수밖에 없도록 하는 새로운 사회통제의 모형을 갖고 있다는 것이다. 예컨대 일상생활 영역에서의 두드러진 현상으로 지적될 수 있는 것으로, 예전에 개인이 자율적으로 수행해오던 지극히 내밀한 영역에까지 침투해 들어오는 온갖 노하우 제공의 현상을 들 수 있다. 실내 디자인 매뉴얼, 요리책, 육아서적 같은 것에서부터 건강백

410

서, 성 교본 같은 것은 물론 기타 잡지·신문·방송 미디어를 통해 제공되는 생활정보라는 이름의 온갖 노하우가 우리 일상생활에서의 다양한 활동을 구조화하는 모델을 제공하며 통제한다. 비록 매 분야마다 노하우는 다양해서 개개인에게 폭넓은 선택이 허용된다 해도──실제 그런 선택은 끊임없이 요구된다──그 선택의 여지는 사전에 결정되고 사전에 부호화되고 프로그래밍된 범위 내에서만 가능하다. 현재 사회는 이처럼 자본주의적-생산주의적 사회에서 신자본주의적-사이버네틱(총체적 통제를 겨냥하는) 질서의 세계로 이전되고 있다는 것이다.

비디오게임의 세계는 시뮬레이션의 질서가 지배하는 현대사회의 축소판이라고 할 수 있다. 놀이자는 장애물과 자신을 도와주는 조력물들, 다채로운 행로를 가지고 놀이를 해가며 능력과 선택에 따라 그 작은 세계를 자유자재로 조종하고 통제할 수 있다. 따라서 놀이자에 따라 그 게임의 양상이 각기 달라진다. 그러나 놀이의 구성요소와 게임의 법칙들이 사전에 부호화되어 있고, 게임의 양상이 달라질 수 있는 범위도 사전에 프로그램화되어 있어 그 자유로운 선택에 따른 조종과 통제란 환상에 지나지 않는 것이고, 실은 엄격히 사전통제되어 있는 것이다.

피스크는 스포츠나 게임, 놀이의 근원을 설명하면서 이는 일상적인 사회생활의 갈등 같은 추상적 개념을 의식화ritualisation시켜놓은 것으로, 그러한 일상적인 갈등을 일정한 규칙을 준수하면서 해결하는 일종의 훈련의 경험이라고 설명한다.[10] 이는 인간관계, 사회관계에 대한 하나의 표상이며, 동시에 그 갈등과 모순의 해결 방법을 상상적으로 습득시키는 이념작용의 장치였다고 할 수 있다. 한편 진용옥은 우리

---

10) J. Fiske, *Reading Television*, London : Methuen, 1979.

나라의 전통적인 민속놀이들이 우리의 우주관, 세계관과 연결되어 있음을 밝히고 있다. 예컨대 윷놀이는 동서남북, 중앙의 5방위를 기본점으로 해서 별자리를 표시하고, 도·개·걸·윷 등은 각기 농사를 잘 짓는 동물을 상징하는 것이었다고 한다. 즉, 하늘의 운행(天), 논밭(地), 그리고 가축의 능력과 인간의 지혜(人)가 한곳에 어울려 농사의 결실을 예측하는 유희였다는 것이다. 우리의 민속놀이에서는 서양의 인간 중심적 우주관과 달리 인간을 자연의 한 구성요소에 지나지 않는 것으로 보았던 우주관의 표현을 볼 수 있을뿐더러, 인간이 다른 자연요소들과의 조화를 이루어나가는 통합적 사고를 의식화한 것으로 볼 수 있다. 놀이란 이처럼 그 사회의 우주관, 세계관을 놀이의 상황으로 구체화해서 그 사회의 지배이념을 습득시키는 장치였다고 볼 수 있다.

이에 대비해보면 비디오게임은—포스트모던 문화 시대의 특징이라고 보드리야르가 주장하는—모의의 질서가 지배하는 사회에 새로운 세대를 길들여가고 그것을 내면화해가는 대표적인 사회화의 장치라고 할 수 있다.

3. 뮤직비디오: 탈중심의 서사체

뮤직비디오는 원래 미국의 레코드 회사들이 록음악 가수들이 취입한 레코드의 판촉용으로 만든 것이었다. 그런데 미국에서 MTVMusic Television라는 록음악 전문의 케이블 TV 채널이 생겨나면서 청소년들이 선호하는 새로운 문화 형태로 부상하기 시작했다. 뮤직비디오는 원래 판촉용으로 만들어졌기 때문에 스타일과 생산 방식에서 광고와 상당히 유사한 모습을 보이는데, 이제는 그 자체가 하나의 상품이며 새로운 문화 형태로 자리 잡게 되었다.

MTV는 24시간 연속으로 방송되는데, 길어야 4분짜리의 짤막한 록 비디오 클립들의 연속적인 흐름으로 이루어져 있다. MTV 채널이 미국의 청소년층에서 대대적인 성공을 거둔 후 세계적으로 이와 같은 유형의 음악 채널은 케이블TV를 도입하고 있는 나라에서 영화·스포츠·뉴스 채널 등과 함께 수익성이 높고, 필수적으로 갖추어야 할 채널 중의 하나로 받아들여지고 있다. 동시에 기존의 TV 채널들도 앞다투어 이 비디오 클립들을 기존의 프로그램 속에 삽입하거나, 더 나아가 MTV에서처럼 수십 개의 비디오 클립을 연속적인 흐름으로 묶어 청소년을 대상으로 심야시간대에 장시간 편성하게 되었다. 이런 비디오 클립들의 모음이 가수별로 혹은 혼합 형태로 제작되어 홈비디오 시장에서도 상당한 비중을 갖게 되었다.

뮤직비디오를 처음 보는 기성세대는 상당히 당혹스러워한다. 무엇보다도 주어진 모든 텍스트에서 그 안에 고정된 의미가 있다고 생각하고 어떤 텍스트를 접하든 간에 그것이 말하고자 하는 바가 무엇일까 하고 그 의미를 정확히 해독해내고자 하는 노력을 반사적으로 기울이게 되는데, 뮤직비디오는 그 작업을 불가능하게 만들기 때문이다. 뮤직비디오는 노래 가사의 내용을 영상화한 것도 아니고, 각기 영상들도 일관성 있는 이야기로 연결되어 있는 것도 아니며, 각 숏이 심하게 파편화되어 있다. 예컨대 무너져내리는 집, 노래 부르는 가수의 모습, 들끓는 해골, 인형을 가지고 노는 천진난만한 어린이, 붉은 입술만이 기괴하게 두드러지는 여자의 얼굴, 그것을 잡는 화면, 이 잡다한 화면들이 얽히고설키면서 논리적 연결도, 이야기의 포착도 되지 않은 채로 흘러가는 것이다. 여기서 우리는 무엇을 읽을 수 있을 것인가? 노래 가사가 대단한 힌트를 주는 것도 아니다. 뮤직비디오는 어찌 보면 묵시록적 세계를 나타내주고 있는 것 같기도 하고, 시각효과의 충격만을 노리는 것 같은 느낌이 들기도 한다. 옛 할리우드 로맨스 영화들의 파편을 모은 것 같은 느낌의 뮤직비디오도 있지만 무엇을 보든지 그것에 익숙해지기 전까지는 괴기스럽고 무너져내리는 세계의 파편 조각 같은 느낌을 갖게 된다. 그것은 화면의 내용 때문이라기보다는 각 장면이 지독히 파편화되어 이야기가 엮이지 않는 까닭이 더 큰 이유로 생각된다. 여기서는 결국 수용자 자신이 자유자재로 이런저런 의미를 만들어내는 즐거움을 만끽한다든지, 혹은 좌절감에 빠지게 된다든지, 혹은 장면장면의 기발함이나, 예측이 불가능한 화면의 흐름 속에서 비연속적인 장면장면의 자극에 분산된 반응을 하면서 흘려보내든가 하게 될 것이다.

이 같은 표상 방법은 전통적인 서사체에 익숙한 사람들에게는 지독히 인위적이고 환상적인 것처럼 보일 수도 있다. 그러나 포스트모더니스트들에 따르면, 현대인의 시공간적 경험은 실상 지속적이고 일관성 있기보다는 파편화되고 단절적인 것이므로 이 같은 표상 방식이 훨씬 실제의 경험에 가깝다는 것이다. 그러나 어쨌든 비디오 클립들은 모더니스트 텍스트의 근본적인 특징 중의 하나라고 할 수 있는 '위치 지음,' 혹은 주체구성과 다른 한편으로는 리얼리즘적 서사구조를 고의적으로 거부하고 있는 텍스트라고 할 수 이다.

캐플란E. Ann Kaplan은 비디오 클립의 분석에서 위치 지음이 거부되는 구체적인 방식들을 열거하고 있다.[11] 첫째 서사체상으로 보았을 때 각 숏이 인과적 연속성을 갖지 않아 시간–공간의 연속성이 파괴되고 있다. 둘째, 논리적으로 연결되지 않는 이미지들을 연결시킴으로써

---

11) E. A. Kaplan, *Rocking Around the Clock*, London : Methuen, 1987, 3장과 6장 참조.

기의가 애매하다. 셋째, 가끔 바로 직전의 장면을 찍고 있는 카메라를 연출 공간 내에 등장시킴으로써 언술행위enonciation의 흔적을 지우지 않는다. 오히려 명백하게 그 이미지가 생산되는 과정 자체를 언급해 주는 등 언술행위의 근원을 전면에 부각시킨다. 그리고 방금 보여준 장면을 보고 있는 관객의 모습을 이어서 보여주는 방식으로 현실과 허구 사이의 구분을 모호하게 만들고 있는 것들이 바로 그런 특징에 속한다는 것이다. 이렇게 해서 뮤직비디오는 보여주는 대상을 바라보는 고정된 시각, 즉 위치position를 갖고 있지 않고, 동시에 보여주고 있는 것에 현실감을 부여하기 위해 전통적 서사체들이 동원하고 있는 리얼리즘의 장치를 전혀 갖고 있지 않다. 따라서 후기구조주의 시각에서 보면, 일단 모더니스트 텍스트가 담당하는 가치관 주입, 혹은 이념작용을 하고 있지 않은 문화로 볼 수 있다. 그렇기 때문에 이는 지배이념에 저항하는 저항적 문화로서 긍정적인 평가를 할 수 있을 것인가? 이에 대한 캐플란의 입장은 회의적인 것 같다. 그것은 전통적 서사체와는 다른 방법으로 지배이념을 주입시키고 있으리라는 추측 같은 것 때문이 아니라 이 문화는 이념적 설득이 아닌 다른 방법으로 기존의 체제를 강화, 재생산할 수도 있다는 가능성 때문이다.

우선 지적될 수 있는 것은, 문화적 경험으로서는 새롭다고 볼 수 있는 소비 욕구의 자극현상을 들 수 있다. 예컨대, 특수한 경우를 제외하고 비디오 클립은 연속적으로 보게 되는데, 이러한 문화적 경험 자체는 관객을 계속적으로 탈중심화하는 효과를 가지고 있다. 각 비디오 토막은 대부분 위치도 확실치 않고 완결된 이야기도 아닌데, 이것은 곧이어 새로운 내용의 새로운 이미지의 토막으로 이어져서 지속적으로 탈중심화를 야기한다. 그리하여 폐쇄되고 완결된—즉, 중심화된—이야기로써 얻게 될 만족스러움을 다음 비디오에서 충족될 것으로 기대하게 만들며, 계속해서 그 충족의 기대를 유예시켜가는 방식으로 수용자를 화면에 종속시켜놓을 수 있다는 것이다. 즉 라캉식으로 설명하면 분산된 자아의 상태에서 통합된 자아의 상태로 회귀하고자 하는 무의식적 욕구를 지속적으로 자극시킴으로써 시청자를 유인하게 되는 것이다.

실상 위치의 문제를 판단의 기준으로 볼 때, 영화의 경우는 위치가 확실한 이야기로 두 시간여를 이끌어가며, 다른 경험과 구분되는 하나의 단독적인 문화 경험으로 제시된다. 그에 비해 비록 위치는 확실할지라도 좀더 짧은 프로그램 토막들이 하나의 흐름으로 제시되는 TV는 영화보다 탈중심화의 정도가 큰 문화적 경험이라 할 수 있다. 마지막으로 비디오 클립을 연결한 MTV는 이제까지 경험한 TV보다 탈중심화의 정도가 훨씬 심한 포스트모던 문화의 전형이라고 볼 수 있다.

이처럼 포스트모던적 뮤직비디오는 탈중심화의 효과로 정신분열적 schizophrenia 상태를 유지시키며, 허구와 현실 사이의 구분을 모호하게 만들며, 계속해서 겪게 되는 분산된 자아의 불만족스러운 경험을 충족되지 않은 욕구의 상태로 남겨둠으로써 끊임없이 그 욕구의 충족을 추구하도록 만든다는 것이다. 결과적으로 이것은 뮤직비디오 화면에 대한 종속을 유발시키고 동시에 끊임없는 뮤직비디오의 소비로 이어지게 된다. MTV가 미국에서 24시간 화면에서 떨어지지 않으려 하는 청소년들을 양산함으로써 학부모들의 강한 반발을 샀고, 한때 커다란 사회문제로 부각되었던 점은 이해할 만하다.

해석이나 우려 자체가 모더니스트적 발상일 수도 있다. 모더니즘 문화에 완전히 길들여지지 않은 새 세대는 그 같은 욕구불만에 시달리기보다 전혀 다른 형태의 수용을 하고 있을지도 모른다.

여하튼 이러한 문화는 기존 문화와 같은 방식의 이념적 작용의 행사를 거부하고 있는 것은 확실하지만 이것이 과연 진보적인 것으로 해석될 수 있는가? 이 문화 형태의 상업적 기원을 생각할 때 그렇게 평가할 수 있는 여지는 줄어드는 것 같다. 그렇다면 포스트모던 문화에서 이데올로기라는 말 자체가 과연 의미 있는 것인가? 또한, 이념작용이라는 방식이 아니라면 그것이 기존 사회관계의 재생산에 기여하는 방식이나 메커니즘은 무엇으로 설명되어야 하는가라는 문제가 남는다. 빈약하나마 이제까지의 분석을 통해 드러난 것은 지속적인 소비, 해소되지 않는 갈증을 유발시키는 방법으로 강하게 자극하고 있는 지속적인 소비의 욕구라고 할 수 있다. 소비생활 용품이 아닌 문화마저도 자본주의적 생산양식 속에 편입시키고, 지속적인 소비의 대상으로 만들어버림으로써 소비자본주의의 강화에 기여하고 있는 측면은 부인할 수 없을 것이다.

4. 맺는 말

청소년층이 주요 고객인 현대 대중영화, 비디오게임, 뮤직비디오 등의 새로운 미디어 문화에서 공통적으로 드러나는 것은 사고를 요구하는 담론성의 문화가 아니라 비사고적이고 감각적인 성격이 더욱 강한 문화라는 사실이다. 이 점은 이 문화들이 오락적인 것이어서가 아니라 이전의 오락문화, 놀이문화와 비교할 때 두드러지게 나타나는 특징이다. 그렇다고 새 세대는 이야기를 좋아하는 세대가 아니라고 단정지어 말할 수는 없겠지만 이야기에 대한 선호가 상대적으로 낮은 세대인 것만은 분명한 듯하다. 이야기보다는 이미지를, 지속적인 것보다는 찰나적인 것에 더욱 매력을 느끼고 있는 듯하다. 이런 현상은 전혀 다른 문화적 경험을 해온 세대들을 당황하게 만들고, 그들에게 무엇이 유익하며 유해한 것인가를 판단·선택하는 작업을 어렵게 한다.

이런 관점에서 볼 때 「터미네이터 II」를 둘러싼 영화심의기구와 시민운동단체 간의 공방은 의미심장한 일이었다. 이것은 바로 서로 다른 유형의 극문화 경험을 가진 세대 간 영화 수용에서의 근본적인 차이를 노정하는 사건이라고 생각되기 때문이다. 영화계 로비 등의 가능성을 감안한다 해도 사회·문화 각계각층에서 합리적 인사들을 뽑아 구성했을 심사위원회가 폭력이 난무하는 영화를 청소년 관람가로 판정한 것을 두고 의혹의 시선으로만 볼 일은 아닌 듯하다. 심의위원들의 주장은 주로 영화기술상의 탁월함과 영화의 휴머니즘적이고 권선징악적 메시지를 들어 청소년들에게 보여줄 만한 영화로 판정했다는 것이다. 또한 영화의 해독에는 개인적 차이가 있다. 모든 사람이 영화의 폭력적 장면에만 주목하지는 않으므로 그와 같은 긍정적 메시지가 더욱 감명 깊게 작용할 수도 있다는 것이 또 다른 논점이었다. 이것은 영화계 편을 들어서라고만 볼 수 없고 일리 있는 이야기이다. 최소한 심의위원들의 연령을 짐작하건대, 이야기 문화 속에서 자란 그 세대의 문화적 경험에 비추어볼 때 그들은 영화의 이야기, 메시지에 주로 주목했을 것이다. 그리고 그들 자신이 특별히 보려고 인위적인 노력을 기울이지 않은 이상 유난히 두드러지고 인상적인 몇 개의 폭력 장면을 제외하고는 별달리 폭력 장면에 주목하지 않았으리라고 짐작된다.

반면에 Y 같은 시민운동단체의 종사원들은 대체로 젊은 연령층이기도 하지만 그들의 활동 영역상 청소년들과 일하며 많은 접촉을 갖는다. 그리하여 청소년들이 그런 영화를 어떻게 관람하고 반응하는가를 경험적으로 잘 파악하고 있기에 폭력을 볼거리로 질펀하게 사용하고 있는 영화에 대해 경계를 하게 되고 적극적인 반대운동을 펴게 된 것이라 추측된다. 아마도 심의위원 연령의 세대를 감동시킨 이야기는 청소년들에게는 별로 포착의 대상도 아니었을 것이다. 주로 진기한 특수효과의 장면, 화끈한 폭력 장면 같은 볼거리에 그들은 훨씬 더 재미를 느끼고 오히려 그런 장면이 뇌리에 축적되었을 것이다. 이런 점에서 볼 때도 기성 문화의 관점에서 청소년 문화를 판단한다는 것은 위험한 일이라 생각된다.

영화뿐만이 아니라 모든 문화에서 한결같이 나타나는 감각지향적 측면은 상당히 주목해보아야 할 대목이다. 인간의 감각은 쉽게 싫증을 내고 쉽게 피로해지기 때문에 같은 자극에는 면역되어 심드렁해지기 쉽다. 따라서 어떤 반응을 유도하기 위해서는 끊임없이 더 큰 강도의 것 혹은 좀더 새로운 것을 요구하게 된다. 최근의 영화나 비디오게임에서 폭력물들의 만연과 폭력물들에서 엿보이는 폭력의 점증현상은 그 좋은 예라고 할 수 있다. 청소년들의 정상적인 정서 발달을 위해 우리가 경계해야 할 문제이다. 그러나 분명히 폭력의 문제가 중요한 것이기는 해도 지엽적인 것이라 생각된다. 영상물에서 폭력의 점증현상이 당연히 지속적으로 증가할 것이라고 보기는 어렵기 때문이다. 감각의 변덕성은 언젠가 폭력물이 주는 감각적 즐거움에도 싫증을 내게 되고 다른 종류의, 예컨대 아주 서정적이거나 감상적인 것이 새로운 감각의 자극으로 흥미를 끌게 될 수도 있기 때문이다. 이는 과거 할리우드 영화에서 볼 수 있었던, 서정적인 것과 괴기폭력적인 것의 주기적인 사이클 현상을 통해서도 추측 가능하다.

그보다도 관심을 가져야 할 부분은 감각적·육체적 미학의 문화 발달이 미래의 세대에 갖는 함의일 것이다. 시대적 흐름으로 보이는 이 같은 현상을 도덕적으로 평가하는 것은 무의미한 일이겠지만 후기산업사회의 공통된 문화현상으로 지적되는 이 같은 현상이 두터운 정신문화의 토양 속에 뿌리박고 자랄 때와 척박한 토양 속에 뿌리내려 자랄 때는 그 함의가 전혀 다르리라 생각된다. 두터운 정신문화 속에서는 감각문화의 균형 있는 인간형을 만드는 데 일조할 수도 있겠지만, 우리의 것처럼 얄팍한 정신문화 위에서는 단지 육체의 동물을 양산하는 데 그칠 염려가 다분하다. 작금에 우리 사회가 경험하고 있는 건강식이나 의약품을 둘러싼 일련의 경험은 이러한 우려를 뒷받침해준다. 그렇기 때문에 청소년 미디어 문화의 감각화 현상은 거부반응만 보일 것도 아니지만 대책 없이 방치할 것도 아니다. 중요한 점은 그것의 부정적 측면, 취약한 측면을 보완·보강해줄 수 있는 다른 교육, 다른 활동이 동시에 이루어질 수 있는 환경을 조성하는 일일 것이다.

이것은 청소년 세대에게 확산되어가고 있는 모의문화에 대해서도 마찬가지이다. 모의문화가 사회통제적 차원에서 갖고 있는 함의는 그 문제의 포괄적 성격상 비단 청소년만의 문제가 아니다. 때문에 여기서는 논외로 치더라도 그것이 직접적으로 청소년들의 인성 형성에 작용하는 측면에 대해서만 볼 때도 관심과 대책이 필요하다. 모의문화가 가져오는 역기능 중의 하나는 현실과 비현실 간의 경계가 애매해지는, 현실감의 쇠퇴로 지적되고 있다. 일부 학자들은 청소년 범죄의 증가, 흉포화, 저지른 후의 반성의 결여 등을 이 같은 현실과 비현실 간의 구분감이 점차 부족해지는 데서 오는 것으로 해석하기도 한다. 그렇다고 해서 전자게임 같은 모의문화를 추방할 수도 없을 것이다. 게다가 확대도 막을 길이 없을 것이다. 따라서 이 경우의 현실적인 방안도 부정적 요소를 상쇄할 수 있고 그것을 최소화할 수 있는 다른 활동을 보강하는 쪽에서 찾아져야 할 것이다.

새로 등장한 몇 개의 미디어 문화에 대해 우리가 그렇게 지대한 관심을 가져야 하는지, 게다가 거창하게 대책까지 강구해야 할 것인지 의문이 생길 수도 있다. 문화와 사회의 관계를 어떻게 보느냐에 따라 이 새로운 문화는 변화하는 사회의 한 징후로 볼 수도 있겠고, 혹은 진행되고 있는 사회변화에 작용하는 요인으로 볼 수도 있을 것이다. 그러나 어떻게 보든 간에 이 문화들은 오늘날 지구 문화global culture로 보편화되어 퍼져가고 있으며, 오늘의 청소년 세대와 미래의 변화를 이해할 수 있는 중요한 단서를 제공해주고 있음에는 틀림없다. 결국 이들 문화의 강점이나 문제점에서 청소년 세대들의 강점이나 문제점의 일단을 유추해볼 수 있고, 그 문화의 문제점 해결은 그 세대의 문제 일부를 해소하는 방안이 될 수도 있을 것이다.

그러므로 기성세대의 것과는 엄청나게 다른 이 문화를 기성세대의 문화적 경험에 비추어 좋고 나쁨을 평가하는 일도 위험하다. 게다가 무조건 첨단문화 추구주의 같은 데 휩쓸려서도 안 된다. 평가 이전에 그 자체로서 폭넓게 이해하기 위한 수고를 기울여야 한다. 여기에는 그 문화의 성격에 대한 폭넓은 이해와 함께, 이들 문화가 청소년들에게 수용되는 방식에 대한 관심도 포함된다. 그렇게 해서 이 세대들이 균형 잡힌 인간형으로 성장하는 과정에서의 문제점을 파악한 다음, 그 문제점을 해소하고 약점을 보강해줄 수 있는 다른 활동 놀이문화들을 적극 활용하는 방안들을 찾아야 할 것이다.

4장

전자매체와 청소년 문화
: 전자게임의 경우

전자게임 문화는 20세기 후반에 개발되어 비약적인 발달을 하기 시작한 특수한 문화이다. 여러 가지 수준에서 색다른 경험의 영역을 제공하는 새로운 문화로서 20세기 후반에 들어와 컴퓨터의 보급 확대 이후 확산일로에 있는 여러 가지 새로운 형태의 문화적 현상과 맥을 같이한다. 따라서 전자게임은 단순히 어린이나 청소년 대상의 새로운 놀이가 아닌, 앞으로 우리가 향유하게 될 문화적 틀을 바꾸고 동시에 세상을 인식하고 생각하는 방식에 큰 변화를 가져오는 데 일조할 수 있는 문화라는 측면에서 좀더 깊은 관심이 필요하다. 이는 X세대, Y세대 등 알 수 없는 세대라는 뜻의 신조어로 불렸던 청소년 신세대가 성장 과정에서 보통 처음 접하게 되는 21세기형의 전자문화라는 점에서, 그들의 문화적 환경을 이해하고 그것을 통해 그들의 정신세계가 어떻게 바뀌어가고 있는지에 대한 이해의 폭을 넓히기 위해서도 절실하다고 생각한다.

전자게임 문화의 성격을 알아보기 위해서는 이제까지 있어왔던 국내외의 논의와 더불어 기존의 문화 형식과 구별되는 특징들을 중심으로 살펴보는 것이 필요하다. 간략히 정리해보면 다음과 같은 논점으로 나눌 수 있을 것이다.

첫째, 전자게임은 어린이·청소년들이 사람이 아닌 기계라는 사물과 상호작용을 하며 진행하는 놀이라는 점에서 일단 주목을 받게 되었으며, 그 때문에 우선적으로 교육적 관심사의 대상이 되었다. 어린이들이 사람이 아닌 기계와 고립되어 장시간을 보내고, 혼을 빼앗기다시피 몰입하게 되는 상황은 어린이·청소년들의 정신건강과 더불어 교육적 측면에서 유해성 여부에 대한 논쟁을 불러일으키기도 했다. 무릇 새로운 문화의 등장에는 으레 따르는 저항과 더불어 이 새로운 체험이 줄 수 있는 영향에 대한 진단이 불투명한 상태에 있기 때문이기도 하다.

둘째, 전자게임은 놀이문화로서뿐만 아니라 새로운 영상문화의 체험이라는 점에서도 주목할 만하다. 기존의 영화나 TV 같은 동영상 문화의 연장선상에 있는 것인지, 혹은 르네상스 이후 영화·TV에 이르기까지 주류를 이루고 있는 원근법의 원리에 기반을 둔 영상문화를 변화시킬 수 있는 가능성을 지니고 있는 것인지에 관하여 새로운 관심의 대상이 되기도 한다. 특히 그래픽 기술에 의한 동화상을 이용한 게임에서 진일보하여 영화·TV나 다름없는 동영상을 이용한 게임이 증가하고, 가상현실 기술이 전자게임에 도입되기 시작하면서 이 새로운 미디어 영상문화가 기존의 것들이 지닌 문제점들을 개선할 수 있는 가능성을 지닌 것인지, 아니면 오히려 그것들을 반복하는 역할에 머무르게 될 것인지 관심을 모을 수밖에 없다.

셋째로는, 아마도 가장 커다란 관심을 가져야 할 특징으로 상호작용적인 문화로서의 함의일 것이다. 전자게임은 놀이자와 놀이 프로그램 간의 상호작용을 통해 이루어지는 것이기 때문에 이러한 형태상의 특수성을 바탕으로 해서 대화형 혹은 상호작용적 게임interactive game으로 부르기도 한다. 21세기의 문턱에서 발견할 수 있는 중요한 문화적 변화 중의 한 가지를 든다면 문화물과 문화 향수자 간에 상호작용적인 관계가 성립되는 상호작용적 문화의 등장을 들 수 있을 것이다. 상호작용적 문화는 예전처럼 문화 향수자가 완성된 문화물을 일방적으로 소비하거나 수용하는 수동적인 위치에 서게 되는 것이 아니라 문화물의 생산 과정이라고 할 수 있는 텍스트의 전개 과정이나 공연의 과정에 부분적으로나마 생산자적 위치에서 참여하면서 즐기는 것을 가능하게 해준다. 이것은 문화 향유자를 수동적인 소비자의 역할에서 벗어나게 해줌으로써 문화적 생산과 소비의 경계가 애매해지는 구분해체de-differentiation의 혁명적인 변화의 국면을 열어주는 것으로 간주되기도 한다. 차별화 해체는 바로 포스트모던 문화의 핵심적 특징으로 지적된다.[1]

　네번째는 상호작용적 문화로서 전자게임의 또 다른 주요 속성인데, 하이퍼텍스트로서의 특징이다. 하이퍼텍스트란 인쇄문자에 의해 요구되던 선형적이고 연속성의 원리 위에 구축된 것이 아니라 비선형적이며 자료들의 자유연상 원리 위에 구축된 텍스트를 말한다. 컴퓨터의 등장에 따라 가능해진 이 새로운 형태의 텍스트는 전자게임 같은 놀이문화뿐 아니라 TV 드라마 같은 픽션 극문화에까지 확산되면서 문자문화를 바탕으로 하고 있는 논리적 사고, 정돈된 사고의 틀을 부수고 있다. 이것은 전자게임이 의존하고 있는 주요 언어체인 영상언어

---

1) S. Lash, *Sociology of Postmodernism*, London: Routledge, 1990, pp. 11~15.

역시 문자언어의 논리와는 다른 사고의 틀을 요구한다는 점에서 상호 촉진적인 효과를 만들어내고 있기도 하다.

하이퍼텍스트로서의 절정은 가상현실 게임에서 보게 된다. 이 단계에서는 이제까지 몸과 감각의 제한된 부분만을 이용해서 이루어지던 지식의 습득이나 텍스트의 체험이 다양한 감각과 몸의 여러 부분에 걸친 활발한 사용을 요구하게 된다. 이러한 변화가 정신과 육체의 결합을 통한 새로운 지성을 만들어낼 것인가, 오히려 정신과 육체의 분리를 더욱 강화시키고 여전히 육체의 소외를 불가피하게 할 것인지 중대한 관심사가 되고 있다.

이상의 네 가지 논점을 정리해봄으로써 전자게임의 주요 고객인 청소년들에게 이 새로운 미디어 문화가 끼칠 수 있는 다양한 영향에 대해 짐작해볼 수 있을 것이다. 동시에 21세기 문화의 방향과 21세기적 사고의 틀이 어떻게 바뀌어갈지에 대한 추론도 어느 정도 가능해지리라 생각된다.

1. 전자게임의 발달 과정과 그 종류

(1) 하드웨어

전자오락 게임은 1950~60년대 미국 MIT 학부의 '인공두뇌'교육 과정에서 개발된 것으로 알려져 있다. 군부와 DEC라는 미니컴퓨터 회사의 지원 속에 실험적 단계의 게임이 만들어져 1962년 처음으로 공중에게 소개가 되었다고 한다. 1970년대에 들어서는 아타리Atari 사를 선두로 해서 동전을 넣는 전자오락실용 게임들이 개발되어 시장에 나오게 된다. 초기의 게임은 스페이스 워space war류의 슈팅이나 전자탁구 같은 스포츠가 주류를 이루었다. 아타리 사에 뒤이어 30여 개 회사가 이 분야에 뛰어들면서 1979~81년에는 국제적으로 전파된다.

이보다 약간 늦게 시작되기는 했으나 오락실용 게임과 함께 가정용 비디오게임 역시 개발·보급되기 시작했다. 샌더스 일렉트릭스Sanders Electrics가 홈비디오게임 기술을 발달시킨 주인공으로 1972년 처음으로 오디세이Odyssey라는 홈비디오 기기를 시판하기 시작했다. 이어서 1975년부터는 아타리 사가 소프트웨어를 제공하여 번성하기 시작하다가 1983년 이후 마이크로컴퓨터의 가격이 하락하면서 컴퓨터용 전자게임 소프트웨어가 등장한다. 컴퓨터게임의 보급과 함께 홈비디오게임의 붐은 1983년 이후 한풀 꺾이고 어린이를 상대로 한 싼 가격의 장난감으로 명맥을 유지하게 된다.

이 같은 상황에서 홈비디오게임에 새로운 활력을 불어넣은 것이 일본의 게임업계였다. 이것은 답보 상태였던 컴퓨터게임에도 새로운 활력을 불어넣는 계기를 만들어주었다.

이후 전자게임은 PC통신의 보급 확대와 함께 컴퓨터의 모뎀을 이용한 온라인 전자게임의 다중 플레이가 가능해졌다. 이어 전자게임은 전자오락실의 전자오락 기기를 사용하는 게임, 가정용 게임 기기를 이용한 롬팩Rom Pack, CD팩 등의 소프트웨어 사용형, 컴퓨터를 이용해서 플로피 디스크, 하드 디스크, CD롬 등의 소프트웨어를 사용하는 게임, PC 통신을 이용한 온라인게임, 머드게임 등의 다양한 형태로 보급되었다.

게임의 방식도 기술의 발전에 따라 다양해졌다. 오랫동안 전자게임은 고정된 장소에서 부동의 자세로 조종간이나 기기의 버튼을 조작하는 방식으로 이루어졌다. 그러나 점차 특수효과를 보여주는 다양한 부속 기기가 개발되면서 좌석이 고정되지 않고 전후좌우로 움직여 현장감을 높여주는 기기들이 등장하여 오락실을 중심으로 운영되었다. 또한 가상현실 기술을 응용한 게임 기기들이 나와서 특수안경이나 헬멧을 착용하여 입체감과 현장 참여감을 주는 효과도 발생시킬 수 있게 되었다. 가상현실 기술은 앞으로 게임에 많이 응용될 것으로 보이는데, 그렇게 될 경우 전자게임은 더욱더 특수한 체험을 가능케 하는 수단이 될 수 있다.

(2) 게임 소프트웨어

게임 소프트웨어는 분류 방식이 다양하지만 현재 우리나라에서 행해지는 분류 방식을 따르면 다음의 네 가지 범주로 나눌 수 있다.[2]

① 아케이드 게임

초기 게임은 주로 전투, 그중에서도 공중폭격 같은 공중전투가 많았다. 초기의 게임이 군의 지원을 받았던 인공두뇌 연구로부터 비롯되었기 때문일 것이다. 전자오락실용 게임인 아케이드 게임은 거의 이런 종류의 것이었다. 단순하고 반복적인 조작을 요구하는 게임으로 빠르게 대처하는 감각적 순발력이 무엇보다 중요하게 요구된다. 이 게임은 다음의 세 가지로 분류된다.

슈팅 게임
오락장이나 홈비디오 롬팩류에서 가장 흔히 볼 수 있는 것으로 총을

---

2) 이 분류는 김종엽, 「포스트모던 어드벤처」, 『세계의 문학』 제17호, 1992, p. 267과 기타 전자게임 관련 정기 간행물 등을 참조했다.

쏘아 적을 파괴하는 것이 목적이 되는 게임이다. 「스페이스 인베이더」 「갤럭시안」 등을 들 수 있다.

액션 게임

복합적인 키보드 조작을 통해서 캐릭터의 다양한 움직임을 만들어 내는 게임으로 「돔」을 비롯해 자동차 및 오토바이 경주 게임 등이 여기에 속한다.

대전형 아케이드

액션류에 속하지만 주로 일대일의 대결 상황에서 주먹이나 무기를 동원해서 육박전으로 적을 폭격해 무찌르는 게임들로 「스트리트파이터」 「문워커」 「닌자 거북이」 등이 있다.

② 어드벤처 게임

소설과 가장 유사한 형태로서 주인공의 모험을 중심으로 전개된다. 진행 중 퍼즐·미로 등을 풀어나가고, 감춰진 물품을 찾거나 질문에 답함으로써 진행이 가능해지거나 신속하게 전개될 수 있다. 「미스트 Myst」 「왕의 탐험King's Quest」 「인디애나 존스」 「고블린Goblin」 등이 여기에 속한다.

③ 롤플레잉

어드벤처 게임과 잘 구별이 되지 않으나 주인공이 특정한 능력을 학습하는 과정이 중시된다. 따라서 사용자의 판단이나 행동에 따라 내용의 전개가 바뀐다. 「얼티마 시리즈」 「셜록홈스」 등이 이에 속한다.

④ 시뮬레이션 게임

등장인물의 액션보다 지적 능력이 판단력에 더 의존하는 게임으로
다음과 같이 분류될 수 있다.

모의 조종 시뮬레이션

시뮬레이션의 최초 형태로서 비행기 조종을 위한 연습용 프로그
램에서 출발하여 자동차, 전투기, 우주선, 탱크 등 다양한 형태로 발
전했다. 화면상에는 조종하는 주체는 나타나지 않고 계기판과 전방
의 공간만이 보이므로 실제로 조종석에 앉아 있는 듯한 느낌을 준다.
「F15 스트라이크 이글」「M60」 등을 들 수 있다.

전략 시뮬레이션

실제로 수행이 불가능한 군사작전을 도상에서 수행해본다는 필요
에서 등장한 것인데, 게임자가 절대권력을 지니고 많은 정보를 쥔 채
상황을 지켜보며 자신의 신하들을 움직여 컴퓨터 또는 다른 경기자와
전쟁을 하는 형태이다. 「삼국지」「V-빅토리」 등이 여기 속한다.

건설 시뮬레이션

주로 미국에서 많이 개발된 것으로 전쟁이 아닌, 도시 건설이나 기
업 경영, 테마 파크 경영 등을 실제와 비슷하게 수행하는 것으로 「심
시티Simcity」「듄 2」「아웃포스트」 등이 있다.

최근에는 전략 시뮬레이션과 건설 시뮬레이션 등이 혼합된 형태의
게임이 많이 출시되고 있다.

스포츠

스포츠 게임은 초기에는 아케이드 형태의 단순조작을 반복하는 형태가 많았으나 점차 아케이드 형태에서 벗어나 구단을 직접 경영한다든지, 팀을 구성하거나 선수의 능력을 편집하는 시뮬레이션적 요소가 가미되었다. 화상기술이 발달하면서 유명 스포츠 스타의 모습을 그대로 흉내 낸 그래픽들도 선보이고 있다. 예컨대 「NBA 농구」 「FIFA 축구」 「월드컵 게임」 등이 있다.

퍼즐게임

도형 맞추기나 장기, 바둑, 체스, 카드나 화투 등을 컴퓨터게임으로 만든 것으로 「테트리스」 「배틀 체스」 「포커 게임」 「크로스 워드」 등이 있다.

2. 놀이로서의 전자게임: 교육적 관점

(1) 긍정적 입장

전자게임은 어린이들로서는 인공지능과 상호작용하는 최초의 경험이 된다. 같은 동영상이지만 TV나 영화와 달리 놀이자가 단순히 화면에 등장하는 것을 관찰하는 역할에 머물지 않는다. 화면에 등장하는 것은 전적으로 컴퓨터에 의해 결정되는 것이 아니라 놀이자의 작동에 따라 영향을 받는다. 사전에 이미 완성되어 있어서 기껏해야 능동적인 독해 정도를 요구하는 텍스트들인 책, 극영화 같은 것과 달라서 여기서는 사용자의 개입이 필수적이며 이것이 기존의 문화와 구분되는 점이라고 할 수 있다. 이러한 특성들을 바탕으로 해서 일부 심리학자들은 전자게임을 긍정적으로 평가하고 있는데, 그 근거들로는 인지적 발달에 효과가 있다는 점, 영상언어의 습득을 도와준다는 점 등이 제시되고 있다.

① 인지적 발달에 대한 효과

전자게임은 특히 아케이드 게임류의 경우 눈과 손의 조정 작업에 의한 감각운동 훈련을 시켜주기 때문에 운동선수, 파일럿 지망생 같은 감각적 순발력을 필요로 하는 직업인들에게는 매우 유용한 것으로 알려져 있다. 우리나라에서도 자동차 운전면허시험을 준비하는 사람들이 실기 모의연습용으로 시뮬레이션 게임을 활용하고 있다. 같은 이유로 신체 부분 간의 통합 조정의 문제를 가지고 있는 신체 마비자, 반신불수의 어린이, 뇌손상자, 화학요법 치료 중의 암환자 등에 대한 치료에도 많은 도움이 된다고 한다. 일부 심리학자들은 피아제Jean Piaget의 이론을 근거로 해서 이 같은 감각운동의 기술이 인지적 발달의 기초가 될 수 있다고 주장한다.[3]

② 영상언어 체계의 습득

전자게임은 자라나는 어린이들에게는 중요한 동적 영상의 접촉 기회로서 '시각-공간적 기술'을 연마할 수 있는 기회를 제공한다. 즉, 하나 이상의 다양한 시점에서 오는 동적인 시각 정보들을 통합, 조정, 처리할 수 있는 능력이 그것이다. 또한 화면의 세계는 3차원의 공간을 2차원의 공간으로 나타내준 것이므로 그렇게 변형시키는 관습들을 해

---

3) P. M. Greenfield, *Mind and Media*, London: Fontana, 1989, p. 96.

독해낼 수 있는 능력, 물체 간의 공간적 관계, 부분과 전체 간의 관계를 시각적으로 감지해내는 능력 등이 그것이다.[4]

물론 이 같은 경험은 영화나 TV의 영상 체험을 통해서도 얻어지는 것이기는 하다. 그러나 전자게임의 경우는 주어지는 영상 정보를 단지 해독하는 데 그치지 않고 재빨리 적절한 반응을 요구하는 것이기 때문에 그러한 능력의 연마가 훨씬 더 효율적으로 이루어질 수 있다. 즉 시각적 기억력의 촉진에서 다른 영상매체보다도 유리하며, 예측 능력, 조합 능력을 훈련시켜주어 논리적 결합력, 추리력, 분류 능력의 연마에도 훨씬 더 유리할 수 있다. 게임 과정에서 동시에 다양한 공간적 환경에 대처해가고, 수시로 사방에서 몰려오는 온갖 장애물에 신속히 대처해나가는 훈련을 계속해나가면서, 세계는 단순체계가 아니라는 점을 습득하게 되고, 다양한 상호작용적 변수들을 다루는 방법을 배우는 훈련이 될 수도 있기 때문이다. 그러므로 전자게임은 영상 언어체계를 습득하는 데 좋은 훈련 도구가 되는 셈이다.

보통 어린이들이 전자게임에 입문하게 되는 연령이 7~12세인 점을 감안하면 이는 중요한 의미를 가진다. 인간 사고의 심층구조는 사용하는 언어체계의 영향을 강하게 받는데, 이 같은 심층구조가 형성되는 것은 대개 7~12세로 알려져 있다. 12세 이후의 연령층이 보통 게임에 굼뜬 편인데, 그들의 심층구조가 이미 문자언어와 정지 영상을 바탕으로 한 언어체계에 따라 형성되었기 때문이라고 할 수 있다. 현재의 지배적인 언어체계는 문자언어 체계인데, 미래의 정보 시스템은 영상 의존도가 높아지게 되므로 영상언어 체계로의 입문은 불가피하다. 그런 의미에서 본다면 게임의 경험은 유용한 것이 될 수 있다.

---

4) 같은 책, p. 104; L. Haddon, "Interactive Games," in P. Howard & T. Wollen(eds.), *Future visions: New Technologies of the Screen*, London: BFI, 1993, p. 138.

(2) 부정적 입장

① 게임의 문화적 형태와 관련된 비판

그럼에도 불구하고 전자게임에 대한 비판과 저항이 만만치 않은 것도 사실이다. 가장 큰 저항은 중독에 가까운 습관성을 유발한다는 것과 공격심이 생기고 사회적 고립성을 조장함으로써 결과적으로 어린이들의 일탈적 행위를 유발할 위험이 있다는 주장에서 나온다.

중독과 습관성

중독에 가까운 습관성은 게임의 구성 방식 자체에서 온다. 초기 단계 게임의 대부분과 어린 나이의 청소년들에게 인기 있는 대중적인 게임은 대개 액션, 슈팅 같은 아케이드 게임류이다. 이런 게임의 특징은 천천히 오래 생각하기보다는 반사적으로 빨리 반응하는 감각적 순발력을 요구한다. 모든 감각적 경험이 그렇듯이 습관성에 빠지기 쉬운데, 여기에 중첩되어 이런 종류의 게임은 끊임없는 실패를 반복하는 경험이라는 점이 중독에 가까운 습관성을 유발하게 된다는 것이다. 게임은 순발력 있게 대처해나가도 번번이 실패해서 처음부터 새로 시작해야 하기 때문에 수없이 많은 기술을 연마해야 가까스로 한 단계를 끝내는 데 성공할 수 있다. 게다가 각 게임은 여러 단계가 있고, 단계가 높아질수록 어려워지기 때문에 실패의 빈도는 잦아진다. 도달점이 있는 게임도 있지만 무한히 다른 단계가 계속되는 게임도 많다. 그 어느 것이든 수없이 많은 실패를 경험하게 되는데, 실패는 성공했을 때의 완성감이나 성취감이 없어서 꺼지지 않는 갈증을 유발하기 때문에 중단하기 어렵고 계속 반복하게 마련이므로 특히 자제력이 없는 어린이의 경우는 게임기로부터 떼어놓기가 쉽지 않다. 게다가 웬만큼 게임에 익숙해져버리면 싫증이 나서 새로운 게임으로 옮겨가게 마련이므로 끝까지 가게 되지도 않는다. 이처럼 이 놀이는 필연적으로 영원한 실패(도달점에 이르지 못하고 계속 다시 시작해야 하는 것)의 반복일 수밖에 없기 때문에 꺼지지 않는 갈증만을 유발시킨다. 그래서 한번 시작한 전자게임은 좀체 중단하기가 쉽지 않다. 또한 모든 감각적인 경험이 그렇듯이 반복적으로 경험하면 곧 싫증을 내게 되어 자꾸 새롭고 좀더 자극적인 것을 계속 찾게 마련이다. 그래서 끝까지 가보지도 못한 게임들을 산더미처럼 쌓아두고도 아이들은 새로운 게임팩을 계속 갈구하게 되는 것이다. 이것은 단순히 습관적일 뿐 아니라 말할 수 없이 소비적인 놀이가 될 수도 있다. 끊임없이 소비 욕구를 자극해서 문화 자체를 지속적인 소비의 대상으로 만드는 것이 이 새로운 컴퓨터 영상문화의 문제점으로 지적된다.

시뮬레이션 게임이나 어드벤처 같은 것은 슈팅보다는 게임자의 생각과 선택이 더 요구되고 감각적 순발력은 덜 요구되는 것이 사실이다. 그러나 이런 종류의 게임들과 아케이드 게임 방식이 결합된 빠른 순발력을 요구하는 게임이 점점 더 늘어나는 추세이고, 그것이 인기 종목이 되어가고 있기 때문에 스피디한 순발력은 점차 게임의 전반적인 특성이 되어가고 있다고 볼 수 있다. 따라서 습관성과 중독성의 위험은 게임 전반에 걸쳐 적용되는 근심거리가 되고 있는 것이다.

공격성과 사회적 고립성

공격성과 사회적 고립성에 대한 우려도 높다. 근본적으로 인간들 사이의 사회적 상호작용이 아닌, 혼자서 기계와 노는 게임은 반사회적 성향을 조장할 수 있다는 주장이다. 청소년들이 대인적 기술을 발달시켜야 할 나이에 고립되어 홀로 하는 놀이에 탐닉함으로써 사회적 능력이 약화될 위험이 있다는 것이다. 또한 친구들과 어울리는 사회적 상호작용을 통해 자기통제력과 갈등의 해소 능력을 키울 수 있다면, 혼자 노는 게임은 반대로 공격성을 자극할 수도 있으며, 자기중심적이게 만들고 사회성을 떨어뜨릴 수도 있다는 것이다. 예컨대 둘이서 하는 권투게임 같은 것은 공격심을 해소시켜주는 카타르시스적 해방효과를 주지만 혼자서 하는 놀이는 사회적 상호작용의 결여로 인해 공격심을 오히려 자극한다는 연구 결과들이 발표되고 있다. 또한 「스페이스 인베이더」나 「로드러너」같이 폭력적 내용의 게임과 그렇지 않은 게임을 가지고 5세 어린이를 대상으로 실험해본 결과 똑같이 공격성을 유발하는 것으로 나왔다고 한다.[5] 즉 게임이 유발하는 공격성은 폭력적인 내용의 게임에만 국한되지 않고 그렇지 않은 게임에도 해당된다는 사실이다. 공격성의 정도를 측정할 수 있는 실험은 아니었기에 폭력적/비폭력적 내용 모두 혼자 하는 게임의 경우 공격성을 유발하는 것으로 결과가 나왔을 뿐 이 둘 사이의 공격성의 정도 차이는 구분되지 않았다. 하지만 물론 폭력적인 내용의 경우가 더욱 위험할 것은 짐작 가능하다.

현실감의 쇠퇴

게임이 인공지능과 인간 사이에 상호작용이 이루어지는 매체라는 점에서도 우려가 생겨난다. 상호작용적인 매체라는 특성은 교육적으로는 우수한 장점이 되어 능동적인 학습자로 만들어주고 상상력을 촉발시켜주기도 한다. 그러나 이런 형태가 현실과 비현실 간의 구분감

---

5) P. M. Greenfield, *Mind and Media*, p. 92.

을 쇠퇴시킬 수 있다는 것이 염려스러운 점으로 지적된다. 게임의 세계는 대부분 이야기가 있는 픽션의 세계와 같다. 영화나 TV 드라마보다는 단순화되어 있으나 이야기의 얼개를 가지고 있다. 시뮬레이션이나 어드벤처의 경우는 더욱 그렇다. 영화나 TV의 경우와는 다르게 화면의 시각적 행동이 컴퓨터에 의해 일방적으로 결정되는 것이 아니고, 놀이자의 능동적 개입이 이루어질 수 있는 상호작용의 가능성을 제공한다. 따라서 그것은 현실과 단절되어 있는 픽션의 세계가 아니라 현실과의 사이에 상호작용이 이루어지는 세계이다. 픽션은 컴퓨터에 프로그램화되어 있는 세계이지만 놀이자의 개입에 따라 그 진행양상은 다양하게 바뀔 수 있다. 물론 이 변화의 가능성 역시 컴퓨터에 프로그램화되어 있는 한도 내에서지만, 최소한 놀이자로서는 그 자신이 그 세계를 통제해나가고 있는 듯한 착각을 불러일으키게 해주기에 충분하다.

실제 어린이·청소년들이 컴퓨터에 대해 느끼는 매력의 1차적인 이유도 "TV는 제멋대로이지만 컴퓨터는 똑같이 실감나는 영상을 보여주면서도 보는 사람의 조작과 통제가 가능하기 때문"이라고 알려져 있다. 이러한 경험의 지속과 반복은 자연히 현실과 비현실 간의 구분감을 쇠퇴시킬 수 있다. 근본적으로 픽션의 세계에 속하는 컴퓨터 화면의 영상과 현실세계의 놀이자(혹은 조작자) 사이의 상호작용을 바탕으로 해서 이루어지는 행위이기 때문에 현실과 픽션의 혼동이 일어나기 쉽기 때문이다.

현실과 비현실 간 구분감의 쇠퇴는 결과적으로 컴퓨터 세계에서 경험한 것 같은 자유로운 조작이 현실에서도 가능한 것으로 착각을 일으키게 될 위험을 내포하고 있다는 점에서 중요한 문제로 지적될 수 있다.

② 게임의 내용과 관련된 비판

이상이 전자게임의 문화적 형태의 특수성에서 비롯되는 문제점이라면, 시장에 가장 많이 보급되어 있는 주류를 이루는 게임의 내용과 관련한 문제점들도 여러 가지 지적되고 있다.

폭력성과 선정성

가장 많이 지적되었던 문제가 폭력성과 선정성일 것이다. 이것은 전자게임 고유의 문제만은 아니고, 영화·TV와 관련해서 지난 수십 년 동안 줄기차게 지적되었던 점이기도 하다. 그러나 전자게임은 같은 폭력성과 선정성의 내용이라 하더라도 기존의 영상매체와는 다른 차원을 갖는다. 이는 그 같은 내용물들이 전자게임의 상호작용적 혹은 대화형 매체라는 문화적 특성과 결합됨으로써 비롯된다. 앞에서 지적한 것처럼 상호작용성이 가져올 수 있는 현실/비현실 간의 구분감이 혼돈스러울 수 있는 게임의 세계에서 폭력과 외설적인 내용으로 가득한 프로그램의 반복적인 경험은 청소년들로 하여금 픽션의 경험을 현실에서 흉내 내고자 하는 충동을 조장할 수 있는 가능성이 크다는 점에 주목하지 않을 수 없다. 일방적이 아니라 상호작용이 가능한 컴퓨터는 예전에 영화나 TV의 경험이 야기될 수 있는 모방효과보다 그 강도가 훨씬 커질 수밖에 없을 것이기 때문이다.

물론 그것이 모든 경험자에게 모방효과를 가져온다고 할 수는 없다. 하지만 감성적·환경적 요인이 모방을 부추기는 것일 때 그 영향력은 이제까지의 그 어느 매체보다 강렬한 것이 될 수 있다. 특히 인성이 제대로 확립되지 않은, 형성 중에 있는 청소년들에게는 원래 성인에 비해 현실과 픽션, 혹은 비현실 간의 구분이 약하다는 점을 감안하면 문제는 더욱 심각해진다. 그렇다면 이 같은 문화는 그와 같은 병리적 현상을 더욱 부추기는 작용을 한다는 비난을 면하기 어렵다.

성차별성

내용 면에서 지적되는 또 다른 문제점은 성차별적이고 가부장적 가치로 가득 차 있다는 것이다. 유치원생에서 대학 신입생에 이르기까지 2천여 명을 조사한 연구 결과, 전자게임은 그 내용이 여자 아이들보다는 남자 아이들에게 더 적합한 놀이라는 인식을 가지고 있음을 밝혀냈다. 또한 조사 대상이 된 어린이들 중 전자게임이 신장시켜주는 능력(시각적·공간적 표상 능력) 면에서 10~11세 전후의 남자 아이들이 여자 아이들보다 월등함을 발견할 수 있었다. 이 연구는 전자게임의 대부분이 남자 어린이 청소년을 주 소구 대상으로 삼고 있으며, 백인·남성·중산층 마초 스타일의 '남성다운' 인물을 긍정적인 인물 유형으로 채택하고 있기 때문에 그러한 현상이 발생하는 것이며, 결과적으로 남성 지배의 사고를 조장시킨다는 점을 지적하고 있다.[6] 그런데 그보다 더욱 심각한 것은 여자 아이들의 경우는 폭력적이고 공격적인 내용으로 가득한 전자게임에 대한 선호도가 낮기 때문에 그 같은 내용의 범람은 여자 어린이들을 컴퓨터에서 멀어지게 만든다는 점이다. 전자게임은 어린이들에게는 컴퓨터 세계로의 진입점이다. 컴퓨터가 모든 사회활동의 주요 수단이 되는 21세기 시점에서 볼 때 여자 아이들이 남자 아이들에 비해 컴퓨터에서 멀어짐으로써 훨씬 불리한 위치에 놓이는 것이다.

---

6) L. Haddon, "Interactive Games," p. 139.

소비문화로의 통로

마지막으로 지적되는 문제는 전자게임이 중심적인 역할을 하게 되는 현재의 오락산업 구조상의 특성과 관련되어 있다. 전자게임은 어린아이들이 소비문화에 길들여지는 주요 계기가 된다. 오늘날 전자게임은 독립적으로 존재하지 않는다. 우선 게임의 소재나 얼개 자체가 기존의 영화나 TV 프로그램, 만화, 동화 등에서 차용되는 경우가 대부분이다. 반대로 「슈퍼마리오」 같은 게임의 경우처럼 전자게임에서 차용된 소재로 TV 시리즈 프로그램이나 영화가 만들어지기도 한다. 그밖에도 티셔츠, 장난감, 만화책, 과자, 학용품 등의 관련 상품들이 생산되어 시장에 나오며 게임의 비법 같은 것을 수록함으로써 전자게임의 판매 촉진에 결정적인 역할을 하는 게임 전문 잡지 같은 것들도 제작 판매된다. 이 잡지들은 요즈음에는 자체 판촉을 위해서 다양한 게임팩이나 CD롬을 보너스로 끼워 판매함으로써 게임 프로그램이 판촉물의 역할을 하기도 한다.

이처럼 전자게임은 일종의 네트워크를 이루고 있는 문화산업의 슈퍼시스템 구조 속에 일찍이 어린이를 소비자로 포섭하는 효과적 수단이 된다.[7] 모든 연령, 계층, 경제적 배경의 정도에 상관없이 동전 한 닢으로 오락실의 게임을 즐길 수 있으며, 만화책이나 과자를 살 수 있고 그보다 어린 경우에도 티셔츠 정도는 입게 된다. 그러므로 빈곤층의 어린이조차도 당당히 이 상업적 네트워크의 일원으로서 거대한 문화산업의 그물망을 효과적으로 가동시키는 데 참가시켜 소비문화에 길들이는 것이다. 따라서 전자게임은 어린이들을 소비문화에 편입시켜 길들이는 통로가 된다.

---

7) M. Kinder, "Supersystem Video Game Movie Genre," in *Playing with Power*, ch. 5, Berkeley: University of California Press, 1992.

3. 영상문화로서의 전자게임

영상처리 기술의 발달에 따라 전자게임은 '화상graphic image'을 이용한 것뿐 아니라 점차 '영상photographic image'을 이용한 것이 증가하고 있으며, 가상현실의 기술을 이용한 게임도 등장하였다. 이 같은 발달 과정이 기존의 영상문화가 지향해왔던 것과 같은 방향으로 가고 있는가 혹은 그것을 극복해가고 있는가 하는 점이 흥미로운 문제이다.

전자게임은 초기에 컴퓨터 그래픽 기술을 이용한 화상으로 만들어졌다. 그 화상들은 유연성이 떨어지고 구상적이기보다는 합리화된 추상성에 가까웠다. 그래서 한동안은 전자게임이 독특한 화상문화를 이룩해가고 있는 것으로 추측되기도 했다. 그러나 그 변화의 추이를 지켜보건대 화상기술의 발달과 함께 게임의 화상은 최대한의 구상성과 현실감을 진작시키는 방향으로 변화해온 것을 알 수 있다. 최소한 현 단계에서 세련된 기술로 제작된 게임의 화상들은 데카르트적 공간 개념, 객관적 리얼리즘, 단선적 원근법에 의존하고 있다. 새로운 미디어로서 새롭게 발달된 기술을 활용한 화상들이지만 르네상스 이후 오늘날까지 전개되어온 이미지 문화가 지향해온 방향을 그대로 답습하고 있는 셈이다.

이후 획기적으로 발달한 화상처리 기술은 사진 영상으로 게임을 제작할 수 있게 만들었다. 즉 몇 가지 주요 등장인물과 그들의 몇 가지 기본 동작을 동사진 영상으로 촬영한 다음 여기에 그래픽 기술을 접목시킨 '로토스코핑rotoscoping' 방법을 이용하여 원하는 상황을 동사진 영상으로 손쉽게 재현해낼 수 있게 된 것이다. 그 결과 게임 화면은 영화나 TV 화면과 흡사해졌고, 상호작용적 혹은 대화적 드라마나 영화 같은 면모를 보이기 시작했다. 오늘날 상당수의 게임이 실제로 영화 제작과 동반해서 이루어지기도 한다. 영화 시나리오와 함께 그것을 게임으로 재구성한 게임 시나리오가 만들어지고, 영화 촬영과 동시에 게임 제작을 위한 촬영도 이루어지며, 영화의 편집 단계와 흡사한 그래픽 처리 과정을 통해 새로운 게임이 만들어지는 것이다.

이와 같은 동영상 게임으로 등장한 것이 「매드 독 맥그리Mad Dog McGree」나 「언더 더 킬링 문Under the Killing Moon」 같은 프로그램들이다. 전자의 경우는 아케이드 액션 게임 방식이 접목된 것이나 후자의 경우처럼 롤플레잉이나 시뮬레이션 기법이 접목된 게임의 경우는 영화, TV드라마와 아주 유사하다. 더불어 차세대 타입의 드라마로 주목받으며 등장하고 있는 '대화형 드라마'와 이런 종류의 게임 사이에는 외형상으로 구분이 되지 않을 정도이다.

이제 전자오락실에 가상현실 기술을 이용한 게임이 등장했다. 이미 세계적인 인기를 끌고 있는 「둠」과 그것의 툴tool로 만들어진 많은 '1인칭 시점형' 게임들이 기존 형태와 가상현실 게임의 중간 형태라고 볼 수 있다. 가상현실 게임은 놀이자가 게임기의 단추나 마우스를 움직여가며 게임 속의 대상 인물을 조종하는 형태가 아니라 놀이자 자신이 직접 게임 주인공이 되어 실제로 게임 속으로 이동하여 게임 속에 등장하는 인물들과 만나 직접적으로 상호작용할 수 있다. 여러 명의 게임자가 동시에 참여할 수도 있다. 게임자들은 아이폰eyephone, 데이터 글러브data glove, 보디슈트bodysuit 등 특수안경, 장갑, 옷 같은 기구의 도움으로 게임 세계 속에 들어가고 소리와 여타의 감각적 정보들을 인지한다.

그렇다면 가상현실 기술은 완전히 대안적인 현실 개념을 만들어주고 우리가 세계를 인식하는 방법을 전적으로 바꾸어줄 수 있는 것일까? 이런 의문에 대한 흔쾌한 답변은 아직 시기상조인 것 같다. 왜냐하면 최소한 가상현실이 만들어 보여주는 세계의 모습은 기존의 영상문화의 그것과 근본적으로 동일해 보이기 때문이다. 예컨대 이것은 데카르트적 공간 개념, 객관적 리얼리즘, 단선적인 원근법에 기초해서 세계를 표상해준다.

한편 기존 영상문화의 지배적인 공간구성 방식인 원근법 역시 르네상스 이후 부르주아 문화의 대표적인 문화 산물로서 중요한 이념적 기능을 담당해온 것으로 볼 수 있다. 원근법은 단순히 눈에 보이는 대로 구축한 공간재현의 방식이 아니라 모든 사물을 하나의 시점에서 파악하도록 유도하고 특정 시점에서 파악된 사물의 모습을 사물의 진실, 현실 그 자체로 인식케 하는 공간구축 방식이다. 따라서 이는 부르주아 산물 문화에서 리얼리즘이 담당해왔던 것과 똑같은 주체구성의 효과를 이루어내는 지극히 이념적인 공간구성의 방식이었다고 할 수 있다. 그런데 고도의 세련된 첨단기술을 활용한 21세기의 영상문화라는 가상현실의 영상은 기존의 영상문화의 지배적인 공간구성 방식인 원근법을 충실히 재현해내고 있는 것이다.[8] 그러므로 데카르트적인 이원론과 공간 개념에 기반하고 있으며, 원근법적 공간구성의 원리를 가진 가상현실은 기존의 현실인식 방식을 반복할 뿐이므로 여기에 어떤 변화를 야기하고 있다고 보기는 어렵다. 그러나 현 단계에서 가상현실의 방법이 사용되고 있는 양상에 기초해 가상현실 기술을 평가한 것이며, 이것이 가지고 있는 잠재력에 대해서 단언할 수 있는 단계는 아닌 듯하다. 이것을 사용하기에 따라서는 이제까지의 체험과 전혀 다른 대안적 현실을 만들어낼 수도 있기 때문이다. 결국 문제는

---

8) S. Pryor & J. Scott, "Virtual Reality, Beyond Cartesian Space," in *Future Visions*.

앞으로 이 기술을 어떻게 사용하느냐에 달렸다고 볼 수 있다.

4. 상호작용적 문화로서의 전자게임

전자게임은 놀이자와 놀이 프로그램 사이의 상호작용을 통해 이루어지는 것이기 때문에 대화형 혹은 상호작용적 게임으로 부르기도 한다.

컴퓨터의 등장 이후 확산되기 시작한 문화적 변화의 하나로 문화물과 문화 향유자 간에 상호작용적인 관계가 성립되는 상호작용적 문화의 등장을 들 수 있을 것이다. 상호작용적 문화란 예전처럼 문화 향유자가 완성된 문화물을 일방적으로 소비하거나 수용하는 수동적인 위치에 있게 되는 것이 아니라 문화물의 생산 과정이라고 할 수 있는 텍스트의 전개 과정이나 공연의 과정에 부분적으로나마 생산자적 위치에서 참여하면서 즐기게 되는 현상을 말한다. 따라서 이런 형태의 문화에서는 문화 향유자의 생산적인 참여를 통해 문화물의 완성이 이루어진다. 대표적인 예가 전자게임과 새로운 형태의 극문화이자 내러티브 문화라고 볼 수 있는 '하이퍼드라마,' 일명 '대화형 드라마'라고 불리기도 한다. 하이퍼드라마는 아직 폭넓게 보급이 이루어지지는 않았지만 차세대 드라마 형태로 주목받고 있다. 요즈음의 게임은 초기 단계처럼 그래픽 화상을 이용한 것뿐 아니라 영화나 TV의 영상을 그대로 게임에 차용하고 있는 것들도 속속 등장하고 증가 추세에 있는데, 이런 전자게임의 경우는 하이퍼드라마와 상당히 유사해 보이기도 한다.

나날이 새로워지는 컴퓨터의 신기술들이 활발히 쓰이고 있는 전자게임의 경우, 놀이자와 기계 간의 상호작용성은 놀이 전개상의 변화를 가져다주는 것으로 단순히 주어진 대로 따라가기만 하는 수동적인 경험이 아니다. 각 놀이자는 자신의 선택과 기량에 따라 서로 다른 텍스트를 체험하게 된다. 따라서 비록 프로그램화된 대로라고는 하지만 부분적으로 텍스트의 생산에 참여하는 것이라고 할 수 있다. 물론 이것을 새로운 형태의 소비 방식으로 볼 수도 있다. 그러나 사전에 완성된 텍스트를 해독하는 방식의 소비와 비교해볼 때 내용의 전개 방식, 등장인물의 선택 같은 것이 사용자에게 주어짐으로써 사용자는 텍스트에 대해서 상당히 생산적인 통제력을 지니게 되는 셈이다. 가상현실 기술을 활용한 게임에 이르면 이 상호작용의 폭은 더욱더 확대될 수 있을 것이다.

오늘날 이 같은 문화적 변화를 야기하고 있는 동인은 참여민주주의의 발달에서 볼 수 있는 것처럼 모든 정책 결정 과정과 사회적 문제의 해결에 대한 시민들의 참여 욕구와 문화적인 자기실현의 욕구가 증가하고 있는 데서 찾을 수 있을 것이다. 대의정치에 만족하지 못하고 있는 시민들이 여러 형태의 시민운동이나 유사한 방법으로 정책 결정 과정에 직접적인 영향을 미치고자 하는 사회의 전반적인 변화가 확대되어가고 있다. 오늘날 문화적 욕구 역시 단순히 만들어진 완제품을 수동적으로 감상하는 것만으로는 충족되지 않는 듯하다. 시민들의 문화에 대한 자기실현의 욕구가 팽배해지면서 다양한 방식으로 문화물의 소비자에서 생산자적 위치로 옮겨가고자 하는 문화적 현상들을 심심치 않게 목격하고 있다. 노래방 문화의 폭발적인 발달이나 전쟁영화의 수동적인 감상자의 위치에서 벗어나 게임의 형태로나마 창조적으로 실현해보고자 하는 서바이벌 게임의 등장 같은 것이 우리 주변에서 쉽게 확인할 수 있는 예이다. 이 같은 문화 욕구가 바로 구분 해체현상을 촉진시키고 있는 것이라 볼 수 있다. 그리고 그것을 가능하게 해주고 있는 것이 전자기술과 컴퓨터의 발달이다. 전자게임, 하이퍼드라마 같은 상호작용적 매체문화의 발달 역시 이 같은 사회적·문화적 욕구의 변화에 부응하고 있는 것이라 할 수 있다.

5. 하이퍼텍스트로서의 전자게임

상호작용적 문화로서의 전자게임이 가지고 있는 또 다른 주요 속성은 하이퍼텍스트로서의 특성이다. 하이퍼텍스트는 자료들 간에 유기적인 연결망을 구축함으로써 다양한 아이디어의 결합을 시도하는 정보 조직의 방식이다. 컴퓨터에 의해 가능해진 것으로 결국 새로운 글쓰기 방식이라고도 할 수 있다. 하이퍼텍스트적 요소가 많이 가미된 게임일수록 게임 텍스트의 상황 전개에 매순간 개입하여 선택하고 결정할 것을 요구받는다. 이런 상황에서는 텍스트의 의미구축과 전개에서 생산자의 절대적인 위치가 쇠퇴하고, 사용자의 재량에 의한 통제의 폭이 커진다. 동시에 요구되는 사고처리의 방식도 논리적 단계의 규범에서 벗어나 직관적인 비약과 창의적인 조합의 역량이 더욱 요구된다. 이 새로운 사고처리 방식은 아직 적절한 용어를 가지고 있지는 않지만 이제까지의 지배적이었던 논리적 사고와는 전혀 다른 것이라는 점에서는 동의가 이루어지고 있는 듯하다.

하이퍼텍스트로서만이 아니라 전자게임은 주로 영상언어에 의존한다는 점에서 이제까지 문자문화가 떠받쳐왔던 논리적 사고의 쇠퇴를 가속화하는 역할을 하고 있다. 구디와 와트에 따르면, 논리의 기원은 알파벳 문자양식의 결과로 볼 수 있으며, 고대 그리스 시대의 문어적 담론의 발명으로부터 유래한다. 그들은 처음으로 폭넓게 확산된 알파벳 문화 시대에 "논리"의 아이디어(불변적이며 비인칭적인 사고의 과정을 요구하는 담론의 양식이라고 할 수 있는)가 등장했다는 사실에 주목하며, 논리적·인과론적 사고의 틀이 문어양식에서 비롯되었음을 암시한다.[9] 영상언어는 문자언어와 같이 엄격한 사용의 규칙인 문법이 없고 또 구성요소들 사이의 논리적 연결을 이루어줄 다른 수단도 가지고 있지 않다. 그러므로 그 연결은 해독자가 '유사성'의 원칙에 따라 다분히 자의적으로 이루어진다. 따라서 영상의 해독은 자연언어와 달리 선형적이며 인과적이며 분석적인 해독(단어-절-문장-문단)의 과정을 거치지 않고 구조화된 전체로서 총체적으로 파악하게 되는 과정을 거친다. 여기서 삼단논법적인 연역적 방식은 요구되지 않는다. 이 점은 게슈탈트Gestalt 이론에 의해서도 뒷받침되고 있다. 이 이론에 따르면 우리의 시지각은 부분들을 축적적으로 파악하지 않고 그 부분들 사이의 관계에 의해 구축되는 구조화된 전체로서 파악한다는 것이다.

이렇게 그때 작용하게 되는 구조적 '틀'은 다분히 문화적으로 형성되지만 구조적으로 파악하는 시지각의 메커니즘은 생득적인 것(시지각의 선유경향)으로 간주된다. 즉 영상언어는 불변적이고 비인칭적 언어가 아니며, 문자언어의 생산과 해독에서 요구하는 논리적 사고가 아닌, 유사성의 원칙에 따른 결합과 직관적인 연상작용의 원칙이 요구되는 언어이다. 이런 관점에서 볼 때 하이퍼텍스트로서의 전자게임과 영상 텍스트로서의 전자게임이 요구하는 사고처리 방식은 일맥상통하는 것이며, 상호 촉진적인 관계를 가지고 있다고 볼 수 있다.

---

9) J. Goody & I. Watt, "The Consequences of Literacy," in P. Giglioli(ed.), *Language and Social Context*, Hamondsworth: Penguin, pp. 311~57.

6. 맺는 말

우리는 정보화 사회, 영상문화의 시대로 일컬어지는 21세기를 살아가고 있다. 정치·사회적으로는 시민운동의 활성화로 표현되는 참여민주주의적 요구가 점점 절실해져가는 후기산업사회의 본격적인 국면이기도 하다. 전자게임은 이런 사회적 변화와 같은 흐름을 타고 있는 문화현상으로 21세기의 주역이 될 오늘날 청소년들의 사고방식이나 구조가 어떤 방향으로의 변화를 겪게 될지를 다분히 잘 암시해주고 있는 문화현상이라고 할 수 있다.

참여민주주의 시대와 맥을 같이하는 문화적 자기실현의 욕구, 단순 문화 소비자로서의 위치에 대한 거부와 창조적 위치에서 위 문화 이용에 대한 욕구가 팽배해져가는 시대에 전자게임은 그 나름으로——아직 완전한 것은 아니지만——사용자로서의 생산적인 참여를 허용하는 형태의 문화적 특성을 지니고 있다. 물론 문제는 전자게임이라는 새로운 문화양식을 통해 어떻게 생산적으로 이 같은 욕구를 충족시켜줄 수 있을까를 연구하는 일이다. 전자게임을 단지 폭력 성향이나 길러주는 새로운 형태의 지극히 소비적인 놀이로 전락시키지 않고, 이미 팽배해 있는 문화적 자기실현 욕구를 충족시켜줄 수 있고 좀더 정의롭고 살맛 나는 세상을 만드는 데 기여할 수 있는 방향으로 게임문화를 육성·발전시켜나가는 일이 절실한 문제라고 생각된다. 앞서 보았듯이, 논란과 시비의 대상이 되고 있는 문제들, 즉 습관성, 폭력성, 성차별성의 문제 같은 것은 전자게임이라는 매체에 내재한 불가피한 현상은 아니고, 의식적이고 집단적인 노력을 통해 극복될 수 있는 것이기 때문이다.

그러나 더 심각한 과제로 우리에게 남아 있는 것은 이 새로운 문화 매체가 의존하고 있는 새로운 사고처리 방식에 대한 대처이다. 수세기 동안 서구에서 지배적인 사고의 패턴이었으며, 이제는 전 세계의 지배적인 것으로 확산되어버린 논리적 틀, 배열적·선형적 사고의 틀을 고수하고 이 새로운 문화를 배격해야만 할 것인가? 혹은 우리 스스로를 바꾸어나가야 할 것인가? 이 같은 고민은 전자게임만의 고유한 문제는 아니고, 앞서 보았듯이 컴퓨터에 의한 지배적인 글쓰기 방식인 하이퍼텍스트와 영상언어의 확산에 따라 우리 시대가 불가피하게 헤쳐나가야 할 문제이다.

이와 동시에 가상현실 기술의 세련화로 야기될 수 있는 '현실'에 대한 재정의, 현실과 비현실의 구분을 위한 새로운 논의, 인간의 정신과 육체의 관계에 대한 새로운 관점에서의 통찰 역시 절실해진다. 더 나아가서 궁극적으로는 우리는 무엇인지, 인간이란 무엇인지에 대한 새로운 정의와 개념 틀의 정립이 불가피해질 것으로 생각되기도 한다.

전자게임 문화는 이처럼 이제까지 축적하고 가꾸어온 문화에 가히 혁명적이라 할 수 있는 변화가 이루어지고 있는 한복판에서 우리의 어린이·청소년들에게 새로운 문화와 시대정신에 편입해 들어가는 거의 최초의 통로가 되고 있다. 그런 의미에서 더 큰 사회적 주목과 관찰이 필요하며, 다양한 관점에서의 연구가 이루어져야 한다.

5장
정보 격차와 세대 차이

MIT 미디어 연구소의 소장인 네그로폰테Nicholas Negroponte는 자신의 유명한 저서 『디지털이다Being Digital』에서 정보화 사회의 가장 심각한 단절의 문제를 세대 간에 이루어지는 문화적 단절로 보았다.

물론 정보를 가진 자와 못 가진 자, 정보를 많이 가진 자와 적게 가진 자, 제1세계와 제3세계 간의 사회적 격차도 염려되지만 진짜 문제는 컴퓨터 등 온갖 새로운 정보 미디어에 익숙하고 사용 빈도가 높은 젊은 세대와 그 모든 것의 조작에 서툴뿐더러 적응하지 못하는 기성세대 간의 문화 단절이라는 것이다.

어른들이 컴퓨터 문화와 그것이 가져오는 변화를 이해하고 적응해야 한다고 은연중에 압박해오는 사회에 반발과 거부감마저 느끼는 반면, 아이들에게는 그것은 마치도 공기처럼 자연스럽고 친숙하며 필수 불가결한 것이 되어가고 있다. PC 보급률이나 컴퓨터 통신의 활용도 현황을 살펴보더라도 이 같은 격차는 두드러져 보인다.

한국 전자공업진흥회가 발표한 자료를 보면 1994년 말 현재 우리나라 PC 보급률은 450만 1천 대에 달해 10명당 한 명, 10가구당 네 가구꼴로 PC를 보유하여 가구 대비 보급률은 37퍼센트, 인구 대비 보급률은 10퍼센트로 되어 있다. 올해의 예상 보급 대수를 195만 대로 예측하고 있으므로 10월 현재의 보급 정도는 대강 610만 대로 추정할 수 있다(『동아일보』 1995. 7. 21, 11면 경제뉴스). 한국청소년문화연구소 발표에 따르면 초·중·고생 청소년 중 60.8퍼센트가 컴퓨터를 보유하고 있으며, 하루 평균 75분 정도 사용, 컴퓨터 통신의 이용 경험도 21.5퍼센트에 달한다고 한다(한국청소년문화연구소 발표, 『중앙일보』 1995. 5. 3, 27면 경제 기획). 즉 청소년 10명 중 여섯 명꼴로 컴퓨터를 소유하고 있는 셈이니 대체로 가정용 컴퓨터는 거의 청소년용이며 이 중 3분의 1 정도는 통신을 사용하고 있음을 짐작할 수 있다.

아이들의 컴퓨터 활용은 대개 전자게임(84퍼센트)에 머물고 있지만 소프트웨어 시장에 나와 있는 상품들로 미루어보건대 종이책 대신에 전자책을 벗 삼아 공부하는 아이들의 수도 꾸준히 늘어나고 있다. 게다가 컴퓨터에서 영화나 소설을 읽을뿐더러, 친구들과의 접촉도 컴퓨터 통신을 활용하고 대화방을 이용, 낯선 사람들과 대화도 즐기고 편지 대신에 이메일을 주고받는 사용 행태도 급속한 증가 추세에 있다. 이 모든 것이 그들에게는 재미있고 간편할 뿐만 아니라 아주 자연스러운 것이 되어가고 있다. 놀라운 것은 안간힘을 쓰고 노력을 해도 좀체 익혀지지 않는 컴퓨터가 아이들에게는 복잡한 매뉴얼을 익히지 않고도 거의 본능적으로 쉽사리 습득된다는 점이다. 그리고 어린 나이일수록 컴퓨터 습득이 빠르고 자연스럽다는 점이다.

이 같은 세대 차이는 어디서 비롯되는가? 그것은 기성세대가 나이 때문에 새로운 기술 습득에 필요한 순발력과 탄력성을 잃었기 때문만은 아닐 것이다. 더 중대한 원인은 컴퓨터 조작기술이 아니라 컴퓨터 세계가 요구하는 정신문화에 적응하고 있지 못한 데 있다. 실상 정보화 시대는 이제까지 우리가 체험해온 것과는 질적으로 다른 정신문화를 만들어가고 있는 듯하다. 세대 간에 각기 누려온 문화란 항시 엄청난 차이를 보이는 법이지만 이제까지는 본질적으로 크게 다르지 않은 문화이면서 스타일이나 양식상의 차이를 드러냈다면, 정보화 사회가 야기하고 있는 변화는 더 근본적인 수준에서 나타나고 있는 것 같다. 따라서 세대 차이에서 비롯되는 정보 격차의 문제가 무엇인가 하는 점은 신정보 매체들이 정신문화의 수준에서 야기하고 있는 중심적인 변화를 통해 추론해볼 수 있을 것으로 생각된다.

1. 디지털 혁명이 가져온 변화

정보화 사회를 디지털 혁명에서 비롯된 것이란 말이 있듯이 근본적인 변화는 모든 정보의 디지털화에서 나온다. 디지털은 0과 1의 두 가지 숫자만을 사용하는 일종의 이항대립적 언어binary language로서 문서자료이든 음성자료이든 영상이든 간에 컴퓨터에 의해서 해독 가능하도록 만들어주는 일종의 컴퓨터 언어이다. 디지털화에 의해 가능해진 기술이 바로 정보 고속도로와 멀티미디어로서 이 둘이 정보화 사회의 상징적 요소들이다.

정보 고속도로는 정보 전달의 하부 기반시설이다. 이것은 디지털 언어에 의한 연속적인 숫자로 커뮤니케이션 채널의 한 끝에서 다른 끝까지 모든 타입의 신호, 즉 음성신호, 정화상, 동화상, 문자 텍스트의 운반을 가능케 해준다. 이 운반은 예전 같은 일방향이 아닌 양방향

으로 대화형, 혹은 상호작용형 서비스를 가능하게 해준다

정보 고속도로가 하부 기반시설이라면, 멀티미디어는 모든 형태의 정보처리와 전달을 위해서 디지털 매체만을 사용하는 대화형 서비스의 일체를 말한다. 그러므로 멀티미디어에는 이중적인 개념이 포함되어 있다. 즉 미디어 합성—정화상, 동화상, 그래픽, 문자, 오디오, 애니메이션, 컴퓨터 데이터와 컴퓨터 프로그램 등 서로 이질적인 자료들을 모두 처리할 수 있는 시스템—의 개념과 상호작용성이다. 상호작용성은 사용자가 주어진 텍스트에 조작을 가해서 임의대로 변화시킬 수 있는 기능이다. 자료의 성격에 따라 서로 다른 매체를 사용해야 했고, 완성된 텍스트를 읽거나 듣는 등의 일방적인 수용만이 가능했던 예전의 정보매체와 비교할 때 큰 변화가 아닐 수 없다.

디지털 혁명이 가져온 변화를 요약하면 음성이든 문자든 영상이든 모든 것을 숫자라는 추상적인 언어로 바꾸어줄 수 있게 되었다는 점과 상호작용성을 통해 사용자와 텍스트, 사용자와 사용자 간에 온갖 형태의 상호작용이 가능해졌다는 점이다.

2. 디지털 언어와 현대적 논리

컴퓨터의 디지털화라는 것은 결국 모든 사물을 숫자화하는 작업이다. 컴퓨터 세계 속에서는 모든 사물이 숫자화된다. 컴퓨터의 디지털 원리는 '불의 논리Boolean logic' 같은 현대적 논리를 바탕으로 한 것이다. 불의 어휘는 그것이 표현하고자 하는 사물에서 구체적인 내용은 제거되고 체계적·관계적 의미만이 간직된 표식을 사용한다. 우리가 직접적으로 지각하고 체험하는 사물의 구체적 내용이 제거된 추상적

관계의 복잡한 망이 작동된다.

아리스토텔레스의 삼단논법 같은 전통적 논리 역시 대상을 추상화하는 측면이 있는 것은 사실이다. 그러나 그것은 구체적 체험의 요소를 간직한 일상적 언어로 사물의 존재론적 해석을 하는 직접적인 진술의 형태를 가지게 된다. 예컨대 일상적 언어로 언명할 때는 무엇에 무엇을 귀속시킨다. 예컨대 그 대상의 색깔, 인물의 인품 같은 것이 은연중에 언급될 수 있다. 그러나 현대의 상징적 논리는 반대로 근대 수학을 모방하고 있다. 현대 논리에서는 실제 존재하는 세계에는 아무 관심도 없다. 오히려 우리의 매일매일 체험하는 사물과의 일상적 연결을 제거하는 방식으로 작동한다. 구체적인 단일한 개체는 논리적 관점에서 볼 때 변수의 값 정도의 현실성만 지닐 뿐이다.

물론 모든 논리는 추상화와 소외를 불가피하게 만든다. 그럼으로써 논거와 논리에 압도당해서 마음속으로 느끼는 것과는 반대의 결론을 받아들이게 되는 경우도 많다. 그런데 불의 논리 같은 현대적 논리는 고전적 논리보다 느낌에 의한 통찰이나 경험적 요소들을 훨씬 더 철저히 제거해버린다. 현실로부터 완전히 격리되어 논리 속에서만 헤엄치는 것이 가능하다는 얘기다. 컴퓨터 세계에서는 컴퓨터 자체가 알파벳을 조작 가능한 디지트digits로 바꾸어주기 때문에 이런 효과는 더욱 조장된다. 사람 자신이 자신의 사고를 대수적 주형 속에 집어넣으려 할 경우 필요한 노력마저 면제해주기 때문이다. 컴퓨터는 직감적으로 포착된 내용을 비트bit 단위의 정보로 부드럽고 신속하게 전환시켜주는 대신 사물의 구체적인 속성에서 멀어지게 만들뿐더러 다양한 논리적 조작을 쉽게 해준다.

3. 조합적 사고와 창조적 소비자

디지털화는 여기서 더 나아가 하이퍼텍스트를 가능케 함으로써 이 같은 논리적 사고의 변화를 촉진시킨다. 하이퍼텍스트적[1] 요소가 많이 가미된 텍스트일수록 상호작용적 가능성을 많이 주어서 사용자의 개입과 선택의 폭이 커진다. 하이퍼텍스트는 선형적이고 연속성의 원리라기보다는 비선형적이며 자료들이 자유연상의 원리에 의해 구축된 비연속성의 텍스트이다. 이것은 문자문화를 바탕으로 하고 있는 논리적 사고, 배열적 사고의 틀을 부수고 있다. 이제까지 문자문화가 요구해왔던 사고처리 방식과는 다른, 조합적 사고처리 방식을 요청하는 것이다. 하이퍼텍스트에서는 단계적으로 이루어지는 논리적 연쇄 혹은 논리적 단계 밟기가 아닌, 임의적이고 다른 차원으로의 자유로운 비약이 지배적인 양식, 즉 조합적 사고처리 방식이 우세해진다. 이런 상황에서는 텍스트의 의미구축과 전개 과정에서 생산자의 절대적인 위치가 쇠퇴하고 사용자의 재량을 통한 통제의 폭이 커지는 것이다. 이것은 현재 우리가 누리고 있는 문화예술에 획기적인 변화를 야기할 수 있다. 그것은 아마도 참여적 문화예술, 혹은 창조자적 문화예술의 소비 등으로 잠정 정의할 수 있을 것이다.

나날이 새로워지는 컴퓨터의 신기술들이 활발히 쓰이고 있는 전자게임의 경우, 놀이자와 기계 간의 상호작용성은 놀이 전개상의 변화를 가져다주는 것으로서 단순히 주어진 대로 따라가기만 하는 수동적인 경험이 아니다. 각 놀이자는 자신의 선택과 기량에 따라 서로 다른 텍스트를 체험하게 된다. 따라서 비록 프로그램화된 대로라고는 하지

---

1) 하이퍼텍스트에 관한 상세한 논의는 이 책의 3부 4장, pp. 445~46 참조.

만 부분적으로 텍스트의 생산에 참여하는 것이라고 할 수 있다. 물론 이것을 새로운 형태의 소비 방식으로 볼 수도 있다. 그러나 사전에 완성된 텍스트를 해독하는 방식의 소비와 비교해볼 때 내용의 전개 방식, 등장인물의 선택 같은 것이 사용자에게 주어짐으로써 사용자는 텍스트에 대해서 상당히 생산적인 통제력을 지니게 되는 셈이다. 가상현실 기술을 활용한 게임에 이르면 이 상호작용의 폭은 더욱더 확대될 수 있을 것이다.

이미 전자게임과 유사한 대화형의 드라마가 등장하고, 대화형 음악이 예고되고 있으며, 영화는 이미 멀티미디어 PC로 사용자 임의의 편집이 가능해졌고, 온갖 이미지 라이브러리의 자료를 이용하여 갖가지 영상물의 제작이 가능해졌다. 멀티미디어 위에서 문화예술의 소비란, 생산자와 창작자의 체험에 가까운 것이 되어가고 있다. 신문, 방송의 뉴스 편집도 자유자재의 편집에 따라 전혀 다른 뉴스를 만들어내게 됨으로써 사용자는 뉴스의 수동적인 소비자가 아닌, 생산자적 참여를 할 수 있게 되었다. 앞으로의 기자나 문화예술 창작자는 완성된 텍스트의 생산자가 아닌, 텍스트용 토막 정보를 제작 제공해주는 역할에 머물게 될지도 모른다. 오늘날 아이들이 멀티미디어 PC에 붙어 떨어질 줄 모르는 이유 중의 하나는 텍스트의 수동적인 소비가 아닌, 조작과 생산의 가능성이 주는 매력 때문이기도 하다.

포스트모더니즘의 이론가들은 포스트모던 국면의 문화적 변화로서 생산자와 수용자, 작가와 독자, 공연자와 관객, 작가와 비평가 간의 경계가 모호해지는 구별 해체 현상을 지적한다. 상호작용적 문화란 바로 수용자들의 문화생산 과정에 대한 참여 확대로 인해 생산자와 수용자 간의 경계가 모호해지는 문화라고 할 수 있으며, 21세기에 더욱 다양한 방식으로 확대될 것으로 전망되는 현상이다. 이러한 문화적 변화의 기폭제 역할을 하고 있는 것이 새로운 상호작용적 정보 매체로서 오늘날 젊은 세대들에게 새로운 문화적 가능성을 열어주고 있는 것이다.

4. 육체를 통한 정보 습득

하이퍼텍스트로서의 절정은 가상현실 게임에서 보게 된다. 이 단계에서는 이제까지 몸과 감각의 제한된 부분만을 이용해서 이루어지던 지식의 습득이나 텍스트의 체험이 다양한 감각과 몸의 여러 부분에 걸친 활발한 사용을 요구하게 된다. 이러한 변화가 정신과 육체의 결합을 통한 새로운 지성을 만들어낼 것인가 오히려 지식과 정보의 습득에서 정신과 육체의 분리를 더욱더 강화시키고 여전히 육체의 소외를 불가피하게 만들 것인지 중대한 관심사가 되고 있다.

이제까지의 정보나 지식의 습득은 지극히 일부의 감각기관만을 이용한 것이었으며, 앉아서 읽고 보거나 하는 등의 비非이동적인 습득이었다. 그러나 가상현실은 다감각적이며 동시에 일부 신체의 동작을 요구한다는 점에서 이동적인 습득의 양상을 보인다. 그렇기 때문에 이 기술이 좀더 발달된 단계에서는 정신 위주의 지성이 아닌, 정신과 육체가 결합된 균형 있는 지성이 가능할 수도 있지 않나 하는 기대를 갖게도 한다.

그러나 다른 한편으로 보면 가상현실의 체험을 통해 느끼게 되는 육체적 고통이나 쾌락, 접촉감 등은 육체에 직접적으로 가해진 물리적 자극과 육체 자체의 동작으로 생겨나는 감각과 느낌은 아니기 때문에 그런 기대를 갖기에는 무리라는 것이다. 영화「론머 맨」에서 볼 수 있듯이 소용돌이 체험 같은 경우 자이로스코프에 연결된 신체의 움직임이 약간 있기는 하지만 그때 사용자가 느끼는 것은 신체의 움직임과 일치하는 감각적 체험은 아니다. 따라서 그 같은 감각적 정보들은 실제로 몸을 움직이고 인간과 인간, 혹은 인간과 사물 간의 접촉을 통해 이루어지는 정보 소통의 결과가 아니라 실제로는 우리의 육체로부터 완전히 이탈된 정보일 수도 있기 때문이다.[2] 그러나 정보의 습득이 시청각만이 아닌 다감각적으로 이루어지면서 일정한 육체의 움직임을 수반한다는 점에서는 이전보다 육체의 역할이 훨씬 더 강조되는 결과를 가져오는 것은 사실이다.

5. 가상공간과 새로운 공동체의 체험

정보 고속도로와 멀티미디어의 보편화는 정보처리의 방식, 그것에 요구되는 논리의 성격을 바꾸게 될 뿐 아니라 양방향성은 멀티미디어형 PC를 중요한 사회적 커뮤니케이션 수단으로 바꾸어주면서 컴퓨터 커뮤니케이션을 통해 형성되는 특수한 형태의 공간과 세계를 체험할 수 있게 해준다. 사이버스페이스 혹은 가상공간virtual space으로 불리는 이것은 실제적인 공간은 아닌, 실제의 하드웨어 공간과 구분되지만 실제의 공간에서처럼 물리적·자연적 현실과 직접적으로 교섭, 접촉하는 것처럼 느끼게 해준다. v-mail, v-workgroup 같은 것이 모두 이에 속하며, 가상현실 프로그램 역시 그중 하나라고 할 수 있다. 이 공간에서는 물리적으로 이동하지 않고 한 장소에서 다른 장소로 움직여

---

2) S. Pryor & J. Scott, "Virtual Reality, Beyond Cartesian Space," in P. Hayward & T. Wollen(eds.), *Future Visions: New Technologies of the Screen*, London: BFI, 1993.

갈 수 있다. 이 가상의 공간은 사람들이 체험할 수 있는 물리적 공간과 비교할 수 없을 만큼 광활하고, 그런 공간이 제공해줄 수 없는 온갖 신기하고 새로운 경험을 가능하게 해준다. 예전에는 어린이·청소년들을 보호하기 위한 가장 기본적이고 효과적인 수단은 외부의 사악하고 불건전한 물리적 공간으로부터 격리시키는 것이었다. 그래서 학교 인근에 유흥 오락시설이 들어설 수 없게 하고, 특정한 장소는 출입금지시키는 방법으로 보호해왔다. 그러나 오늘날 어린이 청소년들은 완전 무방비의 상태에서 온갖 황량하고 위험한 혹은 아름답고 풍요한 공간 속을 마음껏 방황하고 다닐 수 있게 되었다.

그리고 이 같은 광활하고 다양한 가상공간에서 부모들이 알 수 없는 익명의 친구들을 사귀고 유대를 가꾸어나가기도 한다. 전통적 사회가 면대면 커뮤니케이션을 기반으로 한 공동체였다면, 현대는 상호 분리되고 비인칭적인 익명적 접촉을 기반으로 한 '사회society'였다고 할 수 있으며, 정보화 사회는 가상적 공간에서 사람들이 새로운 형태의 면대면으로 만나는 새로운 형태의 공동체를 만든다. 새로운 형태의 공동체는 전통 사회의 면대면 접촉과는 달리 물리적으로 떨어져 있는 사람들 간에 익명적 면대면으로 이루어지는 일종의 의사 공동체 pseudo-community라고 할 수 있다. 그러나 비록 물리적 접촉이 없고 익명적인 만남이라고 해도 매스커뮤니케이션의 상황과는 달리 인격화된 커뮤니케이션이 가능해지기 때문에 사용자들 간의 친교와 공동체의 형성을 가능하게 해준다. 즉 컴퓨터 매개 커뮤니케이션은 효율적인 사회적 접촉을 가능하게 하는 엔진이 되어 공동의 믿음, 취향과 실천의 집합을 위한 공동체 형성의 통로가 되어준다.

1996년의 통계를 보면 PC 통신의 가입자 수는 천리안, 하이텔, 나우누리, 포스서브 등 통신 서비스를 제공하고 있는 기존 4개사의 총 가

입자 수(유료, 무료)를 합쳐 110만 2,080명에 달했다. 이 중 동일한 ID를 여러 사람이 사용하는 것을 감안하면 실제 PC 통신의 사용자 수는 이 몇 배에 달한다. PC 통신 이용자 중 청소년 비율이 알려진 바는 없으나 비즈니스나 순수한 정보 추구라는 실용적인 목적 외에 정서적·친교적 요소가 가미된 사설 BBS 이용자도 PC 통신 사용 청소년 중 30퍼센트에 달했다고 한다. 이 같은 공간을 통해 공동의 관심, 정서를 나누고 공감의 폭을 넓혀가는 청소년들이 눈에 띄게 늘어나고 있다. 청소년들은 이 같은 가상적 공동체를 통한 공동체적 연대를 쌓아가면서 전 세대가 경험하지 못한 특수한 정서적 체험을 하고 있는 것이다.

가상적 공간, 가상적 공동체의 일반화되는 체험은 실제 체험과의 구분이라는 새로운 문제를 야기한다. 이는 구세대들과 전혀 다른 공간의 개념과 아울러 전혀 다른 현실의 개념을 발생하게 한다. 실증주의적 현실관에 입각해 물리적인 존재성을 가진 감각으로 포착 가능한 것을 현실로 보았던 것이 이제까지의 사고였으나 사이버 스페이스 시대의 현실은 감각적인 체험은 가능하지만 물리적 존재성은 가지지 않은 새로운 개념의 현실인 것이다. 가상현실의 기술을 이용한 가상적 세계의 체험은 이 같은 현실의 문제를 더욱 극명히 보여준다. 가상현실 기술은 건축·의료 등의 분야뿐만 아니라 게임 및 DB 이용에도 활용되고 있다.

가상현실에서 입출되는 정보들은 시각적·청각적·촉각적(압력, 온도, 촉감 등) 범주 외에도 방향, 움직임, 후각적·미각적 정보, 가속감응적vestibular·자기자극감응적proprioceptive 정보의 범주까지 확대되고 있다. 초기에는 주로 시각과 청각에 의존했지만 점차 무게·압력·속도와 같은 촉각적 정보들로 확장되고 있다. 물론 현재까지 등장한 가상현실 게임들은 비교적 초보적인 단계에 머물러 있지만 기술 개발은 하루가 다르게 발전하고 있어서 현재의 게임 경험과는 아주 다른 체험을 할 수 있게 될 것으로 보인다. 예컨대 아직까지는 실제의 세계와 가상현실의 세계가 심각한 혼동을 유발할 정도는 아니다. 그러나 가상현실 기술 개발이 겨냥하고 있는 목표는 바로 이 같은 경계를 분간하기 어려울 정도의 완벽한 현실감의 창출에 있으므로, 그 같은 혼동의 유발은 시간문제로 보아야 할 것이다. 이에 따라 제기되는 문제는 이 같은 현실과 비현실 혹은 픽션의 세계 사이의 구분이 모호해지는 경험이 가져올 결과가 무엇이냐 하는 문제이다.

실상 르네상스 시대 원근법의 개발 이후 영상문화의 주된 관심사는 어떻게 하면 현실을 즉물적 체험과 유사하게 재현해낼 수 있느냐 하는 문제였다. 그러한 현실복사의 관심이 회화에서 사진, TV, 영화 등의 기계영상으로 옮겨온 후 현실감을 극대화할 수 있는 영상재현의 요구는 나날이 증가했고, 그 요구에 부응해 입체영화 등 온갖 기술이 개발되기도 했다. 그러나 아무리 현실감 나는 그럴듯한 재현영상이라고 해도 주어진 것의 일방적인 수용에 지나지 않는 체험이었으며 그것도 대리자를 통한 대리만족, 대리경험에 지나지 않았다. 이어서 재현된 영상과 상호작용을 할 수 있는 단계로의 발전이 이루어졌으니 앞서 살펴본 전자게임이나 드라마의 진행을 마음대로 조작해가며 감상할 수 있다는 하이퍼드라마 같은 것이 그 대표적인 경우이다. 그러나 여기서 체험의 주체는 어디까지나 재현된 세계의 밖에서 그 세계 속의 대리자를 통해 간접적으로 조작을 할 수 있을 뿐, 그 세계 속에 들어가지는 못한다.

그런데 가상현실은 이 픽션세계 내부의 행위 주체로서 끼어들어 상호작용 체험을 가능할 수 있게 해준다는 것이다. 이렇게 되면 현실과 픽션의 경계가 애매해질 뿐 아니라 현실, 비현실의 이분법이 무의미해지고 현실 개념의 정의 자체가 달라져야 할 판이다.

현대 문명은 근본적으로 명확한 현실 개념을 바탕으로 해서 발전해 왔다. 실제로 존재하는 것과 아닌 것 사이의 경계가 분명했고, 보고 듣고 만지고 냄새 맡고 등의 감각자료를 기반으로 세상을 정의하고 예측하고 설명해왔다. 그런데 가상현실의 체험 역시 예전의 픽션세계에서와는 달리 진솔한 감각적 체험이 수반된다. 그러면 이것을 픽션이라고 치부할 수 있는 근거는 무엇인가? 그러면 이제까지의 현실 개념은 무너지는 것인가? 이 현실 개념이 무너지면 어떻게 될 것인가? 현실을 완벽히 재현해내고자 하는 여러 세기 동안의 꿈이 달성된 순간 인간은 그 꿈을 가능하게 하고 그 꿈의 기반이 되었던 전제와 질서 자체를 허물어뜨리는 아이러니에 빠지게 되는 셈이다.

현실을 훨씬 더 폭넓게 정의하고 있는 현상학적 관점에서 보아도 이 새롭게 등장하는 정보화 사회에서 현실 개념의 문제는 새로운 정의를 필요로 한다. 실증주의자들과는 달리 슈츠는 '현실'은 하나가 아니라 상이한 인식 태도에 따라 여러 개의 현실로 구분되는 "복합적인 현실 multiple reality"로 보고 있다. 매일매일의 생활세계가 일종의 1차적·궁극적 현실이 되어 타 영역의 현실, 예컨대 꿈의 세계, 무대 위의 세계, 그림의 세계, 소설적인 픽션의 세계, 어린이들의 유희의 세계, 종교인의 영적인 세계, 과학자의 과학적 세계 등의 여러 현실의 모형archetype이 된다고 본다. 이런 관점에서 보아도 가상공간의 체험은 그 어느 카테고리의 인식 태도와도 일치하지 않는다. 무엇보다 서로 인식 태도를 달리하는 생활세계와 픽션과 유희와 꿈 등 다양한 현실세계가 얽혀 있기 때문이다.

6. 세대 간 정보 격차와 예기되는 갈등

고도의 정보화 사회가 불러올 이 같은 변화를 통해 보건대, 세대 간 정보 격차로부터 야기될 수 있는 문제는 다음 두 가지로 크게 요약될 수 있다.

첫째, 가장 심각한 과제는 신세대와 기성세대 간에 형성될 '현실'에 대한 감각 차이이다. 디지털 문화는 현실에 구체적으로 접근하는 문화가 아니라 숫자의 언어로 모든 것을 추상화하는 문화로서 우리를 현실로부터 멀어지게 한다. 추상화 작업이 예전에는 인간의 몫이었으나 이제는 컴퓨터의 몫이 되기 때문에 더욱 그렇다. 신세대가 컴퓨터에 쉽게 익숙해지는 것은 추상화된 언어를 그 자체로서 습득하고, 즉각적으로 이해하는 것이 가능하기 때문이다. 기성세대처럼 현실에 비추어 끊임없이 해석하고 사고해서 이해할 필요가 없는 것이다. 게다가 컴퓨터 매개 커뮤니케이션이 제공하는 무한정한 가상공간의 체험은 분명히 물리적 현실세계에 닻을 내리고 사는 기성세대에게는 비현실이지만 젊은 세대에게는 분명히 현실적 체험이다. 따라서 정보 격차는 세대 간의 현실 개념에 커다란 차이를 가져올 수 있다.

이 같은 괴리가 가장 부정적으로 나타날 수 있는 것이 청소년 범죄의 경우일 것이다. TV와 영화 같은 영상매체가 청소년에게 끼치는 영향을 연구해온 많은 학자는 대중매체 시대의 청소년 범죄는 잔혹하면서 현실감이 없는 상태에서 이루어지는 것이 특징이며, 이 같은 상황의 조장에는 영상매체가 일으키는 현실감각의 쇠퇴가 큰 작용을 하는 것이 아닌가 하는 혐의를 두어왔다. 이 같은 주장의 연장선상에서 볼 때 컴퓨터 매개 커뮤니케이션의 세계가 기존의 미디어 픽션물처럼 폭력적인 내용을 많이 싣게 된다는 것은 훨씬 더 많은 위험을 가져올 수 있다. 그런 문제가 아니라도 서로 현실 개념을 달리하는 사람들 간의 공동생활은 의사소통 자체의 단절을 가져올 수도 있을 것이다.

둘째로는 컴퓨터를 통한 새로운 텍스트의 조직 방식인 하이퍼텍스트와 영상언어의 확산이 요구하고 있는 새로운 사고처리 방식에서 오는 갈등이다. 수세기 동안 서구에서 지배적인 사고의 패턴이었으며, 이제는 전 세계에 지배적인 것으로 확산되어버린 논리적 틀, 배열적·선형적 사고의 틀이 기성세대들에게는 절대적 가치를 지니지만 조합적 틀에 익숙한 젊은 세대들은 억압적으로 느낄 수도 있다. 일관성과 통일성, 전제의 조화 등에 가치를 두는 기존의 사고처리 패턴이 젊은 세대에게는 창의성을 속박하는 아주 구속적인 것이 될 수 있지만, 기성세들에게는 신세대의 그것이 정신분열적으로 보일 수도 있다.

현실 개념의 수정과 배열적 사고에서 조합적인 사고처리로의 전환을 요구하는 새로운 정신문화는 기성세대로서는 적응이 쉽지 않다. 컴퓨터 조작 방식은 익힐 수 있어도 그들이 가지고 있는 정신문화는 오랜 시간 학습을 거쳐서 내면화되어 뿌리 내린 것이기 때문에 적응하고자 하는 노력과 의지만으로 해결되지는 않는다. 더구나 이것은 한 세대가 아닌 수백 년간에 거쳐 뿌리내려진 것이기도 하다.

모름지기 세대 간의 갈등이나 간극을 해결하는 방법으로는 항상 상호 간의 이해와 관용, 대화 등이 권장되어왔다. 그러나 현재의 상황은 그런 전통적인 세대 차이 해소 방식이 권장될 수 없다는 데 큰 문제가 있다. 전 세계가 정신없이 질주하고 있는 21세기 초고속 정보화 시대, 세계 경쟁에서 도태되지 않는 경쟁력을 갖춘다는 것은 하루빨리 정보화를 이루는 것이며, 그러기 위해서는 새로운 정신문화에 맞추어 변신할 것이 요구되고 있기 때문이다. 더구나 젊은 세대의 자기주장이 가히 도발적이고, 그들 중심으로 많은 것이 움직여나가고 있는 인상이 강한 요즈음 기성세대의 소외와 갈등, 변화의 요구로부터 오는 스트레스 등은 심각한 문제일 수 있다. 그들은 예전의 어른들이 그랬듯이 너그럽고 넉넉한 마음으로 '철없고 버릇없는' 새 세대를 어른답게 포용하고 수용하기만 하면 되는 것이 아니기 때문이다.

탈현대와 디지털 영상문화

1. [금요칼럼] 하코네의 어린왕자와 랄리크

『동아일보』 | 2005-04-22 | 30면 | 오피니언·인물

일본의 온천 관광지인 하코네 지역에 가면 산속 어느 쪽으로 방향을 잡아도 다양한 미술관이나 박물관, 전시관들과 만나게 된다. 온천객의 심심풀이를 위한 무늬만의 미술관, 박물관이 아니다. 최근에는 고흐전展도, 인상주의 회화전도 열리고 있다. 기획전시를 하는 미술관 외에도 10여 곳의 상설관이 있는데, 특히 눈길을 끄는 것은 어린왕자 박물관과 랄리크 미술관이다. 어린왕자 박물관은 '어린왕자'를 소재로 한 교육적인 어린이 놀이터쯤으로 상상하기 쉽지만, 『어린왕자』의 저자인 생텍쥐페리에 관해 많은 것을 알게 해주는 아주 충실한 박물관이다. 그가 타던 비행기의 모형, 수백 장의 관련 사진, 뉴욕 중동 등 외국에서 지내던 방의 모습과 소지품, 문서, 세계 각국의 『어린왕자』 판본들, 『어린왕자』 관련 데생, 『어린왕자』의 주요 등장인물의 재현 등 온갖 자료를 모아 나름으로 완벽을 꾀했다. 그가 자랐던 리옹 근처의 생모리스드레망스의 성城과 주변 마을, 마을 성당, 그가 살던 시대의 프랑스 거리 풍경까지 재현해놓았다. 그곳에는 세계 최초의 생텍쥐페리 전문 박물관을 만들어준 데 대한 유가족의 감사편지도 게시되어 있다.

▌외국 문화 소재로 돈 버는 일본

물론 이곳은 순수하게 『어린왕자』와 저자를 기리기 위한 장소만은 아니다. 수준급의 프랑스 요리 전문식당과 어린왕자를 소재로 한 캐릭터 팬시상품에서 옷, 장신구, 보석에 이르기까지 수백 가지 상품을 개발해 팔고 있다. 마을 성당은 결혼예식장으로 대여도 한다. 파리에 생텍쥐페리 재단이 운영하는 '생텍쥐페리 공간'이라는 기념관이 있기는 하지만 소박한 자료관 정도라서

유족과 애호가들은 저자가 살던 성을 구입해 전문 박물관을 만들기 위한 캠페인을 벌이고 있는 중이다. 앞으로 진짜 생모리스드레망스 성의 생텍쥐페리 박물관과 하코네의 모조품 박물관이 경쟁하게 될지도 모르겠다. 하지만 잔재미는 하코네 쪽이 더 하지 않을까 싶다.

아르누보와 아르데코의 거장으로 불리는 르네 랄리크의 작품은 세계의 미술관 곳곳에 전시되어 있어 여행을 다니다 보면 쉽게 접할 수 있다. 그러나 랄리크의 작품만을 모아놓은 전용 미술관은 프랑스에도 아직 없고, 테마관 건립 계획이 있다는 소식만 들었다.

한 달 전 문을 연 하코네의 랄리크 미술관에는 그가 디자인한 보석에서 1925년에 열린 아르데코 엑스포에 출품했던 '프랑스의 분수'라는 15미터짜리 작품을 비롯해 건물이나 기차의 내부 장식, 축조물의 오리지널 작품 등 1,500여 점이 소장되어 있다. 넓은 녹지에 자리한 이곳에도 분위기 좋은 프랑스식 식당과 랄리크 작품을 복사해 판매하는 상점, 세계 각국의 공예 소품을 수입 판매하는 상점이 함께 자리하고 있다.

이 박물관들은 관광과 문화 체험, 예술 관련 제품 판매를 결합한 박물관 산업의 새로운 모델이라 생각된다. 그러나 일단은 어리둥절해진다. 위대한 예술가의 전문관이 꼭 그를 배출한 나라에만 있으라는 법은 없지만 최소한 그 나라가 주요 활동무대였던 경우가 아니면 생각하기 어려운 일이고, 두 예술가 모두 일본과 특별한 연고가 있는 것 같지는 않기 때문이다. 이런 종류의 상설 전문관을 만들기까지는 자본도 엄청나게 들었겠지만 해당 작가에 대한 집착에 가까운 관심과 오랜 기간에 걸친 수집 작업이 필요했을 것이다. 오타쿠(마니아) 문화가 발달한 일본에나 있음 직한 시도가 아닐 수 없다.

그러나 무엇보다 중요한 점은 정신자세일 것이다. 코스모폴리탄적 이상을 실천하기 위해서이거나 팽창주의적 성향 때문일 텐데, 하코네의 경우는 과연 어디에 해당될까?

▌한일 '욘사마' 저작권 다툴 수도

찜찜한 것은 또 있다. 이런 새로운 모델의 박물관 사업으로 랄리크나 생텍쥐페리는 프랑스가 배출했지만 정작 그로 인해서 돈을 버는 주체는 일본이 되는 게 아닌가. 어느 날 '어린왕자'와 '성_星의 왕자'(어린왕자의 일본식 지칭) 간에, 랄리크와 '라리쿠'(랄리크의 일본식 발음) 간에 저작권을 둘러싸고 대결하는 상황이 올지도 모른다. 김치가 '기무치'와 식품 국제표준을 놓고 갈등을 벌였듯이 어느 날 배용준과 욘사마 간의 대결장이 펼쳐지는 순간이 오는 것은 아닐까 하는 황당한 상상도 하게 된다. 팽창주의적 국가를 상대해서는 문화 수출에도 특별히 경계해야 하는 것은 아닐까 하는 생각도 든다.

2. [횡설수설] '문화대국' 일본

「동아일보」 | 2005-04-25 | 30면 | 오피니언·인물

오늘날 세계 청소년 대중문화는 뉴욕, 로스앤젤레스, 도쿄, 런던을 잇는 축을 통해 바이러스처럼 확산된다고 한다. 이 도시들 중 한 곳에 자리 잡으면 나머지 세 도시로 빠르게 확산되고, 이어서 다른 곳으로 퍼져나간다는 것이다. 대개 리더 역할을 하는 곳은 도쿄이고, 특히 변화 속도가 빠른 패션은 단연 일본 여고생들이 주도권을 행사한다. 세계의 패션디자이너들은 도쿄 하라주쿠의 다케시타 거리를 활보하는 여고생들을 살펴보면서 2~3년 뒤 세계 패션의 방향을 감 잡는다고 한다.

▶마루베니 연구소의 한 통계에 따르면 1992~2002년의 10년 사이 일본의 총수출은 15퍼센트가 늘었는데, 유독 문화 상품 수출은 300퍼센트나 증가했다고 한다. 2002년 일본의 문화 상품 수출 총액은 150억 달러로 할리우드 영화와 비디오의 총수출액 88억 5천만 달러의 거의 두 배에 가깝다. 일본 재무성은 2015년에는 문화 상품 수출 규모가 3,400억 달러에 달할 것으로 전망하고 있다.

▶20세기 초엽에는 군국주의 팽창세력으로, 1980년대에 이르러서는 경제대국으로 떠오른 일본이 21세기에 들어서는 문화대국이 되기 위해 안간힘을 쓰고 있다. 경제적으로 부가가치가 높고 나라의 이미지 제고에도 효과적인

문화 수출 전략은 과연 일본이 무력으로도, 경제력으로도 달성하지 못한 세계적 위상을 확보하도록 해줄 것인가?

▶1990년대 중반 이후 일본의 대중문화가 폭발적인 수출 성장세를 보인 것은 미국의 일방주의적 대외정책이 촉발한 세계적 반미 정서가 큰 몫을 했기 때문이라는 분석이 있다. 최고의 대중문화 수출국인 미국산에 비해 일본산은 좀더 중립적인 '대안 오락문화'가 될 수 있었다는 것이다. 문화 수출에서 그 나라의 대외 이미지가 중요한 요즈음 일본이 과거 식민지 잔혹사 때문에 주변국과 계속 분쟁을 일으키면 '문화대국'으로 향하는 전선에 이상이 없을 것인가?

3. [금요칼럼] 역사에 발목 잡힌 일日 문화외교

『동아일보』 | 2005-06-17 | 30면 | 오피니언·인물

일본은 과연 '소프트 파워' 혹은 '쿨cool 파워'로 세계의 리더가 될 수 있을까? 고이즈미 준이치로 일본 총리는 2년 전 기술 분야에서뿐만 아니라 패션, 음식, 오락문화 등 대중문화 영역의 매력을 이용한 문화외교로써 일본의 위상을 재정립하겠다고 선언한 바 있다. 총리자문 대외문화정책 그룹의 수장인 아오키 다모쓰 교수는 최근 『요미우리신문』 인터뷰에서 9·11테러 이후 심화된 세계 갈등의 대안으로 '평화 일본'과 '중립적 가치'를 지닌 일본 대중문화를 제시하고 있다. 베토벤 음악이 독일의 전유물은 아니듯이 일본 대중문화도 국경을 넘는 세계의 문화로서 평화의 사도가 될 수 있다는 것이다. 일본 대중문화의 세계적 성공에 힘입은 자신감의 표현일 수 있겠다. 일본 만화와 애니메이션, 게임은 세계 청소년들에게 '쿨'한 문화로 사랑받고 있는 것이 사실이다. 미국 다음의 대중문화 수출국이 된 일본은 문화에 새로운 관심을 기울이고 있다. 1970년대부터 순전히 돈벌이로 시작한 일본의 대중문화 수출이 1990년대 초엽부터는 일본 정부에 의해 정치적이고 이념적인 사명까지 부여받기 시작했다. 대중문화를 '정치화'하기 시작한 첫걸음이 일본 대중문화에

빗장을 걸어온 아시아 국가들의 문을 여는 것이었고, 한국을 비롯한 여러 아시아 국가에서 일본 문화 개방이 이루어졌다.

서양의 문화평론가들은 일본을 '문화적 프리즘'이라고 표현해왔다. 다른 나라의 문화를 흡수해 약간의 일본 취향의 굴절을 거친 뒤 다시 반사해낸다는 것이다. 이 문화적 프리즘은 굳이 문화의 뿌리를 따지거나 민족문화의 순수성을 지켜야 한다는 자의식 때문에 괴로워하지도 않는다. 문화생산이 일종의 시뮬레이션 작업과도 유사하다.

곳곳에서 어렵지 않게 볼 수 있는 외국 예술가들의 전문 박물관 역시 일본이 아니면 보기 어려운 풍경이다. 만일 우리나라에서 누가 그런 박물관을 세우려고 한다면 '제 것도 챙기지 못하는 주제에' 하는 눈 흘김을 당하지 않을까? 동서양을 막론하고 인기를 끌고 있는 미야자키 하야오의 만화영화만 해도 그렇다. 관심의 포인트가 각기 다르겠지만 나는 「하울의 움직이는 성」을 봤을 때 여기저기서 많이 봐온 서양문화 이미지의 편린들을 짜깁기해낸 것 같아 놀랐다. 그러고도 자기 것을 풀어내듯 태연하게 해내고 있어 능청스럽다는 느낌이 들 정도였다. 짜깁기 방법 자체가 독창적이라고 주장하면 할 말은 없지만, 일본식 '문화 프리즘'의 절정으로 보였다. 그러나 여기에 '동양 문화'의 흔적은 보이지 않았다.

세계화 시대에는 그처럼 다양한 문화를 합성한 짜깁기 문화나 프리즘 문화가 친근하고 잘 먹히는 것 같다. 국가 간, 문화 간 교류가 활발해진 요즘 젊은이들의 체험과 욕구를 잘 충족시켜주는 모양이다. 여러 나라 사람들, 특히 우리나라 사람들처럼 문화적 자의식이 강해서 자기 것이 아니면 문화예술적으로 표현해 내지 못하는 쑥스러움을 일본은 갖고 있지 않다. 일본에는 외국 문화가 남의 문화가 아니다. 남의 것을 자기 것처럼 표현할 수 있는 프리즘적 능력이 일본 문화의 강점이다.

과연 세계를 구할 수 있는 글로벌 문화가 그런 프리즘 문화인지는 알 수 없다. 여하튼 9·11테러 같은 충돌이 다시 일어나지 않으려면 미국식 하드 파워가 아닌, 평화를 지향하는 일본식 쿨 파워가 세계문제를 해결할 수 있게 하는 방법이라는 확신과 함께 일본은 대중문화로 세계의 리더를 꿈꾸는 것 같다.

그러나 그런 일본식의 평화는 설득력이 있는가? 최근에 실시된 『한국일보』와 『요미우리신문』의 공동 여론조사에 따르면 일본을 믿지 못하겠다는 한국인이 응답자의 90퍼센트에 달했다. 일본 정부가 그간 꾸준히 추진해온 문화외교의 성과가 이 정도이다. 문화외교 자체에 문제가 있는 것이 아니라 문화외교가 침략전쟁의 역사에 발목 잡혀 그런 것이리라. 역사를 순리로 풀어가지 않는 한 일본의 '쿨'한 문화가 평화의 사도 역할을 해내기는 어려울 것 같다. 평화는 시뮬레이션으로 얻어질 수 있는 것이 아니기 때문이다.

4. [한국논단] 네오텔레비전 시대

『한국일보』 | 1995-09-14 | 05면 | 정치·해설 칼럼, 논단

추석 연휴기간에 텔레비전을 보다가 희한한 프로그램을 만났다. 60~70대 할머니, 할아버지 들이 출연해 짝짓기를 하는 프로그램이었다. 할머니, 할아버지들이 서슴없이 요즘 젊은이들의 춤도 추는 등 자신의 장기나 매력을 한껏 과시하고, 마주 보는 할머니 혹은 할아버지들 중 마음에 드는 이성을 골라 번호를 누르는데 상대가 일치하면 짝짓기에 성공하는 것이다. 성공 후에는 아마도 데이트를 하게 되는 것 같았다. 일종의 텔레비전 중매 같은 것이었다. 평소 이 프로그램에는 청춘남녀들이 나와 짝짓기를 하곤 했는데, 추석이라고 할머니, 할아버지로 출연자층을 잠시 바꾼 것 같았다. 진행자의 질문 중에는 할머니더러 첫 키스는 언제 누구와 어떻게 했느냐는 것도 있었고, 그 질문에 할머니는 서슴지 않고 결혼 첫날밤 이불 속에서라고 당당히 답변하기도 했다. 할머니, 할아버지 들에게 그들 세대와는 동떨어진 신세대 흉내를 강요하면서 재밋거리를 만들려고 하는 이 프로그램은 보기에 안쓰럽고 난처하기 짝이 없었다.

요즘의 텔레비전에는 시청자 참여 프로그램들이 늘고 있다. 평범한 보통의 시청자들이 퀴즈나 노래자랑 같은 데 출연해서 상식이나 재주를 자랑하기, 토론 프로그램에서 자신의 의견을 개진하기, 사생활·체험을 공개하기, 비디

오를 직접 제작해 보내거나, 자신이 프로그램 속에서 직접 광고 같은 프로그램의 제작을 시도해 보여주기 등 예전 같은 상징적 참여가 아니라 적극적이고 생산적인 시청자 참여의 프로그램들이 즐비하다. 이렇게 텔레비전이 예전처럼 엘리트나 직업적인 연예인들의 전유물이 아니라 보통사람들의 출연도 흔해지다 보니 앤디 워홀의 말처럼 요즘은 '누구나 15분 정도는 유명해질 수 있는 시대'가 되었다는 생각이 든다.

이렇게 달라지고 있는 텔레비전 문화를 일컬어 움베르토 에코는 "네오텔레비전"이라고 명명했다. 네오텔레비전이란 조형적으로나 구성 방식, 내용면에서 포스트모던 문화적 성격을 지니는 텔레비전 프로그램의 발달현상을 말한다. 네오텔레비전의 핵심은 무엇보다 엘리트 출연자나 직업적인 연예인 중심의 프로그램 편성에서 벗어나는 것이다. '버라이어티쇼'같이 대부분이 환상적인 내용으로 꾸며져 있고, 시청자에게는 일방적으로 보고 즐길 것만을 유도하는 유형의 프로그램에서 벗어나 점차 시청자들 자신의 사생활이나 개인적 체험 같은 현실을 스펙터클로 변화시킨 '리얼리티쇼'형의 참여적 프로그램들의 비중이 커져가는 텔레비전을 말한다.

이런 현상은 시청자들이 엘리트나 전문 연예인들의 출연 프로그램 못지않게 자신들의 모습을 매력적인 스펙터클로 즐기기 시작했고, 의미를 찾게 되었다는 것을 뜻한다. 아침시간에 매일 방송되는 모 방송사의 주부 참여 토론 프로그램에서는 전문가의 강연을 듣는 날이 있는데, 그때의 연사는 아주 능란한 스타급의 인물이 아니면 유익한 내용이어도 주부 자신들이 주역이 되는 포맷보다 시청률이 아주 저조하다고 한다. 전문가 혹은 엘리트들의 이야기를 경청하기보다 자신들과 비슷한 처지의 주부들 이야기를 듣는 것을 훨씬 더 즐긴다는 얘기다. 시청자들을 참여시켜야 한다는 명분에 밀려 마지못해 흉내나 냈고, 시청자들도 재미없는 프로그램으로 외면해서 인기가 없었던 예전과는 사정이 다르다. 일반 시청자들의 텔레비전 출연 솜씨는 나날이 능숙하고 세련되어가고 있으며, 그들의 사연이나 체험담들도 웬만한 픽션의 재미를 능가하는 경우가 대부분이다.

이런 추세로 간다면 일부 학자들이 예견하고 있듯이 문화·예술작품의 작가와 독자, 생산자와 소비자의 구분 자체가 애매해지고 해체되리라는 21세기의 문화적 변화가 텔레비전에서 상당히 빠르게 진행될 것같이 생각된다. 아울러 정치적·사회적 영역에서뿐 아니라 문화적 영역에서도 시민들의 참여와 자기실현의 욕구가 팽배해져가고 있는 참여민주주의 시대의 한 단면을 보게 된다.

'리얼리티쇼'나 참여 프로그램들은 다루기에 따라서 민족문화, 민중문화의 활력과 창의성이 개발될 수 있는 장소라는 점에서 중요하다. 세계화 시대에 방송문화가 외국 프로그램에 의해 식민화되지 않을 수 있는 탄탄한 보루의 역할을 할 수도 있다. 그러나 요즘처럼 상업적 전략이 깊숙이 침투하여 시청자들의 생활 속에서 눈요깃거리나 흥밋거리를 발굴하여 훔쳐보기 취향이나 자극하는 프로그램이 만연하다가는 창조적 저력이나 자발성을 유도하기보다 시청자들을 퇴행적으로 만들게 될까 봐 겁난다. 그러다가 시청자들이 자신들의 투영된 모습에 애정과 매력을 느끼기보다 역겨워하게 되면 관심은 전문가 프로그램으로 옮겨갈 수밖에 없는데, 그런 영역에서는 역량의 싸움이 벌어질 수밖에 없고, 우리 방송은 아직 역부족이기 때문이다.

세계화 시대 텔레비전의 경쟁력을 키우기 위해서는 어떻게 시민들의 사랑을 받을 수 있는 네오텔레비전을 만들 수 있느냐에 각별한 관심이 주어져야 할 것 같다.

5. [한국논단] 전자게임······ 정부가 할 일

『한국일보』| 1994-12-01 | 05면 | 정치·해설 칼럼, 논단

정부는 전자게임 산업을 육성하기 위한 산업발전위원회를 내년 초에 구성하여 제도개선과 지원방안을 마련하기로 했다는 보도가 최근 있었다. 위원회의 과제로 제시된 것은 다른 산업 분야의 경우와 마찬가지로 규제완화 등 제도정비와 지원방안과 기준을 마련하는 데 있다. 그런데 한 가지 색다른 것은 게임산업에 대한 일반 국민의 인식이 올바르게 정립될 수 있도록 관련 부처

가 긴밀하게 협조한다는 내용이 덧붙여진 점이다. 그런 논의가 있었던 것은 아마도 일반 국민이 전자게임에 대해서 가지고 있는 부정적인 시각이 게임산업 발달에서 중요한 걸림돌이라고 보았기 때문인 것 같다. 그런데 전자게임에 대한 올바른 인식의 정립을 위한 노력은 소비자인 일반 국민보다는 수입·생산자인 업계 쪽에 더 기울어져야 한다는 생각이다.

정부가 문화산업을 너무 오랫동안 산업적 마인드 없이 접근해온 것이 약점으로 부각되면서 산업적 지원체제를 마련하고 있는 점은 좋은데, 최근에는 영상산업이나 정보산업 같은 문화산업 정책에서 문화적 마인드가 실종되어가는 듯한 흔적이 보이는 것이 아쉽다. '수출 상품'으로서의 논리가 지나치게 강조되면서 정작 문화 상품의 존재이유인 정신적 양식으로서 우리 사회의 어떤 문화적 필요와 욕구에 부응할 수 있도록 할 것인가 하는 문제가 정책 담당자들의 관심 밖으로 밀려나고 있는 점이 걱정스럽다.

전자게임이 생산적인 잠재력을 갖춘 것은 틀림없으나 동시에 엄청난 파괴적 잠재력을 가지고 있는 것도 사실이다. 전자게임이 우리나라에 선보인 이후 지난 10여 년간 우리가 엿볼 수 있었던 것은 바로 이 같은 파괴적 잠재력의 측면이다.

어린이를 키우는 부모들에게서 전자게임이란, 경련을 일으킨 사람처럼 게임기 단추와 조종간을 발작적으로 작동시키면서 치고, 받고, 때리고, 쏘고, 찌르고, 밟고, 죽이는 것을 일삼는 폭력과 살상의 화면에 넋을 잃고 몇 시간씩 떨어질 줄 모르는 통제 불가능한 아이들의 이미지이다. 업계에서는 새로운 문화에 대한 몰이해와 인식의 부족이라고 불만을 토로하겠지만 이 같은 부정적 이미지의 형성에는 업계 측의 잘못이 크다. 정식수입이든 밀수의 방법으로든 무조건 팔린다는 자극적인 것들만을 사다가 우리 시장에 풀어놓았기 때문이다. 업계의 자성이 없는 한 전자게임이 긍정적 이미지로 바뀌기는 쉽지 않고 따라서 게임산업 지원을 위한 국민의 공감과 지지도 얻기 어려울 것이다.

외국의 경우도 사정은 우리와 유사했다. 새로운 문화가 등장할 때는 반사적으로 작동하게 마련인 낯선 것에 대한 경계심도 있었던 데다 영화나 텔레비전 같은 기존의 영상문화에서 그렇게도 사회적 문젯거리가 되었던 중독성, 습관성, 폭력성, 반사회성 등이 전자게임에서는 더 강화된 것 같았기 때문에 부모들의 경계심과 거부감은 커질 수밖에 없었던 것이다.

그러나 최근 전자게임에 대한 경계심이 늦춰져가고 있는데 그것은 외국어, 역사, 셈하기 등을 재미있게 배울 수 있는 교육적인 게임 프로그램들이나 인지발달과 사고력을 돕는, 폭력성과 공격성이 배제된 프로그램들이 대거 등장하고 있기 때문이다. 이와 함께 많은 경험적 연구는 전자게임이 교육적으로도 효과적인 수단이 될 수 있을뿐더러 운동선수나 파일럿 지망생의 훈련은 물론, 화학요법 중의 암환자, 신체마비자나 중풍 환자, 반신불수의 어린이나 뇌 손상자의 치료에 좋은 보조수단이 될 수 있다는 연구결과를 제시하고 있다.

또한 전자게임은 21세기 문화의 특징이랄 수 있는 대화형·상호작용적 문화의 선도 주자 역할을 하고 있기 때문에 그 문화적 함의도 크다. 예컨대 롤플레잉, 어드벤처 같은 장르가 개발되면서 '대화형 드라마' 양식을 가능케 하고 있는 것이 그 한 예이다. 대화형 문화는 문화 향수자의 생산적인 참여를 유도할 수 있다는 점에서 일단은 긍정적으로 평가되고 있으나 그 잠재력을 어떤 종류의 생산적인 참여로 유도할 수 있을 것이냐는 앞으로의 과제이다.

그러므로 이러한 과정에서 중요한 역할을 하게 될 전자게임 문화는 그 문화적 잠재력의 개발에 많은 노력이 집중되어야 할 것이다. 전자게임의 오락 상품적 위치를 확보하기 위해 급급했던 것이 이제까지의 닌텐도나 세가 같은 일본 산업 측의 전략이었다면 이에 대응하는 구미 국가들의 전략은 그것과 차별화된 교육·문화적 프로그램의 개발에 역점을 두고 있는 것으로 보인다.

우리는 어디로 갈 것인가? 우리 사회에서 앞으로의 전자게임 문화는 무엇이어야 하는가? 규제는 없애고, 지원은 아끼지 말 것이되 최소한의 가이드라인은 있어야 할 것이다. 만들어진 부분보다 앞으로 만들어가야 할 부분이 더욱 큰 새로운 문화이니만큼 정부가 할 일은 일반 국민의 인식보다는 업계의 인식을 바르게 정립하는 데 더 큰 비중을 두어야 할 것이다. 그것이 문화산업으로서 성공할 수 있도록 돕는 길이라 생각된다.

6. [동아광장] 젊은이들이 불안한 이유

『동아일보』 | 2012-08-24 | 34면 | 오피니언·인물 칼럼, 논단

박근혜 새누리당 대선 후보와 안철수 서울대학교 융합과학기술대학원장은
오늘 우리 사회가 필요로 하는 리더십의 핵심으로 '불안의 시대' 극복을 들었
다. 박 후보는 불안의 시대를 안정된 지도자를 통해, 안 원장은 복지국가 건
설로 극복해나가야 한다고 주장했다. 어느 시대도 불안하지 않고 위기가 아
닌 때가 없었던 듯하지만 이 시대 불안은 질이 다르다.

▌무감각 상태로 느끼는 '고민 없음'

젊은 세대 불안이 워낙 넓고 깊게 퍼지자 사회 전체가 그들의 불안감 해소
에 필사적으로 매달리는 듯한 느낌이다. 청춘이란 원래 다 그런 것이니 기죽
지 말라는 절절한 위로의 메시지와 함께 "도전은 언제나 불안하다. 도전 없이
는 발전도 없다"는 식의 격려를 담은 책이 많다. 독설 코드도 등장하고 있다.
인기몰이를 하는 스타 영어 강사는 "슬럼프는 무슨, 유난 떨지 마라" "위로를
구걸하고 다니지 마라" 같은 독설로 나름 무기력에 빠진 젊은이들을 일으키
려 애쓰고 있다.

광운대학교 김예란 교수는 「디지털 지구 그리고 한국어라는 말우주」(『문학
동네』, 2011 봄호)라는 글에서 인디밴드 '장기하와 얼굴들'을 통해 21세기 청
년의 모습을 실감나게 설명한다. 예컨대 「별일 없이 산다」라는 노래는 실제
사건이 벌어지지 않아서 느끼는 무사안일이 아니다. 많은 사건을 별일 아닌
것으로 때우고 말거나, 혹은 아예 느끼지 않기로 결단을 내린 후 만들어진 순
수한 무감각으로서의 '별일 없음'이다. 가사에 묘사된 '나'는 마치 도마뱀이
통각기능을 스스로 마비시킨 후 꼬리를 자르고 도망치는 식으로 외부세계 자
극을 차단하고 튕겨낸 몸이 느끼는 '걱정, 고민 없음'이고, '즐거움'과 '신남'
이다.

「강남 스타일」은 장기하와 스타일이 다르지만 유사점이 있다. 섹시하고 유
머러스한 키치(저속한) 이미지들을 강한 비트의 음악과 함께 즐긴다. 고상해

지려고, 잘나 보이려고 애쓸 것도, 고민할 것도 없다. 누가 시키는 것도 아니고 실용적인 쓰임새도 없지만, 폭염에 땀 뻘뻘 흘리며 유사한 패러디 동영상을 열심히 만들어 올리는 데 몰입되어 신나게 즐긴다. 세계적인 불안의 시대에 전 세계 젊은이들도 공감한 것은 아닐까?

위험사회 이론가들이 주장하듯 현대사회는 구조적으로 위험사회라서 늘 불안이 잠재하고 있으며, 급속하게 진행되는 변화를 혼란스럽게 겪는 과정에서 불안이 생기기도 한다. 신자유주의 시대가 무한도전과 무한질주를 종용하며 경쟁적 개인주의를 선택의 여지없는 가치로 부추기는 데서 오는 숨 가쁨, 경제적 양극화가 심화되면서 경제적 자원의 배분 논리와 연동되어 있는 사회적 인정체제가 비민주적으로 구축되어 있다고 느끼는 데서 오는 좌절감이 만드는 분위기일 수도 있다. 대통령 후보들의 공약이 이 모든 주장을 수용하고 처방을 하겠다는 것은 아닐지라도 민생, 복지, 내외적인 위협으로부터의 안전판 마련 등 부분적으로 개선을 약속하는 것이리라.

▌불안시대 극복을 위한 지도력

오늘의 젊은 세대는 1970~80년대의 사회비판 세력과는 다르다. 우리 사회의 가치기준에 저항하며 비판하고 대안을 진지하게 고민하고 모색하기보다 열심히 스펙을 쌓고 현재 세계의 가치를 충실히 따라 하고자 노력하는 세대이다. 칙칙하고 무거운 가치보다 가벼운 즐김을 더욱 추구한다. 어찌 보면 착하고 낙천적이며 쾌활한 세대이지만 불안 속에서 허우적거리고 있다. 불안을 느끼지 않으려고 사소한 즐거움에 탐닉하며 고민을 받아쳐버린다. 젊은 세대에게 잔뜩 가르쳐놓고 막상 그것을 실현할 수 없도록 사방을 막아놓은 현 시스템(좌우를 막론하고)의 책임자들은 진정 책임을 절감해야 한다. 그것이 국내 시스템이든, 국제적인 신자유주의 체제이든 간에 말이다.

실존주의자들의 설명에 따르면 불안은 일상적인 세계에서 진정한 가능성이라고 생각했던 가치들이 붕괴되면서 우리들이 의지했던 인물들, 제도들마저 모두 무의미하게 느끼는 허무하고 무상한 상태이다. 니체의 말을 빌리면 '불안은, 기존의 가치들이 붕괴되었지만 우리가 추구해야 할 새로운 가치는 나타나지 않은 갑갑한 상태'이다. 그러나 절망의 상태가 아니라 창조적 열망의 활기도 잠재하고 있는 상태이다. 불안은 절망으로 떨어질 수도, 창조적인 새로운 가치와 정체성을 획득할 가능성도 지닌다.

불안의 시대를 절망으로 이끌지, 새로운 빛으로 인도할지는 새로운 지도자들 몫이다. 경제적 민주주의, 사회통합, 복지국가 건설이 불안을 딛고 일어서게 할 빛이 될까? 문제는 누가 국민의 열정적인 참여와 협조를 이끌어낼 가치를 제시하느냐이다. 에릭슨은 외적인 예측성(엄마는 나갔지만 늘 돌아온다)과 내적 확실성(절대 나를 버리지 않는다)이 확립되었을 때 아이는 비로소 불안에서 벗어나고 사회적 성취가 가능하다고 했다. 새 지도자는 무슨 대단한 가치 제시에 이르지는 못하더라도 최소한 예측 가능성과 확실한 신뢰를 구축할 수 있어야 한다.

7. [한국논단] 정보화 사회와 국가 전략

『한국일보』| 1995-04-13 | 05면 | 정치·해설 칼럼, 논단

2015년, 지금부터 꼭 20년 후의 한국은 어떤 모습이 되어 있을 것인가? 계획대로라면 미국, 일본, 유럽과 거의 동시에 한국에도 초고속정보통신망이 완성되고 아시아권역의 통신망, 대양을 횡단하는 국제통신망과 연결되어 명실 공히 지구 정보 고속도로의 그물망 속에 편입된다. 망 구축과 관련 기술 개발에 대부분 소요된 투자 자본의 규모만 해도 45조 원이 된다. 여기에다 고속도로 위를 달릴 내용과 관련된 사업에 투자될 자본은 확실한 규모가 불분명한 상태이지만 그것을 훨씬 능가할 것이다. 분명 이는 국력이 온통 집중되는 사업임에 틀림없다. 21세기의 국가경쟁력의 성패가 여기에 걸렸다고 해도 과언이 아니다. 기술 발전이 사회와 우리의 삶의 방향을 좌지우지해왔는가 혹은 사회의 필요가 기술 발전을 이끌어왔는가 하는 문제는 사회과학의 오랜 논쟁거리의 하나이다. 그러나 다른 시대는 몰라도 오늘의 세계는 급속도로 전개되어가고 있는 기술의 발전이 모든 정책과 우선순위의 선택을 이끌어

가는 '기술결정주의'의 지배하에 있는 것처럼 보인다. 기술로 무엇을 할 것이며, 어떤 사용이 인간과 사회에 유용할 것인지를 판단해야 할 인문·사회과학 영역은 이같이 무시무시한 속도로 진행되고 있는 정보화 사회를 향한 변화의 고삐를 놓치고 있는 형국이다. 사회과학의 일부가 간신히 정보화 사회의 빠르고 경제적인 실현을 위한 정책 연구의 수준에서 관여하고 있을 뿐이다. 근년에 이루어진 정보화 사회에 관련된 온갖 연구용역의 압도적 다수가 통신기술, 산업, 매스미디어 영역 관련의 정책 연구에 국한되어 있다. 마치 정보화 사회는 이들 분야에만 상관있는 것으로 생각될 정도로 다른 영역에 관한 사회적 무관심은 그 정도가 심각하다.

정보화 혁명이란 단순히 사회적 커뮤니케이션의 기술적·양적 변화만이 아니고, 사회 전반에 걸친 대규모의 변화를 의미하는 것이다. 우리 사회의 어느 부문도 이 새로운 변화의 소용돌이로부터 비껴 있을 수는 없게 된다. 정치과정이 달라지고, 돈의 순환 방식이 달라질뿐더러, 지역사회의 개념과 성격이 달라진다. '논리'에 바탕을 둔 인쇄매체식의 글쓰기와는 전혀 다른 사고체계를 요구하는 '컴퓨터식 글쓰기'로의 전환이 진행되고 있으며, 시간과 공간, 현실 개념 등 지난 수세기 동안 세상을 인식해왔던 방법과 문화의 근본을 이루던 기본 개념의 틀이 달라지고 있고, 새로운 인간관계, 공동체의 개념과 아울러 새로운 사회관계의 정립이 불가피해지고 있다. 또한 질적으로 다른 문화, 예술, 놀이가 생겨나고 있다. 이미 확연히 가시화한 것만 대충 들어도 이렇다.

물론 대단한 변화가 일지 않을 것이라는 주장도 없지는 않다. 그것은 대체로 옛 습성을 쉽게 버리지 못하는 인간 성향에 근거를 두고 있다. 그렇게 되는 사회도 있을 것이다. 그러나 모든 나라에서 정보화 사회의 건설작업에 가속이 붙어 있는 현재의 상황에서 보면 별로 변하지 않는다는 것은 정보화 사회에 적응하지 못하는 지체현상이 되는 것이며, 이미 21세기의 대열에서 낙오됨을 의미한다는 데 문제가 있다.

이 같은 변화에 적응하기 위해서는 컴퓨터 교육의 확대에만 의존할 것이 아니다. 컴퓨터 역시 엄밀하게는 연장에 지나지 않는 것이어서 그것으로 무엇을 할 것인가 하는 사용의 철학이 서 있지 않으면 정보화 사회의 유용한 도구가 될 수 없다.

따라서 정보 고속도로의 설치 못지않게 중요한 것은 그 무한한 가능성을 가진 첨단기술을 어떻게 사용할 것이냐 하는 '사용의 전략'이다. 정보 고속도로가 21세기의 필수불가결한 국가 기반구조인 만큼 그 사용의 전략은 21세기의 국운을 좌우할 정도의 중요성을 가진 문제이다.

이것은 시장의 이니셔티브에만 맡겨두면 되는 것인가? 그러나 시장 역시 방향감각의 부재와 아이디어 빈곤에 시달리기는 마찬가지다. 선의의 기업들도 창조적 비전 없이 외국의 사례나 눈치 보며 비슷하게 시도해보는 것이 고작이다. 정부가 할 일은 바로 이 비전이 생길 수 있는 여건을 조성해주는 일이다.

이 여건 조성에 지름길이나 편법은 없다. 단기적인 정책 연구만으로는 거시적인 사용의 전략을 마련할 수 없으며, 그렇게 임기응변식의 대처만을 해나가기에는 당면한 문제의 규모가 너무 거대하다. 우선 인문, 사회, 예술의 모든 분야에 걸쳐 정보화 사회와 관련한 다양한 연구 활동을 대폭 활성화하는 것에서 시작해야 한다. 그렇게 함으로써 우리 사회에 적절하고 다양한 사용의 방향과 가능성에 대한 비전이 생길 수 있을 것이며, 그것을 토대로 정보화 사회에 부응하는 각 분야의 발전 전략과 아울러 정책의 도출도 가능할 것이다. 이것이 모든 첨단기술이 가지고 있는 창조적이고 생산적인 순기능들을 확대하고, 장기적으로 탄탄한 국제경쟁력을 갖출 수 있는 정공법이라고 생각한다.

8. [한국논단] 새로운 권력자들

『한국일보』 | 1995-05-18 | 05면 | 정치·해설 칼럼, 논단

최근 프랑스의 한 주간지는 오늘날 수십억 지구인의 삶을 좌지우지하는 지구상에서 가장 영향력 있는 인물 50인을 선정해서 발표했다. 재미삼아 홍밋

거리로 만들어본 리스트가 아니라 오늘날 세계가 안고 있는 문제의 심각성을 드러내 보이고자 하는 시도였다. 이어서 『르 몽드』지에서 발행하는 심도 있는 국제문제 전문지 역시 "세계의 새로운 권력자들"이라는 제목으로 유사한 문제를 특집으로 다루었다. 50인의 세계적 영향력 있는 인사는 재계의 거물들, 과학자, 사상가와 오피니언 리더, 커뮤니케이션 사업가, 조직범죄와 비밀경찰의 세계, 그리고 마지막으로 문화예술계와 유행창조자들 등 여섯 분야로 구분된다. 재계에서는 보통 꼽히지 않았던 곡물상·무기상들이 끼어 있는 점이 이채롭다. 빌 게이츠를 비롯해, CNN의 테드 터너, 루퍼트 머독 등 알려진 커뮤니케이션업계 인사들, 할리우드의 텔레비전 시리즈물의 귀재, 음악위성 채널인 국제 MTV 회장, 스필버그 등 대중문화계 인사들, 『뉴욕 타임스』, 영국의 『이코노미스트』지 편집국장 등 언론계 인사 등 쉽게 짐작 가는 인물들도 많다. 사상가로는 정치분석가이며 하버드대학교 교수인 새뮤얼 헌팅턴을 비롯해, 미국의 네오리버럴리즘의 기수인 로버트 노지크, 영국의 사회민주주의 사상가인 존 롤스 등도 끼어 있다. 다수의 과학자도 올라 있다. 그러나 예전에 이런 종류의 리스트에는 흔히 들어가게 마련이었던 문학가와 고급문화 예술가들이 끼어 있지 않다. 문화예술적 영향력이 고급문화에서 대중문화 영역으로 옮겨가고 있음을 암시하는 듯하다.

눈에 띄는 것으로는 중국·일본인 등 아시아인들이 20퍼센트를 넘고 있다는 점이다. 이제까지 별로 알려지지 않았던 중국인 재계 실력자들, 태국의 위성통신 사업자, 일본의 텔레비전 앵커맨 등과 함께 새로운 아시아적 가치의 설파자로 아시아 지역에서 큰 영향력을 행사하고 있는 것으로 지적된 싱가포르의 리콴유 총리가 있는가 하면, 일본의 야쿠자 두목과 미얀마의 마약 밀수출업자도 끼어 있다.

그런데 놀라운 것은 정치가가 한 명도 포함되어 있지 않다는 점이다. 유일한 정치인으로 미국의 하원의장인 깅리치가 끼어 있는데, 그는 정치가로서가 아니라 일종의 정치사상가로 올라 있다. 1960년대에 제일 영향력 있었던 인물이 케네디와 흐루쇼프 같은 두 패권국가의 수뇌들이었던 반면, 오늘날은 그렇지 않다는 것이 이 기사의 입장이다. 오늘날 클린턴이나 옐친은 모든 의

사결정에서 재계의 실력자, 마약, 범죄 마피아나 국제적인 영상 프로그램의 연출가들, 케이블이나 위성의 실력자들을 고려하지 않을 수 없다는 것이다.

큰 나라의 대통령이나 유엔 같은 국제기구의 대표가 패션모델을 제조해내는 회사 사장보다도 우리 삶에 영향력이 적다는 것은 퍽 놀라운 일이다. 실제 영향력의 크기에서는 시비의 여지가 있을지 모르지만 세계화, 정보화가 만들어낸 새로운 권력자들 앞에서 정치가들은 점차 힘을 잃어가고 있음을 시사하는 것으로 이해할 수 있다.

이 같은 현상은 민주주의적 가치를 놓고 볼 때 전혀 바람직한 것으로 보이지 않는다. 우리의 삶에 막강한 영향력을 끼치고 있으나 그들은 투표로 뽑힌 시민들의 대표도 아니며, 민주주의 정치 과정 밖에 위치해 있는 존재들이다. 따라서 시민들의 공통된 이해관계일 수밖에 없는 공공의 이익, 사회복리, 자유, 평등 같은 개념은 그들의 관심사는 아니기 때문이다.

열거된 50인의 인물은 국적이 어느 나라든 곡물상이든 미디어 사업가이든 범죄그룹이든 간에 소위 세계화의 첨병들이라는 사실에서 공통점을 보인다.

모든 국가가 자신들을 마음대로 하도록 놓아두면 세상은 훨씬 더 잘되어갈 것이라는 논리로 무장하고, 돈, 물건, 아이디어들을 장애물 없이 국제시장의 경계를 넘나들게 하는 데만 바쁘다. 이런 상황에서 국가와 정치의 힘이 점점 약화되어가는 것은 민주적 가치의 수호를 위해 퍽 걱정스러운 일이다. 말썽도 많고 시비도 많다 보니 오늘날 정치나 정치가가 왜 필요한가 하는 회의도 생길 만큼 정치 불신이 깊지만 새로이 부상하고 있는 막강한 권력 앞에서 시민들이 의존할 곳은 그래도 우리 손으로 뽑아 살림을 맡기는 정치 쪽일 수밖에 없다는 생각이다.

지자제선거며 내년의 총선으로 정계가 뒤숭숭하고 온갖 스캔들이 난무하고 있다. 급속히 변화해가는 세상에서 정치인들의 진정한 적은 상대편 정당이나 선거구의 라이벌 후보가 아니라 그들을 3등권력으로 밀어내고 있는 이 새로운 권력자들임을 자각할 필요가 있을 것 같다.

9. [한국논단] 멀티미디어: 한국의 전략은

『한국일보』 | 1995-07-20 | 05면 | 정치·해설 칼럼, 논단

멀티미디어 산업은 어떻게 육성해야 하며, 어느 부처가 주도해야 하는가? 이 문제에 여러 부처가 관련되어 있지만 특히 정보통신부와 문체부 사이의 견해 차이가 두드러지는 것으로 전해진다. 쉽게 풀리지 않는 이 문제의 핵심에는 소위 부처 간 이기주의라는 것도 한몫하고 있을지 모른다. 그러나 그에 못지않게 멀티미디어 산업과 관련되는 기술의 무게에 대한 과잉의식이 문제의 해법을 더욱 어렵게 만드는 것이 아닌가 하는 생각이 든다. 이 점에서는 두 부처가 마찬가지인 것 같다. 기술의 중요성을 너무 강조하는 나머지 정보통신부는 이것이 어디까지나 문화산업임을 잊고 있는 것 같고, 문체부는 담당해온 업무의 성격상 가질 수밖에 없는 기술 콤플렉스를 극복하는 데 혼신의 힘을 쏟다 보니 정작 멀티미디어 산업의 문화예술적 중요성을 제대로 부각시키지 못하고 있는 것같이 생각된다.

멀티미디어 시스템은 영상, 음성, 문자를 동시에 처리해줄 수 있는 컴퓨터 시스템이다. 현재는 기존의 PC에 음성카드나 동영상 정보처리를 가능케 하는 MPEG 보드 같은 장치를 달아야만 가능해지나 언젠가는 모두 일체화할 것이다.

현재 논의되는 멀티미디어 산업이란 바로 이 같은 컴퓨터 시스템의 소프트웨어 산업을 말한다. 그 소프트웨어의 외형적 형태는 CD롬이나 CD-I, 비디오테이프, 플로피 디스켓 같은 것일 수도 있으나 그런 용기에 담기지 않고 PC 통신이나 전화선 같은 것을 통해 주어질 수도 있다.

멀티미디어 시스템의 핵심적 특징은 컴퓨터의 도움으로 소프트웨어에 담기는 문화적 내용이나 정보 내용을 사용자가 자유자재로 능력껏 배열·조합할 수 있고, 그 내용에 변형을 가할 수도 있다는 점이다. 이제까지 우리가 경험해온 영화나 방송 프로그램·비디오·책 같은 것은 완성된 형태로 주어졌고, 따라서 주어진 대로 수동적으로 따라갈 수밖에 없는 것이었다. 물론 현재의 CD롬에 담기는 책이나 영화는 예전 형태를 그대로 답습하고 있는 것이 대부

분으로 상호작용성(혹은 대화성)이라는 멀티미디어의 기능을 제대로 활용하고 있는 것은 아니다. 그러나 상호작용성이 충분히 활용되어 사용자가 조작을 가할 수 있는 '대화형 영화' '대화형 동화, 소설' 같은 새로운 형태의 문화가 등장하면서 예전 문화와는 다른 체험을 즐길 수 있게 해주고 좀더 능동적인 문화 향유를 가능케 하고 있다.

앞으로의 멀티미디어 산업은 이 같은 멀티미디어 시스템이 제공할 수 있는 무한한 가능성을 어떻게 문화적으로 개발하여 사용자에게 기존의 문화와는 다른 체험과 감동을 줄 수 있는 소프트웨어를 만들어내느냐에 달려 있다. 멀티미디어 산업과 관련해서 전자게임의 발전문제가 우선적으로 대두되는 것도 온갖 영상처리 기술이 다 동원되는 데다 상호작용성의 기능이 십분 활용된 최초의 멀티미디어형 문화가 전자게임이기 때문이다.

쉽사리 전망할 수 있는 것은 멀티미디어 시대의 문화예술은 상호작용상의 기능을 십분 활용할 상호작용형, 혹은 대화형으로 변화할 것이라는 점이다. 정보화 시대에 문화예술 영역의 핵심적 변화가 여기 있다고 할 수 있다. 즉 이제까지 우리가 누려왔던 일방향의, 수동적인 소비 패턴을 가진 문화와는 형태를 달리하는 문화예술의 등장을 의미한다.

따라서 기술 개발을 위한 연구와 지원도 절실하나 기존의 문화예술인들이나 새로운 지망생들이 빨리 신기술 사용의 방법을 터득하고 그것을 창조적으로 활용할 수 있도록 지원하는 것도 시급하다. 또한 기술만 좋으면 무조건 유익하고 잘 팔리는 멀티미디어 소프트웨어가 나올 수 있는 것이 아니기 때문에 기술 개발 정책과 함께 문화정책적 접근이 필수적이다. 멀티미디어는 온갖 문화예술을 다 담아낼 수 있는 것이므로 우리의 문화적 취약 부분이 어느 곳인지 해외시장을 파고들 수 있는 우리의 문화적 요소가 무엇인지를 발굴, 개발해낼 필요가 절실하다. 예컨대 영국이나 프랑스 등은 이미 미국이나 일본이 선점해버린 전자게임의 국내외 시장을 공략하기 위해 문화정책적 접근을 시도하고 있다. 기존의 영화문화나 출판문화가 청소년 문화의 발판이 되지 못했다는 판단 아래 전자게임을 새로운 청소년 문화의 보고로 개발하기 위해 지원 육성하고 있으며, '프랑스 터치'의 혹은 '영국 터치'의 게임 소프트

개발을 통해 세계시장에서 이룩한 몇 가지 성공에 고무되어 민족문화의 육성
도 이루면서 미국과 일본에 맞서 세계시장 진출도 도모한다는 전략을 펴고
있다.

멀티미디어 산업은 기술 개발과 지원 없이는 불가능한 것이므로 정보통신
부가 계획하고 있는 게임 제작도구의 개발 등 모든 기술 개발과 지원정책은
꽤 중요하다고 생각된다. 그러나 무엇을 어떻게 만들어 국내의 문화사회적
요구에 부응하고, 세계시장에서 틈새시장을 찾아낼 것이냐는 문화적 선택과
전략의 문제라고 생각한다.

10. [한국논단] 멀티미디어 시대의 지식인

『한국일보』 | 1995-08-24 | 05면 | 정치·해설 칼럼, 논단

요즘 국내외 할 것 없이 정보 미디어 산업계의 돌아가는 모습을 보고 있
노라면 공포에 가까운 긴장감이 생긴다. 마치 온 세계가 운전사 없이 질주하
는 자동차에 몸을 싣고 있는 것 같은 느낌이다. 그 미친 듯한 질주의 어느 한
순간에 엔진은 장애물에 부딪혀 산산조각이 나거나 절벽 아래로 추락하고
말 것 같은 아찔함조차 생긴다. 이 분야와 관련해서 입에 오르내리는 숫자만
도 현실감이 없는 것이다. 일본·유럽·미국 등 세 지역에서 1995년부터 2002
년 사이에만 정보 고속도로를 건설하기 위해 총 5천억 달러를 투자할 것이
며, 2010년까지 일본의 투자 예정 규모는 멀티미디어 산업 영역까지 포함해
5,800억 달러(464조 원)에 해당한다는 것이다. 이 모든 기술 투자의 계획은 예
전과 다른 논리를 가지고 있다. "우선 건설하고 본다. 어떻게 쓸 것인지는 나
중 문제이다. 만일 우리가 건설하지 않으면 다른 누군가가 할 것이다. 그래서
그것을 이용하는 서비스 역시 다른 누군가의 지배하에 갈 것이기 때문이다."
무엇에 쓰이게 될지도 모르는 일에 오로지 경쟁에서 이기기 위해 천문학적인
투자를 감행한다는 것이다.

지난봄부터 한여름까지 세계 여러 곳에서 불고 있는 미디어 정보산업 분야

의 기업합병, 인수, 제휴 등의 열풍도 현기증을 일으킨다. 5월에는 미국 3대 방송 채널 중의 하나인 NBC와 마이크로소프트가 멀티미디어 분야의 진출을 위한 상호 제휴를 발표하더니 월트디즈니사가 ABC 방송을 인수, 전기업체인 웨스팅하우스가 CBS를 인수, 타임워너의 워너브러더스가 공중파 채널 신설, 파라마운트 공중파 네트워크 설립, 마이크로소프트와 터너의 지분 인수를 위한 협상 소식 등이 숨 돌릴 새 없이 들려온다. 유럽에서는 도이치 텔레컴, 프랑스 텔레컴, 미국의 스프린트 등의 제휴가 발표되었고, IBM과 이탈리아의 전신전화와 합작, 로이터통신과 미국 벨 애틀랜틱, 나이넥스 같은 전화회사 간의 VOD(주문형 비디오) 공동진출 소식도 이어졌다.

결국 이 같은 인수와 합병의 바람은 21세기 우리의 정신과 일상생활을 지배할 할리우드와 실리콘밸리가 엄청난 보급망을 지닌 방송 및 통신, 대자본과 메가톤급의 결합을 이루어가고 있음을 의미한다. 그러나 이 같은 온갖 형태의 결합 바탕에는 경쟁에서 살아남기, 이윤을 극대화하기 이외의 다른 목적과 배려를 발견할 수 없으며, 그에 대한 저항의 목소리도 찾아볼 수 없다.

일본·이탈리아·프랑스 기업이나 산업금융자본이 흠뻑 당하기만 하고 물러난 할리우드에 우리나라의 한 기업이 5억 달러를 투자해서 신규 진입한 소식이 전해졌을 때 같은 실패가 재연되는 것은 아닌지 그 엄청난 투자가 구체적으로 우리 사회의 전체적 이익과 어떻게 상관있는지 따져보는 논의는 없었다. 단지 드림워크에 끼어 스필버그에게 돈을 대줄 수 있었다는 사실만으로도 나라의 영광처럼 여기는 은근한 분위기가 있었다.

나라 안팎에서 금융과 경제의 논리가 과학과 기술 발달에 절대적인 지배권을 가지면서 정보와 커뮤니케이션의 기술도 집단적 가치와 목표를 이루기 위한 수단이 아니라 부가가치를 생산하는 한에서만 그 가치를 인정받는 시대가 되었다. 공익의 이름 아래 보호되었던 방송, 통신 분야들이 탈규제되면서 합병 제휴 인수 형식으로 뭉치고 거대한 멀티미디어 복합기업들이 속속 등장하면서 공익, 사회복지를 위한 수단으로서의 정보, 통신이라는 개념은 어느 틈에 실종되어버렸다.

진보적 이데올로기가 사람들을 설득시킬 수 있는 수단을 상실하고 실용주의에 압도되어버린 오늘날 어느 누구도 이 맹목적인 질주를 제어할 힘을 가지고 있지 않다. 이런 상황에서 사회의 중심을 잡고 기술 사용을 포함한 모든 사회발전을 민주적으로 통제할 수 있는 방향 제시의 역할이 부여되어왔던 지식인 사회가 지리멸렬해져가는 것은 큰 문제이다. 기능적 전문성이 요구되는 새로운 지식인, 그 대부분이 정보와 문화산업의 첨병인 신지식인층이 부상하면서 전통적인 지식인들의 역할은 계속 위축되어가고 있다. 그러나 기능적인 신지식인들에게서 그와 같은 역할을 기대하기는 어렵다. 그들은 근본적으로 효율성과 기능성의 실현에 관심이 집중되게 마련이기 때문이다. 따라서 대학에 산학협동만을 요구하기보다 순수한 인문사회적 연구와 전통적인 지식인의 역할을 존중하여 운전사 없는 자동차의 맹목적인 질주를 제어할 수 있는 기능을 찾도록 해주는 환경 조성도 절실하다.

1장
진보와 아방가르드의 붕괴, 그리고 새로운 시간성의 가치
: 레지스 드브레에게 듣는다

레지스 드브레Régis Debray는 남미 게릴라 혁명 과정에 개입했던 실천적 좌파 지식인이다. 그는 '매개학La Médiologie'이라는 새로운 학문 영역을 개척한 철학자이며, 이미지론을 구축한 이미지 이론가이자 그 자신 여러 편의 소설을 발표한 예술가이기도 하다. 그는 제3세계와 가깝고, 문화의 자유주의적·일방향적 세계화 현상에 대한 격렬한 반대자이다.

1940년생인 그는 1960년 프랑스의 인문학 관련 엘리트 양성기관인 고등사범학교를 졸업하고, 1965년 25세의 나이에 철학교수 자격증을 획득하는 등 프랑스 최고의 엘리트 과정을 순탄하게 밟았다.

그러나 1960년대 중반 그는 보장된 미래를 뿌리치고 돌연 남미로 가서 체 게바라의 게릴라 부대에 합류, 남미 혁명 전의 한복판에 몸을 던진다. 볼리비아 정부에 체포되어 3년간 수감 생활을 한 후 프랑스 정부의 노력으로 1970년 석방되었다.

그 후 그는 1970년대 10여 년간 철학서·소설 등을 발표하며 저술 활동을 펼쳤다. 특히 상당수의 소설을 썼는데, 그중 한 편은 페미나상을 받기도 했다. 일종의 자전적 소설인 『우리의 나라들에 찬양을: 예술에 대한 사랑으로』는 베스트셀러가 되기도 했다.

1980년대에는 프랑수아 미테랑 대통령에게 발탁되어 사회당 정부에서 국제관계 문제 담당 고문으로 일한다.

1990년대 들어서는 정치생활을 그만두고 학자의 길로 되돌아온다. 그는 1990년 초에 권력학·종교학·미디어학을 결합한 것으로 볼 수 있는 매개학이라는 학문 분야를 창시했으며, 여러 편의 관련 저서를 출판했고 매개학 관련 학술지를 창간했다. 매개학은 기본적으로 사상과 사상가의 위치, 사상의 생산 형태와 전파의 체계문제에 대해 연구하는 학문이다. 하나의 사상(철학·종교·정치·경제·사회·예술 등을 망라해서)이 어떤 체계 속에서 어떻게 생산되고 전파되어 믿음을 형성하고, 권력과 교차하며 어떻게 우리의 삶을 틀 짓다가 어떤 과정을 거쳐 다른 사상에 의해 대체되는가 하는 문제를 탐구한다.

그는 1995년 『이미지의 삶과 죽음』이라는 이미지에 대한 일반 이론서를 저술했다. 이미지의 기원에서부터 고대, 중세, 르네상스를 거쳐 오늘의 디지털 이미지에 이르기까지 이미지 문화예술에 대한 매개학적 접근을 시도한 책으로 새로운 시각에서 씌어진 일종의 분석적 서구 조형예술사라고 할 수 있다. 이후 사진에 관한 글을 많이 발표했고, 『매개학 노트 Les Cahiers de médiologie』라는 학술지를 통해 인터넷 미디어, 디지털 예술의 문제를 지속적으로 다루고 있다.

그가 2009년 말 출간한 『프랑스 지식인, 후속과 종말』은 파리의 지식인 사회에 엄청난 파장을 가져왔다. 19세기 초 정치와 종교가 분리되면서 성직자들의 역할을 대신하며 프랑스 사회의 정신적 지도자가 되었던 프랑스 지식인들의 역할이 타락하고 종말에 이르렀음을 날카롭게 분석한 책이다.

그는 자신이 진정한 지식인으로 보는 에밀 졸라 이후 프랑스 지식인들은 현실의 명철한 관찰자로서 정치·사회 문제에 진지하게 참여해왔다고 본다. 그러나 20세기 말에 이르면서 그들은 코소보·체첸·알제리 등에서 사건이 터질 때마다 깊은 성찰의 자세 없이 '시류 타기'와 '상황 판단의 오류'를 범하면서 매스컴에 얼굴을 들이밀어 명성을 올리는 데 급급하고, 결과적으로 기자들과 영합해 대중의 여론을 조작하는 수준으로 타락했다는 것이 그의 비판 요지이다.

　이 인터뷰는 레지스 드브레가 21세기를 어떻게 전망하고 있으며, 그 같은 전망 속에서 이미지 문화, 조형예술, 디지털 영상문화 예술을 어떻게 자리매김하고 있는지와 아울러 새로운 예술에 대한 그의 입장을 잘 보여준다.

21세기를 어떻게 전망할 수 있겠습니까? 20세기와 비교해서 두드러진 차이점이 있다면 무엇일까요?

아마도 미래의 실종일 것입니다. 더 이상 '바로 그날Le Gran Soir'[1]이란 없다고 생각합니다. 누구도, 어떤 문화도, 어떤 사상운동도 현재 우리가 어디를 향해가고 있는가를 말해줄 수 없을 것입니다. 그리고 우리가 어디를 지향해가는 것이 가치 있는 일인가를 말해주기는 더욱 어려울 것입니다. 모든 영역에서 '거대 계획'의 부재현상을 볼 수 있는데, 이것은 상당히 근심스러운 일이 아닐 수 없습니다.

20세기는 19세기로부터 내일의 인간은 어제의 인간보다 낫게 될 것이라는, 즉 행복과 진리에 더욱 가깝게 다가갈 것이라는 확신과 함께 진보의 사상을 물려받았습니다. 그러나 21세기에는 이런 것이 없어요.

---

1) 무정부주의자, 공산주의자 들이 기다리는 사회혁명이 성취되는 날에서 유래된 말로, 거대한 사회계획을 가진 사회운동이나 사회사상이 지향하는 계획실현의 단계를 의미한다.

혁명, 아방가르드, 해방의 사상과 관련된 민중호소적 신화는 붕괴되었고, 그 결과 유토피아 없는 사회가 야기되었습니다. 지금의 고통을 감내해가며 미래의 유토피아를 위해 노력을 집중했던 시대는 더 이상 아니지요. 모든 것이 지금, 여기를 향해 있을 뿐, 우리가 긴 고통의 길 끝까지 가면 어떤 예외적인 보상이 기다리고 있을 것이라는 약속이 없는 그런 사회에서 살고 있는 셈입니다. 전 세계가 그렇다고 일반화하는 것은 아닙니다. 나는 선진국이라고 일컬어지는 비교적 생활수준이 높은 민주국가들의 경우를 말하고 있는 것입니다.

21세기를 아주 어둡게 전망하고 계신데 '정보화 사회' 논의에 대해서는 어떻게 생각하십니까? 이것은 다른 차원이기는 하지만 궁극적으로 인간해방과 밝은 미래를 약속하면서 새로운 이념이 되고 있는 것 아닙니까?
그렇게 볼 수도 있을 겁니다. 그러나 '정보화 사회'는 민중지향적 이념이 아닙니다. 단지 전문가들을 움직이고 열광시킬 뿐이지요. 내가 보기에 그것은 미국적인 신앙을 담지하고 있는 테크노크라트 신화일 뿐입니다. 그것도 아주 빈약한 신화지요.

21세기는 '진보'에 대한 믿음이 사라진 시대라고 하셨는데, 과학기술의 발달에 대해서는 어떻게 보십니까? 지금은 그 어느 때보다 과학기술의 무한한 가능성에 대한 확신으로 차 있는 시대인데, 그것이 진보적인 인간사회의 실현에 기여할 수는 없을까요?
그것을 전적으로 부인하지는 않아요. 그러나 오늘날의 사회에서 주목할 수 있는 변화는 과학과 기술이 발전하면 자동적으로 같은 정도의 윤리적·문화적·심미적인 진보가 이루어질 것이라는 기대가 많이 약화되었다는 점입니다. 20세기에는 그런 기대가 거의 확신에 가까울 정도로 형성되어 있었다고 생각합니다. 그러나 오늘날에는 적어도 어제와 같은 정도의 확신은 사라진 것 같습니다. 눈부신 과학과 기술의 진보 속에서 정신적으로는 더욱 황폐해져가고 궁핍함을 경험하고 있는 것이 오늘의 현실 아닙니까?

그렇다면 '진보' 개념의 붕괴가 예술 영역에는 어떻게 작용했다고 보십니까?

예술 역시 지속적인 진보의 개념, 직선적 연속성에 기반을 둔 진보 개념의 사고 위에서 진행되어왔는데 이 역시 붕괴되었다고 봐야지요. 이런 진보 개념이 예술에서 아방가르드와 새로운 것에 대한 가치를 지탱해주었던 것이 사실이지만 이제는 더 이상 유효하지 않은 것 같아요. 오늘날에는 새로운 아방가르드를 단지 그 이전 것보다 후에 나온 것이기 때문에 더 흥미 있고 가치 있는 것으로 보던 미신에 가까운 예전의 판단기준은 사라지고 있습니다.

이러한 상황은 어떤 의미로는 예술가들의 책임 영역을 확대시켜준다고 볼 수 있습니다. 어떤 주의도 진리와 미에 대해 보증해주고 있지 않기 때문에 예술가들 자신이 스스로 그 같은 가치를 창출하고 구현해야 하는 상황에 직면하고 있기 때문이지요. 그것을 그리 부정적이나 절망적으로 볼 것은 아닙니다. 많은 창조적 예술가는 이 같은 진보 개념의 붕괴를 오히려 예술의 새로운 가능성으로 보면서 긍정적으로 담담히 받아들이고 있는 것 같습니다.

진보에 대한 믿음의 붕괴에서 비롯된 '미래의 실종'이 예술 영역에서는 구체적으로 어떻게 나타나고 있습니까?

예컨대 낭만주의 예술가의 금과옥조는 역사의 시계가 움직이는 속도를 따라잡기 위한 지속적인 혁신이었지요. 그러나 이제 우리는 영원히 현재 속에 자리 잡아가고 있는 것처럼 보입니다. 새로운 것이 더 이상 우수성을 담보하지도 않습니다. 아방가르드가 어떤 의미를 지니기 위해서는 지속적인 진보와 축적의 개념이 바탕이 되어야 합니다. 여러 형태와 사상이 서로 연쇄되어 동일한 문제에 대해 점점 좀더 적절하고 우수한 해결책들이 지속적으로 축적될 수 있어야 하지요. 하나의 아방가르드는 이 같은 축적된 터전에 연결될 수 있어야 의미를 갖게 됩니다. 예컨대 공간 묘사의 경우를 든다면 이렇습니다. 기하학적 원근법은 비잔틴 시대의 비원근법적 공간보다 낮고, 큐비즘은 그보다 훨씬 나으며, 가상공간은 그보다 더 완벽하다는 방식의 점진적인 진보의 연쇄 개념이 있어야 한다는 말입니다.

그런데 오늘날에는 그런 일관성 있는 문제의 틀이 사라졌습니다. 문제의 성격들 자체가 계속 변하고, 재료들도 변할뿐더러 문화적 풍경 전체가 변하고 있는 것이지요. 그래서 각 유파, 각 예술가, 각 경향은 항상 새로 재출발해야 하는 상황입니다. 말하자면 각자가 자기 고유의 아방가르드가 되면서 더 이상 아방가르드란 존재하지 않는 시대가 되어버렸다고 할 수 있지요. 모두에게 공통되는 전선이라는 것이 존재하지 않기 때문입니다. 아방가르드라는 말 자체가 1945년 프랑스에서 만들어진 군사적 은유라는 사실을 환기할 필요가 있습니다.

20세기를 거치면서 예술의 개념이 많이 변했다고 생각하십니까? 가장 두드러진 변화는 무엇이라고 할 수 있을까요?

많이 변했지요. 중요한 변화는 불완전성inachèvement 개념의 부상이라고 할 수 있습니다. 이것은 스케치esquisse 혹은 애벌그림에 대한 취향에서 탄생한 것인데, 형태의 거부에 이를 정도로 아주 극단적으로 추진되었다고 봅니다. 예술이 '작품'의 개념과 연결되는 경향도 점점 약화되었습니다. 작품이라면, 일련의 규칙들을 존중해서 그리거나 만들어야 하고, 그것이 그 작품의 영속성을 보장하는 데 요구되었는데, 그런 관념이 엷어진 것이지요. 그 같은 기존의 예술 개념을 초월하고자 하는 시도는 더욱더 멀리 추진되어 거의 선동적이라고 할 수 있는 수준에까지 확장되었습니다. 예컨대 보이스Joseph Beuys는 "모든 사람은 예술가이고 당신들이 하는 모든 행위는 예술이다"라고 말할 정도 아닙니까? 현대사회의 이 같은 개념은 위기를 가져왔어요. 한 평론가는 그런 관점에서 '예술 없는 예술가'들을 비판하기도 했습니다. 즉 예술가로서의 명성이 자신이 행한 예술 작업의 가치에서 비롯되기보다 자신의 인물 자체를 광고가치 있는 존재로 연출해냄으로써 형성된 예술가들을 말합니다. 보이스와 워홀Andy Warhol이 그 대표적인 경우라고 볼 수 있을 겁니다. 그들의 활동에서 창작을 위한 작업은 거의 실종되다시피 했으며, 있다 해도 아주 빈약하기 짝이 없는 독단성에 기반을 두고 있는 경우가 태반이지요. 그들은 그런 문제점들을 추상적인 이론주의 속으로 도피하면서 보완해주고 정당화한 셈입니다.

그러면 이론주의적 '예술 없는 예술'이 발달하게 된 배경을 어떻게 보아야 할까요?
우선 그 탄생 배경은 일단 예술가들의 저항의식과 전복적 의지라고 말할 수 있을 겁니다. 미술 내적인 저항에 국한시켜보자면 18세기에 아카데미가 생겨남으로써 형성된 예술의 모든 규범적 사고나 사상의 구속으로부터 해방되고자 하는 의지를 의미합니다. 그러나 그 구속이 거의 사라지게 된 이제 그 같은 경향은 막다른 골목에 봉착했음을 느끼게 하지요. 근거 없는 편견, 의미의 증발, 나르시시즘, 아마추어리즘, 실물 자체의 전시나 증거수집 행위에 몰두하는 경향들은 그런 위기 상황을 잘 보여줍니다. 예컨대 볼탄스키Christian Boltanski의 쓰레기들, 소박파 미술l'Art Brut이나 소피 칼Sophie Calle의 사진 앙케트, 보이스의 실물 전시 등이 좋은 예라고 할 수 있지요.

이런 현상은 독일의 평론가인 로슐리츠가 암시하듯이 예술가들이 가지고 있었던 애초의 전복적 의지가 여러 가지 공적 차원, 민간 차원의 지원에 의해 무장해제된 결과라고 볼 수 있을 겁니다. 모든 지원제도가 어떤 의미에서는 예술의 전복성을 약화시켰다고 볼 수 있어요. 실상 이 같은 경향의 신속한 성장의 배경에는 상업적 이해관계가 내재해 있었어요. 예술 투자 자본들이 단기적 이윤생산을 추구하면서 지속적으로 새로운 심미적 제안을 부추기고 부각시키고 빠르게 순환시켜온 사실을 눈여겨봐야 합니다.

결과적으로 공중과 예술계 간의 단절이 이루어지고 예술 영역은 자신의 세계 속(예술평론가, 자본가, 상인들로 이루어진)에 고립되면서 예술 영역의 변화는 공중과 관계없이 이루어져온 셈이에요. 이 같은 현상은 적어도 회화, 조각 같은 조형예술의 영역에서는 오래 진행되어왔습니다.

이런 경향은 앞으로 지속될 것으로 보십니까?

그렇게 생각하지 않아요. 변화의 징후는 사진 쪽에서부터 발견할 수 있습니다. 사진은 30여 년 전부터 독자적인 예술 영역으로 자리 잡고 시장이 번창하고 미술관에 수용되는 등 새로운 도약을 이루면서 새로운 가능성을 보여주고 있어요. 작가들의 심미적 추구 노력이 사진작품과 비전문적인 일반 공중 간의 연결에 성공하면서 사진 전람회장은 점점 관객들로 가득 채워져가고 있습니다. 이것은 현재의 예술이 앞서 지적한 위기로부터 벗어나기 시작했다는 점을 의미하지요.

1990년대에 이르러 그간 일부 예술가들에 대해 형성되었던 과도한 평가가 붕괴되면서 투기성 자본의 빠른 회전게임으로부터 독립된, 개인적 취향의 판단에 새로이 가치가 부여되기 시작했습니다. 최근에 발견되는 새로운 경향은 시간의 시련을 이겨낼 수 있는 작품들, 유행의 변화에도 불구하고 낡지 않고 장기적으로 버틸 수 있는 작품, 그것의 고유한 조형적 가치 덕분에 기준이 바뀌고 혼돈스러워져도 장기적으로 견딜 수 있는 그런 작품이 추구되고 있는 점이에요. 현재 프랑스에 살고 있는 화가들 중에서 예를 든다면 로베르토 마타Roberto Matta, 제라르 가루스트Gérard Garouste, 장 르 각Jean le Gac, 마르시알 레스Martial Raysse, 피뇽 에르네스트 피뇽Pignon Ernest Pignon, 레오나르도 크레모니니Leonardo Cremonini, 뮈지크Music, 발뤼스Balthus 등을 들 수 있습니다. 테레빈 기름 냄새와 시각적 즐거움이 어떤 정통성을 회복하기 시작한 증조예요. 탈脫 마르셀 뒤샹post Marcel Duchamp의 시기가 시작되었다고 할 수 있을 겁니다.

조형예술에서 발견되는 전통적인 가치의 회복 조짐 외에 21세기 문턱에서 예술 영역의 새로운 경향이나 혹은 새로운 변화의 전망을 볼 수 있을까요? 있다면 어떻게 정의할 수 있겠습니까?

예언자 노릇은 하지 않겠습니다. 현재 우리 눈앞에서 벌어지는 일들, 이미 시작된 것들을 관찰하면서 말하자면 우선 '경계 허물기' 현상을 지적할 수 있을 겁니다. 학문 분야에서 경계 철폐는 이미 오래된 것이지요. 비순수성의 선택이라는 점에서 그것은 놀랍도록 일치합니다. 무대예술에서, 비디오 무용에서, 혹은 사진과 회화의 융합(여기서 사진은 이론주의적인 개념예술의 불모성에 얼마간의 사실주의를 수월하게 보태주는 역할을 합니다) 속에서 혹은 조각, 회화, 공간 연출에 동시에 속한다고 볼 수 있는 설치미술 등에서 많은 예를 볼 수 있지요.
두번째로는 '미술관들의 장벽을 허물고자 하는 의지'라고 할 수 있습니다. 미술작품들을 미술관 속에 격리시키지 않고 일상생활과 공공의 공간 속에 펼쳐놓고자 하는 다양한 시도 말이에요. 예컨대 팔레루아얄Palais Royal에 있는 뷔렌Daniel Buren의 기둥들, 길거리에서 볼 수 있는 베네Bernard Venet가 시도한 작업들, 보부르Beaubourg 앞의 레요Rayaud의 화분 등이 그것입니다.

세번째로는 '시간에 대한 가치 부여valorisation du temps'입니다. 아마도 가장 특이한 변화로 볼 수 있을 겁니다. 이것은 전람회, 정보, 기록을 동시에 발생시키고 일치시키고자 하는 의지의 소산이에요. 거리낌 없이 예술작품에 하루살이적 위치를 부여하고 예술행위를 정보적인 사건으로 받아들이며 만족하는 작업들인데, 크리스토 자바셰프Christo Javacheff가 즐겨 수행하는 기념건축물들의 포장 작업 같은 것이 좋은 예입니다. 그러나 시간의 가치 부여 현상 중 가장 혁신적인 것은 아마도 디지털 신기술 쪽에서 찾을 수 있을 겁니다. 키보드, 마우스, 전자연필, 볼, 장갑, 특수의상 등 인터페이스가 다변화되면서 우리는 새로운 시간 양태와 인간/기계 간의 대화를 체험할 수 있게 되었고, 이 같은 체험을 바탕으로 혁신적인 작품들을 창조할 수 있게 되었습니다.

디지털 신기술을 이용한 예술의 혁신성이라면 어떤 점들을 들 수 있습니까?

예컨대 디지털 서사예술과 신新영상처럼 실시간, 상호작용적으로 구축되는 작품이어서 사용자들이 작품의 형성 과정에 참여할 수 있게 되었다는 것이 가장 주목할 만한 특징일 겁니다. 이는 관객과 작품 간의 새로운 형태의 접속을 가능하게 만들었지요. 가상 영상작품의 경우 작가는 비선형적 시나리오를 제공하여 극장 안의 관객이 자리를 바꿈에 따라 영상이 변형되는 체험을 할 수 있게 해줍니다. 신체와 그라피corps et graphie라는 장치를 통해 마리-엘렌 트라뮈스Marie-Hélène

Tramus는 관객들에게 컴퓨터의 화면에 커서를 움직이게 함으로써 무용의 안무가 역할을 할 수 있게 해주었습니다. 그렇게 함으로써 관객은 프로그램에 의해 주어진 한계 내에서 공동의 작가가 되는 것이지요. 이 같은 장치들은 작품의 개념을 바꾸어서 더 이상 과거에 만들어진 것이 아닌, 단지 현재에만 형태와 의미를 지니는 그런 예술개념을 만들어냅니다. 결과적으로 옛 개념의 창작자 역할, 즉 반＊예언자, 반＊조물주로서의 역할은 줄어들게 됩니다. 디지털 기술들은 수용자들을 참여하도록 이끌면서 수용자들의 역할을 확대시키고 창작자의 역할을 감소시켜가고 있습니다.

당신이 지적한 세 가지 새로운 예술 경향을 어떻게 평가하십니까?
긍정적 측면에 대해서는 간단히 언급한 것 같고, 여기서는 그것들이 내포하고 있는 위험성에 대해 주로 말하겠습니다.
첫째, 장르 간 '경계 허물기' 작업의 시도는 일관성의 결핍이라는 위험을 생각할 수 있습니다.
둘째, '미술관의 장벽 허물기'는 좀더 심각합니다. 이런 시도들의 출발 동기는 좋지만 그것을 잘 다스리지 못하고 단순히 이윤만을 추구했을 때 어떤 위험이 도사리고 있는지는 경험을 통해 우리 모두 이미 잘 알고 있습니다. 예컨대 예술가가 백화점의 디스플레이화되는 위험성이나, 미술관을 피하려다 오히려 도시를 미술관화해버리는 위험성 같은 것 말입니다. 도시를 미술관화하면 도시는 생기 없는 장소가 될 위험이 큽니다. 또 관광객들은 들끓겠지만 정작 도시거주민들은 회피하게 될 것이고, 도시라는 경제적 생산의 장소가 안내, 접대 서비스 장소로 바뀔 위험이 다분하지 않겠습니까?
셋째, '시간에 대한 새로운 가치 부여 작업'에서 생각할 수 있는 점은 우선 단순히 신기한 제품 구경으로 끝나는 것이 되어버릴 위험입니다. 그다음으로는 수용자들과 예술작품 사이에 심미적 관계가 구축되지 못하고 일종의 게임에서처럼 순전히 유희적인 관계로 축소되어버릴 위험이지요. 수용자 측의 정서적 개입이 없고, 체험으로부터 별로 기억되는 것 없이 전적으로 소멸되어버리는 놀이의 체험 같은 것 말입니다. 이론주의적 예술가의 대표적 인물 중의 하나랄 수 있는 마르셀 뒤샹마저도 "바라보는 행위가 그림을 만드는 것이다. 그러나 그 행위를 과도하게 해야 한다면 더 이상 그림은 존재하지 않게 된다"고 하지 않았습니까?

상호작용적 예술의 장래를 어떻게 전망하십니까?

나는 예술에서 상호작용의 가능성을 지나치게 과대평가해서는 안 된다고 생각합니다. 심미적 즐거움이란 역시 우선적으로, 일종의 피동성, 즉 드문 감동을 선물처럼 받는 것 자신을 사로잡히게 하는 것, 감탄의 경지에 도달해보는 체험이기 때문입니다. 그러므로 사용된 기술들의 세련도가 그것을 사용해 만든 예술작품의 가치를 보장하는 것이 아니라는 점을 명심해야 할 겁니다. 파리에서 아프리카, 오세아니아, 인도아메리카 예술 같은 1차 예술박물관들이 관객들의 무한한 호기심과 함께 예술계의 공적 차원과 민간 차원의 가장 훌륭한 보살핌을 받고 있는 것은 아마도 그런 이유 때문일 겁니다. 의고주의擬古主義, archaisme와 상징적 혹은 형태적 단순성이 모더니티 전에 오지 않고 그 후에 오고 있다는 것이 아주 좋은 예가 될 겁니다.

2장

디지털 영상예술, 해독과 해석의 체험에서
감각과 놀이적 체험으로

: 앤드루 달리에게 듣는다

앤드루 달리Andrew Darley는 영국의 서리 예술대학 미디어 예술학부에서 이론, 비판 연구 분야의 교수이다. 그는 주로 영화 연구 영역의 교육과 연구를 담당했으며, 최근에는 애니메이션 영화 분야의 역사와 이론 프로그램을 가르치고 있다. 오래전부터 그는 디지털 기술이 기존의 기술의존적 이미지 생산과 통합되는 방식에 관해 연구했다. 이 새로운 기술들이 여러 형태의 영상문화의 문화적·심미적 발달 과정에서 어떠한 역할을 하고 있는가가 그의 주요 관심사이다.

그의 저서 『디지털 시대의 영상문화Visual Digital Culture』는 다양한 장르의 디지털 영상예술이 전통적 이야기, 표상, 의미를 생산하는 방식과 어떤 단절 혹은 연속성을 가지는가를 탐구한다. 그는 새로운 디지털 장르들이 스타일, 이미지 기교, 감각에 경험적 초점을 맞추어가고 있다고 주장한다. 이 책은 새로운 영상문화가 대중예술 속에 새로운 형태의 관객성을 창조함을 암시한다. 현재 그는 영상문화와 상호작용성에 관한 연구를 수행하고 있다.

지난 한 세기 동안 문화예술 영역에서 가장 괄목할 만한 변화라면 어떤 점을 들 수 있습니까?

아마도 예술의 창작, 생산수단으로 테크놀로지가 활용되기 시작한 점을 들 수 있을 겁니다. 그것은 기존의 예술 개념, 예술의 생산 방식, 제도 등에서 일련의 획기적 변화를 야기했기 때문이지요.

예컨대 20세기에 사진, 영화, TV 같은 새로운 미디어가 부상하면서 문화예술의 창작, 유통, 수용 방식이 상품화, 대량화의 방식으로 달라졌습니다. 그리고 이 변화 과정의 한 부분으로 새로운 예술 형태, 새로운 제도들이 구축되면서 그 이전의 상황으로부터 괄목할 만한 전환이 이루어진 겁니다. 즉 예술이 어떻게 생산되어야 하는가, 또한 무엇을 예술로서 간주할 수 있느냐 하는 기준이 크게 달라진 것이지요. 개인적인 것, 유일성의 작품만이 예술로 치부되던 시대는 지나고 기계적으로 대량생산되는 영화, 사진, 비디오, 애니메이션 등도 예술로 간주하게 되었습니다. 문화예술의 개인적 생산에서 산업적 생산으로의 변화예요. 물론 개인적 활동으로서의 예술 창조 개념이 사라진 것은 아니고 작가, 창조자의 위치도 지속되고 있기는 하지만 전통적 예술 개념은 많이 변질된 것이 사실입니다.

디지털 예술은 이 같은 과정을 더욱 강화시키고 있어요. 디지털 기술은 기존의 기술적 재생산 시스템과 통합되면서 이미지 합성과 이미지 시뮬레이팅 같은 새로운 가능성을 예술 창작에 제공했습니다. 컴퓨터 게임, 멀티미디어 CD, 디지털 사진, 인터랙티브 영화, 가상현실 시스템 등 디지털 기술과 관련된 이 같은 예술 영역에서 오늘날 낭만주의적 천재 예술가 개념과, 고급과 저급예술의 분리를 바탕으로 한 예술의 엘리트적 관점 역시 사라지고 있습니다.

디지털 예술의 정의, 디지털 예술의 특징적 양상은 무엇입니까? 그것은 완전히 새로운 현상인가요?

답변이 쉽지는 않아요. 하나의 디지털 문화예술만 있는 것이 아니라 여럿이 있기 때문입니다. 나는 여기서 시각적 대중예술 영역을 중심으로 기술적 가능성의 측면에서보다는 현재 이루어지는 현상적 상황을 중심으로 말하고자 합니다. 즉 그 기술로 어떤 예술을 만들 수 있느냐가 아니라 현재 그 기술이 예술 창작에서 어떻게 사용되고 있느냐 하는 점이지요.

디지털 기술이 기성 형태인 뮤직비디오, 영화, 애니메이션에 도입되고, 새로운 형태인 컴퓨터게임 같은 장르가 개발되기 시작하면서 두드러진 점은 크게 보아서 기존의 영상예술을 '해독'과 '해석'의 체험에서 '감각적' '놀이적' 체험으로 바꾸고 있는 점입니다.

감각적 체험은 일단 시각적 감각에서 다양하게 나타납니다. 블록버스터 영화, 뮤직비디오, 애니메이션 등에서 이미 많은 예를 보았듯이 기존의 영상문화가 해독과 해석을 요구하는 서사에 기반을 둔 것이었다면, 디지털 영상예술에서는 관심의 중심이 디지털 기술로 가능해진 현란한 스펙터클로 가는 추세라고 할 수 있어요. 물론 대중예술에서 스펙터클의 적극적인 사용 시도 같은 것은 새롭지 않아요. 그러나 그 스펙터클의 형태가 달라진 겁니다.

새로운 '스펙터클의 미학'에 대해 좀더 상세히 말해주십시오.

문제의 미학은 일회적이고 감각적인 외관의 미학이에요. 시각 중심적이고 직접적·즉각적인 감각적 즐거움들을 제공하는 겁니다. 이것은 환상, 마술, 특수효과와 직접적 연관성이 있어요. 사치스럽고 외향적이며 수사적인 이미지 형태로 스펙터클 영화에서 가장 쉽게 체험할 수 있습니다.

우선 그 대표적인 기법들에 대해 살펴보겠습니다. 예를 들면 디지털 합성기술을 이용해 불가능한 사건이나 상황을 마치 카메라로 찍은 듯한 느낌을 주는 '불가능한 사진'을 만들어내는 기술을 들 수 있어요. 비디오 디지털 예술이나 컴퓨터 애니메이션에서 흔히 사용되는 모핑morphing, 텍스처 제너레이션texture generation, 매팅matting, 디스토션distortion 같은 시도를 통해 동영상 텍스트 내에서 몽타주의 미적 가능성이 더욱 확장되는 점도 주목할 만합니다.

그 밖에 뮤직비디오에서 많이 사용되는 장식적이고 회귀적인 영상을 만들어내는 이미지 기법들을 들 수 있어요. 이들은 주로 강한 충격 스펙터클을 제공하는 데 사용됩니다. 말하자면 새로운 스펙터클의 미학은 상당 부분 충격적 스펙터클의 구축에 활용되는 겁니다.

충격적 스펙터클의 영상예술의 문제점은 무엇이라고 보십니까?

『스펙터클의 사회』에서 기 드보르가 말하고 있는 점을 상기해볼 필요가 있어요. 스펙터클적·감각적 경향들은 관객들로 하여금 많은 환상과 기분전환의 수동적 소비를 통해 노예 위치에 머물게 만듭니다. 그러므로 스펙터클은 불가피하게 억압적 카테고리가 된다는 겁니다. 이 같은 지적에 대해 이의를 제기하는 사람들도 있을 것입니다. 그러나 어쨌든 확실한 것은 이 같은 스펙터클의 미학은 관객들을 감각적(신체적)으로 능동적이기는 하지만 지적 능동성을 만들어주지는 못한다는 점입니다. 감각적으로 풍부하고 감각적 활동에서 다이내믹하게 되지만 지적으로는 피상성surface의 체험에 머무르게 된다는 점입니다.

결국 의미상으로 얄팍한 텍스트를 바탕으로 해서 스타일, 감각성, 이미지 기술에 많이 의존하는 것이 새로운 '스펙터클의 미학'이지요. 프레데릭 제임슨의 용어를 빌리자면 피상성의 '깊이 없는 영상depthless image'의 시각예술이 확산되고 있는 겁니다.

디지털 예술의 감각성은 시각적 요소만은 아닌 것 같은데요?

감각적 체험의 영역은 시각적 체험에 머무르지 않고 다른 감각의 영역까지 확대되고 있습니다. 그중에서 주목할 것이 컴퓨터게임이나 VR 예술에서 볼 수 있는 것 같은 시뮬레이션을 통한 신체적 운동감각의 체험이죠. 직접적인 신체적 감각의 체험으로는 시뮬레이션 비행 기법을 원용한 놀이기구들, 육체적 체험의 환상적 경험 속으로 관객을 몰입시키는 기술 등을 들 수 있어요. 컴퓨터게임에서 볼 수 있는 환상적 공간에서 행위 주체의 인상을 주는 '대리적 운동감각vicarious kinesthesia'은 영화의 스펙터클로서의 환상성과 놀이공원의 실제 현실의 운동을 결합한 겁니다.

디지털 예술로서 컴퓨터게임의 성격을 어떻게 특징지을 수 있을까요?

컴퓨터게임에서는 전통적 서사의 연장을 발견할 수 있습니다. 게임의 근거(이론적 원리)를 틀 짓는 배경 이야기back-story와 시나리오, 인물, 액션 같은 것이지요. 그러나 전통적 고전영화에 비해 이야기는 아주 빈약합니다. 게임자들에게는 전통적 영화에서 관객들이 체험하는 동일시나 엿보기 같은 것은 상대적으로 적고, 중요한 것은 게임 수행 그 자체로서 직접적인 신체적 운동 같은 것이 요구됩니다. 통제 능력과 기술 습득, 스크린에 나타난 적과의 고뇌스러운 투쟁 같은 것이지요. 서사는 빈약해지는 대신 상호작용적 게임 수행의 요소가 더 중요해집니다.

그러나 시각적 체험이 깊이 없는 영상의 피상적 체험이었듯이 컴퓨터 게임의 상호작용적 놀이 체험 역시 피상적 놀이의 체험이라고 할 수 있지요. 놀이 체험은 기본적으로 활동성과 능동성을 요구합니다. 그런데 컴퓨터게임에서는 프로그램이 한계 지은 범위 내에서의 능동성이며, 실제의 행동이나 신체적 감각이 아닌 시뮬레이션의 영역으로서 디지털 문화의 놀이 관련, 감각적 활동은 피상적인 것으로 볼 수 있어요. 그러나 무엇보다 의미의 해독이 빈약한 놀이라는 점에서 피상성을 특징적인 것으로 말할 수 있습니다.

디지털 기술은 영상예술을 '해독'과 '해석'의 체험에서 감각적·놀이적 체험으로 바꾸어주고 있다고 했는데, 놀이적 요소라는 것은 컴퓨터게임 같은 일부의 장르에서만 볼 수 있는 현상일까요?

그렇지 않다고 생각합니다. 놀이적 요소는 다른 장르에서도 볼 수 있어요. 가령 놀이는 네 가지 원칙을 통해서 작동합니다. 첫째는 '흉내' 혹은 '가장'이고, 둘째는 '경쟁,' 셋째는 '행운,' 넷째는 '현기증'의 체험이에요. 이 다양한 원칙은 두 가지 축, '통제되지 않은 무질서한 놀이'와 '통제된 관습화된 놀이'의 두 축을 갖습니다.

컴퓨터게임은 체계화된 놀이 원리를 지니고 있습니다. 즉, 정도 높게 통제되었고, 반복적이며, 확립된 미적 규칙이 지배하지요. 또한 경쟁과 기술, 인내를 요구하고 스릴, 속도, 현기증, 공포 등을 동반합니다. 그런데 TV 광고나 액션영화도 마찬가지로 놀이적 요소를 가지고 있습니다. 이들의 현란한 이미지들은 현기증의 놀이적 요소를 지니고 있지요. 그리고 그 이미지들은 외형과의 유희 속에서 진행됩니다. 그러므로 흉내 내기, 모방하기에 해당하지요.

대중예술 이외에 전통적 엘리트 영상예술 영역의 디지털 활용은 어떤 경향을 띠고 있습니까?

영국의 예를 들면 기존의 지배적 심미성의 형태와 내용을 전복시키고자 하는 모더니스트, 아방가르드의 연장선상에 있는 시도들이 많이 발견됩니다. i/o/d 라는 예술가 그룹의 경우 '웹 예술web art'이라고 부르는 작품을 생산하기 위해 웹사이트를 운영하며 디스켓이나 CD롬으로 멀티미디어 작품 발표를 하기도 합니다. 이들의 작업은 인터넷의 주류 문화와 사용 방식에 대한 심미적·비판적 코멘트에 집중하는 웹 액티비즘의 일종으로 볼 수 있어요.

앨리슨 잭슨Alison Jackson 같은 예술가들은 디지털 사진을 이용해서 도발적 사진을 만드는 데 유명 인사들의 공적·사적인 생활들을 문서화하며, 일종의 포토저널리즘의 다큐멘터리 시뮬레이션 작업에 초점을 맞추고 있습니다.

제인 프로펫Jane Prophet은 「테크노스피어 2」에서 인터넷에 기반을 둔 시뮬레이터를 개발했는데, 이것은 사람들에게 원하는 생명 형태를 디자인하게 하고, 그들을 먹이고 그들이 성장함에 따라 의사소통하는 체험을 제공합니다. 키스 파이퍼Keith Piper는 사회적 배척과 권력을 비판적으로 탐구하는 상호작용적 작품을 만들었어요. 그의 CD롬인 「Relocating Remains」는 대표적 작품이죠. 이상에서 예를 든 작품 활동들의 경향을 간추린다면 대체적으로 모더니스트, 아방가르드 전통의 참조 틀 속에서 이루어지는 것으로 볼 수 있습니다.

앞에서 예술 창작에 기술의 개입으로 전통적 예술 개념이 많이 바뀌었다고 했는데, 디지털, 상호작용적 예술에 여전히 작가/예술가의 개념을 적용할 수 있을까요?

내가 관찰한 한 가지 문제는 문화생산에서 증가되는 기술적 침투는 개인적 생산 개념과 작품의 단일 작가의 개념을 약화시켜왔다는 점입니다. 물론 이것은 디지털 미디어 문화에 특수한 것은 아니에요. 새로운 디지털 미학과 관련해볼 때 어떤 장르는 작가를 작품의 창조적 중심으로 보는 사고에서 현저히 벗어나는 경향을 보입니다. 특히 광고, 컴퓨터게임, 뮤직비디오 같은 장르에서 흔히 볼 수 있는 현상이지요. 컴퓨터 애니메이션 같은 경우 대략적으로 감독의 이름이 회사 이름으로 대체되어간다는 점이 흥미로워요. Industrial Light and Agic, Digital Domain and Pixar 등이 그것입니다.

디즈니 회사나 드림웍스 같은 곳에서도 자기 회사 고유의 애니메이션 스타일을 개발하고자 하는 데 관심이 있지 특정 작가의 개인적 스타일이나 독창성을 중시하지는 않습니다. 뮤직비디오나 광고, 게임의 경우 작가는 알려지지도 않아요. 단지 업계 신문 같은 데 이름이 등장할 뿐 관객들이나 사용자에게는 익명으로 나타납니다. 그리고 게임의 경우도 Activision, 3DO, Sega, Lucas Art, Sierra On-Line Westwood Studio, Preponderant 등의 제작, 배급회사 이름으로 나타납니다.

디지털 예술 전반, 특히 컴퓨터게임 같은 형태의 생산 속에서 근본적으로 작가의 탈중심화 현상이 일어나고 있습니다. 예술가/작가에 대한 사고의 탈중심화나 수정에 대한 논거 속에는 디지털 예술의 창작에서 이미 아주 높은 수준의 미적·형태적 규제가 사전에 이루어져 있다는 사실이 중요한 비중을 차지해요. 스타일과 관행이 사전에 세밀히 나타내지고 결정되는 상황에서 작품 제작에 들어가게 됨으로써 전통적 예술가나 작가의 개념보다 심미적 매니저, 프로그래머–창작자 programmer-composer의 개념이 적절한 용어라고 생각됩니다.

디지털 예술은 예술의 철학과 개념을 바꿀까요?

물론 그림 이미지나 사진 이미지의 생산과 컴퓨터를 통한 생산은 서로 다릅니다. 그러나 그것 자체가 그렇게 중요하지는 않다고 생각해요. 좀더 중요한 것은 그렇게 생산된 이미지입니다. 그것의 성격, 심미적·문화적 맥락, 의미 등이지요. 다른 말로 해서 나는 디지털 이미지가 일단 현재의 생산과 수용의 맥락에서 사용되었을 때 그 사용과 기능, 디지털 이미지의 의미에 관심이 있어요. 분명히 디지털, 컴퓨터가 다른 종류의 이미지들, 특히 사진 이미지를 합성하고 조작하고 그 기능을 향상시키는 데 지니는 현상적·잠재적 가능성은 무척 중요합니다. 그런 점을 감안하더라도 심미적·문화적 이해의 관점에서 보았을 때 새로운 것이라고 볼 수는 없지요. 물론 컴퓨터 미디어의 디지털, 수학적 특성은 가상의 상호작용적 체험을 위한 잠재적 가능성의 측면에서 볼 때 커다란 변화를 가져올 수 있습니다. 그러나 그런 경험은 아직 원시적 수준에 머물러 있고 공상과학영화의 그것과 같지는 않다는 것이죠. 그리고 상호작용성 역시 심미적 측면에서 볼 때는 완전히 새로운 개념은 아니라는 사실이에요. 그러므로 현존하는, 새로 부상하는 디지털 상호작용을 심미적 체험의 수준에서 무엇이 다른가를 구분해야 합니다.

현재의 대중예술 영역을 볼 때 이것은 새로운 형태들의 생산을 지향하지 새로운 지성이나 지능의 생산은 아닙니다. 즉 관객의 시각적 혹은 물리적 감각에 주로 어필하고 시각적·감각적 흥분의 형태를 가꾸는 데 주목해 있는 정도입니다.

디지털 문화예술이 논리적·선형적 사고에 기초한 사고 과정의 변화에 기여할 것으로 보는 견해가 있는데요?

문화평론가인 피터 월런Peter Wollen은 컴퓨터에 의해 형성된 혹은 그것을 통해 생산된 문화가 증가하면서 어느 날 이성의 변형을 유발할 수 있을 것으로 전망했어요. 그렇게 되면 이제까지 엄격하게 분리되었던 논리와 미학 간의 간극을 메울 것으로 생각합니다.

그는 1960년대에 매클루언의 이론에서 볼 수 있는 전자매체에 대한 낙관적 포용을 서구적인 비판적 이성(동질적이고, 표준화되고, 선형적인)의 종말과 새로운 시대의 여명을 의미하는 것으로 보았어요. 그런 의미에서 매클루언의 중요성은 인정하면서도 매클루언의 비전 자체는 절망적일 만큼 순진한 것으로 평가절하했습니다. 매클루언은 일종의 환상적 사변가로서 새로운 기술의 발전을 탐지하고 그것이 충분히 현존하게 되고 형태가 잡히기 전에 부적절한 이상을 투영하려 했다는 겁니다. 그보다는 전자기술의 가능성이란 이성과 미학이 마침내 컴퓨터를 통해 생산되는 예술적 형태(수학적 논리의 진행에 의한 최종 생산품)에 의해 의미 있게 연결될 수 있을지도 모른다는 추론을 합니다. 월런의 시각에서 본다면 디지털 문화가 기존의 논리적·선형적 사고에 변화를 가져올 것으로 전망할 수도 있을 겁니다.

그러나 대중예술 영역에서 본다면 현재 두드러진 감각성, 유희적 요소, 스펙터클 요소들이 의미구축이나 성찰 과정에서 벗어난 요소들이기 때문에 사고 과정의 변화와 크게 관련이 있는지는 의심스럽습니다.

디지털 문화예술을 발전시키기 위한 교육정책의 영역에서 이루어져야 할 것은 무엇일까요?

문화, 예술 영역에 종사할 인재교육은 테크놀로지 프로그래밍의 교육과 함께 인문사회적 교육이 수반되어야 합니다. 광범한 비판적 연구들, 역사적 접근, 문화·미디어 연구, 예술문화 이론 등의 교육이 IT 기술 교육 못지않게 중요하지요. 또한 다양성, 혁신, 책임감 있는 실행 의식에 대한 교육 역시 필수적입니다. 단지 직업적 기술을 전수하는 것으로 디자인된 교육 방식은 같은 것을 재생산하는 일로 그치게 될 위험이 있어요. 단순한 훈련 프로그램은 문화적 불모를 가져오기 쉽습니다.

21세기에는 디지털 예술과 문화가 어느 정도의 위치를 가지게 될까요?
앞서 묘사한 특별한 디지털 미학이 예술의 지배적 형태가 될 것으로 는 생각하기 어렵습니다. 그 같은 피상적이고 유희적 미학이 지구적 대중예술 시스템의 주요 차원이 될 수도, 반대로 더 깊고 성찰적이고 비판적 형태들이 부상할 수도 있을 테지요. 그리고 그런 문화들이 디지털 기술에 의존하지 않을 수도 있습니다. 분명히 디지털 기술의 시뮬레이션과 다양한 조작의 가능성 때문에 예술과 디지털 기술의 통합이 신속히 지속적으로 이루어질 겁니다. 옛 형태의 미학을 훨씬 더 경제적으로 구현하거나 재생산하는 데 사용되면서 새로운 미디어는 올드 미디어를 대체할 겁니다. 새로운 미디어의 침투가 증가하면서 새로운 형태의 발전이 이루어질 수 있을 겁니다. 그러나 단기적으로는 옛 재현 양식이 사라질 것으로 생각되지 않습니다.
디지털 기술의 발달에서 상호작용성의 요소는 중요하다고 봅니다. 미래에는 더 발달되고 세련된 형태의 상호작용적 문화를 기대할 수 있을 겁니다. 그러나 이것이 좀더 폭넓고 유연하고 더 사실적인 방식으로 창작수단을 완벽하게 만드는 것이 될지의 여부는 알 수 없습니다. 그러나 기술이 비싼 데다 기술의 수용은 업계의 이익에 의한 발전적 통제 아래 있으므로 일단은 주류의 대중예술에서 우선적으로 사용될 겁니다. 그러나 지난 시대의 경험으로 보건대, 기술이 저렴해지면 그 이상의 구체적인 예측은 어렵습니다. 예술의 발전이나 변화는 경제·사회·문화의 복합적 요인들이 복합적으로 작용해서 이루어지는 것이며, 예술 내적인 요인에 의해서만 좌우되지 않기 때문입니다.

3장
재현예술의 대안으로서 시뮬레이션 예술의 가능성

　수년 전 발표된 한 석사학위논문에 「가상세계를 통한 사회체계의
시뮬레이션 가능성」[1]이라는 것이 있었다. 「리니지 2」라는 게임을 대
상으로 한 논문이었다. 「리니지 2」는 엔씨소프트가 2003년 10월 국내
정식 서비스를 시작해 월평균 유효 계정 200만 개, 동시 접속자 12만
명을 기록한 '다중 사용자 온라인 역할 수행 게임Massive Multiplayer Online
Role Playing Game'으로 2007년 현재 전 세계 29개국에서 100개 이상의
서버가 운영 중이며, 해외 누적 계정 수도 1천만 개를 돌파할 정도로
성공한 MMORPG로 알려져 있다.

　이 논문의 저자는 컴퓨터게임을 내러티브의 시각에서 접근하
는 기존의 연구가 게임이라는 대상을 제대로 파악하지 못했으므로,
대신 시뮬레이션 문화로 접근하는 것이 타당하며, 「리니지」 같은

---

1) 박대민, 「가상세계를 통한 사회체계의 시뮬레이션 가능성」, 서울대학교 석사학위논문,
　 2006.

MMORPG는 더욱더 그러하다는 주장을 내세웠다. 그러한 전제하에 「리니지」를 통해 특정한 사회체계를 제시하는 정치 프로그램을 실험해볼 수는 없을까 하는 관심을 가지고 연구를 시작한 것이었다. 10만 명이 넘는 사람이 동시 접속할 수 있고, 그 게임의 세계 속에 인간사회에서 체험하는 정치·사회·경제·문화 모든 분야의 다양한 문제가 발생하고 해결되고, 그 과정에서 실제 인간사회 내에서와 다름없는 온갖 행위와 상호작용이 이루어지는 만큼 그런 실험을 해볼 수 있을 것이라는 점이다. 그래서 사회과학에서 통용되는 사회체계 이론, 의사소통 이론 등을 「리니지」 게임의 세계에 적용, 분석하여 MMORPG가 정치 실험을 위한 시뮬레이션의 모델이 될 수 있는가의 여부를 보고자 했다. 결국 연구의 출발은 재현문화와 시뮬레이션 문화를 구분해서 보아야 할 필요성이었다.

1. 재현의 예술

재현은 지난 수천 년 동안 인류가 리얼리티를 이해하고 설명하는, 강력하고 편재하는 문화적 양식이었다. 재현을 이야기 형태로 구조화하는 특수한 형태가 내러티브이며, 이것은 원시 구전의 이야기에서 소설, 영화, 텔레비전에 이르기까지 오랜 시대를 거치며 인류문화의 중심에 자리해왔다. 마크 터너Mark Turner는 '내러티브 메커니즘narrative mechanism' 같은 재현양식은 인간의 마음속에 깊고 단단하게 박혀 있는 인지적 구조가 되었다고 보기도 한다.[2]

---

2) M. Turner, *The Literary Mind*, New York: Oxford University Press, 1998.

이야기 문화뿐 아니라 재현은 이미지 문화에서도 마찬가지였다. 알타미라 동굴 벽화에서 부장미술, 종교미술, 르네상스 이후의 회화, 사진, 영화, 비디오 이미지에 이르기까지 이미지 생산에서 관심의 초점은 현실의 재현이었다. 물론 여기서 재현의 대상이 되는 현실의 차원이나 종류, 재현의 방식, 목적은 시대나 장르에 따라 달라져왔지만 재현은 문화가 세상을 이해하고, 이해시키는 가장 익숙한 방법이 되어왔다. 서양 예술이론의 근간이 되는 아리스토텔레스의 예술이론 역시 예술의 본질을 재현 작업에 두고 있다. 그의 미메시스 이론을 미학의 한 원리로 수용하면서 예술의 본질을 자연의 모방 또는 재현이라고 보게 된 것이 유럽의 고전적인 예술이론이다.

재현은 오랫동안 감각적·현상적·외적 자연현실을 충실하게 모방하거나 이상화된 자연을 모방(그리스 시대의 인물 조각, 그림 등)하는 데 활용되기도 했지만 인간 내면의 풍경을 묘사해내는 방법이 되기도 했다(표현주의 등). 사진기의 발명이 충실한 자연모방이라고 하는 예술관을 후퇴시키면서 모방해야 할 것은 외적인 자연현상이 아니고 내적 자연의 본질과 법칙, 그리고 이상이라는 주장도 등장했다. 감각적 외부 현실을 표현해내는 데서도 시각적인 감각의 헤게모니에 저항하여 촉각 등 다른 지각의 중요성을 제기한 큐비즘의 시도도 있었다.

20세기 후반에 이르러 인문사회과학에서 비판적 방법론들이 등장하면서 재현은 대상물이나 현실의 충실한 모방이나 묘사가 아니라 현실에 대한 해석이며, 구성물이라는 주장과 비판적 분석들이 줄을 이었다. 하지만 이들은 재현의 정치사회적 기능에 초점을 맞춘 연구들이었을 뿐 재현이라는 문화양식을 부정하거나 그에 대한 대안을 찾고자 하는 시도에 이른 것은 아니었다. 브레히트나 고다르 등이 공연예술의 재현적 내러티브가 관객에게 주는 효과를 차단하고자 하는 새로운 시도를 하면서 재현문화에 대한 새로운 대안이 가능해 보이기도 했다. 많은 주목을 끌었음에도 기존 지배문화의 이념 비판을 겨냥한 정치적 의미가 대안적 문화양식으로서의 가능성보다 훨씬 더 강하게 부각되면서 그것은 주류 문화의 비틀어보기 실험으로 끝나고 곧이어 재현문화의 새로운 방식으로 흡수되어버렸다.

디지털 기술의 발달과 함께 컴퓨터게임 같은 새로운 형태의 미디어, 인터랙티브 소설, 인터랙티브 영화 같은 새로운 예술도 등장했지만 문화 연구자들은 대부분 이것을 이야기 서술의 새로운 형태의 내러티브로 보고 내러티브 분석의 방식을 적용하여 설명하고자 했다. 문화 연구자 자신들이 내러티브 이론과 방법론에 익숙했던 탓도 있었을 것이다. 그뿐 아니라 영화, TV 같은 전통적 미디어들 거의 모두가 재현적인 것이었기에 관객들이나 미디어 생산산업 측 모두 오랫동안 내러티브 생산과 소비에 극도로 숙달되어 기존 영상문화와 유사한 측면도 있었던 새로운 인터랙티브 문화예술을 재현적 렌즈 이외의 것으로 보기 힘들었을 것이라 생각된다. 매클루언이 말하는 새로운 미디어의 "뒷방향 거울 바라보기 현상" 때문에 초기에 나온 게임이나 인터랙티브 영화나 드라마 같은 것이 실제 기존의 내러티브 문화예술의 양식을 거의 답습해왔던 데에도 원인이 있었을 것이다. "뒷방향 거울 바라보기 현상"이란 새로운 미디어가 등장해도 초기 단계에서는 단박에 그 미디어에 걸맞은 새로운 미디어 언어나 문화양식이 형성되기 어렵고, 일단은 기존 미디어의 양식을 차용하게 된다는 의미로 매클루언이 사용한 용어이다.

2. 과학과 시뮬레이션

시뮬레이션은 새로운 방식이 아니다. 이는 항상 장난감, 게임, 과학 연구를 통해 체험, 활용되었던 방법이다. 그러나 시뮬레이션의 잠재적 가능성은 기술적 문제 때문에 제한되어 있었다. 복잡한 시스템을 본떠서 제작하는 것은 아주 어려운 일이었기 때문이다. 컴퓨터가 이같은 상황을 바꾸어주었다. 디지털 기술이 근대적 시뮬레이션을 가능케 하는 기반을 제공한 것이다.

자연과학에서 시뮬레이션은 탐구 대상을 시스템으로 인식하고, 환경 변화에 따라 그 구성요소들의 '거동behaviours'이 어떻게 달라지는가를 파악하고, 관심의 대상이 되는 특정 현상을 출력으로 지정하여 그 변화 과정을 알아보기 위해 연산조작을 해보는 작업을 의미한다. 시스템의 환경이 바뀌면 시간이 흐름에 따라 어떤 변화가 이루어지는가를 파악함으로써 시스템을 이해하고 그 거동을 예측해, 대안을 마련하는 것이 인류의 오랜 꿈이며 과제였다. 이는 자연과학에서 특히 발달했으며, 사회과학에도 실증주의적 방법을 통해 도입되었다. 예컨대 시장이라는 시스템이 물가, 금리, 세금, 생산량 등의 구성요소로 되어 있다 할 때 원유가와 같은 환경의 영향input으로 물가가 오르며, 실업률 혹은 세금, 생산량 등이 변동할 때 그 결과output로서 소득 변화를 수학적 연산 작업인 시뮬레이션을 통해 알아볼 수 있게 되는 것이다.

고전적 개념에서 대상 시스템을 일종의 블랙박스로 보고 한 가지 입력을 가했을 때 어떤 출력이 가능한가를 알면 시스템을 파악했다고 생각하는 단순한 시뮬레이션 작업으로 만족해야 했다. 그러나 다양한 환경 영향이 가해지고 대상 시스템이 다수의 구성요소들 간에 복잡한 유기적 관계로 연결되어 있음을 파악하게 되고 알아보고자 하는 결과—즉 출력—의 범위도 다양해지면서 시뮬레이션 작업도 복잡한 계산을 필요로 하게 되었다. 시뮬레이션 실험은 모든 관련 요소와 그 요소들의 상관관계를 수식으로 변환하는 작업을 거친다. 시스템에 가해지는 외부 영향들(입력)과 시스템 내부의 상태, 시스템 내부 상태와 환경 영향으로 얻어지는 결과(산출)의 관계 역시 수식으로 표현된다. 이들 수식이 시뮬레이션을 실험할 수 있는 시뮬레이션 모델 l, 혹은 알고리즘이 된다. 이 모델에 수치를 대입하여 연산 작업을 거침으로써 시스템의 정체와 시간의 흐름 속에서 발생할 수 있는 변화를 예측할 수 있다.

컴퓨터의 기여는 이 복잡한 연산 과정을 자동화시켜줌으로써 시뮬레이션 작업을 손쉽게 만들어준 것이다. 컴퓨터의 기본 원리인 디지털 기술은 모든 대상을 수식과 수치로 변환하여 메모리에 저장하고 화면의 화소를 통해 본래의 모습으로 화면에 투사한다. 디지털 기술은 동시에 이렇게 얻어진 대상에 상호작용성을 통해 대상에 작용함으로써(입력) 다양한 시뮬레이션을 가능하게 만들어준다.

3. 시뮬레이션 예술

디지털 이미지를 예로 들면 그 대상의 외형은 물론 그것의 동작이나 움직임 역시 수식이나 알고리즘으로 표현된다. 디지털 이미지는 실제의 대상에서 혹은 사진이나 영화 같은 아날로그 방식으로 제작된 이미지로부터 얻을 수 있으며, 알고리즘에 따라 창조될 수도 있다. 그러나 어떤 방식으로 만들어진 것이든 컴퓨터 화면에 나타나는 이미지는 그것의 실제 현실과 기술적으로 직접적인 관련성이 없다. 디지털 이미지는 사진, 영화, 비디오, 그림 같은 아날로그 이미지처럼 실제 세계에 속하는 사물이 남긴 흔적의 기록이 아니기 때문이다. 현실과 디지털 이미지 간에는 컴퓨터의 연산 작업, 알고리즘의 작업이 개입하여 사물의 형태나 색채 정보들을 수치화하는 과정을 거치게 된다. 이 수적 변환 작업은 디지털 이미지를 쉽사리 해체하여 다양한 조작을 가능케 한다. 이곳은 2차원, 3차원 등 모든 차원의 구현이 가능하고, 어떤 방식의 결합이나 이동, 투사가 이론적으로 가능한 공간이다. 원하는 어떤 공간으로의 조작도 가능하다는 점에서 그곳은 유토피아적 공간이라 할 수 있다. 현실로부터 이탈 혹은 해방된 공간이며, 따라서 재현의 구속에서 벗어난 시뮬레이션의 세계이다.

반면에 아날로그 이미지들은 현실과 밀착되어 있는 재현의 세계이며, 재현의 세계에서는 '조작manipulation'이 불가능하다. 시각적 현실은 경우에 따라서는 지극히 주관적 시각에서 조명되고 해석되고 묘사될 수 있겠지만 해석된 그 현실에 묶여 있을 수밖에 없다. 세계는 고정된다. 그러므로 재현은 대상을 정태적으로 보여줄 수밖에 없다. 그러나 디지털 이미지의 시뮬레이션은 그 대상이 변화하는 환경 속에서 환경의 변화에 따라 어떻게 달라질 수 있는지, 대상을 역동적인 상태에서 파악하고 그것이 시간 축에 따라 혹은 공간 축에 따라 변형되는 모습을 보여줄 수 있다. 시뮬레이션의 세계에서 현실은 무한한 얼굴을 가질 수 있고 그것은 일어난, 일어나고 있는 과거나 현재의 모습이 아닌 미래의 모습이며, 미래는 결코 고정되지 않은, 선택이 가능한 불확정의 현실이다.

〈표 1〉 재현 이미지와 시뮬레이션 이미지 비교

속성 종류	재현 이미지	시뮬레이션 이미지
대상/이미지 관계	대상의 물리적 흔적	대상의 수적 변환, 대상 없는 수적 창조
현실성	대상 현실과 밀착	대상 현실과 무관
변형 가능성	고정, 조작 불가능	해체, 조작 용이, 자유로운 공간 조직 가능
시간성	과거, 현재의 세계	미래, 가능성의 세계

이야기 예술의 경우에도 제기되는 문제는 유사하다. 전통적인 내러티브는 이분법적 구조와 고정된 사건들로 짜여 있으며, 결말도 확정되어 있다. 예컨대 파업은 성공하거나 실패한다. 사랑은 성취되거나 이별로 종결된다. 내러티브 작가는 오로지 한 방만 장전된 총을 가진 총잡이와 같다.[3] 반면에 시뮬레이션에서 사건의 순서와 과정은 절대 고정될 수 없다. 시뮬레이션 작가는 내러티브 작가가 갖지 못한 수단을 독자들에게 제공한다. 시뮬레이션 작가는 사건 전개를 통제하기보다는 전개의 규칙, 독자가 개입할 수 있는 조작의 규칙을 제공한다. 그러므로 사건이나 결말은 결정되어 있지 않지만 작가는 여전히 그의 생각이나 믿음을 이야기에 반영시킬 수 있다. 내러티브 작가는 자신의 스토리를 독자들에게 훈련시키지만 시뮬레이션 작가는 규칙만을 만들고 실제 행위에는 관여하지 않는 입법자에 가깝다. 현재 웹상에서 흔히 만나는 인터랙티브 드라마나 인터랙티브 소설은 시뮬레이션의 형태를 외형적으로 취하고는 있지만 실제로는 내러티브에 가깝다. 내러티브의 완결성은 유지한 채 변형시킬 수 없는 이야기 통로를 복

---

3) G. Frasca, "Simulation versus Narrative: Introduction to Ludology Video/Game/Theory," in M. J. P. Wolf & B. Perron(eds.), *The Video Game Theory Reader*, New York: Routledge, 2003, p. 5.

수로 제공하고 그중 하나를 따라가게 함으로써 지극히 제한된 선택을
허용하는 정도이기 때문이다.[4]

4. 시뮬레이션 예술은 디지털 기술의 결과인가

예술에서 디지털 시뮬레이션의 대안이 주는 가능성은 컴퓨터와 디
지털 기술에 힘입은 바 크지만 그렇다고 기술이 가져온 결과라고 볼
수는 없다. 예술세계 자체가 추구해왔던 관심사의 연장이기 때문이
다. 아리스토텔레스의 미메시스적 예술관, 즉 예술을 자연의 거울이
며 현실의 모방이라고 보았던 예술 개념에 대한 문제 제기와 대안 추
구는 20세기를 관통하면서 끊임없이 지속되었으며, 그 덕분에 다양한
혁명적 시도가 이루어졌다. 조형예술의 경우에는 추상화에서 개념예
술에 이르기까지 새로운 시도들이 있었다. 마르셀 뒤샹의 「레디메이
드Ready-made」는 방법예술의 기능을 재현에서 개념의 제조로 대체시켜
재현을 전복시킨 최초의 시도였다고도 할 수 있다.

공연예술에서는 브레히트, 고다르, 보알Augusto Boal 등을 비롯해
1980년대 이후 포스트모던 영화에서 지속되어온 전통적인 내러티브
를 해체, 파괴하기 위한 시도들을 들 수 있다. 또한 퍼포먼스, 해프닝
예술처럼 걸작품의 영원성과 고정성 대신에 우발성과 순간적으로 포
착된 돌발성, 직접성, 실시간 예술에 대한 취향 역시 마찬가지이다.
이는 고전적 개념의 예술 기능에 대한 문제 제기이기도 했지만 무엇
보다도 그 기능을 구현해온 재현에 대한 문제 제기이기도 했다. 재현

---

4) J. Murray, *Hamlet on the Holodeck*, New York: Free Press, 1997.

은 닫힘과 고정성과 안정성을 의미하는 것이었고, 시대는 다양성과 지속적인 변화에 기반을 둔 열린 세계를 지향하고 있었다.

이러한 '열린 예술'에 대한 갈구를 담은 20세기의 변화는 엘리트 예술가들에 의한 예술생산 영역에서만 제기된 문제는 아니다. 뒤샹이 20세기 초에 "그림을 만드는 것은 관람객의 시선이다"라고 한 발언에서도 암시되었듯이 20세기는 수용자의 자율적인, 열린 해독을 통한 참여에 관심을 갖기 시작한 시기이다. 1960~70년대는 특히 관객과의 소통, 관객의 참여에 관심 가진 예술이 대거 등장했다. 관객의 참여를 유도했던 예술인 해프닝, 키네틱 아트kinetic art(보는 각도에 따라 변하는 회화 예술), 개념예술, 보디 아트body art, 거리예술이 그것이다. 이런 현상을 뒤집어보면 예술 창조자의 의도나 담론이 일방적으로 먹히지 않기 시작했다는 의미이기도 하다.[5]

그것은 무엇보다 문화예술의 소비자들, 특히 대중문화의 소비자들에게서 두드러졌다. 대중문화 산업이 제공하는 텍스트들은 광범한 수용자에게 도달하고자 하는 매스커뮤니케이션을 지향하기 때문에 닫힌 텍스트가 보편적 생리이다. 전달하는 내용이 오해의 여지가 없도록 선명하고, 애매하지 않은 확실한 결말로 '아리스토텔레스적 즐거움'을 선사하는 작품들이었다. 대중매체 산업의 이해관계가 첨예하게 얽힌 이 같은 매체문화의 상황에서 그보다 앞선 수용자들은 '열린 해독'의 방식으로 대응했다. 대중매체가 실어 나르는 담론에 획일적으로 일사불란하게 환호를 보내기에는 이해관계와 세계를 보는 시각이 다변화되어 있었다. 수용자들은 나름대로의 해독과 참여의 방식으로 매체문화가 조장하는 획일적이고 일방적인 커뮤니케이션 상황에 저

---

5) N. Moureau, *Le Marché de l'art contemporain*, Paris: La Découverte, 2006.

항했다.

20세기 후반에 확산된 '능동적 수용자active audience' 현상, 저항적 해독의 현상이나 다양한 대중문화 영역에 광범위하게 등장한 '팬덤 fandom 현상'은 이 같은 닫힌 대중문화, 지배문화에 대한 저항 전략의 일환으로 볼 수 있다. 우리나라에서 역시 이 같은 현상은 두드러졌고, 인터넷의 확산과 함께 그 강도를 더해갔다. 물론 많은 사람이 의혹의 시선으로 바라보기도 하는 '팬덤 현상'은 늘 진보적 성격의 참여문화 라고 보기는 어렵다. 특정 대중문화 예술가 혹은 특정 장르의 '팬' 집 단이 형성되면서 등장한 '팬덤 현상'은 단순히 철없는 젊은이들의 히 스테릭한 개인숭배 현상으로 간주된 적도 있었다. 그러나 점차 그 같 은 집단행동들이 체계화되고 증식되어가면서 수용자들의 취향이 미 디어 문화의 내용과 방향에 개입하여 집단압력을 행사하는 방식으로 미루어지는 의미 있는 참여현상으로 인정되기도 한다.

이 같은 수용자들의 참여 욕구는 디지털 미디어의 발달과 함께 날개 를 달게 된다. 강력한 참여의 방법과 수단을 제공해주었기 때문이다.[6] 모더니티 시대의 예술에서 예측했고 예상된 '열린 작품'의 시대는 오 늘날 하이퍼미디어가 그 완성의 지평을 열어주는 것으로 보인다. 멀 티미디어, 디지털 망과 온라인 집단 작품의 부상과 함께 요제프 보이 스가 말한 "사회적 조각social sculpture"의 약속이 실현되어가는 것처럼 보인다.[7] 우리나라에서도 문화예술의 '생산적 소비자prosumer'라는 용 어가 등장했을 정도로 수용자들의 참여는 보편화되기 시작했고, 그 참여를 적극적으로 요구하는 다양한 인터랙티브 문화가 등장하게 된 것이다. 인터랙티브 문화가 모두 본격적인 시뮬레이션 모델을 제공하

---

6) Ch. Gere, *Digital Culture*, London : reaktion books, 2002.

7) E. Couchot & N. Hillaire, *L'Art numérique*, Paris : Flammarion, 2006, p. 18.

지는 않는다. 재현의 방식에 가깝게 제작되어 소극적인 참여와 개입만을 허용하는 인터랙티브 작품들이 아직은 강세이기 때문이다. 이렇게 볼 때 시뮬레이션 문화, 예술의 발달 같은 현재의 변화는 20세기가 우리에게 이미 익숙하게 만들었던 변화의 연장선상에 있는 것이라고 할 수 있다.

5. 21세기의 딜레마와 예술: 진보적 아방가르드의 붕괴

21세기를 20세기와 비교할 때 두드러진 차이는 아마도 "미래의 실종"일 것이라고 말한 사람이 있다.[8] 레지스 드브레는 더 이상 '바로 그날'——무정부주의자, 공산주의자들이 기다리는 사회혁명이 성취되는 날에서 유래된 말로 거대한 사회계획을 가진 사회운동이나 사회사상이 지향하는 계획 실천의 단계를 의미한다——이란 없으며, 누구도 어떤 문화도 어떤 사상운동도 현재 우리가 어디를 향해가고 있는가, 혹은 어디를 지향해가고 있는 것인가를 자신 있게 말하지 못한다고 지적한다. 모든 영역에서 "거대 계획"의 부재현상을 볼 수 있다는 것이다. 20세기는 19세기로부터 내일의 인간은 어제의 인간보다 낫고 행복과 진리에 더욱 가깝게 갈 것이라는 확신과 함께 진보의 사상을 물려받았다. 그러나 21세기에는 이런 것이 없다. 혁명, 해방의 사상과 관련된 민중호소적인 신화는 붕괴되었고, 그 결과 유토피아 없는 사회가 야기되었다. 지금의 고통을 감내하며 유토피아를 위해, 그날을 위해 노력을 집중했던 시대는 더 이상 아니다. 모든 것이 지금-여기를

---

8) 이 책의 4부 1장 참조.

향해 있을 뿐 긴 고통의 끝까지 가면 어떤 예외적인 보상이 기다리고 있을 것이라는 약속이 없는 그런 사회에서 살고 있다.

진보 개념의 붕괴는 예술에서도 마찬가지이다. 예술 역시 지속적인 진보의 개념, 선형적 연속성에 기반을 둔 진보 개념의 사고 위에서 진행되어왔는데 이 역시 붕괴되었다. 아방가르드의 개념도 없어졌다. 아방가르드가 의미를 지니려면 지속적인 진보와 축적의 개념이 바탕이 되어야 한다. 여러 사상과 방법이 서로 연쇄되어 동일한 문제에 대해 점점 더 우수한 해결책들이 지속적으로 축적되어야 하고, 아방가르드는 이 같은 축적의 터전에 연결될 수 있어야 한다. 예컨대 공간 묘사의 경우를 든다면, 기하학적 원근법은 비잔틴 시대의 비원근법적 공간보다 낫고, 큐비즘은 그보다 훨씬 더 나으며, 가상공간은 그보다 더 완벽하다는 방식의 점진적인 진보의 개념이 있어야 하는데, 오늘날에는 그런 일관성 있는 문제의 틀 자체가 사라졌음을 드브레는 말하고 있다. 문제의 틀이 계속 바뀌고 관객의 유파, 각 예술가, 각 경향은 항상 재출발해야 하는 상황이다. 말하자면 각자가 자기 고유의 아방가르드가 되면서 더 이상 아방가르드란 존재하지 않는 시대가 되어버렸다. 모두에게 공통되는 전선이라는 것이 더 이상 존재하지 않기 때문에, 이런 시대에서는 오히려 예술가들의 책임 영역이 확대된다고 생각된다. 어떤 주의나 사상도 진리나 미에 대해서 보증해주고 있지 않다. 이처럼 진리와 미의 기준을 제시하는 '큰 담론'의 부재 시대에 예술가들은 각자 약진할 수밖에 없게 되었다. 예술가들 자신이 스스로 그 같은 가치를 창출하고 구현해야 하는 상황에 직면하고 있는 것이다.

6. 시뮬레이션 문화의 가능성과 미래

　이 같은 상황은 어쩌면 예술의 새로운 가능성일 수도 있다. 그리고 이 가능성을 추구해나가는 데 시뮬레이션 방법은 큰 도움이 될 수 있을 것이다. 시뮬레이션은 지금과는 다른 것을 표현할 수 있는 환경을 제공한다. 재현이나 내러티브가 과거를 위한 양식이라면 시뮬레이션은 미래의 양식이라 할 수 있다. 일어난 것이나 일어나고 있는 것을 다루는 것이 아니라 일어날 것을 다루는 양식이기 때문이다. 시뮬레이션의 핵심적 전제는 "변화는 가능하다"는 것이다.[9] 그리고 그 변화는 우리가 원하는 방향으로 유도되고 통제될 수 있을 것이라는 희망이 깔려 있다. 거대 담론의 권위가 부재하는 시대, 진리와 미의 기준을 제시하는 큰 담론이 부재하는 시대에 시뮬레이션은 변화를 위한, 미래지향적 대안을 찾을 수 있는 방법을 제시할 수 있다는 점에서 적절한 양식이라고 할 수 있다. 예술가 자신뿐 아니라 사용자들의 적극 개입과 참여로 공동의 방향과 가치를 모색할 수 있는 가능성을 제공하기 때문이다. 따라서 시뮬레이션이 단지 신기한 오락적 기술에 머무를지, 아니면 우리 삶의 고정성에 도전하는 전복적인 도구가 될지는 전적으로 예술가와 그 예술에 상호작용성을 통해 개입하는 수용자들에게 달려 있다.

　물론 시뮬레이션 문화예술의 가능성, 인터랙티브 문화의 가능성을 지나치게 과대평가할 수는 없을 것이다. 심미적 즐거움이란 오히려 내러티브 문화, 재현문화에서는 더 많이 기대할 수 있는 여지가 크다.

---

9) G. Frasca, "Simulation versus Narrative: Introduction to Ludology Video/Game/Theory," p. 7.

심미적 즐거움이란 역시 우선적으로 일종의 피동성, 즉 드문 감동을
선물처럼 받는 것, 자신을 사로잡히게 하는 것, 감탄의 경지에 도달해
보는 체험이기도 하기 때문이다.

　시뮬레이션 문화에서 기대할 수 있는 즐거움은 그보다는 조물주와
유사한 체험이랄까, 수동성에서 벗어나 능동적으로 무엇인가를 해낼
수 있고, 현상을 바꾸는 힘을 가상적으로나마 체험해볼 수 있다는 점
일 것이다. 그래서 젊은이들이 좋아한다. 그들은 디지털 미디어에서
재현이나 내러티브의 즐거움을 별로 추구하지 않는다. 그렇기 때문에
인터랙티브 문화에서 흔히 일어나는 리듬의 중단 때문에 일관성 있는
이야기의 체험이 방해를 받아 몰입이 어려울 것이라는 가정과는 전
혀 다르게 반응한다. 오히려 상호작용성이 약할 때 몰입이 잘 안 된다
는 불평이 많다.[10] 그렇다고 재현문화의 즐거움을 배격하는 것도 아니
다. 아날로그 미디어에서는 재현문화·예술에 몰입하고, 디지털 하이
퍼미디어에서는 시뮬레이션적 체험에 몰입하고자 하는 경향을 흔히
보인다. 이런 상황으로 미루어볼 때 재현적 문화예술은 여전히 중요
한 위치를 차지할 것이고, 시뮬레이션 문화가 그것을 대체하는 문화
는 아닐 것이며, 오히려 대안적인 문화로 보는 것이 적절하리라 생각
된다.

7. 시뮬레이션 작업을 통해 예술가가 할 수 있는 것

　첫째, 우선 시뮬레이션 작업은 예술가에게 실용적인 수단으로 활

---

10) 이 책의 1부 4장 참고.

용될 수 있을 것이다. 이는 생산단계와 수용단계 모두에 적용될 수 있다. 예컨대 극예술의 경우 작품 제작 과정을 더 쉽고 자동화하는 데 기여할 수 있을 것이다. 에라스무스Erasmus나 드라마티카Dramatica 같은 스토리 엔진은 극예술 제작 과정을 간편하게 해주며 다양한 관점에서의 습작 실험을 손쉽게 시도해볼 수 있는 도구들이다. 이런 도구들의 도움으로 극예술가들은 여러 판본을 만들어 자신의 상상력을 다양하게 구현해볼 수 있을 것이다. 이것은 시뮬레이션 도구가 전통적인 재현적 극문화를 생산하는 과정에 활용될 수 있는 경우이다.

생산 과정에서 활용할 수 있는 또 다른 방법은 작품의 완성 이전에 관객의 반응을 알아보는 실험수단으로 시뮬레이션 기법을 사용하는 것이다. 예컨대 영화나 드라마 같은 극문학 작품을 창작하는 과정에서 사건 전개 방식을 다양하게 만든 여러 가지 판본을 만들어보고, 판본에 따라 수용자가 어떻게 반응하는지를 사전에 알아봄으로써 인간에게 주는 작용, 영향, 감정의 정도를 비교해볼 수 있을 것이다. 이 같은 방법은 작가의 의도와 수용자의 반응을 근접시켜갈 수 있다는 점에서 작가의 시행착오를 줄여갈 수 있게 해주기도 한다. 특히 광범한 대중을 상대로 하는 대규모의 상업적 작품에서 활용도가 클 것이다.

둘째, 재현적 예술작품 제작 과정을 좀더 효율적으로 만드는 데 사용하는 것이 시뮬레이션 기법의 소극적 활용 방법이라면, 더 적극적인 활용 방법은 아무래도 본격적인 디지털 예술의 틀을 만드는 데 응용해보는 일일 것이다. 이를테면 생산 과정에 광범한 이용자들의 참여를 이끌어낼 수 있도록 예술가 자신이 시뮬레이션 모델을 만들어 최종 상품end-product으로서 제시할 수도 있을 것이다. 이 방법은 궁극적으로는 사용자들이 참여하는 집단적 제작의 형태를 띠게 함으로써 인터랙티브 문화의 다양한 양식을 만들어갈 수 있다.

시뮬레이션 기법은 새로운 문화예술 구축 과정에서 새로운 형식의 창안수단이 될 수 있을 뿐만 아니라 새로운 개념이나 가치 창출의 수단이 될 수 있다는 점에서 미래지향적인 함의가 크다고 할 수 있다. 앞서 소개한 박대민의 제안처럼 다수의 사용자가 참여하는 환경을 조성해서 사회과학자들이 새로운 사회체계나 새로운 정치, 경제정책들을 실험해볼 수 있다면 예술가는 자신이 구상하는 미래사회에 대한 비전, 새로운 가치와 개념 등을 실험해볼 수도 있을 것이다. 동시에 그러한 비전의 실현 가능성은 물론 실현 방법을 도출해낼 수도 있을 것이다.

8. 시장의 조건

전통적으로 예술시장은 희귀성을 통제하는 방식으로 시장을 유지하고 예술의 가치를 부여하며 지켜왔다. 반면에 대중매체를 사용하는 문화예술의 경우에는 최대한의 시장 개척을 통해 무한복제와 무수한 사용자의 폭넓은 수용을 겨냥한다. 디지털 시뮬레이션 예술의 경우도 보통 무한복제와 사용자들의 폭넓은 참여를 유도함으로써 대중매체나 책과 유사한 시장조건을 필요로 한다. 그러나 이 경우에는 사용자들이 일방향성을 가진 기존의 대중매체처럼 작품을 소비하고 수용하는 데 그치지 않고 상호작용이라는 양방향성의 환경에서 참여적인 소비를 통해 '집단 지성'과 '집단 감성'을 실현해나가는 창조적인 기여를 할 수도 있다. 그러므로 작가의 목적과 선택에 따라 희귀성의 시장과 무한복제의 시장 모두가 선택적으로 활용될 수 있다.

예컨대 판화나 사진, 일부 비디오 예술처럼 복제품의 수를 극도로 한정해 인위적으로 희귀성을 만들어 전통적 예술과 유사한 시장조건을 유지할 수도 있다. 또한 멀티미디어 설치작품 같은 경우 한정된 수의 축소 모형, 데생, 기획안 등을 작가의 서명과 함께 판매할 수도 있다. 그러나 일반적으로 시뮬레이션 예술의 경우 웹에 의존하는 경우가 많아지므로 웹에 진열해놓고 액세스 코드를 팔기도 한다. 이 경우 작품을 해체·변형할 수 있는 권리, 즉 일종의 저작권도 함께 양도하면 구매자는 원하는 대로 이를 활용할 수 있다.

그러나 디지털 기술과 인터넷이라는 신기술의 잠재적 가능성을 최대한 활용할 수 있는 시뮬레이션 예술이라면 구 대중매체의 무한복제성과 디지털 미디어의 무한참여 가능성을 창의적으로 구사하는 것이 이상적이라 할 수 있다. 아마도 거대 담론 아래 구축된 일관성 있는 문제의 틀 속에서 예술가 홀로 '안정된 고독'을 누리며 주어진 틀 속의 독창성을 구가할 수 있던 시대가 아니기 때문에 더욱 그럴 것이다. 예술가 자신뿐 아니라 사용자들의 적극 개입과 참여로 공동의 방향과 가치를 모색해나가야 할 시대적 요구에 부응할 수 있는 시장조건을 창안해내야 할 것이다. 그러한 시장조건을 꼭 집어내기는 어렵지만 MMORPG에서 영감을 얻을 수 있을 것으로 생각된다. 대다수의 사용자가 동시에 참여할 수 있는 여건이되 주어진 상황이나 문제에 동기화된 사용자들이 지속적으로 열정을 가지고 장기간 참여할 수 있어야 하기 때문이다.

1부 이미지 문화를 보는 방법들: 정영상에서 VR영상까지

    1장 「기호학과 커뮤니케이션 연구」, 『문화와 기호』, 한국기호학회, 1995.

    2장 「영상언어와 커뮤니케이션」, 『신문연구소 학보』 18집, 1981.

    3장 「하이퍼텍스트 시대 영상 커뮤니케이션 연구의 새로운 과제」, 『언론정
        보연구』 33집, 서울대학교 언론정보연구소, 1996.

    4장 「가상현실(VR)의 커뮤니케이션 양식: 상호 작용성과 몰입의 상호작
        용, 디지털 시대의 사회적 소통, 매체, 문화적 실천」, 서울대학교 언론
        정보연구소, 2005.

2부 영화, 이념, 정치

    1장 「영화기호학이란 무엇인가?」, 『예술과 비평』, 1984 가을호.

    2장 「자본주의영화에 대한 제3세계의 도전」, 『오늘의 책』, 한길사, 1984.

    3장 「미국영화와 한국영화문화」, 『국제문제연구소논문집』 12호, 1988.

    4장 「제3공화국이후 한국의 영화육성책 연구」, 『신문연구소학보』 22집, 신
        문연구소, 1985.

    5장 「한국영화와 리얼리즘」, 『예술과 비평』, 1988 가을호.

    6장 「Star 시스템: 대중문화산업의 욕망관리제도」, 『문화과학』, 제3권, 문
        화과학사, 1993.